汉语历史句法概要

張美兰 著

清华大学出版社
北京

版权所有，侵权必究。举报：010-62782989，beiqinquan@tup.tsinghua.edu.cn。

图书在版编目（CIP）数据

汉语历史句法概要 / 张美兰著. —北京：清华大学出版社，2023.10
ISBN 978-7-302-62463-9

Ⅰ.①汉⋯　Ⅱ.①张⋯　Ⅲ.①汉语史—句法—研究　Ⅳ.①H146.3-09

中国国家版本馆CIP数据核字（2023）第013872号

责任编辑：纪海虹	
封面设计：常雪影	
责任校对：王荣静	
责任印制：宋　林	

出版发行：清华大学出版社
　　　网　　址：http://www.tup.com.cn, http://www.wqbook.com
　　　地　　址：北京清华大学学研大厦A座　　邮　编：100084
　　　社 总 机：010-83470000　　邮　购：010-62786544
　　　投稿与读者服务：010-62776969，c-service@tup.tsinghua.edu.cn
　　　质 量 反 馈：010-62772015，zhiliang@tup.tsinghua.edu.cn
印 装 者：三河市人民印务有限公司
经　　销：全国新华书店
开　　本：170mm×240mm　　印　张：30.25　　字　数：493千字
版　　次：2023年10月第1版　　印　次：2023年10月第1次印刷
定　　价：158.00元

产品编号：074680-01

目 录

绪论 / 001

第一章 / 007

上古到中古汉语句式变化的概貌 / 007

第一节　从上古到中古旧式文言语序的变化 / 009

第二节　语义表达的明晰及句法成分的添加 / 016

第三节　文言虚词使用率减少及其句法后果 / 024

第二章 / 033

汉语判断句的历时发展 / 033

第一节　汉语判断句历时表达形式 / 035

第二节　判断系词"是"的产生和发展 / 046

第三节　判断系词"是"后置特殊表达 / 056

第三章 / 063

汉语动补结构的历时发展 / 063

第一节　结果补语式的历时发展 / 065

第二节　趋向补语式的历时发展 / 076

第三节　动相补语式的历时发展 / 086

第四节　程度补语式的历时发展 / 093

第五节　"得"字补语式的历时发展 / 095

第四章 / 109

汉语处置句式的历时发展 / 109

第一节　处置句式的历时发展演变 / 111

第二节　"我把你个＋名词性词组"句式 / 122

第三节　汉语处置式的句式特点 / 129

第五章 / 151

汉语被动句式的历时发展 / 151

第一节　上古汉语被动句式发展变化 / 153

第二节　中古汉语被动句式发展变化 / 157

第三节　近代汉语被动句式发展变化 / 162

第四节　结　语 / 182

第六章 / 189

汉语双宾句式的历时发展 / 189

  第一节 双宾语句式动词的语义类型 / 193

  第二节 双宾语句式成分的构成特点 / 211

  第三节 结 语 / 226

第七章 / 231

汉语选择问句式的历时发展 / 231

  第一节 并列选择问句式的历时发展 / 233

  第二节 正反选择问句式的历时发展 / 247

第八章 / 269

汉语使役句式的历时发展 / 269

  第一节 使役句使令动词类型 / 272

  第二节 使役句结构语义特征 / 296

第九章 / 307

汉语祈使句式的历时发展 / 307

  第一节 祈使句句类标记的历时发展 / 309

  第二节 祈使句句式类型与语用效能 / 334

第十章 / 343

汉语比较句式的历时发展 / 343

第一节　差比句的句式语序及其变化 / 346

第二节　平比句的句式语序及其变化 / 370

第三节　结　语 / 383

第十一章 / 389

汉语比拟句式的历时发展 / 389

第一节　汉语比拟句式的历时发展概貌 / 390

第二节　新偏正式比拟结构的产生与发展 / 400

第三节　助词"似/也似/似的"的产生途径 / 411

第十二章 / 421

汉语历史句法演变规律的思考 / 421

第一节　汉语句法系统有其整体关联 / 423

第二节　汉语句法演变有其自身法则 / 440

第三节　汉语句式发展有其生态规则 / 453

第四节　汉语句式演变有其规约方向 / 460

后记 / 474

绪 论

汉语史是关于汉语发展历史和内部规律的一门科学。语法作为语言三要素（语音、词汇、语法）之一，是语言中最稳固的部分，但语法的发展最能反映语言发展的本质特点。汉语作为一种非屈折（inflective）语言，其语法特点主要是靠词序和虚词来表现语法范畴、造句规则和句型变化。在殷商时代汉语的这种特点就基本奠定了。例如：主语用于谓语之前；修饰语用于被修饰的中心语之前。三千多年来，汉语语法基本具有一种稳固性。汉语是一种很有规则结构的语言。在这个结构系统中，包含着各种各样的语言成分。这些不同的成分，在不同程度上受到一系列规则的支配而互相层层组合，形成各种不同的关系。但在汉语历史发展过程中，语言的这种稳固性是相对的，随着社会的发展而不断发展，所以，汉语又处在不断的变化和发展进程中，汉语句式也随着不同历史时期的发展而发展变化着。

整个汉语的历史可分成上古汉语、中古汉语、近代汉语、现代汉语四个时期。上古期以先秦、秦汉的书面语为代表；中古期（3—9世纪）自东汉魏晋六朝至隋唐初，其中以自东汉到隋末约四五百年间含有较多口语成分的典籍的语言为代表，西汉可以说是从上古汉语向中古汉语演变的过渡阶段，初唐、中唐则可以看作从中古汉语向近代汉语演变的过渡阶段（见王云路、方一新（1992）《中古汉语词语例释·前言》）；近代期（9—19世纪）从晚唐五代至元明清。在国内已召开十九届近代汉语研讨会，近代汉语的研究已进入一个新阶段，成了一个重要的研究领域；现代期（20世纪至今）从五四时期至今。

早在先秦时期已有对汉语句法研究的记录，如《墨经》中的"命谓、举谓、加谓"表现了三种句法结构，《公羊传》《谷梁传》解说"春秋书法"时已开始解释词序，分析某些句法结构，汉、魏、南北朝的注解体文献中随文有句法结构成分关系和语义结构关系的相关分析（参见孙良明（2002）《中国古代语法学探究》之第一章、第二章）。早在20世纪40年代，王力先生发表了《判断句的产生》的论文，吕叔湘先生发表了《释景德传灯录中在、著二助词》（1940）、《相字偏指释例》（1942）、《见字之指代作用》（1943）、《论底、地之辨兼及底字的由来》（1943）等一组汉语史句法研究的论文（详见吕叔湘《汉语语法论文集》），可以说已经揭开了汉语历史句法研究的序幕。汉语的句式历史承上启下，得到了高度的发展，呈现出崭新而鲜明的发展趋势。

关于汉语句法历时变化的研究，长期以来，汉语语法史研究一直比较偏重词类史而忽视句法史，不仅造成了整体研究局面的失衡，而且在一定程度上制约了汉语语法史研究的深化。句法研究的面虽已铺开，但还不全面。近些年疑问句、被动句、处置句、判断句、动补结构引起学界广泛深入地研究，关于单一句式的历时演变研究扩展到存在句、比较句、双宾语句、祈使句、使役句、受事主语句、重动句、句内小句等句式，如王建军（2003）《汉语存在句的历时研究》，李炎、孟繁杰（2010）《汉语平比句的语法化研究》，张延俊（2010）《汉语被动式历史研究》，张美兰（2014）《汉语双宾语结构句法及其语义的历时研究》，袁健惠（2015）《汉语受事话题句历史演变研究》等。这些都将汉语各种句式的历时发展面貌呈现出来了，推动了汉语历史句法研究的深入。

句式在句法分析中具有自己的独立地位。从句式这个角度来讨论汉语的句法系统具有很高的学术价值。汉语句法研究的重要性已得到学者的关注。回顾汉语句式研究史，王力（1958/1980）《汉语史稿》中涉及汉语历史句法中的判断句、动补结构句式、处置式、被动句、兼语句以及上古到中古句式变化的专题研究。具体为：第四十一节《系词的产生及其发展》（第345～354页）、第四十二节《词序的发展》（第355～372页）、第四十六节《使成式的产生及其发展》（第401～407页）、第四十七节《处置式的产生及其发展》（第408～416页）、

第四十八节《被动句的发展》(第417～434页)、第四十九节《递系式的发展》(第435～442页)。向熹(1993)《简明汉语史》下编有部分章节专门介绍了汉语不同时期历史句法发展,具体为:第一章第六节《上古汉语句法的发展》(一)(第123～142页)、第七节《上古汉语句法的发展》(二)(第143～166页)、第二章第七节《中古汉语句法的发展》(第326～355页)、第三章第六节《近代汉语句法的发展》(第478～513页)。该书2010年再版,基本框架没变化,涉及处置句、动补结构句、被动句三种句式。李讷、石毓智(2001)《汉语语法化的历程》专门论及动补结构等几种汉语句法的发展概貌。蒋绍愚、曹广顺(2005)主编的《近代汉语语法研究概述》中有四章详细对四种句式的产生、历史发展,尤其是唐、宋、元、明、清时期的发展特点及研究状况进行全面总结评述。具体为:第十章《述补结构》、第十一章《处置式》、第十二章《被动句》和第十三章《比较句》。这本书的内容反映了20世纪90年代至2002年前后学界在近代汉语语法研究方面的最新成果,是一个比较系统的总结。冯胜利(2016)《汉语历时句法学论稿》则从"轻动词"结构和韵律形态的角度讨论了汉语"把"字句、致使结构、被动结构、双及物结构、述补结构的演变特点。石毓智(2016)在《汉语语法演化史》中对几种常见句式结构的产生发展的演化历程进行了探讨,分析了动词"叫""让""拿""给"等虚化为句式标记演化途径,并对语法演化的动因和机制进行了解释。

断代句法史方面,柳士镇(1992)《魏晋南北朝历史语法》一书《下编·魏晋南北朝句法的发展》有"判断句""疑问句""述补式""被动式"。这是对中古汉语断代句法的研究。曹广顺、遇笑容(2006)《中古汉语语法史研究》中对"动+将"结构、中古译经处置式、中古汉语中的"VP不"式疑问句、汉语结果补语产生过程再研究。这是重点对中古汉语句式研究的汇集。蒋绍愚(1994)《近代汉语研究概况》中第四章有第三节"动补结构"、第四节"处置式"、第五节"被动式"三种句式。李崇兴、祖生利、丁勇(2009)《元代汉语语法研究》也谈论了元代几种句式的特点。吴福祥(2015)主编《近代汉语语法》也涉及近代汉语"被动式""处置式""述补结构""疑问句"四个句式。这是对近代汉语断代句法的研究。

专书语法研究方面,也涉及专书句法研究。何乐士(2001)统计了专书语法的研究成果,句式的研究只占18.2%,各种句法的研究共占30%,提出了加强句法研究的迫切性。近20年来,这种状况有所改善,包括一批汉语专书句法方面的学位论文，为历史句法的研究增添了研究成果。

毋庸讳言，目前国内学界还需要有一本教材系统专门探讨汉语各种句式的历史概况。王力《汉语史稿》、向熹《简明汉语史》等汉语史教材多比较集中在处置句、动补结构句、被动句三个句式上，这也与汉语句式的发展概貌不相协调，不利于对现代汉语以及现代方言相同句式研究的深入开展。因此，本书结合多年来教学和研究成果，编撰了《汉语历史句法概要》。

《汉语历史句法概要》属于"历时句法学"的范畴。本书的一个特点是将汉语史中常用的十种句式结构作为内容，进行较为系统的介绍。按汉语史的历时分期分为上古、中古、近代（唐、宋、元、明、清）三个时期对每一个句式进行断代的介绍。有些句子可能还会细分唐、宋与元、明、清不同阶段进行断代介绍。力图通过汉语各种句法结构的历时探讨，一一解释它们各自的时代特色，勾勒出汉语历史句法的面貌。

每一个句式都是形式和语义、结构和功能多方面的相互关联，句法形式隐含着深层的语义，而深层的语义又是通过外在的句法形式加以呈现。形式与语义两者表里相依，密不可分。对此，本书尽量在学界已有研究的基础上，加以描写和解释，来揭示这些句式发展演变的机制、动因。每一个句式各有个性特点，我们对不同句式的详略介绍也会有所侧重，为了体例的协调，在内容上也会有一些调整。对一些研究基本定性的句子，介绍则略，对一些具有新视角或新特点的句子，介绍得会详尽一些。希望能把全新的面貌和最新的研究视野都揭示出来。

本书特别强调利用比较分析的方法去看待汉语句式的发展脉络。从历时角度比较考察句子在不同历史时期的演变和发展，总结出不同阶段的句法差异点和共同点；从共时的角度比较考察某个句子在不同地域的共时分布的相同点和相异点；把同义句放在一起进行比较，从而指出各类同义异构句式的特点和价值。如：被动句式在不同时期有不同来源的标记句式，综合比较能帮助我们认清繁杂背后的真相。本书也强调利用静态动态综合分析的方法去看待汉语句式的演变特征。汉语句式中有常用式，还会出现有特点的变式，如处置式"把"字句与"将"字句的竞争，"把"字句是相对固定和有规律且高频使用的常规句式，它还有"S把O"句式、"把个OV"句式、"把O给V"句式等多种变式。这些变式相对灵活，或句子成分不完整，或使用频率较低，或语序特殊。这些究竟是地域特性的因素还是语言接触所致？都需要加以动态分析。

本书期待通过汉语句式历时演变的介绍，增强对汉语句式之间相互关联的认识，增加对句式变化规律的思考。真正理解汉语句式表达的多样性与精密化的规约特点，汉语句式类型从早期综合型到东汉以后分析型的变化，书面语与口语的分化对句式发展的直接影响，句式范畴从无界到有界的发展，汉语句法发展过程中的语法化规律、汉语句式间范畴转换，历时汉语句式的发展及其共时分布的特点等。

本书写作风格采用的办法一部分是述而不作，有些章节在评述的基础上阐发自己的观点。因每一章所论述的句式都是相对独立的，各自特点不尽相同，因而，章节多少不一，多则多矣，少则少矣。每章开头会标示该章介绍的重点内容，或概述的内容。因而每章论述风格不一，有些章节以研究史角度为主，重在概述；另外有些章节会在学界研究的基础上，带有自己的学术思考。

从谋篇布局上，对句式的历史发展按照"上古－中古－近代"大致时间主轴来呈现，对句式历时演变的特点按照主要显性特点加以关注。学界在"处置式""动补结构式""被动句""选择问句"等句式方面都有深入研究，本书以句式史为核心加以体现，相关的研究以参考书目为线索，让读者可以依循线索信息自学。

在学术方法上，通过介绍句式特点来加以渗透，对句式发展规律，如汉语句式发展与汉语方言、汉语句式语义在语义地图方面的呈现、语言接触与句式发展、汉语句式的语言类型学参考价值、文献的文本同义异文与句式的同义异构表达、句式类型与官话的南北分布、句式的历时演变及其在空间上的地域分布、句式的杂糅与汉语句式表达特点、句式的小句化与句式标记，等等。

本书引述汉语句式的历史演变过程时主要根据学界和我本人的研究成果，相关的语料出处及相关论著详见各章的参考文献。关于引例的引文出处，有些文献因引用的文本不一，如敦煌变文，有引用《敦煌变文集》，也有引用《敦煌变文集新书》，则分别加以标示。《元刊杂剧三十种》与《元曲选》的曲目分别以《元刊杂剧三十种·篇名》《元曲选·篇名》标示。标引例句的出处，体例不尽相同。有的直接标示大类，如《论衡》的赵策，而不涉及赵策的具体篇名。有的直接标示传记篇名，如《史记》《淮南子》。有的直接标示卷数，如《祖堂集》《五灯会元》等，汉译佛经文献有的有卷数，有的没有卷数，以文献为准。有的直接标示回数，如章回小说。标示方式随文献的性质而定。

本书可作汉语句法史教材之用,考虑到由于授课时间和教材篇幅的限制,教材中很多问题不可能面面俱到,每章均分别设有参考文献,供学生课外阅读、参考。我们期待学生通过这本教材对汉语句式发展和变化的历史以及汉语句式发展内部规律有更加深入的了解和研究。

第一章

上古到中古汉语句式变化的概貌

本章主要讲述以下几个方面的内容
（一）简单讲述：句法语序的新旧变换
（二）重点讲述：综合性动词的分析性表达
（三）简单介绍：句法关系的变化与句法创新
（四）重点讲述：文言虚词使用率减少及其句法后果

梅广（2003）指出：从上古到中古，汉语的发展是从一种类型的语言演变成另一种类型的语言。历史上汉语句法的整个发展趋势就是从并列到主从。上古汉语是一种以并列为结构主体的语言；中古以降，汉语变成一种以主从为结构主体的语言。语法演变正是以东汉时期为关键界限，上古汉语旧的句式已显衰微，新的句式先后产生并发生新旧兴替的现象。故学界将东汉、魏晋南北朝到隋唐初年这段时期，称之为"中古汉语"。因此，中古汉语在汉语句法史上有着特殊的地位。

魏晋南北朝一方面继承先秦、两汉正统的书面语，另一方面志怪小说、道教文献、汉译佛经、医书农书、乐府民歌等具有口语色彩的书面语文献出现。尤其是这些口语文献中，先秦常用的旧有句法形式渐趋衰落，如语序上，上古文言书面语中宾语在一定条件下要前置，介宾结构多在句末作补语，在词性上名词可以用为动词，有使动用法和意动用法，还可以充当状语，形容词也有使动用法和意动用法，动词也有用作使动用法。这些用法在中古时期口语色彩的文献中都发生了变化，甚至消失了。这些现象消失了，对应的句法创新或句法结果怎样？这些内容不会完全在本书其他章节中一一涉及，为此，专设一章以说明。

上古汉语有一批"综合性动词"，它们是用一个词汇单位表示两种意义，语义结构中除了表示动作行为的语义成分外，还包含其他的语义结构成分，到中古时期这些动词从综合到分析将是怎样的结构呈现呢？从上古到中古，许多后世流行的语法现象，正是从此期开始萌芽发生的。使动用法、主谓相续的判断句构式、意念被动表示法、本体喻体比拟法等句法的衰减，迫切需要句式的标记标示，在新旧交替此消彼长的演变过程中，各类新兴的句法形式会分别呈现，本章将简单交代。

上古汉语几个常用虚词：（A）连词"而"是高频词，以并列形式构句。中古汉语"而"的消减，引起了句式结构新的发展方向。那将是怎样的发展方向呢？（B）代词"之"是高频词，主要充当宾语。中古汉语代词"之"的衰落，替代这个角色的句式结构会有哪些呢？（C）助词"之"是高频词，它的衰落，会引起怎样的句式结构变化呢？（D）语气词"也"也是一个高频词，到中古虽仍是常用，但使用范围已经缩小。这方面的内容也不会在本书其他章节中专门涉及，为此，在这一章也将加以简单介绍。

因此，本章将从上古到中古新旧语序的变化、中古新句式结构成分的添加背景、上古旧结构成分衰微的句法后果三个大方面，来简单介绍上古至中古（汉语句式）的变化和发展。

第一节　从上古到中古旧式文言语序的变化

一、宾语位置的变动：汉语语序的变化与宾语前置的消失

上古文言文中，有特殊句式语序，宾语用在谓语动词之前。大致有四种形式：

A. 否定句中代词宾语前置。如：

（1）失其身而能事其亲者，吾未之闻也。（《孟子·离娄上》）

B. 疑问代词充当动词或介词的宾语前置。如：

（2）**吾谁欺**？欺天乎？（《论语·子罕》）

C. 用复指代词"之"或"是"等复指构成的宾语前置。如：

（3）君子居之，**何陋之有**？（《论语·子罕》）

（4）荀偃令曰："鸡鸣而驾，塞井夷灶，**唯余马首是瞻**。"（《左传·襄公十四年》）

D. 代词"是"无须借助其他手段，可直接前置。如：

（5）尔贡包茅不入，王祭不共，无以缩酒，**寡人是徵**。昭王南征而不复，**寡人是问**。（《左传·僖公四年》）

这类"宾语前置"的句式表达在汉语发展的不同阶段又有变化，从现有的文献以及研究成果看，在东汉时期的口语中已经开始走向衰落。尤其是 C 类用代词"之"或"是"等复指构成的宾语前置以及 D 类代词"是"直接前置这两种类型全部消失。上古 D 类其实很少使用，所以它退出历史舞台更早。A 和 B 类虽在中古文献中还有一些使用，但也受限制。

（一）否定句代词宾语位置的变化

甲骨文中，否定句代词作宾语既可置于动词前，也可置于动词后。金文中，宾语在动词后仍是常例，只有否定句代词作宾语置于动词之前。

以"吾""我"为例，代词"吾"在战国文献里高频出现，其使用频率与"我"不相上下，"吾"字基本不在动词后面出现，而这种分布限制难以找到功能上的合理解释。先秦否定句代词"我"作宾语已经表现出由动词前向动词后的过渡状态。如：

（6）子贡曰："人善我，我亦善之；人不善我，我则引之进退而已耳。"颜回曰："人善我，我亦善之；人不善我，我亦善之。"（《韩诗外传》卷九）

关于上古"不+代词宾语+动词"句式的使用情况，罗端（2014）指出：在殷商时期的先秦文献中，该句式限在独立句和主句中。反之，非独立句和非主句，如关系从句、主语小句、宾语小句、话题化小句、假设从句、时间从句等，宾语代词出现在动词后。显然这种宾语前置句与句子本身的语法性质有直接关系。又，史文磊（2021）《汉语历史语法》第五章"分层原则"部分也有所论及。

到了汉代，否定句中的代词宾语后置情况表现得更为突出，否定词"不"和代词宾语"吾"相应时已不同于先秦以前置于动词为主，而有了后置的表现形式。如：

（7）则往取其父，持之以兵，告申鸣曰："**子与吾，吾与子分楚国**；子不

与吾，子父则死矣。"（《说苑·立节》）

汉代注释家对先秦文献中的宾语前置句的注释，有力地说明了在汉代否定句宾语前置句式已经为后置句式所取代。如：

（8）三岁贯女，**莫我肯顾**。（《诗经·魏风·硕鼠》，郑玄笺：我事女三岁矣，曾无教令恩德**来顾眷我**。）

（9）如火烈烈，则**莫我敢曷**。（《诗经·商颂·长发》，毛亨传：曷，害也。郑玄笺：其威势如猛火之炎炽，**谁敢御害我**？）

（10）岂不尔思？**子不我即**。（《诗经·郑风·东门之墠》，毛亨传：即，就也。郑玄笺：我岂不思望女乎？**女不就迎我**而俱去耳！）

（11）既见君子，**不我遐弃**。（《诗经·周南·汝坟》，郑玄笺：于已反，得见之，知其**不远弃我**而死亡。）

（12）世溷浊**莫吾知**，人心不可谓兮。（《楚辞·怀沙》，王逸注：谓，犹说也。言已遭遇乱世，众人**不知我贤**，亦不可户告人说。）

（13）其视富贵也，苟可得已，则必**不之赖**。（《吕氏春秋·离俗览》，高诱注：**不赖之**也。）

（14）如其善而**莫之违**也，不亦善乎！如不善而**莫之违**也，不几乎一言而丧邦乎！（《论语·子路》，孔安国曰：人君所言善，**无违之者**，则善也；所言不善，而**无敢违之者**，则近一言而丧国。）

据何乐士（2007）统计，在《世说新语》否定句中，除代词"之"作宾语外，其他代词宾语都不前置。当否定副词为"不"时，"之"代词也以后置宾语为主。宾语后置逐渐成为占主导地位的词序。需要特别指出的是，中古新兴的第一人称代词"身""侬"，第三人称代词"伊"，充任否定句宾语时不前置。如：

（15）欢取身上好，**不为侬作虑**。（《乐府诗集·读曲歌》）

（16）勿学汝兄，汝兄自**不如伊**。（《世说新语·品藻》）

（17）江东处分，**莫不由身**。委罪求活，便是君辈行意耳。（《宋书·孔觊传》）

中古否定句代词宾语前置的现象进一步减少。到近代汉语，否定句中代词宾语的前置已仅仅是文人的仿古用法。

（二）代词"之""是"复指前置的宾语句式的变化

汉代注释文献中，以代词"之""是"复指前置宾语的句式在变化，原文前置，注文后置，如：

（18）王何卿之问也？（《孟子·万章下》，赵岐注：王问何卿也？）

（19）为同丈人说，救敲不给，何道之能明也？（《淮南子·修务训》，高诱注：老人敲其头，自救不暇，何能明道也？）

（20）无非无仪，唯酒食是议。（《诗经·小雅·斯干》，郑玄笺：妇人之事，唯议酒食尔。）

（21）何乞彼小臣，而吉妃是得。（《楚辞·天问》，王逸注：小臣，谓伊尹也；言汤东巡狩，从有莘氏乞丐伊尹，因得吉善之妃，以为内辅也。）

从赵岐《孟子章句》、郑玄《毛诗笺》、王逸《楚辞章句》的注解，已经揭示出这种特殊宾语语序的变化。

（三）疑问句疑问代词宾语位置的变化

汉代注释文献中，疑问代词宾语原文前置，注文后置。如：

（22）公不如谓周君曰："何欲置？"（《战国策·西周策》，高诱注：置，立也。欲立谁为太子也？）

（23）有皇上帝，伊谁云憎？（《诗经·小雅·正月》，郑玄笺：使王暴虐如是，是憎恶谁乎？）

（24）乡人长于伯兄一岁，则谁敬？（《孟子·告子上》，赵岐注：季子曰：敬谁也？）

中古文献中上古常见的疑问代词"谁""何"等后置于动词逐渐成为常式。如：

（25）问："人从何生？"答曰："人从谷而生。"（《百喻经·卷首引文》）

（26）权闻之，以问公卿曰："温当今与谁为比？"（《三国志·吴书·张温传》）

特别要指出的是，中古新兴的疑问代词"何等""何物"充任宾语时，不前置。

（27）王问言："汝作何等？"答言："作佛塔。"（《法显传》卷一）

（28）杀人取钱，当时狼狈，应有所遗，此贼竟遗何物？（《魏书·司马楚之附悦传》）

疑问代词"底"充任宾语时，以后置为主。在《乐府诗集》中偶尔因为用韵有前置用法。如：

（29）伪蚕化作茧，烂熳不成丝。徒劳无所获，养蚕持底为？（《乐府诗集·

采桑度》）

（30）寒衣尚未了，郎唤侬底为？（《乐府诗集·秋歌》）

王力（1958/1980）在《汉语史稿》中指出："到了汉代，疑问代词宾语后置的结构逐渐发展出来了。""（到了南北朝以后，这种疑问代词宾语）后置的发展已经在口语中完成了。"石毓智、李讷（2001）也认为"代词宾语前置从魏晋南北朝以后（约五世纪）就消失了"。

刘开骅（2005）指出：中古时期疑问代词宾语的使用确实有了新的变化，后置宾语不断地发展出来，用例逐渐增多，上古汉语疑问代词宾语前置的规律被进一步打破；不过，没有证据表明后置已经在此期最后完成，也没有证据表明代词宾语前置从魏晋南北朝以后就已经消失，事实上，中古汉语疑问代词宾语前置仍在使用。

何亚南（2006）指出：在《后汉书》《三国志》等中古汉语文献中，汉语宾语前置句式的逐渐消失，首先是从否定句宾语前置和代词复指宾语前置开始的。在书面语系统中，虽然否定句宾语前置的规则瓦解得要早些，但后来代词复指宾语前置句的消失速度似乎要快于否定句宾语前置。在《后汉书》的原始材料（即东汉的语料）中，疑问代词前置宾语句所占的比例是50.3%；在晋代早期的陈寿的《三国志》中，百分比升高为57.0%；在主要以两晋文献为主体的《三国志注》中，百分比上升为67.3%；在《后汉书》的叙述语言材料中，百分比又进一步上升为79.4%。这一串数据生动地说明了这样一个事实：在东汉以后的书面语系统中，疑问代词宾语前置句占有一定比例。但是中古**新兴的疑问代词充任宾语时**以后置为主，上古固有的疑问代词充任宾语时也常可后置。

如此看来，上古三种特殊的宾语前置句宾语后移的大概顺序是：首先是从否定句宾语前置和代词复指宾语前置开始的，退出表达系统的速度稍快些。最后退出语言表达系统的应该是**疑问代词宾语前置句**。冯胜利（2000）对该类句式的发展从韵律角度进行了解释。他指出：上古汉语中的疑问代词一般出现在动词左边，亦即采用〔何-V〕形式，到了汉朝以后，开始出现〔V-何〕形式。这种演变实即伴随句子核心重音的后移与双音节疑问代词的出现而发生的。

二、介词短语补语的前移

上古汉语"于/於"介词短语出现在动词谓语之后，表示所在（在）、所止

（到）、所从（从）、所及（与/对/为）、所关（比/在/以）等多种语义关系。除结果性的介词短语还可以出现在谓语中心之后外，凡伴随特征的介词短语则必须出现在谓语之前，如此导致介词短语从谓语动词之后大规模向动词前移，这种变化汉代已经开始。①

蒋绍愚（1999）以"V+（O）+于+L"句式为例，对介词短语向动词前移的现象进行了解释。他指出："先秦汉语中'V+（O）+于+L'的形式中，'于+L'统统放在动词后面，这是因为有'于'这个标记的缘故。""'于'这个标记的消失，就动摇了'于+L'一律后置于动词的这一'抽象原则'。'O+L'可以置于动词后，也可以置于动词前。如在《史记》中可以看到这样的例句：

泰山上举火。（《史记·武帝本纪》）**泰山下**引汶水。（《史记·河渠书》）

这种放在动词前的'O+L'，从西汉到南北朝逐渐增多，而且是根据'时间顺序原则'来排列的。"

"从汉代到魏晋南北朝，新兴的介词如'在''从''到'等逐渐发展，代替了原来的介词'于'。这些新兴的介词是从动词虚化而成的，而动词'在''从''到'等在先秦汉语中就根据'时间顺序原则'或是放在动词前，或是放在动词后，当它们虚化为介词之后，它们依然保持原来的位置。"

张赪（2002）对汉语介词结构的语序变化进行过研究，认为先秦以至于两汉，在中土文献中，处所介词词组、对象介词词组以绝对优势位于所修饰的中心成分之后，而工具介词词组的位置在中心语之前之后都可以。魏晋南北朝，是汉语介词发生剧烈变化的时期，处所介词词组、对象介词词组以绝对优势位于中心语之前为主，工具介词词组的前移已经结束，以绝对优势位于中心语之前。汉语介词词组位置的调整基本进行了前移。在中古率先前移的介词词组是引进对象的一类，并且主要发生在 VP 带真宾语的句中。张赪对东汉七种佛经文献语言进行调查，指出七种佛经中，处所介词词组前置于中心成分的比率为84%，工具介词词组则全部位于中心成分之前，因此在佛经中介词词组已经以位于中心成分之前为主。大约在汉和帝到汉桓帝的五十年间，汉语处所介词词组的词序开始有了微弱的变化，到东汉末年汉灵帝、汉献帝时一些处所介词词组移至所修饰的中心成分前的

---

① 按：梅广在《上古汉语语法纲要》中指出："'介词组位置变动'这个说法是有问题的。"他认为处于动词前的"从""在"等起初都是动词。见梅广：《上古汉语语法纲要》，348~349 页，上海，上海教育出版社，2018。如此看来，这个问题比较复杂，还可以进一步探讨。

趋势就较为明显了。梅广（2018）指出：上古汉语"于/於"①介词组是在补语位置，出现在谓语的末端。在西汉以后被表处所的"在"、表起点的"从"、表终点的"着""到"取代，引起谓语结构大变动。

胡敕瑞（2017）指出：汉语存在结构存在由上古的（**a**）"V+NP_1+于+NP_2"到中古演变为（**b**）"从+NP_2+V+NP_1"。如：

（31）a 由愿受教于夫子。（《孔子家语·致思》）

b_1 尔时，诸比丘从佛闻教。（《咸水喻经》卷一）

b_2 阿难从佛受教，便至掘多比丘所。（《佛说阿难同学经》卷一）

（32）a_1 公东收宝于秦，南取地于韩。（《战国策·东周策》）

a_2 六年，借兵于楚伐魏。（《史记·赵世家》）

a_3 君胡不以屈产之乘，与垂棘之璧，假道于虞？（《新序·善谋》）

b 以五百银钱，从汝买五茎华。（《经律异相》卷七）

表示谓语动词动作主体位置的介宾结构改变了先秦时期的词序，以置于动词之前为主，不仅由新兴的处所介词组成的介宾结构要前置，即便是由固有的处所介词组成的介宾结构也大多要前置。"以"字介词结构等都发生了相应的变化，汉代注释文献的注文中已经揭示出句式语序的变化情况。如：

（33）嫂溺，则**援之以手**乎？（《孟子·离娄上》，赵岐注：见嫂溺水，则当**以手牵援之**否邪？）

（34）吾**食于少施氏**而饱，少施氏**食我以礼**。（《礼记·杂记下》，郑玄注：言贵其**以礼待己**而为之饱也。）

（35）客有见田骈者……客出，田骈**送之以目**。（《吕氏春秋·士容论》，高诱注：**以目送**而视之也。）

（36）主上出令，则非之以与。（《淮南子·主术训》，高诱注：与，党与也；**以党与非谤上令**。）

在东汉至魏晋汉译佛经中，"以""用"引进的工具介词词组大都位于VP前，到魏晋这种情况更为普遍。如：

---

① 按："于"字大致等于"於"，一致性大于差异性，但上古"于""於"不同音。"于"字产生早于"於"，以引进处所为常，再扩展介引动作的时间和动作涉及的对象。后产生的"於"以引进动作对象和施事为主，有些古书"于""於"并用，汉代以后"于""於"基本合流。本书将两个虚词连写成"于/於"，引文统一用"于"，特说明。

（37）大智光除冥，如以镜自照，为世除忧恼，尽生老死苦。（《佛说长阿含经》卷一）

（38）小儿报曰：火出于木。我以**斧**破木求火，不得火。复斩之令碎，置于臼中，**杵**捣求火，复不能得。（《佛说长阿含经》卷七）

（39）东方诸小国王见大王至，**以金钵盛银粟，银钵盛金粟**，来趣王所。（《佛说长阿含经》卷六）

（40）其中狱卒，捉诸罪人，置于磨石中，**以磨磨之**，骨肉糜碎。（《佛说长阿含经》卷十九）

第二节　语义表达的明晰及句法成分的添加

一、从综合性动词到分析性表达

（一）综合性动词与分析性结构的呈现

上古汉语有一批把动作的对象、结果、工具、方式和动作行为综合在一起，用一个单音节词汇单位表示两种意义的"综合性动词"。其语义结构中除了表示动作的语义成分外，还包含其他的语义结构成分。例如"娶妻"是动作行为"娶"和涉及动作的受事对象"妻"两个概念，上古《诗经·齐风·南山》有"取妻如之何？必告父母。"以"V+O受事成分"表达。当在"娶（取）于+地名"的句子中，"妻"一定不出现，而是作为语义构成要素包含在动词之中。如《左传·隐公元年》："郑武公**娶**于申"中用"娶"一个词来表达"娶妻"。又如《左传·僖公三十年》："晋侯、秦伯围郑，以其无礼于晋，且**贰**于楚也。"其中的"贰"含有一个介词结构"对楚国有背叛"。梅广（2018：321）在《上古汉语语法纲要》中指出："贰"，都要带两个论元，宾语的论元无法直接从"贰"那里得到格位，因此就得使用一个介词组，通过介词来获得格位。

蒋绍愚（1989）在《古汉语词汇纲要》指出："所谓从综合到分析，指的是同一语义，在上古汉语中是一个词来表达的，后来变成或是用两个词构成词组，或是分成两个词来表达。"蒋绍愚(2021)根据《尔雅》和《左传》动词中包含的语义构成要素的不同,将这些综合性的动词大致分为五类:

(A)主体要素+动作要素。如:俯、仰、瞑、霁。(主谓)

(B)动作要素+对象要素。如:盥、沐、籴、济。(动宾)

(C)方式要素+动作要素。如:踣、偃、揭、厉。(状中)

(D)工具要素+动作要素。如:抶、刾、批、楯。(状中)

(E)较复杂的语义要素+动作要素。如:骋、绱、鏖、馅。(状中)

这类动词论元的呈现正是从上古的"综合性"到中古的"分析性"句法结构的演变,涉及主谓、动宾、状中等分析型的句法结构的发展。其实这也是从词汇手段到句法手段的一种变化。随着上古汉语的"综合性"动词到中古逐渐向"分析性"句法结构演变,含有"综合动词"的句式,在东汉以后,词的语义结构分别分化为几种结构短语或双音节词。史文磊(2021)第三章在"论元结构"部分考察了"派遣"义"使"的对象表达的发展。他认为从"综合"到"分析"的转变,在战国末期就已经开启了。

1. 包含动作行为和动作对象综合性动词的结构表达

有一种"综合性动词",如:"聚""牧""沐""引""启",包含了动作行为和动作对象,后代则用"聚众""牧牛(羊、马)""洗头(沐发)""开弓""开门/启户"这样的**动宾结构形式表达**。杨荣祥(2005)称该类动词为"对象自足动词"。胡敕瑞(2008)称之为"对象与动作融合"的综合动词。他分出两类:一类是所呈现的新式**动宾之间具有包含关系**。如:拱(拱手)、颔(颔首)、汲(汲水)、骑(骑马)、涉(涉水)、钓(钓鱼)、浣(浣衣)、御(御车)、耘(耘草)等等。还有一类所呈现的新式动宾之间具有伴生关系,动作多是具有"发生、存现"等语义特征的泛用动词,如:愁(抱愁/怀愁/生愁/发愁)、恨(抱恨/怀恨/生恨)、怒(发怒/生怒/动怒/发怒)、疑(生疑/怀疑/有疑)、念(发念/起念/生念/作念)、问(发问/行问/作问)、语(发语/举语/作语)、病(患病/被病/得病/发病),等等。

2. 包含动作行为和动作行为结果综合性动词的结构表达

在"综合性动词"中,如果动词包含了动作行为和动作行为结果的话,后代则用动补结构形式表达，如："破""拔""解""辟"表示的意义，后代要用"V破""V出""V开/散""V开"等动补结构表示。杨荣祥（2005）称该类动词为"结果自足动词"。胡敕瑞（2008）称之为"动作与结果融合"的综合动词。他也分出两类，其中之一是：呈现行为动作结果，例如：饱（食饱）、成（变成）、大（增大）、小（减小）、得（捉得）、活（救活）、见（逢见）、满（盛满）、熟（煮熟）、破（打破）、坏（打坏）、碎（捣碎）、折（打折）、败（击败）、伤（殴伤），等等，上古汉语其结果语义多由原形动词的使动用法来实现。

3. 包含动作行为和动作行为方式综合性动词的结构表达

"综合性动词"中动词如包含动作行为和动作行为方式的话，后代则用状中结构形式表达，如："捶""揭""渍"，后代要用"以杖击"（《说文解字》："捶，以杖击也。"）、"高举"（《说文解字》："揭，高举也。"）、"以/用水渍""以/用水浸"等状中结构表示。杨荣祥（2016）称该类动词为"工具自足动词"。胡敕瑞（2008）称之为"谓词性修饰成分与中心融合"的动词。如：持（手持）、睹（目睹）、念（心念）、灌（水灌）、烧（火烧）、蹴（足蹴）、闻（耳闻）、削（刀削）、载（车载）等。

4. 包含主体与动作融合综合性动词的结构表达

"综合性动词"中动词如包含动作主体和动作行为的话，后代则用主谓结构形式表达，如："崩""鸣"，后代要用"山崩""鸟鸣"等主谓结构表示。

（二）从名词动用的综合性到分析性表达

名词用作动词，有一部分词也有综合性特点。动作的特性被隐含，故注文增强了分析性的注解，句式特点得到表现。如：

（41）有子则庙，庙则书葬。（《公羊传·庄公三十二年》，何休注：则庙，则立庙也。）

（42）是月也，天子始裘。（《礼记·月令》，郑玄注：九月授衣，至此可以加裘。）

（43）三岁贯女，莫我肯德。（《诗经·魏风·硕鼠》，郑玄笺：不肯施德于我。）

名词动用演变为分析性的结构：从"庙"到"立庙"，"裘"到"加裘"，"德"到"施德"。原先的名词"庙""裘""德"依然存在，只是原先的名词只用作名词，而不用作动词了。注疏皆以"VO"分析型形式呈现了原文句中用作动词的原名词的语义，形式与语义有了更好的对应，句式的透明性增强了。孙良明（2002）列举了不少用例，说明用作动词的名词所隐含的句式结构类型。正是这种名词动用被分析性的词组（或复合词）所取代了；或者词义泛化，名词要素消失了。这种用法也就消失了。

二、语法关系的表达从无标记到有标记

（一）特殊"述语 + 宾语"的有标结构

使动用法的逐渐衰落，"使/令 + 受使者 +V"的使令兼语式就增多了。意动用法的逐渐衰落，"以……为"格式也大量使用了。这是汉语历史句法的整个发展趋势，也就是蒋绍愚（2021）所指"词的语义关系/语法关系的表达从无标记到有标记"的一类。

1. 使动用法的消失与使令新句式

上古文言文，致使结构句式表达比较简单，某些状态动词和形容词可以用作及物动词，这就是常说的"使动用法"。其语义是一个单音节动词或形容词，偶尔也有名词，可以同时指出动作及结果①。孙良明（1988）观察到，东汉人的注解材料已经将"使/令+O+V"的结构清楚地表达出来，使用了使动标记词"使"构成使动兼语式。这种现象一直持续到5世纪以前。如：

（44）先王谥以尊名。（《礼记·表记》，郑玄注：以尊名者，**使声誉可得而尊也。**）

（45）行凶德必威，威，所以**慑**之也。（《吕氏春秋·中秋纪》，高诱注：威，畏也。慑，惧也。以威畏敌人，**使之畏惧己也。**）

---

① 具有部分相同表义功能的"使/令（O）V""V_1（O）使/令（O）V_2"句式在中古兴盛，如：梵志怖惧，咒水灭之，尽其神力，不能使灭，怪而舍走。（西晋法炬、法立共译《法句譬喻经》卷三）

（46）太山不上小人……。（《淮南子·说林训》，高诱注：太山，东岳也，王者所封禅处，不令凶乱小人得上其上也。）

（47）（服不氏）掌养猛兽而教扰之。（《周礼·夏官上·服不氏》，郑玄注：扰，驯也；教习使之驯服。）

根据上下文添加"使/令"使役标记，构成"V$_{使/令}$-O-V$_2$"式完整式。如：

（48）昊天不平，我王不宁。（《诗经·小雅·节南山》，郑玄笺：昊天乎，师尹为政不平，使我王不得安宁。）

（49）万室之国，一人陶则可乎？（《孟子·告子下》，赵岐注：万家之国，使一人陶瓦器，则可乎？）

根据上下文添加**受使者**成分，构成"V$_1$$_{使/令}$-O$_{受使者}$-V$_2$"式完整式。如：

（50）凡散祭祀之牲，系于国门，使养之。（《周礼·地官上·充人》，郑玄注：使养之，使守门者养之。）

（51）淹浸渍渐，靡使然也。（《淮南子·修务训》，高诱注：靡教化使之然也。）

（52）冰以入，令告民，出五种。（《礼记·月令》，郑玄注：冰既入，而令田官告民出五种。）

（53）命典礼，考时月，定日，同律、礼、乐、制度、衣服，正之。（《礼记·王制》，孔颖达疏：又正定甲乙之日……及制度、衣服各有差等，当正之使正。）

"正之使正"，其"正之"表动作行为，"使正"表示动作行为的结果。孔颖达疏将动词"正"的综合性特征，用分析性的句法结构"使正"表现出来。

2. 意动用法的消失与新表达式

上古的"意动句"用"以……为……"/"以（O）为……"句式表达。注疏材料中已有体现。如：

（54）**宫**天地，怀万物。（《淮南子·览冥训》，高诱注：**以天地为宫室**。）

（55）今先生俨然不远千里而庭教之，愿以异日。（《战国策·秦策一》，高诱注：俨然，矜庄貌。不以千里之道为远而来在秦庭，愿以他日敬承之也。）

（56）故得道者，穷而不慑，达而不荣。（《淮南子·原道训》，高诱注：虽穷贱不以为慑惧也，虽显达不以为荣幸也。孙良明（1988）。）

（57）舜之不臣尧……（《孟子·万章上》，赵岐注：**不以尧为臣也**。）

从综合性结构"宫""远""慑""荣""臣",到分析性结构的"以……为宫室""以……为远""以(之)为慑惧""以(之)为荣幸""以(之)为臣"。

3. 为动用法的有标呈现

上古有一类动词,其宾语是动作的受益者,有"为 OV"之义。如:

(58)**邴夏御**齐侯。(《左传·成公二年》)即:"为齐侯驾车。"

(59)大叔完聚,缮甲兵,具卒乘,将袭郑。夫人将**启**之。(《左传·隐公元年》)即:"为他开门。"

(60)国君**死**社稷,大夫死众,士死制。(《礼记·曲礼下》)即:"为社稷死。"

注疏材料中也得到体现。如:

(61)伯氏不出而**图**吾君。(《礼记·檀弓上》,注:图犹谋也;不出为君谋国家之政。)

(62)坎坎**鼓**我,蹲蹲**舞**我。(《诗经·小雅·伐木》,郑玄笺:**为我击鼓**坎坎然,**为我兴舞**蹲蹲然。)

(63)文嬴**请**三帅。《左传·僖公三十三年》即:"为三帅向晋惠君请求。"

上古有一类动词,其宾语是行为所关涉的对象。有"为/对/向 OV"之义。如:

(64)遂寘姜氏于城颍,而**誓**之曰:"不及黄泉,无相见也。"(《左传·隐公元年》)即:"向她发誓。"

(65)蹇叔之子与师,**哭**而送之。(《左传·僖公三十年》)即:"对子哭。"

(66)**敌**齐不尸,则如何?(《吕氏春秋·慎大览》,高诱注:**言与齐为敌不受其尸,为京则如何?**)

蒋绍愚(2021)指出:从上古汉语这些特殊的"述语+宾语"演变为后来的"使/介词+宾语+述语",从语义关系的表达方式来看,历史上是有变化的:上古汉语中是用无标记的形式来表达的,后来则是用有标记的形式来表达的。

(二)动词修饰成分的有标介词结构

上古汉语已有一批介词,如"于""以""用""自"等。中古由连动式第一动词虚化,产生了一些新的介词。随着新兴介词的产生,介词的分工越来越细密,增强了介宾结构句式表达的清晰度。一般句子中心动词前后有修饰成分,表示时间、地点、方位、原因、凭据、对象、伴随等，上古汉语常常直接用相关的名词、代词、偏正词组、联合词组、方位词组充当，中古以后这些成分往往需要相应的介词进行引介，充当状语或补语。这也是上古与中古句式表达的差异点。柳士镇（2019）列举了中古介词"向""就""对""从""在""到""与""及""为""按""缘""随""依"等。孙良明（2002）《中国古代语法学探究》一书中，以主要篇幅介绍了汉代、魏晋及隋唐时期注释书中的语法现象。其中有注文在适当的位置加上不同的介词，构成相应的介宾结构的用例。

表示时间、地点、方位。如：

（67）学而**时**习之，不亦说乎？（《论语·学而》，何晏《集解》：王曰：时者，学者**以时**诵习之。诵习以时，学无废业，所以为说怿。）

（68）凡稼泽，夏**以水**殄草而芟夷之。（《周礼·地官下·稻人》，郑玄注：殄，病也，绝也……将以泽地为稼者，必**于夏**六月之时大雨时行。）

（69）凡士之治有期日……邦国期，**期内**之治听，期外不听。（《周礼·秋官上·朝士》，郑玄注：谓**在期内**者听，期外者不听。）

（70）冬，楚人伐宋，围缗。邑不言围，此其言围何。刺**道**用师也。（《公羊传·僖公二十六年》，何休注：楚**自道**用之。）

（71）路修远以多艰兮，腾众车使**径**待。（《楚辞·离骚》，王逸注：腾，过也……故令众车先过，使**从邪径**以相待也。）

（72）孟子去齐，充虞**路**问曰……（《孟子·公孙丑下》，赵岐注：路，道也；**于路**中问也。）

表凭据、方式、材料等。如：

（73）羔裘**豹**饰，孔武有力。（《诗经·郑风·羔裘》，毛亨传：豹饰，**缘以豹皮**也。）

（74）士**旅**酬。（《仪礼·大射》，郑玄注：旅，序也，士**以次**自酌相酬，无执爵者。）

（75）**期**我乎桑中，要我乎上宫。（《诗经·鄘风·桑中》，郑玄笺：与我期**于桑中**。）

（76）上际九天，下契黄垆。（《淮南子·览冥训》，高诱注：上**与九天**交接。）

（77）白玉兮为镇。（《楚辞·九歌·湘夫人》，王逸注：**以白玉**镇坐席也。）

表动作行为施事、受事关系，标示被动句、双及物句等。如：

（78）不仁不智，无礼无义，**人役也**。（《孟子·公孙丑上》，赵岐注：**若此为人所役者也**。）

（79）无非无仪，唯酒食是议，**无父母诒罹**。（《诗经·小雅·斯干》，毛亨传：罹，忧也。郑玄笺：诒，本又作贻，以之反，遗也。疏：无于父母而**遗之以忧也**。）

（80）**信与民期**，以夺敌资。（《吕氏春秋·孟秋纪》，高诱注：**以信与民期**……）

（81）蚕事毕，**后妃献茧**。（《礼记·月令》，郑玄注：后妃献茧者，内命妇**献茧于后妃**。）

（82）婴闻察实者不留声，观行者**不讥辞**。（《吕氏春秋·先识览》，高诱注：欲观人之至行，**不讥刺之以辞**。）

（83）**忠告而善道之**，不可则止。（《论语·颜渊》，何晏《集解》：包曰：忠告，**以是非告之**；**以善道导之**，不见从则止。）

表示动作凭借的工具，其中的"工具"① 指具体的物体。如：

（84）窈窕淑女，**琴瑟友之**。（《诗经·周南·关雎》，毛亨传：宜**以琴瑟友乐之**。）

（85）凡封国若家，**牛助为牵傍**。（《周礼·秋官·罪隶》，郑玄注：**牛助**，国**以牛助转徙也**。）

（86）效马效羊者**右牵之**。（《礼记·曲礼上》，郑玄注：**用右手便**。）

（87）操吴戈兮被犀甲，车错毂兮**短兵接**。（《楚辞·九歌·国殇》，王逸注：短兵，刀剑也。言戎车相迫，轮毂交错，长兵不施，故**用刀剑以相接击也**。）

从论元角度来看，这些注疏中所增加的**介词**，所用介词的不同，反映其所引介的对象不同，而对象的不同又可追溯到与其搭配的动词不同，将时间、地点、方位、原因、凭据、对象、伴随等论元成分引介标记出来，构成介词结构，丰富了句式表达的严密性。

---

① 先秦两汉的文言文中常用这种句式。他例有：
（1）叩石垦壤，箕畚运于渤海之尾。（《列子·汤问》）（2）伍子胥橐载而出昭关。（《战国策·秦策三》）（3）秦王车裂商君以徇。（《史记·商君列传》）（4）群臣后应者，臣请剑斩之。（《汉书·霍光传》）

三、旧句式的衰退与新句式标记的产生

中古时期,呈现出与先秦两汉多种不同的句法形式,汉语各类句式都有新的发展:"使+NP+V"句替代了词的使动用法,"是"字判断句的普遍使用,导致主谓相继式判断句衰微;"被OV"被动句的完整形态,导致早期形式居于劣势地位。"A如B许"比拟句的萌芽,新的选择问关联词与反复问句形式的变化,新的处置句式的产生,是这一时期新生的句式标记和新的语法形式。因本书每章都会分别涉及,故详见下文各章,此处不做论述。

第三节 文言虚词使用率减少及其句法后果

一、连动标记"而"的衰落与主从结构的产生

在先秦《左传》《论语》《孟子》《战国策》《庄子》等文献中,连动式形式多样,"而"主要用来连接两个谓词或谓词性短语以构成一个连谓短语。如:

(88)比干谏而死。(《论语·微子》)

(89)多见而识之。(《论语·述而》)

(90)王往而征之,夫谁与王敌!(《孟子·梁惠王上》)

(91)发而不中,不怨胜己者,反求诸己而已矣。(《孟子·公孙丑上》)

(92)公爵为执圭,官为柱国,战而胜,则无加焉矣。(《战国策·东周策》)

(93)明搏而杀之。(《左传·宣公二年》)

据郭骥(2008)统计,以《庄子》为例,全书处在不同句法位置上的连动式近300例,其间使用了连词"而"的占了80%以上,不用连词"而"的反而成了少数,仅58例,不足20%。连接前后动词或动词性词语构成连动式,是连词"而"的主要用法之一。连词"而"的出现促使词与词的韵律节奏和谐。如像"援枹而鼓""高枕而卧""隧而相见""立而问焉""姜出而赋""载券契而行""中道仰天而叹""衣冠而见之""赢粮而趣之""左拥而右扇之""曳缞而歌商颂"。"而"用于其间,结构匀称。上古汉语连动式内有了"而"字连接,V_1V_2表示两个相关陈述的性质没有发生变化,将两个陈述组织在一个句子里也就成为上古汉语存在的语法规则。

到了东汉，由于"而"经常被删减导致"而"衰落，从而使得两个陈述组织在一个句子里的语法规则逐渐解除。"而"字的使用率降低以及功能的改变，使得"而"终至在口语中消失，"而"字消失的句法意义是取消了谓语原有的并立结构关系，让谓语只能表现主从或偏正的非并立关系。除非有个别的理由要当复合词处理外，上古汉语的"V_1V_2"，一般都应视为词组结构，也就是复合谓语〔$_{vp}V_1$〕而〔$_{vp}V_2$〕的减缩。等到"而"不再成为这样的连词时，就使得"V_1V_2"并立结构失去了得以成立的句法基础，其句法结果是所在并列关系的"V_1V_2"，或向动补结构的方向推进，演变成"动结式"及相关句式，或是状中关系，甚至发展为复合词。随着连词"而"的衰落，汉语谓语结构发生了一次类型变化，即：从对等的连动（并列结构）改变为不对等的连动（主从或偏正）。

（一）从连动结构"V_1V_2"到"次要动词 V_1+ 主动词 V_2"

从句法结构看，汉语中只要合乎逻辑（与事实相符），就可以把两个或更多的动词依时间顺序连用，或述说一个主语的行为，各个动词处在平等的语法地位，只有时间先后的不同。在不含连词的连动式中，一个句子中出现了几个连用动词，这几个动词的语法地位是平等的，但语义关系却不同。几个动词中必然有一个动词是核心动词，而另外一个动词则是**次要动词**。当另一动词经常充当次要动词时，动词性会逐渐减弱，词义会逐渐抽象化，语法位置即会逐渐固定下来。

如果次要动词出现在 V_1 的位置，表示时间、地点、方位、原因、凭据、对象、伴随等时，容易语法化为介词，如"在""从""凭""对"等；上古汉语的介宾短语 PP，在动词的前后均可出现。但汉以后，动词后的介宾结构日见其少。与此同时，一些〔V_1　NP〕〔V_2　NP〕结构中的 V_1，而不是 V_2，开始逐渐虚化而为介词。

冯胜利（2000）指出：汉语的介词一般都源于动词。可是下面的问题，似乎尚未引起人们足够的重视：为什么历史上的"动词变介"具有如下三个特点？

A. 强烈的时代性：成批演变大多发生在汉以后，而不是以前；

B. 严格的位置性：一般都由动词而来，亦即〔V　NP〕→〔P　NP〕；

C. 一致的方向性：一般都是从〔V_1　NP_1〕〔V_2　NP_2〕中的 V_1，而不是 V_2 而来。

核心重音（普通重音）后移是汉朝以后汉语的一大特点，因而对上述现象的一种自然合理的解释是：核心重音的后移，致使介宾附加语（adjunct）前移，同时也把〔VP_1〕〔VP_2〕中的〔VP_1〕固定在非焦点的位置之上，所以 V_1 易于虚化而为介词。这种 V → P 的演变绝不可能出现在〔VP₂〕里，因为〔VP₂〕是焦点所在，是核心重音的位置。也就是说：

    A.　〔WH　V〕→〔V　WH〕
    B.　〔V（NP）PP〕→〔PP　V　（NP）〕
    C.　〔V　NP〕→〔P　NP〕

上述一系列变化，都是韵律促发下的句法演变。

从汉语动词到介词的语法化演变都是在连动式结构中发生的。动词的介词化是多方面因素共同作用的结果，其中主要有**句法位置的改变**、语境影响以及认知因素等。马贝加（2002）在《近代汉语介词》一书中对中古时期产生的新介词及其句法成因的语法化过程都有具体的描写，详见该书各章。

（二）从连动结构"V_1V_2"到"主动词 V_1 + 次要动词 V_2"

如果次要动词出现在 V_2 的位置，而且是不及物动词（如趋向动词、状态动词等），它们带宾语时是**使动用法**，和时间顺序原则（施事者在后）不相符。使动用法将逐渐衰亡以适应该原则的要求。如果这些动词表示方向和结果，必然会语法化为趋向补语和结果补语。

在先秦两汉时期，"扑灭""矫正""射伤"等这些结构都是"他动词（V_{t1}）+ 他动词（V_{t2}）"的动词并列结构。如：

（94）若火之燎于原，不可向迩，其犹可扑灭。（《尚书·盘庚》）
（95）射伤郤克，流血至履。（《史记·齐太公世家》）
（96）使陛下奉承天统，欲矫正之也。（《汉书·李寻传》）

这些"$V_{t1}+V_{t2}$"并列结构到六朝时期变成了"他动词 + 自动词"（V_t+V_i）的动补结构（动结式）。

魏兆惠（2008）指出：连动式的发展变化不仅对汉语自身的语法结构产生巨大的影响，使汉语的谓语更加复杂化，也使汉语的表达向更加精密化的方向发展。周秦两汉汉语是汉语史中不可忽视的阶段，是汉语很多语法现象的源头所在，在周秦两汉汉语连动式发展变化的影响之下，中古汉语的连动式发生了更为剧烈的变化。

总之，汉语动词句法演变的过程，好像跟连动结构是分不开的。连动式的发展导致了多种语法现象的衍生：汉语介词带宾语的介宾结构、动结式和动趋式。因此，介词、趋向补语和结果补语多是连动式经过语法化发展而来的。

二、代词"之"的消减及其句法后果

"之"有代词"之"和助词"之",两者都是上古汉语中非常重要、也是十分常见的功能词。两种"之"在中古急剧衰落,给汉语的句法演变带来了深刻的影响。

王洪君(1987)、魏培泉(2000a/2000b/2000c/2000d)、梁银峰(2014/2015/2017)、朱冠明(2015)等分别都有相关研究。

(一)作为第三人称代词"之"被替代

朱冠明(2015)指出:中古"其"(方言中的"佢""渠")和"他"也逐渐发展出第三人称代词的用法,占据上古充当第三人称代词"之"的位置。最终"他"成为第三人称代词(一些方言中是"其"发展为第三人称代词),彻底取代了上古兼语和宾语位置上的"之",这一过程至少在中古已经开始。汪维辉(2018)指出:上古汉语最重要的旁指代词"他",到中古后期,在口语中用来指"别人"越来越多,用作一般旁指代词的就减少了。"他"表旁指所空出的位置,由"余""异""诸""别"来填补,"别"最终胜出,而"他"最终向第三人称代词转变。

(二)代词"之"复指前置宾语的句式消失

上古汉语中的宾语前置现象到中古日趋消亡,作为宾语前置标记的"之"自然消失。详见第一节含代词"之""是"复指前置的宾语句式的变化。

(三)句末及物动词宾语位置上代词"之"的消失与后果

朱冠明(2015)指出:由"之"的删略而成了零形式,使得"V_1OV_2之"结构形成"V_1OV_2",最终导致了"取OV"类狭义处置式、隔开式"VOC"动补结构、新型受事主语句。

三、助词"之"的消减及其句法后果

(一)助词"之"被删略成为零形式

1. 上古的"主之谓"结构式

上古"主之谓"结构,是先秦常见的结构,王力(1958/1980)指出:上古汉语这种结构中的动词近似一种行为名词，中古以后，在口语中渐渐丧失了这种结构，只有古文作家模仿这种结构写成书面语言。大约在口语中的"的"（底）字产生后，这种结构就在口语中绝迹了。王洪君（1987）根据《孟子》《论语》的注疏文献、《史记》《论衡》《搜神记》《世说新语》以及东汉至南北朝的汉译佛经，调查认为："主之谓"结构在西汉初年已大大衰落，至南北朝初期已在口语中消失。如：

（97）**人性之善也，犹水之就下也。**（《孟子·告子上》，赵岐注：**人性生而善，犹水欲就下也。**）

（98）**不患人之不己知也，患己不知人也。**（《论语·学而》，何晏《集解》：皇疏：**言不患人不知己也，但患不知人耳。**）

在句式功能上，"主之谓"结构最先被"连词+从句"代替，其中"之"越来越多地用在准判断句中，逐渐成为一种修辞手段。作叙事句关系语的比例下降，乃至消失。魏培泉（2000d）用大量的例证，详细论述了导致先秦"主之谓"结构删略的非必用性和功能上不足两大重要因素，分析了删略"之"的七种句式限制条件，并结合出土文献进行了比较，得出：该结构中助词"之"在战国末期已有相当幅度的缩减，到了西汉时可能就已经从口语中消失了。

柳士镇（2019）指出：先秦两汉常用的"主之谓"偏正化主谓词组充当句子成分或充当分句，在中古时期更多改用句子的形式表示。这种句子形式直接用为句中成分或自成分句，形式上独立，用法上灵活，色彩上接近口语，语调上更为流畅，为句法结构的进一步扩充化创造了条件。

2. 从"N_1之N_2"定中关系式到"N_1N_2"

汉代以后，随着名物化标志的"之"不再是必要成分，至魏晋南北朝也明显衰退，无论修饰语是体词性的还是谓词性的，它与中心语之间不用"之"的现象都十分常见。

3. 从含关系小句的"R之N"结构到"RN"结构

朱冠明（2015）指出：至西汉由"之"构成的关系小句，其与中心语之间的标记"之"开始脱落，出现了一些无标记关系小句。如：

（99）a. **则夫好攻伐之君，不知此为不仁不义也。**（《墨子·天志下》）

b. 然床头捉刀人，此乃英雄也。（《世说新语·容止》）

4. 从"数量之名"结构到"数量名"结构

朱冠明（2015）指出：助词"之"的删略，或多或少地促成了"数词+单位词/个体量词+名词"格式结构的产生。

（100）a. 可以托六尺之孤，可以寄百里之命。（《论语·泰伯》）

b. 吾以布衣提三尺剑取天下，此非天命乎？（《史记·高祖本纪》）

当然，上古的"数+量+之+名"与后世的"数+量+名"结构不完全等值，那么，前者对后者的影响有多大程度，这个话题还值得进一步探讨。

四、语气词"也"的消减与句法后果

先秦两汉语气词"也"是一个高频词。一个句子句末用上"也"字，常常标示这个句子文意完足，自成一句。所以文言文标点，常以"也"作为一个句子的参照系数。《论语》通篇使用语气词"也"有494例，《孟子》有1214例，而中古《世说新语》只有113例，三者相比，可见其间的差别。柳士镇（2019）认为上述三部文献用例的差异，除语用等因素外，应当与中古判断句普遍采用判断词"是"字独自为断有密切的关系。上古判断句多以主谓相续，句末要用上"也"字帮助表达判断与确认的语气，以句末语气词"也"作为语法标记。如：

（101）南冥者，天池也。（《庄子·逍遥游》）

（102）楚虽大，非吾族也。（《左传·成公四年》）

而中古时期"是"字判断句句末一般不用"也"。如：

（103）而此贫人，失口答言："我是鸳鸯。"（《百喻经·贫人作鸳鸯鸣喻》）

"是"字判断句句末"也"字的脱落，表明了中古系词"是"的发展成熟。

总之，上古至中古汉语句式发生了显著的变化：古代文言文的使动、意动、宾语前置等用法相对来讲日益减少；先秦的连词"而"用法的消失或减少，促进了句法结构的变化，从并列向主从；词序方面，汉语介词词组的词序在魏晋南北朝时期发生了很大变化，"介词+受事""介词+工具"已基本前移至VP前，"以+工具名词+V"句式就是这个句法结构的主要形式。这一转折时期还有一个显著特点是新的介词（次动词），如"共""同""连""将""把"等相继

产生。介词变成句中的必需成分后，动作借助介词结构修饰，所表现的句法结构层次比较清晰，使主从型的句式表达更加清晰。各种句式标记词使用成为句式的显著特点，如"是"字判断句、"被"字句、动补结构式、"将"字处置式等。汉语的句式从魏晋南北朝开始发生了很大的变化。这些都充分说明了从东汉到隋是汉语语法从上古到近代承上启下的关键转折时期，是汉语句法自上古汉语向近代汉语转变的枢纽。因而，在汉语句法史上具有十分重要的地位。

参考文献

（法）贝罗贝、何莎丽：《"轻动词"与韵律形态在汉语历时句法中的重要作用》，载《中国语言学报》，vol.47，2019（1）。

曹广顺、遇笑容：《中古汉语语法史研究》，成都，巴蜀书社，2006。

冯胜利：《汉语韵律句法学引论（上）》，载《学术界》，2000（1）。

冯胜利：《汉语历时句法学论稿》，上海，上海教育出版社，2016。

郭骥：《对〈左传〉"而"连接的连动式的范畴化探讨》，载《大众文艺》，2008（12）。

何乐士：《汉语语法史断代专书比较研究》，开封，河南大学出版社，2007。

洪波、王雪燕：《语言接触视角下的上古汉语形态句法问题——兼论"也""矣"的来源》，载《古汉语研究》，2021（1）。

胡敕瑞：《从隐含到呈现（下）》，载《语言学论丛》（第三十八辑），北京，商务印书馆，2008。

胡敕瑞：《汉语存在结构与领有结构的历时共性》，载《历史语言学研究》（第十一辑），北京，商务印书馆，2017。

蒋绍愚：《古汉语词汇纲要》，北京，北京大学出版社，1989。

蒋绍愚：《抽象原则和临摹原则在汉语语法史中的体现》，载《古汉语研究》，1999（4）。

蒋绍愚：《再谈"从综合到分析"》，载《语文研究》，2021（1）。

李崇兴、祖生利、丁勇：《元代汉语语法研究》，上海，上海教育出版社，2009。

梁银峰：《上古汉语时间从句"主语+之+谓语（+也）"探索》，载《语言研究集刊》，2014。

梁银峰：《再论上古汉语指示词"之"的语义属性——基于语篇照应的视角》，载《语言研究集刊》，2015。

梁银峰：《从历史来源看古汉语"NP（之）VP者"结构的语法性质》，载《东方语言学》，

2017（2）。

刘开骅：《试论中古汉语疑问代词宾语的句法位置》，载《南京师范大学文学院学报》，2005（1）。

柳士镇：《魏晋南北朝历史语法》，南京，南京大学出版社，1992。

柳士镇：《魏晋南北朝历史语法》（修订版），北京，商务印书馆，2019。

柳士镇：《试论中古语法的历史地位》，载《南京大学学报》，2001（5）。

陆俭明：《现代汉语语法研究教程》，北京，北京大学出版社，2003。

罗端（Redouane Djamouri）：《对上古汉语否定句里代词宾语位置的进一步讨论》，载《历史语言学研究》（第八辑），2014。

吕叔湘：《近代汉语指代词》，上海，学林出版社，1985。

马贝加：《近代汉语介词》，北京，中华书局，2002。

梅广：《迎接一个考证学和语言学结合的汉语语法史研究新局面》，《古今通塞：汉语的历史与发展》，台北，中央研究院语言研究所，2003。

梅广：《上古汉语语法纲要》，上海，上海教育出版社，2018。

梅祖麟：《从汉代的"动、杀""动、死"来看述补结构的发展——兼论中古汉语时期的起词的施受关系的中立化》，载《语言学论丛》（第十六辑），北京，商务印书馆，1991。

钱宗武：《今文尚书语法研究》，北京，商务印书馆，2004。

石琳：《三国佛经中的双宾句式》，四川大学硕士学位论文，2005。

石毓智：《汉语语法演化史》，南昌，江西教育出版社，2016。

史文磊：《汉语历史语法》，上海，中西书局，2021。

孙良明：《高诱注中的语义结构和语法结构描写》，载《山东师大学报》，1988（1）。

孙良明：《谈先秦至东汉汉语语法的发展》，载《殷都学刊》，1989（1）。

孙良明：《古代汉语语法变化研究》，北京，语文出版社，1994。

孙良明：《中国古代语法学探究》（增订本），北京，商务印书馆，2002。

孙锡信：《汉语语法史要略》，上海，复旦大学出版社，1992。

太田辰夫著，蒋绍愚、徐昌华译：《中国语历史文法》（1958）（中译修订本），北京，北京大学出版社，2003。

谭书旺：《从〈孟子章句〉看战国至东汉的语言发展》，载《古汉语研究》，2001（2）。

汪维辉：《中古汉语的第三身代词和旁指代词》，载《东方语言学》第十八辑，上海，上海教育出版社，2018。

王洪君：《汉语表自指的名词化标记"之"的消失》，《语言学论丛》（第十四辑），北京，商务印书馆，1987。

王力：《汉语史稿》，北京，中华书局，1980。

王力：《汉语语法史》，北京，商务印书馆，2000。

魏培泉 a：《说中古汉语的使成结构》，载《中央研究院历史语言研究所集刊》（第72卷），2000（4）。

魏培泉 b：《东汉魏晋南北朝在语法史上的地位》，载《汉学研究》，2000。

魏培泉 c：《上古汉语到中古汉语语法的重要发展》，中央研究院第三届国际汉学会议，2000。

魏培泉 d：《先秦主谓间的助词"之"的分布与演变》，载《中央研究院历史语言研究所集刊》（第71卷），2000（3）。

魏兆惠：《上古汉语连动式研究》，上海，上海三联书店，2008。

向熹：《简明汉语史》，北京，高等教育出版社，1993。

谢·叶·雅洪托夫、唐作藩、胡双宝：《汉语史论集》，北京，北京大学出版社，1986。

杨荣祥：《语义特征分析在语法史研究中的作用——"V_1+V_2+O"向"V+C+O"演变再探讨》，载《北京大学学报》，2005（2）。

杨荣祥：《上古汉语"词类活用"的本质与产生环境》，载《华中国学》，2016（1）。

张赪：《汉语介词词组词序的历史演变》，北京，北京语言大学出版社，2002。

朱冠明：《"之"的衰落及其对句法的影响》，载《语言科学》，2015（3）。

Huang, C. T. James（黄正德）. *On syntactic analyticity and parametric theory*. In Yen-hui Audrey Li（李艳惠）, Andrew Simpson, and W. T. Dylan Tsai（蔡维天）eds, *Chinese Syntax in a Cross-Linguistic Perspective*. Oxford：Oxford University Press，2015.

Peyraube, Alain（贝罗贝）. *Has Chinese changed from a synthetic language into an analytic language*？何志华、冯胜利主编：《承继与拓新：汉语语言文字学研究》，香港，商务印书馆香港有限公司，2014。

第二章 汉语判断句的历时发展

> 本章主要内容
>
> （一）简单讲述：先秦判断句表达法
>
> （二）重点讲述：判断系词"是"的产生途径及其成熟标记
>
> （三）简单讲述：判断系词"系"的产生
>
> （四）重点讲述："NP_1，NP_2+是也/是（系词）"句
>
> A．汉译佛经中的"NP_1，NP_2+是也/是（系词）"句
>
> B．元明戏曲小说中的"NP_1（是）NP_2+是也/是"句

判断句是汉语的常见句式，判断句是对事物的性质或类属进行判断的一种句式。一般用名词或名词性词组充当表语（学界也用"谓语"之术语），对事物的属性作出判断，说明某人某事物是什么，或不是什么。在现代汉语里，判断句的主语和表语之间一般要用系词（判断词）"是"字来联系。如：她是老师，我是学生。其中，"是"既有联系的功用，也加强了肯定的语气，在名词性表语前可以表示等同（主语等于表语）、归类（主语属于表语的同类）、属性（表述主语所指的人或事物的性质、价值）的语法意义。所以，学界将"是"看作关系动词、性质动词、静态动词[①]。"是"字系词的产生是判断句发展过程中的

---

① 按：今之"判断词"，或称"系词"，"系词"是"联系词（copula）"的简称。过去有许多名称。柳宗元《复杜温夫书》称为"决辞"，《马氏文通》沿用之，也称为"决辞"。黎锦熙《比较文法》叫"同动词"，杨树达《高等国文法》《词诠》名为"不完全内动词"，杨伯峻《论语译注》叫"连系性动词"。（引自李慧敏：《判断词"是"语法化研究简述》，载《乐山师院学报》，2004（1））。

一次重要变革，它的产生对整个判断句式乃至整个语法系统都产生了深远的影响。"是"字判断句及其新的否定形式在不同历史时期表现出新旧并存到兴替发展的历程。

第一节　汉语判断句历时表达形式

一、先秦判断句表达法

古代汉语的判断句在结构形式上和现代汉语有较大的差别，表现在用不用判断词"是"。先秦时期的判断句肯定形式大概有五种基本类型。

（一）先秦无标记判断句

先秦判断句主要有无标记和有标记五种基本类型，其中无标记判断句有三种类型，有标记判断句有两种类型。它们在先秦文献中出现的时间并不一致，从殷商到西周，判断句主要是一种无标记的原始形式。有以下三种类型。如：

1. 主语NP，名词性词语NP

（1）有王虽小，元子哉。（《尚书·召诰》）

（2）祈父，予王之爪牙。（《诗经·小雅·祈父》）

（3）夫鲁，齐晋之唇。（《左传·哀公八年》）

2. 主语NP，副词"惟"（"唯""维"）+名词性短语

（4）厥土惟白壤。（《尚书·禹贡》）

（5）载生载育，时维后稷。（《诗经·大雅·生民》）

（6）髧彼两髦，实维我特。（《诗经·鄘风·柏舟》）

在殷商西周时期，副词"惟""唯""维"是一种常用的凸显信息焦点成分的手段，起一种标示或强调作用，表示它后面的成分是句子的信息焦点成分，在判断句中，判断谓语一般总是表达新信息的，在语用上往往成为被强调的成分。

据洪波（2000）对该类判断句的统计：《尚书·周书》17例，《大雅》和《小雅》62例，到春秋时期其使用频率急剧下降，除了《诗经》的《国风》里还有一些用例（6例）外，已不见于《论语》，战国时期就基本上消亡了。

3. 主语NP，副词"乃"+名词性短语（也）

（7）古人有言曰："抚我则后，虐我则仇。"独夫受洪惟作威，**乃**汝世仇。（《尚书·泰誓下》）

句式也用句末语气词"也"。如：

（8）苟先君无废祀，民人无废主，社稷有奉，国家无倾，**乃**吾君**也**，吾谁敢怨？（《左传·昭公二十七年》）

（9）曰："此谁也？"左右曰："**乃**歌夫长铗归来者**也**。"（《战国策·齐策四》）

（10）是**乃**仁术**也**。（《孟子·梁惠王上》）

肖娅曼（2003）调查上古17部文献，发现确定为"乃"判断句的共30例。例句不多，这与"乃"表示超预期非常态判断的特殊表意功能关系密切。所以，有学者称"乃"为增强出乎意料的判断语气副词。在元明文献中仍有这样的用法。如：

（11）某**乃**大刀关胜的便是。（《元曲选·争报恩》楔子）

（12）某**乃**宋江便是。（《元曲选·李逵负荆》第二折）

（二）先秦有标记判断句

先秦有标记判断句可分为以下两种类型。

1.（NP）+ 为 +NP（也）

（13）长沮曰："夫执舆者为谁？"子路曰："为孔丘。"（《论语·微子》）

（14）尔为尔，我为我，虽袒裼裸裎于我侧，尔焉能浼我哉？（《孟子·公孙丑上》）

（15）余为伯鲦，余而祖也。（《左传·宣公三年》）

（16）五谷皆熟为有年也。（《谷梁传·桓公三年》）

"NP+ 为 +NP"始见于《论语》。王力先生（1980）认为这种"为"并不是真正的判断词。"为"本义是"做",引申有多种意义,是一个泛义动词,在语境中可理解成判断词,但"为"的意义和用法不同于专职判断系词"是",这也是其判断功能被系词"是"取代的重要原因。从语法角度看,"为"判断句的"为"上古处于系词位置,似乎最有条件发展为系词,但是"为"构成判断句的能力不强。据洪波(2000)统计,上古该类句式的使用频率不高,《论语》有10例,《左传》112例,《庄子》34例,《孟子》19例,《韩非子》13例。如《论语》里10例,句末皆不用语气词"也";用语气词"也"煞句的判断句有55例,句中也都不见动词"为"。这也说明"为"是上古汉语判断句的标记,具有表示判断的语法功能。肖娅曼(2003)统计上古17种文献"为"判断句191例,"是……(也)"判断句1476例,"为"判断句的出现率与之相比反差很大。

2. NP+者,NP。/ NP,NP+也。/NP者,NP+也。

主语后用语气词"者"表提顿,表语后用语气词"也"字。绝大多数是前后两者都出现,一部分或出现前标记,或只出现后标记。如:

(17)夫兵者,不祥之器。(《老子》第三十一章)

(18)制,岩邑也。(《左传·隐公元年》)

(19)董狐,古之良史也。(《左传·宣公二年》)

其中"NP者,NP+也"前后两个双标记是春秋战国时期判断句的优势形式。

(20)此十数人者,皆世之仁贤忠良有道术之士也。(《韩非子·难言》)

(21)义与利者,人之所两有也。(《荀子·大略》)

洪波(2000)指出:以语气词"也"为标记的判断句产生以后很快即成垄断之势,成为春秋战国时期判断句的优势形式。以《论语》为例,已经不见加肯定副词"惟"的判断句,原始的无标记判断句也只有28例,而以语气词"也"为标记的判断句达55例,占该书判断句的59%,表现为明显的兴替变化。

(三)先秦时期的判断句的否定形式

通常是在前项和后项之间用一个"非"字表示否定判断。如:

(22)戊午不祀,示咎。戊午非唯咎。(《甲骨文合集》21987)

(23)非予罪,时惟天命。(《尚书·多士》)

春秋以后"也"开始出现于判断句，否定判断句句尾一般都有"也"。

（24）回也，非助我者也。（《论语·先进》）

（25）故王之不王，非挟太山以超北海之类也。（《孟子·梁惠王上》）

二、秦与西汉时期判断句

（一）对春秋战国时期旧判断句格式的继承

（26）农，天下之本。（《史记·孝文本纪》

（27）其草惟夭，其木惟乔。（《史记·夏本纪》）

（28）陈轸者，游说之士。（《史记·张仪列传》）

（29）陈胜者，阳城人也。（《史记·陈涉世家》）

（二）秦、西汉时期新出现的"是"字判断句格式

这一时期出现的新格式主要就是以系词"是"为核心的各种判断句格式。这些格式中的"是"已经演变成系词了，其主语多为代词。如：

（30）郑县人有得车轭者，而不知其名，问人曰："此何种也？"对曰："此车轭也。"俄又复得一，问人曰："此是何种也？"对曰："此车轭也。"（《韩非子·外储说左上》）

（31）此是螳螂也。（《韩诗外传》卷八）

（32）口是何伤？祸之门也。（《说苑·敬慎》）

（33）天子识其手书。问其人，果是伪书。（《史记·封禅书》）

（34）学者博览而就善，何必是周公、孔子，故曰法之而已。（《盐铁论》卷十）

西汉后期，也出现了"NP_1，NP_2+**是（系词）**也"的句式，并有进一步的发展。

（35）钩弋夫人姓赵氏，河间人也。得幸武帝，生子一人，昭帝是也。（《史记·外戚世家》）

柳士镇（1992）指出："秦汉时期的'是'字式判断句，其宾语在意义上主要表示与主语的等同、对主语的归类以及主语的特征，句中的主语与宾语多为名词、代词或名词性词组。"

三、东汉魏晋南北朝时期判断句

东汉魏晋南北朝时期判断句有对秦、西汉时期判断句旧格式的沿用。

（36）萧中郎，孙丞公妇父。（《世说新语·赏誉》）

（37）疾终惜始，实惟厥性。（《三国志·蜀志·邓张宗杨传》卷四十五）

（38）社南有凌阴里，即四朝时藏冰处也。（《洛阳伽蓝记·城内》）

（39）乱天下者，必此子也。（《世说新语·识鉴》）

但大量是对秦、西汉时期判断句新格式的发展。如：

（40）而锡之姓曰董，氏曰豢龙，封诸鬷川，鬷夷氏是其后也。（《论衡·龙虚篇》）①

在早期东汉注疏会用"A 是 B 也"，到魏晋语气词"也"这个尾巴也在衰亡，而用"A 是 B"。如：

（41）此一时也，彼一时也。（《孟子·公孙丑下》，赵岐注：彼时前圣贤之出，是其时也，今此时，亦是其一时也。）

（42）孟子自范之齐，望见齐王之子，喟然叹曰："……夫非尽人之子与？"（《孟子·尽心上》，赵岐注：凡人与王子，岂非尽是人之子也？）

（43）见义不为，无勇也。（《论语·为政》，何晏《集解》注：孔曰：义所宜为而不能为，是无勇。②）

（44）《春秋》之信史也……其词，则丘有罪焉耳！（《公羊传·昭公十二年》，范宁注：丘，孔子名；其贬绝讥刺之辞有所失者，是丘之罪。）

东汉和魏晋南北朝的中土文献"NP_1，NP_2+ 是（系词）也"句式，仍有用例。如：

（45）单父吕公善相，见高祖状貌，奇之，因以其女妻高祖，吕后是也。（《论衡·骨相篇》）

（46）简子后废太子而立无恤，卒为诸侯，襄子是矣。（《论衡·骨相篇》）

（47）捐所破竹于野，成竹林，今竹王祠竹林是也。（《华阳国志》卷四）

（48）昔武王下车，出倾宫之女，表商容之闾，以理人伦，以表贤德，故

---

① 该句在《左传·昭公二十九年》记载为："帝赐之姓，曰董氏，曰豢龙，封诸鬷川，**鬷夷氏其后也**。"两相对照，可见"是"字判断词在东汉的特点。
② 此为汉代孔安国之注，应为汉代的用法。因魏·何晏《论语集解》收录，姑放在魏晋时期用例之列。

天授以圣子，成王是也。（《后汉书·郎顗传》）

柳士镇（2001）专文指出：和前期相比，中古的"是"字句至少出现了四种引申用法：a）表示确认事实见例（49）-（50）；b）表示解释原因见例（51）-（52）；c）表示事物存在见例（53）-（54）；d）表示辅佐语气见例（55）-（56）。如：

（49）此袍是市西门丁与许。（《古小说钩沉·幽明录》）

（50）此卤簿甚盛，必是殿下出行。（《宋书·王华传》）

（51）公门置甲兵栏骑，当是致疑于仆也。（《搜神记》卷十八）

（52）君侯所患，正是精进太过所致耳。（《世说新语·术解》）

（53）孝义里东，即是洛阳小市。（《洛阳伽蓝记·城东》）

（54）此庙中无神，但是龟鼍之辈。（《搜神记》卷十九）

（55）天下方是我家有，汝等不忧不富贵。（《宋书·竟陵王诞传》）

（56）若是阳不闭阴，则出涉危难而害万物也。（《南齐书·五行志》）

至此，"是"字判断句逐渐完成了系列变化。唐宋元明清时期得到更加新的发展。

四、唐宋元明清时期判断句

（一）"是"字判断句

中古以后，"是"字判断句在各类语体作品中占据主要地位。《祖堂集》是晚唐五代的重要口语体文献，其中先秦文言文旧式表达仅有很小的比例，"是"字判断句已经占据了绝对优势，而且出现了"VP是VP"类的表达。如：

（57）云："如何是杀？"云："不起佛见、法见是杀。"（《祖堂集》卷八）

（58）得逢得遇亦是屈，不逢不遇亦是屈。（《祖堂集》卷八）

否定判断"非是""未是""不是"的新形式都有使用，其中"不是"成为常用表达。如：

（59）所以言"不是心，不是佛，不是物"……若言非心非佛，如牛、羊无角。你心若是佛，不用即他；你心若不是佛，亦不用非他。（《祖堂集》卷十六）

丁琪（2019）调查了初唐半文半白、文言色彩比较重的文献《朝野佥载》中的"是"字的判断句，共58例，其中句末没有语气词"也"的有47例，带语气词"也"的有 11 例。如：

（60）此是被烙女妇也。（《朝野佥载》卷二）

但在《祖堂集》中，"是"字判断句带句末语气词的只有 70 例。这表明在口语文献中，"是"字判断句句末语气词"也"基本衰亡。宋元之后，"是"字判断句新特点得到继续巩固。如：

（61）性**不**是别有一物在心里。（《朱子语类》卷五）

（62）将谓**是**本色衲僧，元来只**是**义学沙门。（《五灯会元》卷四）

（63）大人若要谋这事，里外使唤的人都**是**我每管的，要调他谁敢不从。（《逆臣录》卷一）

（二）"系（係）"字判断句

汉语除占主导地位的判断动词"是"字之外，近代汉语还产生了另外一个判断动词"系（係）"，下文一律用"系"。唐钰明（2009）指出："系"在"系连""系属"义的基础上，逐步发展出了判断动词的用法，最迟是在北宋。如：

（64）伉俪之道，亦**系**宿缘。君之室，始生二岁矣。（《太平广记》卷一百六十）

（65）见一紫袍人称太师，一白袍人称防御。紫袍人**系**燕人吴孝民，白袍人**系**金人。（《三朝北盟会编·靖康城下奉使录》）

（66）告状改嫁人刘阿苏，年壮无病，**系**本县人氏。（《新编五代史平话》）

判断词"系""是"连用者。如：

（67）状招有本所军人谢德成，**系是**谢都督亲侄。（《逆臣录》卷二）

（68）我想江西**系是**浮地，下面皆为蛟穴。（《警世通言》卷四十）

孙品健（2018）指出：在《欧阳文忠公集》《东坡全集》所载公文和黑水城《宋西北边境军政文书》的北宋公文中也发现了用例。如：

（69）已上八人，亦元**系**本州武卫第九指挥将、虞候、承局。（《欧阳文忠公集·卷一百十八·河北奉使奏草卷下·乞差武卫人员》）

欧阳公文、东坡公文中有 7 例否定副词"不"修饰系词"系"的用例。如：

（70）今河北见管义勇十七万有余，人人自有私弓弩，此是官司明知其数者。更有**不系**义勇之家，例有弓弩不少。（《欧阳文忠公集·卷一百十七·河北奉使奏草卷上·乞放行牛皮胶鳔》）

（71）其略云："本部看详，人户见催逐年拖欠下夏秋租税赃赏课利省房没官等钱物，若不系因灾伤许分料展阁理纳之数，自不该上条。"(《东坡全集·卷六十一·论积欠六事并乞检会应诏四事一处行下状》)

1. 公文和书面语两种语体中的"系"字判断句

首先，宋元明清时期判断词"系"大量用于正规公文或诉讼文书。如：

（72）封绩招云："绩系常州府武进县人，幼系神童。"(《李善长狱词》)

有"系""是"连文。如：

（73）沙漠之间，系是鞑靼、蒯古子地分。(《三朝北盟会编·燕云奉使录》)

（74）郁明知系是党逆，自合出首，却乃隐匿，事发，罪犯。(《逆臣录》卷三)

（75）我也有外母，系是蓝党家仪仗户，姐姐如今他家都杀了。(《逆臣录》卷四)

孙品健（2018）在他收集的明清公文语料中发现，公文语体最常用的系词是"系"，共有785例，其中"系"表示同一性判断或属性判断功能的典型用法有532例。其中受否定副词"不"修饰，共19例。如：

（76）蒙此，依蒙查得坐提听事吏刘希奉，委系本卫先已拨送听事吏刘景和，行拘到官，理合解报。(辽东，二·四三，官府)

（77）此数人中，有系现任京官之子弟者，亦有不系现任者。(清档，第十册，《熙朝黄册中有关科举考试史料》)

其次，多用于书面语场合。如果在白话文献中出现，偏重于书面语表达，即使是人物对话，一般场合比较正式，如官场对话。唐钰明（2009）指出："系"在宋元时期多用于口语。北宋《三朝北盟会编》《乙卯入国奏请》"系"字判断句共出现21次，其中15次在对话中使用，尤其是在异族之间起沟通作用的译者之"言"。如：

（78）上云："闻马扩颇知书。"良嗣曰："马扩系武举。"仆奏："臣系秦嘉玉榜尘忝，久被陛下教育。"(《三朝北盟会编·茅斋自叙》)

或是记载谈判、诉讼审案或是买卖契据文书等场合。如：

（79）告状人李万，见年几岁，无病，系本府本县附籍人户。(《朴通事谚解》)

（80）穷治党与，牛万户**系**首名，该全家抄斩，顷刻有诏书下来。（《警世通言》卷二十五）

（81）立借票人蒋文蕙，**系**本县医生。（《金瓶梅词话》第十九回）

（82）恐**系**外乡光棍，顶名冒姓，理合据实回明，另缉审结云云。（《儒林外史》第四十五回）

唐钰明（2009）对明清时期的《金瓶梅》《水浒传》《西游记》《二刻拍案惊奇》《喻世明言》《儒林外史》《官场现形记》7部文献统计，共124例，用于书面语化的场合占107例，高达86%。"系"用于否定相对少。在口语文献中，若需要否定时，也有借用"不是"来表达。如：

（83）既然太公已有执凭公文，**系**是印信官文书，又**不是**假的，我们看宋押司日前交往之面，权且担负他些个，只抄了执凭去回话便了。（《水浒传》第二十二回）

（84）此**系**成都成案，奏疏分明，须**不是**撰造得出的。（《二刻拍案惊奇》卷四）

明代小说集《今古奇观》曾是日本江户时期学习南京官话（唐话）的教科书。在明治时期其中四篇经汉语老师的改编，形成北京官话《今古奇观》四卷（1904）。同一材料两个不同文本之间的异文，也是进行明代南京官话与清代北京官话比较研究的线索。通过两者文本异文，可以发现带有书面语色彩"系"字判断词，在清代北京官话口语中，都改成对应"是"字判断句了。如：

（85）a.这二名妖贼，叫做阎浩、杨胤夔，**系**妖人萧芹之党。（明《今古奇观·沈小霞相会出师表》）①

——b.这两个妖贼：一个叫白浩，一个叫杨胤夔，都**是**妖人萧芹党里的人。（北京官话《沈小霞相会出师表》）

（86）a.今有绍兴沈公子，名唤沈襄，号沈小霞，**系**钦提人犯。小人提押到于贵府。（明《今古奇观·沈小霞相会出师表》）

——b.如今有绍兴府沈公子，名字叫沈襄，号叫小霞，**是**钦提人犯。是我把他押解来了。（北京官话《沈小霞相会出师表》）

孙品健（2018）指出：系词"系"在清代跨出公文，进入学术著作或散文札

---

① 按：本书对明代小说集《今古奇观》与北京官话《今古奇观》四卷（1904）的文本比较，引文出处一律只标小说的篇名，下同。

记语体。段玉裁《说文解字注》、王念孙《读书杂志》、洪亮吉《春秋左传诂》间或有其用例。如：

（87）今小徐本此下多"又曰会"三字，**系**浅人增之。（《说文解字注》卷七《冃部·最》）

（88）此吴氏荷屋所藏单刻《集解》，宋本也。其缺者，则以兼刻《索隐》本补之，是以二本各存其半。此之所有，即彼之所无，然皆**系**宋椠，故可宝也。（《读书杂志·史记第一·五帝本纪·小大》）

（89）今考此**系**徐锴说，惠氏以为说文，误也。（《春秋左传诂》卷六《传·庄公》）

此类文人学术笔记作品中的这种用法，仍属学人书面语的范畴。

2. 粤语口语中的"系"字判断句

与普通话的状况相反，"系"在粤方言和客方言的口语中常用，"是"反倒成了书面语，或仅见于文读系统。唐钰明（2009）引用了明清之交的木鱼书以及粤语小说，加以说明。如：

（90）君**系**读书娇贵客……奴是绿窗红粉女。（《花笺记》卷三）

（91）巡丁曰："你既**系**好人，为何被人打得个样？实**系**做光棍无疑。"（《俗语倾谈》）

（92）阎王曰："你**系**金陵大城南门外部家治之妻，**系**你吗？"砒霜钵曰："正是不差。"（《俗语倾谈二集》）

"系"的判断动词用法在粤方言中已得到了充分的发展，这是对宋元汉语用法的延续并且进一步的推进，形成了与官话用词相对的地域特征判断词。这一点在北京官话《官话指南》的粤语对译中也同样得到很好的印证。官话口语中用"是"大都对译成"系"。如：

（93）a.府上在城里住么？是，在城里住。（北京官话《官话指南》卷一）

—— b.府上喺城里住吗？**系**，喺城里住。（《粤音指南》卷一）

（94）a.这件东西，你看是真的是假的？我看是假的。（北京官话《官话指南》卷一）

—— b.呢件野，你睇吓**系**真嚟**系**假嘅呢？我睇**系**假嘅。（《粤音指南》卷一）

（95）a.您给的这茶钱并不是我落，也不是我那个朋友得，是给我的那个

朋友的底下人们大家分的。那么是几分儿茶钱呢？就是一茶一房。（北京官话《官话指南》卷二）

——b.你俾呢啲批头唔系我得，亦唔系我个朋友得，系俾我个朋友嘅使唤人大家分嘅。噉要俾几多次呢？就系一间屋俾一次呀。（《粤音指南》卷二）

在对1867年北京官话《语言自迩集·散语四十章》进行羊城土话的对译中，也是用"系"对译"是"。如：

（96）a.他去是坐轿子是坐车？坐顶小轿去的。《语言自迩集·散语四十章》

——b.佢系坐马车去嚊系坐轿去呢？佢系坐轿。（羊城土话《散语四十章》）①

（97）a.你这么慢走，是身上有病么？不是，是人老了，腰腿都软了。《语言自迩集·散语四十章》

——b.你行得咁慢，系身体有病咩？唔系，系人老呀。腰骨脚骨都见软咯。（羊城土话《散语四十章》）

在对北京官话《天路历程》进行羊城土话的对译中，也是用"系"对译"是"。如：

（98）a.不是把他的话当做真的，是怕他要疯。（北京官话《天路历程》）

——b.唔当佢说话系真，但估佢系发癫呗。（羊城土话《天路历程》）②

现代汉语及其方言在实际口语中所存在的两套判断动词系统，无疑是近代汉语在今天的一种历史性的投影。唐钰明（2009）指出："唔系"和"不是"的区分，不仅仅存在于客、赣之间，实际上也昭示了粤、客方言与其他方言，尤其是北方方言所存在的明显界限。"系"与"是"虽长期并存，但"系"公文（含诉讼）语体、书面语语体的倾向，导致它从宋元以来直至明清在口语系统不占主流，但却活跃在粤语和客家话中。

---

① 按：《散语四十章》（*The Forty Exercises*），是英国人威妥玛（Thomas Francis Wade）编撰的北京官话教科书《语言自迩集》的第三章，见 Thomas Francis Wade. Yü yen tzǔ êrh chi. A progressive course designed to assist the student of colloquial Chinese as spoken in the capital and the metropolitan department.[M].London：Trubner & Co，1867. 威妥玛好友（英）包尔腾（John Shaw Burdon）在香港圣保罗书院期间将之翻译成粤语土话《散语四十章》。详见 John Shaw Burdon：《散语四十章》，香港，圣保罗书院，1877。

② 按：《天路历程》（*The Pilgrim's Progress*），英国人约翰·班扬著。英国传教士马礼逊将 *The Pilgrim's Progress* 翻译成汉语文言文《天路历程》。英国传教士宾为霖在此基础上，翻译成北京官话《天路历程》，（京都）福音堂，1865年出版。其后，英国传教士俾士又把官话《天路历程》翻译成羊城土话《天路历程》，羊城惠师礼堂镌刻，同治十年（1871年）。

第二节 判断系词"是"的产生和发展

一、判断词"是"的产生年代

判断句发展的重要内容是判断词的产生与发展,"是"作为现代汉语中唯一的判断词,它的产生、发展与成熟自然就成为衡量判断句发展成熟与否的标志,因此研究的焦点就集中于此。对于判断词"是"的产生年代,历来分歧较大。目前学界关于"是"的产生主要有以下三种观点。

(一)先秦说

杨树达、杨伯峻等人在所著的《词诠》《论语译注》《孟子译注》等书的举例中,明确表示先秦已有系词"是"的用法。林序达(1979)认为,"判断词'是'产生的年代应该是战国末期";董希谦(1985)也认为,"系词在先秦已经产生,到了西汉有了较大的发展"。王霁云(1992)认为,"'是'字作判断词的用法出现于东周初至春秋中叶时期"。裘锡圭(1979)在《谈谈古文字资料对古汉语研究的重要性》一文中,利用马王堆三号墓出土帛书《天文气象杂占》一些彗星图下的注文"是是帚彗""是是竹彗""是是蒿彗""是是苦彗"等句子,参之以云梦睡虎地秦简占书中类似的数例,把判断词"是"的出现年代推前至**战国末期**。

(二)秦汉说

洪诚[①](1957)根据《史记》和《谷梁传》的材料,认为"'是'之成为系词起于汉初,在纪元前一百几十年"。基本上否认先秦已出现判断词"是"。唐钰明(1992)通过句式变换以及出土文献的例证进一步考察,认为:东汉时期判断词"是"已经广泛使用,它产生的时间应该是战国末年或者是西汉初年。郭锡良(1990)指出了讨论系词的某些文章在方法论上存在的根本问题,并承认系词"是"在**两汉时期(或战国末期)**就已经产生。

---

① 洪诚关于南北朝以前汉语中的系词的论述,发表很早,很值得关注。但由于例证较少,且人们对《史记》中用例是否经后人改动、《谷梁传》的确切年代等问题有不同看法。

(三)两汉说

王力(1958/1980)最初认为出现于六朝,"始于东晋,盛于南北朝"。后根据洪诚提供的资料提出"汉语真正系词的产生,大约在公元一世纪前后,即西汉末年或东汉初叶"。梁银峰(2012b)认为系词"是"的确切产生年代应该是在西汉以后,西汉以前的例子大多不可靠。

二、判断系词"是"的产生途径

在先秦,"是"字主要意义有:一是代词,指代事物表示"此、斯";二是形容词,表示对或不错的意义(在句中作表语的动词形容词)。如:

(99)曰:"是鲁孔丘与?"曰:"是也。"(《论语·微子》)

句中第一个"是"是代词主语,第二个"是"是形容词,"对""不错"。判断词"是"来自指示代词"是"。系词"是"是从指示代词向系词转变的,其转变途径有以下四个方面的句法转变:

(一)"话题(句子),是+名词性成分+也"

指示代词"是"在句中做主语,可以复指谓词性短语或名词性短语。如:

(100)晋范文子反自鄢陵,使其祝宗祈死,曰:"君骄侈而克敌,是天益其疾也。"(《左传·成公十七年》)

(101)秦大夫及左右皆言于秦伯曰:"是败也,孟明之罪也,必杀之。"秦伯曰:"是孤之罪也。"(《左传·文公元年》)

(102)子曰:"何哉,尔所谓达者?"子张对曰:"在邦必闻,在家必闻。"子曰:"是闻也,非达也。"(《论语·颜渊》)

(103)虎兕出于柙,龟玉毁于椟中,是谁之过与?(《论语·季氏》)

(104)知之为知之,不知为不知,是知也。(《论语·为政》)

名词性短语与谓词性短语或者小句不同的是,在语义功能上本来就是指称的,如果它本身充当话题,而后面又出现了同样具有指称功能的指示代词"是",其回指性必然会减弱。

王力(1980)曾认为"这种'是'字只是指示代词,不是系词",一个重要的依据是:上古汉语里,"名词和名词性词组不需要系词的帮助就可以构成判断"。从语法角度看,这类"是"只居句首,不能居于其他主语后,不能带副词,这些显性特征表明，它即使起着判断词的作用，仍披着代词的外衣，它的显性语法特征仍为代词。《论语》中居于后续判断句句首的"是"不是纯粹的代词，而是兼有判断性；判断词"是"已经开始萌芽。

石毓智、李讷（2001）也指出指示代词"是"的篇章回指功能构成的篇章组织格式：一是"T（topic）判断，是 + Comment 说明"。如：

（105）德之不脩，学之不讲，闻义不能徙，不善不能改，是吾忧也。(《论语·述而》)

（106）既欲其生，又欲其死，是惑也。(《论语·颜渊》)

另一是"T（topic），NP（简单名词）+ 是 + 也"格式。如：

（107）水由地中行，江、淮、河、汉是也。(《孟子·滕文公》)

（108）天不能死，地不能埋，仲尼、子贡是也。(《荀子·荣辱》)

（109）臣闻七十里为政于天下者，汤是也。(《孟子·梁惠王下》

其中"NP"是一个单纯名词（最常见为专有名词）："江、淮、河、汉""仲尼、子贡""汤"分别为句中的代词"是"所回指的内容提供例证。"T"是指称性的，不是陈述性的，往往指某一类人或某一类情况，"NP+ 是 + 也"则表明"N"即属于这类人或这类情况。所以这种句式的使用是有范围的，并非所有的判断句都可以用这种句式表达。

柳士镇（1986）指出：由《孟子》通篇"是"字用例看，"汤是也"之"是"既未完全摆脱其指示代词性质，也未超越仅表示确定语气之用法，因而并没有发展为判断词。

肖娅曼（2003）认为，"是"字在表判断时可以出现在谓词性谓语前，是其发展为判断词的原因之一。

梁银峰（2012a）指出：如果指示代词"是"前面的话题由谓词性短语或者小句充当，那么这种"是"很难发展为系词。因为谓词性短语或小句本身就是一个独立自主的表述或判断，如果它再充当其他成分的话题的话，那么其后的指示代词"是"的回指性必定很强。所以，关于系词"是"产生的句法环境，是名词性谓语句。

（二）"话题（名词性短语），是 + 名词性成分 + 也"

当话题成为名词性成分，句式结构就向"NP，是 +NP（Comment 说明）"

方向发展，这使得"是"与普通动词占据同样的抽象格式，"是"最早语法化的句法环境是前面或者后面为名词性成分的格式。因此在普通动词的类推之下，指示代词"是"被重新分析为系词"是"，"是"逐渐演变成动词性的判断词。如：

（110）富与贵，是人之所欲也。贫与贱，是人之所恶也。（《论语·里仁》）

（111）巫妪、弟子，是女子也。（《史记·滑稽列传》）

当指代的成分为名词性成分，与"是"后的名词性短语所指类属相同时，"是"的指代性削弱，判断性增强。吕叔湘认为：在基本式判断句里，主语和谓语都是名词或指称词。朱声琦（1986）、王霁云（1992）认为：如果"是"满足"主语+是+表语"的语言环境，"是"即有理由承认是判断词。

指示代词"是"由于处于有利的句法位置，受汉语语法的整体结构特性 S V O 的影响发生了重新分析，同时春秋时期基本格式："话题+是（主语）+名词性谓语+也"中的主语"是"又受到表示"确认"形容词谓语"是"和表示确认的动词性谓语"是"的语义投射，逐渐形成系词的用法，其结果是"主语+是+名词性谓语+也"格式的形成。参见石毓智、李讷（2001）。

梁银峰（2012a）认为，系词"是"来源于话题化 NP 名词短语之后的回指性指示代词"是"。它所联系的前后两个 NP 名词（短语）具有同一性或者具有类属关系，这时就形成了 [NP 话题，是 主语+NP 谓语]，即"话题－评述"式结构，句首的 NP₁ 由话题被重新分析为主语，"是"由回指代词被重新分析为系词，句末的 NP₂ 由判断谓语被重新分析为判断宾语：[NP 话题][是 主语+NP 谓语] → [NP 主语+是 系词+NP 宾语]。

（三）"NP，副词+是+名词性成分+也"

判断性代词"是"要发展为判断词，摆脱代词性，其重要标志为"是"前带上主语、能带副词状语。如：

（112）此必是豫让也。（《史记·刺客列传》）①

东汉译经中才有比较典型的用例。如：

（113）意意相观，息亦是意，数亦是意。（安世高译《大安般守意经》卷上）

---

① 此句在《战国策》中有类似的记载。如：襄子曰："此必豫让也。"（《战国策·赵策一》）

（四）"代词，是 + 名词性成分 + 也"

1. "是是帚彗/竹彗/蒿彗/苦彗"类句式

汉代出土文献出现了"是是"连用的句子。汉墓出土的《天文气象杂占·彗星图》中"是是帚彗"等5个"是是"句，湖北云梦睡虎地秦墓出土的《日书·甲种》的"是是丘鬼"等9个"是是"句，甘肃天水放马滩秦墓出土的《日书·乙种》的"是是人破日"等4个"是是"句。

裘锡圭（1979）认为1973年长沙马王堆出土帛书中出现的例句，如："是是帚彗""是是竹彗""是是蒿彗""是是苦彗"等中第二个"是"显然是系词。

唐钰明（1991）考察了马王堆帛书、睡虎地、放马滩秦简中的"是是……"句，运用变换分析方法，认定"是是"中第二个"是"应为判断动词，因而先秦已有判断动词"是"的观点是可以成定论的。

石峰（2000）根据秦简中"是是……"格式，断定系词"是"的产生最迟不会晚于战国后期。据"是是……"格式出现的文体看，它在较通俗的文体及口语中已较为普遍使用，故而在《论衡》中出现较多的系词"是"的用法也就成为必然。

肖娅曼（2003）坚持认为"是是"连用，是判断性代词分化为指代词和判断词的表现，第一个"是"为指代词，第二个"是"为系词。她提出了两点依据：其一，表示强调的"寔"在语用中一般出现于记叙文体，并且总有很强的针对性，而《彗星图》下这几个"是是"句，都表示说明，无所针对，没有强调对象，因此，这些处于系词位置的"是"不可能是表示强调的"寔"；其二，"是"在秦汉之前已经开始以单独的判断词身份出现，已经具备了作系词的条件。

梁冬青（2002）利用六种先秦时期出土文献中"是"字的用法作了统计、研究，指出：秦墓、楚墓中"是是……"的分布是较有规律的，秦墓无论是在湖北睡虎地或甘肃天水放马滩都有"是是"句的踪迹，而湖北九店、望山、包山楚墓竹简则无"是是"踪迹，而在西汉马王堆帛书中又出现了"是是"句的踪迹。认为出土文献"是是"句中第二个"是"字不是系词，而是副词"寔"。梁冬青（2007）仍坚持这个观点。

魏宜辉（2008）指出：马王堆三号汉墓出土的帛书《天文气象杂占》中"是＝帚彗"的"是＝"应是"是谓"，"＝"是对前面出现过的"谓"字的重复，并不是"是是"句。也不是"是寔"句。这一观点目前得到学界的认同。本章倾向于魏宜辉的论证。

2. "此是……"句式

洪诚（1957）、林序达（1979）、朱声琦（1986）等指出：句子不可能有两个代词连用指代同一个对象作为主语的。当"是"用在"此"等指代词后，"是"已成为判断词。如：

（114）窦太后好老子书，召辕固生问老子书。固曰："此是家人言耳。"（《史记·儒林列传》）

三、判断系词"是"成熟的年代及其发展

从语义相关性、使用频率、语法的整体结构特性等特点，多方面为指示代词"是"重新分析为系词提供了条件。由于句法环境的影响，从春秋到战国这段时期是变化的准备期，出现了指示代词"是"向系词"是"转变的萌芽，西汉才出现系词判断句的踪迹，到中古汉语方得到较为普遍的使用。因而中古汉语判断句的讨论也就主要集中在"是"在这一时期是否已经趋于成熟的问题上。

（一）判断词"是"成熟与否的判别标准

判断系词"是"成熟的标准是学术界讨论的重要内容，有不少学者在此展开了研究，其中最主要的有以下五种观点。

1. 关于判断词"是"成熟的三大标志

王力（1958/1980）在《汉语史稿》中提出了判断词"是"成熟的三大标志："第一，它摆脱了语气词'也'字，'是'成为一个必要的，而不是可有可无的系词……第二，系词'是'字可以被副词修饰……第三，系词'是'字前面加否定词'不'字，在口语里代替了上古的'非'。"

2. 关于判断词"是"成熟的四个论据

唐钰明（1992）指出，东汉时"是"字句已经走向成熟。他列出了四个论据：

（A）东汉人笺注古籍以及行文之间常用"是"字句来变换早期的判断句。

（B）东汉"是"字句的分布率和见次率比西汉有很大幅度的提高。

考察了西汉典籍10部，出现"是"字句的为4部，分布率是40%；东汉典籍12部，出现"是"字句的有10部，分布率提高到83%。汉译佛典《中本起经》《兴起行经》中"是"字句则多达56例。

（C）"是"字句产生之后，很长一段时间内仍拖着早期判断句用"也"字煞句的尾巴，这条尾巴随着"是"字句的发展而逐步退化消亡。考察西汉典籍10部、东汉典籍12部，统计出西汉"是"字句的"也"字煞句率仍高达80%，而东汉则已降为28.8%。

（D）东汉判断动词"是"字不仅常常接受各种副词的修饰，而且可以直接加上否定副词来构成否定判断句，这是"是"字句在东汉走向成熟的最具有决定性意义的事实。

3. 关于确定判断词"是"成熟的过硬标准

汪维辉（1998）对王力（1958/1980）提出判断词"是"成熟的三大标志也提出了不同的意见，他认为句末"也"字的脱落、一般副词修饰"是"都不是过硬的标准，只有"不是"代替"非"才是较硬的标准。据此而把判断词的最后成熟年代定在东汉末（公元2世纪）是完全可以成立的。

4. 关于判断词发展的三个层级

何亚南（2004）一文在前人的基础上，提出判断词句发展的层级有三：

层级之一："是"受副词修饰

有判断词句取代无判断词句首先是从肯定句开始的。由于"是"受了副词的修饰，它就与指示代词有了明显的区别，它的词性就变成了判断词。"是"受副词修饰而成为判断词，意味着有判断词句开始侵入无判断词句的领域，这是有判断词句发展过程中第一个意义重大的层级。

层级之二："非是、不是"的产生

"是"字句的不断发展和成熟，占领了否定性无判断词句，最早是在旧有形式中插入"是"，形成"非是"的否定形式。由于判断词"是"的介入，"非"与判断词剥离开来，成为一个纯粹的副词。它的语义和语法功能跟"不"就没有多少差别，从而导致了"不"对"非"的替换。"不是"的用例最早见于东汉末，即公元 2 世纪中后期。至此，现代汉语的否定判断形式也已形成，"是"字判断句获得进一步发展。新的否定形式的产生，是有判断词句对无判断词句替代过程中又一个具有重要意义的层级。

层级之三："是"受助动词修饰

"是"受助动词修饰，较晚才出现。何亚南（2004）指出其大致在西晋中后期。如：

（115）此神正当是狸物耳。（《搜神记》卷十七）

（116）臣松之谓张修应是张衡。（《三国志·魏志·张鲁传》裴松之注）

（117）《江表传》之言，当是吴人欲专美之辞。（《三国志·蜀志·先主传》裴松之注引孙盛语）

（118）是岁并无事，当是陈寿误以吴嘉禾六年为赤乌五年耳。（《三国志·吴志·朱治传》裴松之注引孙盛《异同评》）

5. 关于否定判断格式的使用频率

董守志（2011）针对王力先生所提出的第三个条件，即"系词'是'字前面加否定词'不'字，在口语里代替了上古的'非'"这一条，指出：确定一个语法形式是否成熟不能只根据形式标志来确定，而要根据它的使用是否普遍和出现次数是否高频来确定。系词"是"的成熟标准：第一，在口语中系词"是"字句在肯定判断句中完全代替了上古的名谓判断句，"X 是 X"成为汉语中唯一的肯定判断格式；第二，"X 不是 X"格式在口语中完全代替了"X 非 X"格式，成为汉语中唯一的否定判断格式。并根据他对 5 部文献的调查结果，认为系词"是"的成熟时代应该是在元末明初。

但董守志（2011）仅根据他对 5 部文献的调查结果，就得出系词"是"的成熟时代应该是在元末明初。这就涉及研究对象的几个问题，除了材料的丰富程度外，还应该注意文献材料的典型性、代表性问题，典型性与否，会影响研究的结论。从"X 非 X"到"X 非是 X"是一个本质的变化，而由"X 非是 X"到"X 不是 X"，是同属于修饰系词副词"不"替换副词"非"，不同文献使用频率不一，文体等相关因素应该综合考虑。这是汉语史研究中很重要的问题。结论能否站住脚，一定要审视所依据各个时代文献的各种因素，特别是代表性。董守志的研究应充分考虑到一些因素才行。

（二）判断词"是"成熟时代评述

1. 副词修饰判断词"是"，是判断句成熟的基本条件

汉语自古至今都只有动词性成分的词语才能受副词的修饰，而且语序始终是副词位于动词之前。在汉语"是"字判断句的产生发展过程中，我们把修饰"是"的副词性成分使用情况看成"是"字判断句发展的一个重要因素。副词修饰判断词"是"在有判断词句产生之初就已存在，所以，这条标准可以用来鉴别"是"是不是判断词，但却无法判别它是否已经成熟。

2. 有肯定判断式和否定判断式的对立，是判断句成熟的标记

着眼于判断表达系统，否定判断句式"非（不）是"的产生，新的对立统一体形成，判断词"是"就基本成熟了。"非（不）是"否定判断形式的产生，标志着有判断词句的发展上了一个新的台阶，因此汪维辉（1998）据"不是"否定判断的运用，将判断词的成熟年代定在东汉末（公元2世纪）。否定副词"非"用于"是"前修饰"是"，这标志着汉语判断句的初步成熟。否定判断句相继产生了"非是""未是""不是"等新形式，它的发展也是有一定的历史进程的。唐钰明（1992）指出：最早在"是"前出现的否定副词是"非"，"……非是……"格式在东汉已出现。这是"是"字判断句在东汉走向成熟的最有决定性意义的事实。因为从"非"可置于"是"字前构成否定判断句"……非是……"这样一种新型的格式，便可确证"非"的否定副词的性质。到魏晋南北朝"……非是……"的判断句已屡见不鲜，同时"……不是……"这种新格式也悄然来临。"……非是……"格式的出现，无疑是"是"字判断句在魏晋南北朝最重要的进展。进入隋唐后"……不是……"句显示出强大的生命力。据唐钰明（1992）的调查，"……不是……"格式在唐代占优势。从唐初的王梵志诗、寒山诗的57%、中唐杜甫诗的83%，发展到唐末《祖堂集》的97%。

3. 助动词修饰判断词"是"，标明了"是"的动词特性

助动词的修饰更加标示了"是"的动词特性。"是"就被视同动词而与指示代词彻底划清了界线。这是代词"是"发展为纯粹的判断词的有力证明。因此何亚南（2004）以助动词修饰判断词作为一个条件，认为判断词"是"的成熟年代

定为公元 4 世纪前叶。

4. 摆脱了语气词"也"字，"是"字成为判断句式的凸显标记

判断句摆脱了语气词"也"字，"是"字成为必要，而非可有可无。系词"是"和语气词"也"由共现慢慢演变为句尾语气词"也"脱落的过程，标志着系词"是"已经完全成熟。这一过程从东汉开始直到南北朝中后期。因此王力断定的成熟年代有一定的说服力。

（三）学界关于判断句成熟期研究的启示

1. 注重研究方法的运用

唐钰明（1992）是通过定量分析的方法进行研究，通过对西汉、东汉文献实际数据的统计与比较，得出东汉"是"字句走向成熟的结论，材料可靠，很有说服力。他还通过同一材料历时对比的分析方法进行研究，使我们能动态地看到历时的变化，如利用了东汉人笺注上古经文，归纳出判断句式的同义异构或句式变换。梁银峰（2012a）借鉴了 Li 和 Thompson（1977）关于非动词性系词有两个重要来源，即第三人称代词和回指性指示代词，它们被重新分析为非动词性系词，都来源于一种"话题－评述"式结构。在这个思路下，对先秦两汉汉语类似结构中回指代词"是"发展为系词的过程进行了解释。

2. 新材料的运用

唐钰明（1992）、汪维辉（1998）利用了东汉汉译佛典的资料，揭示了"不是"否定判断的使用情况，为研究提供新的时间坐标。

3. 注重汉语句式自身规律

王力依据判断动词所具备的句法特性，提出了三大标准，得到学界的普遍认同。许多学者的论文基本围绕着这些特点加以证明。何亚南（2004）则是以现代汉语判断系词的所有特点作为参照标准，这样考虑问题更为全面，为判断词"是"的最后成熟年代作了新的论证。

第三节 判断系词"是"后置特殊表达

在汉语发展历程中,出现了两次异质语言的渗透和影响。第一次是汉译佛经语言的影响,其实质是梵文佛典文法通过译经者的汉语译文影响汉语。第二次是金元时期阿尔泰语对汉语的影响,其影响面比前一次要大而且广。由于在中古的汉译佛经中出现了少数以"是"结尾的特殊判断句:"NP_1,NP_2(表语)+是(后置系词)也/是"判断句。尽管这类句子多在人物介绍的语境中,出现频率不高,且都出现在与佛教有关的特定文献中,因此学界有人认为受到梵文原典语序的影响。也由于在元明时期的文献中出现了特殊判断句的新表达式,因此,也有学者认为这种判断新句型因语言接触而产生。那么,这两次的语言接触对汉语判断句影响程度究竟如何呢?

一、汉译佛典中"NP_1,NP_2+是也/是"判断句

蒋绍愚(2013)指出:这种句式在东汉安世高的译经中还没有,康孟祥和昙果译的《中本起经》中就已经出现。多见于对上文中已出现人物的介绍中。如:

(119)佛告拘怜:尔时忍辱道人者,我身是也。恶生王者,拘怜是也。(《中本起经》卷上)

(120)佛告比丘:尔时天帝者,大迦叶是也。文陀竭王者,则是吾身。(《中本起经》卷下)

在《六度集经》《生经》《贤愚经》《杂宝藏经》《华严经》中很多。如:

(121)彼国王者,弥勒是。(《六度集经》卷一)

(122)时王者,我身是。妻者,俱夷是。子者,罗云是。天帝者,调达是。山中梵志,舍利弗是。鹄母者,吾身是也,三子者,舍利弗、目连、阿难是也。(《六度集经》卷三)

(123)善男子,尔时明净宝藏妙德转轮圣王者,岂异人乎?今弥勒菩萨是也。时宝女妙德成满者,今寂静音夜天是也。妙德眼女者,我身是也。(《大方广佛华严经》卷五十三)

这种用法唐宋也用。如:

(124)若说我家夫主,佛弟难陀是也。(《敦煌变文集·难陀出家缘起》)

（125）善施者，即须达是也。（《敦煌变文集·祇园图记》）

（126）公，制襄州延庆寺祖师堂双声碑文者是也。（《祖堂集》卷十九）

有类似用例。如：

（127）鹅鸟子出身：鹅者鹅州也，**今越州是**。鸟者鸣鹤县也，**今诸暨县是**。（《祖堂集》卷二，按：此为出现在高丽本的夹注里注文）

（128）我丈夫，张协是。（《张协状元》第十五出）

（129）道信禅师，贫道是也。（《五灯会元》卷二）

袁宾（1989）首先注意到汉译佛典中的这种句子，但没有进一步分析。张华文（2000）认为这种句式是原始汉藏语 SOV 结构的遗留。江蓝生（2003）认为汉译佛典中的"N_1 者，N_2 是"句式是受梵文影响，"梵文文法，判断句主语与表语间不用 be 动词……但在强调说明时，可在表语后加上 be 动词。"而汉译佛典中的"N_1 者，N_2 是"句式正是强调式，所以，"汉译佛经中以'是'结尾的特殊判断句很可能是译者受梵文影响而产生的句式。"陈秀兰（2003）也持梵文影响说，朱冠明（2005）、龙国富（2005）赞同江蓝生之说，并举《法华经》的梵汉对勘加以支持。张美兰（2003）认为有两种可能：（一）这个句式产生的基础与上古汉语（B）式"T，NP 是也"式有某种关联。（二）可能与佛经原文句式表达有关。姜南（2010）不同意梵文影响说，她对鸠摩罗什译的《妙法莲华经》中的"S 是 N"74 例和"S，N 是"19 例逐一做了梵汉对勘，认为两种句式的差别不是由梵文的判断词是否放在句末而造成的，"S，N 是"句式跟原典梵语句末是否出现了 be 动词的强调式判断句，没有直接关系；译者主要用"S，N 是"句式来对译原文结构复杂的烦琐句型。无论从汉译的句法表现，还是从所对应的原文来看，"S，N 是"句式都跟汉语常规的"S 是 N"判断句存在诸多差异。

蒋绍愚（2013）指出：先秦文献中的"NP_1，NP_2＋是也"句中"是"不是系词，而是指示代词。然而，中土文献自西汉东汉以来，出现了"NP_1，NP_2（表语）＋是（后置系词）也"判断句式，虽用例不多，却是客观存在，且比汉译佛典的"NP_1，NP_2＋是也"早一二百年，后者汉译佛典是对前者中土文献同类后置式判断句式的仿用或直接继承。汉译佛典中的"N_1 者，N_2 是"，用于人物介绍，但不是一般的陈述介绍，它强调对事实真相的解释说明，是强调式。而这种强调式之所以采用"NP_1，NP_2＋是也／是"句式，不是因为梵文的强调式判断词用在句末，而是因为这种句式适合表达梵文原典强调 NP_2 的语义。

汉译佛典中也出现"S+ 是 O+ 是也"杂糅句式。如：

（130）尔时世尊告诸比丘："我声闻中第一造偈弟子，所谓朋耆奢比丘是；所说无疑难，亦是朋耆奢比丘是也。"（西晋·竺法护译《佛说受新岁经》）

（131）佛告诸比丘："……时绕四城毒蛇者，即是共杀酸陀利四臣是也。"（刘宋·求那跋陀罗译《佛说大意经》）

张华文（2003）指出《史记》唐人注解中有少数此类用例。如：

（132）[陕]州芮城县界有芮国城，盖是殷末虞芮争田之芮国是也。（《史记·秦本纪》张守节正义）

（133）《茂陵书》中有广柳车，每县数百乘，是今运转大车是也。（《史记·季布传》裴骃集解引臣瓒）

《祖堂集》也有1例。如：

（134）所言露地白牛者，露地是所证之法，故即遮那是也；白牛是能证之人，故即是文殊是也；白牛运转，不住此处，故即普贤是也。（《祖堂集》卷二十）

我们对魏晋时期的汉译佛经判断句进行调查，早期汉译佛经判断句中的有判断标记的主要形式还是"A 是 B"。

二、元明戏曲小说中"NP_1+ 是 +NP_2+（的）是也 / 便是"判断句

江蓝生（2003）曾专文讨论过元明特殊判断句的情况，有四类。

A."S+ 是 +N 的 + 便是 / 是也"。如：

（135）小人是屠家张千的便是。（《元刊杂剧三十种·替杀妻》楔子）

（136）自家不是别人，乃是万俟丞相府中堂候官的是也。（《荆钗记》十九出）

B."S+ 是 +N+ 便是 / 是也"（称谓名词N后没有"的"）。如：

（137）我是山西客人，甚黑子便是。（《元曲选·玉壶春》第三折）

（138）此人是孔宣圣一十七代贤孙孔仲山是也。（《元曲选·范张鸡黍》第四折）

（139）我也随自官人，只是久后抬举我便是。（《逆臣录》卷四）

C."S+N 的 + 便是"（主语后不用系词，人名后用"的"）。如：

（140）自家吕洞宾的便是。（《元刊杂剧三十种·铁拐李》第四折）

（141）自家刘员外的便是。（《元曲选·鸳鸯被》第一折）

D."S+N+ 便是 / 是也"（主语后不用系词，人名后也不用"的"）。如：

（142）老夫不是别人，韩魏公便是。(《元刊杂剧三十种·铁拐李》第一折）

（143）贫道，孙膑是也。(《元曲选·马陵道》第一折）

江蓝生（2003）指出：以上四种句型是用来介绍人物身份的特殊判断句，最早见于元人杂剧，多用于元明戏剧及白话小说之中。虽然清代戏剧中也偶有其例，但应是对前代格式的袭用。其共同点是，句末都有"便是"或"是也"。

关于这种句式的成因，学界有不同的看法。对于句末"便是"或"是也"的词性，也有系词与语气词两种意见。江蓝生（2003）认为：我国北方少数民族语言绝大多数都属于阿尔泰语系。阿尔泰语是 SOV 句型的语言，宾语位于动词的前边。突厥语、蒙古语、满语、朝鲜语等语言的判断句有一个共同的特点——在主语和谓语之间没有系词，名词谓语后边有表示肯定的判断动词或助词。历史上汉族与各少数民族长期杂居而处，语言接触的历史悠久，其结果必然带来两种语言的相互影响、相互渗透、相互融合。在契丹、女真、蒙古等少数民族建立政权的辽、金、元等朝代，汉语受阿尔泰语的影响应更为普遍、深入。在汉语的 SVO 句式与阿尔泰语的 SOV 句式相碰撞时，无论是学说汉语的少数民族，还是与少数民族交往的汉族，都有可能使用一种兼容两种语法特点的叠加句式，即：

SVO + SOV → SVOV

我是学生 + 我学生是 → 我是学生是

江蓝生（2003）认为，元代特殊判断句 A 式、B 式就是这样叠加而成的。所不同的是，句尾的"是"前有副词"便"，作"便是"，或"是"后有语气词"也"，作"是也"。这主要是句子韵律上的需要，以双音节词结句，使句子更加和谐稳定，客观上也加强了确认语气。

这种特殊的形式在明清小说偶尔有其用例。如：

（144）娘休惊怪！女儿即是翠浮庵静观是也。(《初刻拍案惊奇》卷三十四）

（145）这六家与荣宁二家，当日所称"八公"的便是。(《红楼梦》第十四回）

我们认为，在《元刊杂剧三十种》《元曲选》中，判断句基本上是以单一的判断标记的构式，主要用"A 是 / 便是 / 乃是 B"句，部分用"A，……B 是也 / 便是"句，而双判断标记"A 是 B（的）便是 / 是也"构式极其少见。这也体现了汉语虽在历史上长期与 SOV 型语言保持接触，其语言结构类型在局部范围内也有某种程度上的变化，但其语言结构的基本格局没有发生根本性的变革，即使是有语言接触还要经受某种语言自身系统规律的管制约束。而"A（乃）是B"判断句的产生并成为汉语判断句的主要句式，是由汉语SVO型语言的内在发展规律所决定的。因此历史上曾有系词在后的判断句与佛经原典或北方语言阿尔泰语判断句有相同的表达方式，或者说它们曾相互影响渗透过，这是句式发展过程中的一种表现，不是句子的根本属性。语言接触有其内在的特点。根据语言经济的原则，这种叠床架屋式的或比较特殊表达的句式终究会消失。

参考文献

曹广顺、梁银峰、龙国富：《〈祖堂集〉语法研究》，开封，河南大学出版社，2011。

陈秀兰：《魏晋南北朝文与汉文佛典语言比较研究》，浙江大学博士后工作研究报告，2003。

丁琪：《〈朝野佥载〉判断句研究》，信阳师范学院硕士学位论文，2019。

董希谦：《古汉语系词"是"的产生和发展》，载《河南大学学报》，1985（2）。

董守志：《东汉－元明否定判断句演变之研究》，载《古汉语研究》，2011（1）。

郭锡良：《关于系词"是"产生时代和来源论争的几点认识》，收入《王力先生纪念论文集》，北京，商务印书馆，1990。又收入《汉语史论集》，北京，商务印书馆，1997。

何亚南：《试论有判断词句产生的原因及发展的层级性——兼论判断词成熟的鉴别标准》，载《古汉语研究》，2004（3）。

洪波：《先秦判断句的几个问题》，载《南开学报》，2000（5）。

洪诚：《论南北朝以前汉语中的系词》，载《语言研究》，1957（2）。

胡湘荣：《从鸠摩罗什的佛经重译本与原译本的对比看系词"是"的发展》，载《湖南师范大学学报》，1993（3）。

江蓝生：《语言接触与元明时期的特殊判断句》，载《语言学论丛》（第二十八辑），北京，商务印书馆，2003。

姜南：《汉译佛经"SN是"句非系词判断句》，载《中国语文》，2010（1）。

蒋绍愚：《也谈汉译佛典中的"NP_1，NP_2+是也／是"》，《汉译佛典语法研究论集》，北京，商务印书馆，2013。

李慧敏：《判断词"是"语法化研究简述》，载《乐山师院学报》，2004（1）。

梁冬青：《出土文献"是是"句新解》，载《中国语文》，2002（2）。

梁冬青：《出土文献"是是"句的再探讨》，载《古汉语研究》，2007（1）。

梁银峰 a：《汉语系词"是"的形成机制》，载《语言研究》，2012（4）。

梁银峰 b：《关于系词"是"的产生年代和形成途径》，载《语言研究集刊》（第九辑），上海，上海辞书出版社，2012。

林序达：《判断词"是"的形成和发展》，载《西南师院学报》，1979（2）。

柳士镇：《〈世说新语〉句法特点初探》，《语言研究集刊》（第一辑），南京，江苏教育出版社，1986。

柳士镇：《试论中古语法的历史地位》，载《南京大学学报》，2001（5）。

柳士镇：《魏晋南北朝历史语法》，南京，南京大学出版社，1992。

柳士镇：《魏晋南北朝历史语法》（修订本），北京，商务印书馆，2019。

龙国富：《从语言渗透看中古汉译佛经中的特殊判断句》，汉语史中的语言接触国际研讨会论文，中国社会科学院语言研究所，2005。

裘锡圭：《谈谈古文字资料对古汉语研究的重要性》，载《中国语文》，1979（6）。

石峰：《〈睡虎地秦墓竹简〉的系词"是"》，载《古汉语研究》，2000（3）。

孙品健：《明清公文语体的语法特征研究》，北京语言大学博士学位论文，2018。

唐钰明：《上古判断句的变换考察》，载《中国语文》，1991（5）。

唐钰明：《中古"是"字句述要》，载《中国语文》，1992（5）。

唐钰明：《近代汉语的判断动词"系"及其流变》，载《中山大学学报》，2009（3）。

汪维辉：《系词"是"发展成熟的时代》，载《中国语文》，1998（2）。

王力：《汉语史稿》，北京，商务印书馆，1980。

王霁云：《从〈诗经〉看古汉语判断词"是"的产生》，载《齐齐哈尔师院学报》，1992（6）。

魏宜辉：《再论马王堆帛书中的"是"字句》，载《东南文化》，2008（4）。

肖娅曼：《汉语系词"是"的来源与成因研究》，四川大学博士学位论文，2003。

袁宾：《敦煌变文语法札记》，载《天津师范大学学报》，1989（5）。

张华文：《试论东汉以降前置宾语"是"字判断句》，载《云南师范大学学报》，2003（1）。

张美兰：《〈祖堂集〉语法研究》，北京，商务印书馆，2003。

朱冠明：《中古汉译佛典语法专题研究》，北京大学博士后出站报告，2005。

朱声琦：《"是"作判断词始于何时》，载《山西师大学报》，1986（3）。

Li, C. N. and Thompson, S. A. A Mechanism for the Development of Copula Morphemes. In Mechanisms of Syntactic Change, C. N. Li（ed），419-444. Austin: University of Texas Press, 1977.

第三章 汉语动补结构的历时发展

> 本章主要内容
>
> （一）重点讲述：动补结构五种语义类型的历时发展状况
>
> （二）重点讲述：中古时期的动结式和动趋式
>
> （三）简单讲述：动补结构不同次类的消长状况
>
> （四）简单讲述："VOC"隔开式、"V将／了$C_趋$"动趋式、"V得／的 C"组合式

　　动补结构（resultative construction），由谓语动词或形容词后带补语两部分构成的结构，也称述补结构。它形式多样、表义丰富，不仅丰富了汉语的表达形式，还间接促使汉语其他语法形式的产生，所以它是汉语句法研究中的热点和难点。

　　动词涉及及物动词（多有施事控管，动作性强，通常带宾语，也称"他动词"，V_t）、不及物动词（多与受事或当事相关，性状性强，通常不带宾语，也称"自动词"，V_i），兼有自动与他动两用（与施事、受事都相关，兼具"动作"和"性状"特征，V_{t-i}），对动补结构的发展至关重要。补语（complement）用"C"表示，补语位于动词、形容词后，起补充说明作用。它可以补充说明动作、状态变化的结果、趋向、可能、程度、情状、数量和处所等。在时间上，补语通常用来表示动作、状态变化的完成、实现、显现等情况。按补语与谓语动词的语义关系可分结果补语、趋向补语、程度补语、可能补语、状态补语、处所补语、

时间补语、数量补语等。

本章主要讨论放在谓词性成分后充当补语的述补结构，即结果补语、趋向补语、可能补语、状态补语和程度补语五种补语构成的动补结构类型的历史发展。对处所补语、时间补语、方向补语、数量补语这几类关涉介词的补语、数量的补语不做介绍分析。

动补结构从构成形式上可分为两个大类：

（A）一种是**黏合式**"VC/VCO/VOC"，如：扑灭、填满、击败、饮酒醉；

（B）一种是组合式，**带"得"字结构的**"V得C/V得OC"，如：吹得散、说得清楚。

黏合式（A）"VC/VCO/ VOC"，可分三大类：结果补语（动结式，补语是一般动词）、趋向补语（动趋式，补语是趋向动词）、程度补语（补语是形容词）。其中动结式最为复杂，可分多种小类，产生的途径各有特点，产生的时间先后不一，是学界争论最热烈的句式。将在第一节专门介绍；趋向补语相对单一，在汉代萌芽，魏晋南北朝各种用法基本具备，将在第二节介绍；程度补语以形容词为主，中古时期已有少数用例，唐宋以后渐渐多见，将在第三节介绍。

组合式"得"字结构（B）的"V得C/V得OC"的补语可分为五类：结果补语、趋向补语、状态补语、程度补语、可能补语。这五类的产生与"得"字的虚化密切相关。除了其中的"趋向补语"类，将在第二节中论述，其他的几类将在第四节介绍。

第一节 结果补语式的历时发展

结果补语式简称动结式，又称黏合式"VC结果补语/VCO"。本节简单介绍学界关于其来源和产生时间的讨论及该句式的发展概貌。

一、动结式的产生及判断标准

这一节的"动词＋结果补语"动结式，补语由单个动词或形容词充当，而且直接与述语动词相连接，表示动作行为的结果，它是将动作和结果融于一个结构之中。正是由于结果补语往往为单音节形容词或不及物动词，且跟动词连接紧密，多数学者将其视为复合词，称"使成复合动词"和"结果复合动词"（太田辰夫，1958/2003）、"使成性复式动词"（周迟明，1957）等。王力在《中国现代语法》（1943/1985）中将这种句式称为"使成式"。吕叔湘（1980）主编的《现代汉语八百词》最早使用了"动结式"这一术语，为学界广泛采纳。这里，我们采用这一术语，称其为"动结式"，并将它跟下文的趋向补语、程度补语、情态补语等动补式区别开来。动结式包括所有的黏合式动结结构以及部分组合式动结结构。这一节只讲黏合式动结结构，部分组合式动结结构将在第四节单独陈述。蒋绍愚、曹广顺（2005）已经专章系统介绍并总结了学界在2003年之前有关对动结式结构的来源、产生的时间和发展动因等四个方面的研究。

　　动词有他动词 V_t（及物动词）与自动词 V_i（不及物动词）之分。从理论上来看，动结式的结构可以有四种："他动词 V_t + 他动词 V_t""他动词 V_t + 自动词 V_i""自动词 V_i + 自动词 V_i""自动词 V_i + 他动词 V_t"。这四种结构现代汉语都有，不过这是历时发展的集合，动结式并非自始就有四种。一般认为，动结式最早产生于带宾语的句法之中，而且动结式的第一成分限于他动词（参见胡敕瑞，2005）。早期的动结式是由连动式"他动词（V_{t1}）+ 他动词（V_{t2}）"后一动词自动词化后而造成的，即王力所谓的"使成式"，太田辰夫和志村良治称之为"使成复合动词"，补语指向述语动词的受事。

　　关于动结式的产生时间，学界争论最大。由于判定标准的差异，大致有余健萍（1957）、周迟明（1958）、姚振武（2015）等的先秦说、王力（1958）等的两汉说、志村良治（1984）、蒋绍愚（1999）等的六朝说、太田辰夫（1958）唐代说四种说法（详见蒋绍愚、曹广顺2005：309-311）。在"及物动词 V_{t1} + 及物动词 V_{t2}"结构中，何时"及物动词 V_{t1}"的语义与充当"V_{t2}"的"杀""得""取""见"等动词本身无关的时候，如有"笑杀""嫁得""穿取""听见"等用法时，这些"笑杀""嫁得""穿取""听见"结构就是动补结构。像"击败""攻破""射伤"等，这些结构在先秦两汉时期是"及物动词 V_{t1} + 及物动词 V_{t2}"动词并列结构，关键是其中的"V_{t2}"何时产生了不及物动词化，或不能用作使动的用法。"V+杀/得/取/见+O"中"杀/得/取/见"，古汉语中是及物动词，如《尚书·盘庚》中的"扑灭"之"灭"，上古汉语中是及物动词。

梅祖麟（1990）论述了"他动词 V_t + 他动词 V_t"结构变为"他动词 V_t + 自动词 V_i"的动补结构（动结式）的四项因素。

蒋绍愚（1999）中指出了学界关于汉语动结式产生的时代讨论分歧的原因：一方面是所依据的材料不完全相同，但更重要的是对"什么是动结式""怎样判定动结式产生的时代"等问题有不同理解。强调：（1）判断是否为动结式，要重视语义，但也不能仅凭语义。（2）许多动结式"V_1+V_2"是由动词并列式"V_1+V_2"发展来的，只有当"V_2"自动词化或虚化，或者自动词不再用作使动，和后面的宾语不能构成述宾关系，这才是动结式。（3）还有一部分动结式最初是以"V+O+C"的形式出现的，这也是动结式产生的重要途径。（4）确定动结式产生的时代，首先要把动词并列式"V_1+V_2"和动结式"V+C"区分开来，同时还须和使动用法何时开始衰微，他动词何时自动化，"V+O+C"形式、动词词缀"得""却""取"、动结式的否定形式等何时出现等问题综合起来考虑。通过对汉魏六朝文献的研究，蒋绍愚最后指出：《史记》中还没有严格意义上的动结式，《论衡》仅"化为""变为"等少数几个可看成动结式，《世说新语》中动结式已经形成，而动结式的否定式出现得较晚，大约在齐梁时才开始形成。

胡敕瑞（2005）根据语义与句法的匹配关系推求动结式的早期形式。"破"类词语充当补语有"VCO""VOC"两种形式，作为早期动结式补语位置上的主要构成成分，其自身兼具"动作"和"性状"两种语义特征；从上古到中古，其"动作"语义特征渐趋减弱而"性状"语义特征日益凸显，因此可把"破"类词语"性状"语义的凸显当作动结式形成的判定标准。胡敕瑞（2005）通过大量"破"类词作饰语的例证说明，从东汉开始这类词的"动作"语义特征逐渐消失而"性状"语义特征纷纷凸显。东汉时期"破"类词语从述宾结构变成偏正结构、主谓结构变成偏正结构，这一变化正好与祝敏彻（2003）所注意到的汉代大量的连动结构到六朝多不复存在、同形的连动结构都变成了动结式这两种现象同步。这说明东汉开始"破"类词的语义的确发生了重大变化，这一变化不但是动结式产生的直接原因，也是动结式产生的明显标志。

宋亚云（2016）以东汉高诱《淮南子注》为研究对象，利用判断动结式的三条综合标准，指出高注中有 26 例 V_1V_2 式可以视为动结式。15 例 V_1V_2 式可以视为动趋式。

最初的动补结构，补语语义是指向动词的，之后发展出指向受事、指向施事。

吴福祥（1999）根据补语的语义指向分别有指向动词、指向受事、指向施事的情况，把动补结构分成三类。他指出："指动补语产生最早，东汉已见，主要来自连动式中 V_{t2} 的自动词化。指受补语的产生时间次之，南北朝已见，主要源于 'V_t+$V_{i\to t}$+O' 中 '$V_{i\to t}$' 使动用法的消失。指施补语出现最晚是在宋代，主要源自 '[V_t+V_i]+[O]' 的结构变化以及 'VOC' 中 'C' 位置上自动词的代入及替换。"张美兰（2003）曾指出：指施补语至迟在晚唐五代出现。

总而言之，从最早期类型的连动式演变成动结式，基本可以归结为：动补结构萌芽于东汉、成熟于魏晋六朝，唐宋较为常见。因此我们对动结式的历史发展概貌从中古开始介绍，重点介绍中古的用法特点，简介唐宋以后的用法。

二、中古时期

魏晋南北朝时期是述补结构发展的重要阶段，很多重要的述补结构的类别和格式在这个时期开始萌芽，并有了进一步的发展。柳士镇（1992/2019）、黄增寿（2002）、崔达送（2005）等都分别有专书甚至是专类的断代研究。张丹凤（2007）、马克冬（2009）中动趋式述补结构的分析，还有武宏（2007）、李平（1987）等的研究，本节在诸家已有的研究基础上展开介绍。

（一）补语为不及物动词

1. 及物动词 V_t+ 不及物动词 V_i

该种类型有 VC、VCO、VOC 三种句式。如：

（1）陛下闻之，岂不惕然恶其如此，以为难卒**讨灭**，而为国忧乎？（《三国志·魏志·高堂隆传》）

（2）**收讫**，即急耕，依去年法。（《齐民要术》卷三）

（3）调伏诸根，所染着处，皆悉**除断**，不令点污。（《佛本行集经》卷二十三）

（4）泰每以一方有事，辄以虚声**扰动**天下。（《三国志·魏志·陈泰传》）

（5）祜恶其言，遂**掘断**墓后，以坏其势。（《世说新语·术解》）

（6）于此时，附地**剪却**春葵。（《齐民要术》卷三）

（7）**作白事成**，以见存。（《世说新语·政事》）

(8)**散**蚕讫,又薄以薪覆之。(《齐民要术》卷五)

(9)太子之手执于剑已,一下**斫**七多罗树**断**。(《佛本行集经》卷十三)

2. 不及物动词 V_i + 不及物动词 V_i

该种类型主要有 VC 句式。如:

(10)建安十三年,太祖征表,未至,表**病死**。(《三国志·魏志·刘表传》)

(11)韩康伯母,隐古几**毁坏**。(《世说新语·贤媛》)

(12)苏峻既至石头,百僚**奔散**,唯侍中钟雅独在帝侧。(《世说新语·方正》)

(13)以水研而治书,永不**剥落**。(《齐民要术》卷三)

(二)补语为及物动词(及物动词 V_t + 及物动词 V_t)

1. V+ 一般及物动词补语

该种类型有 VC、VCO 两种句式。如:

(14)乃密遣数骑举幡于东山上,令房等**望见**。(《三国志·魏志·程昱传》)

(15)魏武征袁本初,治装,余有数十斛竹片,咸长数寸,众云并不堪用,正令**烧除**。(《世说新语·捷悟》)

(16)桓部兵将**攻取**油船,或别击雕等。(《三国志·吴志·朱桓传》)

(17)勋既行,策轻军晨夜**袭拔**庐江。(《三国志·吴志·孙破虏讨逆传》)

(18)晔因自引取佩刀**斫杀**宝,斩其首以令其军。(《三国志·魏志·刘晔传》)

(19)生布**绞取**浓汁,涂盘上或盆中。(《齐民要术》卷四)

2. "V 得" 动结式

"得"跟 V 关系紧密,语义上只表示 V 的实现、有结果,语法上成为 V 的后附加成分。有"V 得"和"V 得 O"两种形式。所修饰的动词一类是与补语"得"语义相同相近的"取得"类动词,一类是与补语"得"语义不同的非取得类动词。位于取得义动词后,补充说明动词的结果。如:

(20)民垂泣而去,后竟**捕得**。(《三国志·魏志·武帝纪》)

（21）寄便放犬，犬就啮咋，寄从后斫得数创。（《搜神记》卷十九）

（22）锄得五遍以上，不烦耩。（《齐民要术》卷一）

（23）我师法中，教我有此一昆陀论，名为先有，我亦诵得。（《佛本行集经》卷三）

（24）吏于人家索得酿具，论者欲令与作酒者同罚。（《三国志·蜀志·简雍传》）

（25）遗巳聚敛得数斗焦饭，未展归家，遂带以从军。（《世说新语·德行》）

（26）时邢峦家常掘得丹砂，及钱数十万。（《洛阳伽蓝记·城内》）

（27）忽梦射得雁，以问元慎。（《洛阳伽蓝记·城东》）

（28）罗刹女等即往救接，一时捉得五百商人。（《佛本行集经》卷四十九）

位于非取得义动词后，在未然语境中，表示实现某一目的，达到某种结果的可能性。在已然语境中，表示动作的实现或动作的结果。如：

（29）尔能为我迎得父还，吾将嫁汝。（《搜神记》卷十四）

（30）购求信丧不得，众乃刻木如信形状，祭而哭焉。（《三国志·魏志·武帝纪》）

（31）凌于后索兵不得，乃单遣一督将步骑七百人往迎之。（《三国志·魏志·满宠传》）

（32）权闻达有书，求之不得，乃录问其女，及发棺无所得，法术绝焉。《三国志·吴志·赵达传》）

（三）补语为形容词

1. 及物动词 V_t + 形容词

（33）季末暗主，不知损益，斥远君子，引近小人。（《三国志·魏志·曹芳纪》）

（34）十日，块既散液，持木斫平之。（《齐民要术》卷二）

黄增寿（2002）指出：《三国志》中"及物动词+形容词"共54例，所有能带宾语的格式，其下词都有使动用法，它们都处在词组式动结结构阶段。

（35）叔度汪汪如万顷之陂，澄之不清，扰之不浊。（《世说新语·德行》）

（36）炊饭**熟**烂，曝令干，细筛。（《齐民要术》卷九）

柳士镇（2019）在论述中古汉语这类动补结构时指出：少数宾语也可以位于述语与补语之间，这种述补分用式的存在，同样表明与之相对应的复合形式的结合还不是十分紧密。

（37）刊**定**未毕，臣私门凶祸。（《南齐书·王珪之传》）

柳士镇（2019）还指出：及物动词如果不出现宾语，那么充任补语的形容词更侧重于表明述语动词动作的结果所具有的性质。

2. 不及物动词 V_i + 形容词

中古时期，这一类结构用例更少见。如：

（38）后主渐**长**大，爱宦人黄皓。（《三国志·蜀志·董允传》）

（39）贤以大宛贡税**减**少，自将诸国兵数万人攻大宛。（《后汉书·西域传》）

（40）浑蒸，**曝**干，春去皮，米全不碎。（《齐民要术》卷二）

黄增寿（2002）指出：《三国志》中"不及物动词+形容词"共10例，所有不能带宾语格式的形容词语义上都指向主语，它们都处在词组式动结构阶段。《齐民要术》中述语是不及物动词，补语是形容词的动结式，仅有2例。

三、唐宋

（一）唐宋动补结构的主要特点

唐宋时期动结式的各种类型在中古汉语的基础上都得到进一步发展，为此只介绍该类句式的主要特点。

1. "V+C+O" 格式成为主要格式

宾语处于述语和补语何种位置，是句式类别的一个重要问题。魏晋南北朝时期，"述语+补语+宾语"常用，"述语+补语"次之，"述语+宾语+补语"最少。到了唐代，有些"V+O+C"格式的述补结构开始有了"V+C+O"的格式。到了宋代，"V+C+O"句式大幅度增加。如：

（41）作是念言："以何物剃**除**鬓发？"（《祖堂集》卷一）

（42）其僧待师去后，**打破**家具**杀却**火，长伸瞌睡。（《祖堂集》卷

十六）

（43）**皎皎意珠，照彻青丘之境**。（《祖堂集》卷十七）

（44）**打动关南鼓**，尽唱德山歌。（《祖堂集》卷十九）

（45）与阿耶三条荆杖来，与打杀前家歌（哥）子！（《敦煌变文集·舜子变》）

（46）金珠与我，万事俱休。稍稍稽迟，一查打杀了你！（《张协状元》第九出）

（47）至夜师旋，计其岸上之尸，凡二千七百余人，**射死万户一人**。（《三朝北盟会编·中兴遗史》）

2. "V+得/不得（O）"结果补语句更为常见

动词"得"用于主要动词后，充当能性补语，表示活动或动作的能性。肯定式是"V+得"，否定式是"V+不得"。如果带宾语"O"，就有"V+O+得/不得"和"V+得/不得+O"。

表肯定的"V得"式。如：

（48）长庆代云："行者还**出得**摩？"（《祖堂集》卷五）

表肯定的"V得O"式。如：

（49）**领得真实法**，非真亦非伪。（《祖堂集》卷一）

（50）使人说得是与不是，实与不实，如何**瞒得国相元帅**？（《三朝北盟会编·山西军前和议录》）

表否定的"V不得"式。如：

（51）如此，则空费往来，**和合不得**。（《三朝北盟会编·燕云奉使录》）

（52）南朝得北朝地，固不能守。北朝得南朝地，岂**守不得**？古人有守得者。（《三朝北盟会编·靖康城下奉使录》）

表否定的"VO不得"式。如：

（53）九座今日向孤峰绝顶驾一只铁船，**截断天下人要津，教他挥篙动棹不得**。（《五灯会元》卷十六）

（54）南赡部洲打一棒，东倾西侧，不免且收在开圣手中，**教伊出气不得**。（《五灯会元》卷十六）

表否定的"V不得O"式。如：

（55）你也**恋不得皇宫内苑**，**宠不得皓齿朱颜**，**虐不得万邦黎庶**。（《大

宋宣和遗事》）

石毓智、李讷（2001）对刘坚、蒋绍愚主编的《近代汉语语法资料汇编》（宋代卷）的17篇文献中"不得"述补结构中宾语位置变化进行了统计：《已卯入国奏请》《河南程氏遗书》《碧岩录》《三朝北盟会编》中"V+O+不得"有14例，没有出现一例"V+不得+O"格式；而从《朱子语类》开始，"V+O+不得"逐渐向"V+不得+O"转变，在《虚堂和尚语录》《简帖和尚》《杨温拦路虎传》《宋四公大闹禁魂张》《张协状元》中"V+不得+O"的用例均超过"V+O+不得"。

从"VO不C""V不CO"在宋元明清时期使用的情况看，在元代以前，主要是"VO不C"式，张美兰（2003）统计《祖堂集》中有25例"VO不得"，其他成分补语的"VO不C"有6例。魏培泉（2004）统计出《朱子语类》中"VO不得"有260例，而"V不得O"仅71例。元以后"VO不得"多在南方人编著的语料中。在元曲中多为"V不得O"。但在今天的南方方言里仍用"VO不得"，如吴语、赣语、湘语、客语、西南官话、下江官话的部分地区等。同样，今天南方的非官话方言几乎都是以"VO不C"为主，包括吴语、徽语、赣语、湘语、客语、粤语、闽语，在江淮官话、西南官话区"VO不C"也有相当的势力。

魏培泉（2004）通过调查还发现："VO不C"与"V不CO"在元代以后使用比例有明显差异，在"VO不C"替换为"V不CO"的发展过程中，代词、单音名词、复音名词是不对称的。

3."V+形容词"型动结式成为比较成熟的句式

太田辰夫（1958/2003）称补语为形容词的动结式为"结果复合动词"，他认为"结果复合动词是由使成复合动词类推而来的。它的确立比较晚，直到唐代还几乎不用"。如：

（56）母若**食饱**，由如夹口之中；母若饥时，生受倒悬之苦。（《敦煌变文集·庐山远公话》）

（57）有四个水瓶**与添满**，更有院中田地，并须扫却。（《敦煌变文集·难陀出家缘起》）

一般来讲，这种由形容词充当补语的动结式，补语多是指向动作的。南宋朱熹的《朱子语类》已有很多用例，作补语的成分多是单音节或双音节的形容词。如："久""多""彻""偏""过""粗""宽""阔""缓""慢""快""轻"

"重""详""密""精""紧""子细""周遮""深厚""分明""分别""明快""透彻""通透""精博""精透""开阔""分晓""晓然""齐整""尖巧""闲慢"等（陈丽，2001）。如：

（58）后委郑承看验，逐项**剖析**子细，乃知其情。(《朱子语类》卷一百零六)

（59）虽曰州郡富厚，被人**炒**多了，也供当不去。(《朱子语类》卷一百一十六)

现代汉语里，这种由形容词充当补语的动结式已成为最具能产性的类型。

四、元明清

元明清时期，动结式中述语动词和补语的搭配更加丰富，主要有VC、VCO、VOC。如：

（60）你问我缘由，我对你**说破**，看怎生支对！(《元刊杂剧三十种·东窗事犯》第二折)

（61）看那射着的弓手，那人左胳膊上**射伤**，不曾伤了性命。(《古本老乞大》)

（62）与我将这白杨树**砍倒**了，刮去了皮。(《元曲选·夜走马陵道》第四折)

（63）你要是拿着比看，那就**差远**着哩。(《醒世姻缘传》第六十五回)

（64）又把我**推落**水中，箱子都抢去。(《型世言》第二十五回)

（65）宝玉黛玉二人心里有病，听了这话，早把脸**羞红**了。(《红楼梦》第三十回)。

（66）**写定**文书，借与他来，到今一年半了。(《朴通事谚解》)

（67）豹子**咬杀**了和尚，喫了头脑，跳墙走去了。(《训世评话》第四十五则)

（68）**收拾**行李**停妥**，单等吉日起身。(《醒世姻缘传》第五十二回)

元明时期，"V+得O"与"V+不得O"完全占据了优势。如：

（69）却**读得**一肚皮好书，便韬略星卜，无所不晓。**做得**一手好文字，至诗歌柬札，无所不工。(《型世言》第十四回)

（70）只听得一片读书之声，远近左右，声彻一村。(《歧路灯》第一回)

（71）这街坊都是他用钱买转了的，**听不得**他说话。(《元曲选·灰阑记》第二折)

（72）凡事只忍耐些，如今我做了这生意，也便**丢不得**手。(《型世言》第三回)

五、"$V_{vt}+O+C_{vi}$"格式（隔开式动结式）

"$V_{vt}+O+C_{vi}$"格式中，V_{vt}与C_{vi}两个动词所表示的行为一前一后，后一行为是前一动词的结果，在语义表达上与动结式相同，O 位于两个动词之间，王力（1958/1980）称之为隔开型的使成式。这儿沿用王力"隔开型"之说法，用"隔开式"①。关于隔开式动结式的产生年代，蒋绍愚（1999）认为它是魏晋南北朝时期新产生的语言现象。其出现的动因，那就是要让 $V_{vt}V_{vi}O$ 的 V_{vi} 自动词化凸现出来，进一步影响到 $V_{vt}V_{vi}O$ 中 V_{vi} 自动词化。如：

（73）良久不悟，声气转急。女乃呼婢云："**唤江郎觉**。"（《世说新语·假谲》）

（74）庾仲初作《扬都赋》**成**，以呈庾亮。（《世说新语·文学》）

（75）时王志盛，不顾后世，寻拔利剑，**斫右手断**，次斫左手。（竺佛念译《出曜经》卷二十三）

（76）太子之手，执于剑已，一下**斫七多罗树断**。（《佛本行集经》卷十三）

（77）列士抱石而行，遂即**打其齿落**。（《敦煌变文集·伍子胥变文》）

（78）有一黑疣子，常以手**捻之平**。（《三朝北盟会编·中兴遗史》）

（79）独立岩头攀茶来折，岂知道失脚，似刀**斫臂折**。（《张协状元》第四十一出）

元明清时期继承了前期的旧式。如：

（80）别无甚献贺，为**救俺母亲活**，上圣，交张屠无奈何？（《元刊杂剧三十种·小张屠》第二折）

（81）过得些桥横独木龙腰瘦，见数点鸥，厮趁逐，**妆点楚江秀**。（《元刊杂剧三十种·竹叶舟》第三折）

（82）须臾，**递酒毕**，各归席坐下。（《金瓶梅词话》第十六回）

（83）尤氏答应着，待贾母**漱口洗手毕**。（《红楼梦》第七十五回）

---

① 关于这个句式，梁银峰（2006）专门称"V_1+NP+V_2"做"新兼语式"。认为 V_2 是典型的表状态的不及物动词逐渐进入兼语式，V_2 独立性强，在语法地位上没有依附于前面的成分而虚化为补语，是一种致使连动结构。见梁银峰：《汉语动补结构的产生与演变》，139~146页，上海，学林出版社，2006。

"VOC"格式在中古后期和唐代最为活跃,宋代以后逐渐少用。周晓林(2007)研究了元明清时期动结式的"动+宾+补"形式,发现这一形式在元明清时期仍然存在,且非个别的语言现象。该式在现代汉语中基本绝迹。

第二节 趋向补语式的历时发展

趋向补语式又称动趋式("VC$_{趋}$")。动趋式述补结构表示人或事物位移的方向,补语由趋向动词"来""去""下""上""过"等和复合趋向词语"上来""下去""过来"等充当,其否定形式为"V不C"。语义上以表趋向义为主,部分表结果义,少数表动作的状态。唐宋以来还产生了组合式的"V+将+C$_{趋}$""V+了+C$_{趋}$""V+得+C$_{趋}$"结构的形式,在元明时期尤其是明代这三种在动词和趋向补语之间带动态助词"将""得""了"的结构还很发达,它们与"VC$_{趋}$"结构在语义上没有本质区别,随着助词系统内部的调整和发展,"将"和"得"逐渐被"了"所取代,清代开始"动将C$_{趋}$"和"动得C$_{趋}$"用法逐渐减少,在现代汉语普通话中也消失了,"动了C$_{趋}$"沿用至今。在这一节,也会将组合式"V将C$_{趋}$"/"V了C$_{趋}$"/"V得C$_{趋}$"述补结构列入一起陈述。

一、黏合式动趋式 "VC" "VCO" "VOC" "VCOC"

关于趋向补语的产生时代也有多家观点。杨建国(1959)的先秦说,祝敏彻(1958)的汉代说,孙锡信(1992)、柳士镇(1992)的魏晋南北朝说,太田辰夫(1958/2003)的唐代说。其中孙锡信(1992)提出了判断的三个条件:趋向动词的词义有一定程度的虚化;趋向动词不表示主语的行为;动词+趋向动词整个结构支配结构宾语。柳士镇(1992/2019)专节设立"动趋式"。指出魏晋南北朝动趋式的主要特点表现在词汇意义较虚,仅表示动作位移的方向,不表示具体的位移动作;语义上大都以趋向义为主,少数还可表示结果义或较为虚化的状态义。崔达送(2005)介绍了"**V+C**$_{来/上/下/出/入/进}$(+O)"动趋结构在中古汉语中的用法。梁银峰(2007:1)提出汉语趋向补语结构产生于中古（六朝至唐），由上古汉语趋向连动结构发展而来，导致趋向补语结构产生的演变机制是重新分析和类推，演变为单趋式的机制是重新分析，而双趋式的衍生机制是类推。趋向补语可看作是结果补语内部的一个次类，趋向补语是一种广义的结果，是动词所表示的动作一个方向性（非显性）的完结点，语义也有实义和虚化之分。玄玥（2018）在《完结范畴与汉语动结式》的第七章《趋向义动结式》也说明了趋向补语是一种广义的结果。在唐宋以来的汉语中，随着"V 将 $C_趋$""V 得 $C_趋$""V 了 $C_趋$"的产生和消长变化，对动补结构的历时发展至关重要，应该给予重视。

（一）中古

柳士镇（1992/2019）讨论了魏晋南北朝时期出现的几种表趋向述补式结构：趋向动词+趋向动词；不及物动词+趋向动词；及物动词+趋向动词+宾词；及物动词+宾语+趋向动词；及物动词+趋向动词。崔达送（2005）介绍了"来""上""下""出""入""进"六个趋向动词在魏晋至唐代动补结构中做补语的使用情况。（"$V_来$"见第45-46页，"$V_上$"见第155-159页，"$V_下$"见第177-181页，"$V_出$"见第219-228页，"$V_入$"见第260-264页，"$V_进$"见第281-282页）。

1. VC（述语+补语）结构

（84）老翁还入，元宝不复见其门巷。（《洛阳伽蓝记·城南》）

（85）后琅琊郡开阳县言南门一柱飞去，使来视之，则是也。（《洛阳伽蓝记·序》）

（86）京师士子，送去迎归，常在此处。（《洛阳伽蓝记·城东》）

（87）秀携还，具以实陈闻，后遣携送涵回家。（《洛阳伽蓝记·城南》）

（88）临下酿时，宜漉出冻凌，于釜中融之。（《齐民要术》卷七）

（89）彼地方所，有一黑蛇欲得行过。（《佛本行集经》卷四十六）

董乐乐（2011）指出：隋代动趋式述补结构的发展表现在句式方面，各种句式频率有了变化，趋向补语的类型较前代增多。在意义方面，它继承了前代文献中趋向补语表示趋向和结果的语法意义，但是它也出现了表示状态的语法意义，这个意义的出现也是隋代动趋式述补结构的一个特点。

2. VCO（述语+补语+宾语处所名词）①结构

（90）云此浮图陷入地，佛法当灭。（《洛阳伽蓝记·城北》）

（91）狮子亦令送归本国。（《洛阳伽蓝记·城南》）

（92）何况神通感应，不可思量，千里宝幢，百由旬座，化成净土，**踊出妙塔**乎？（《颜氏家训·归心》）

3. VCC（述补结构+补语）结构

（93）象常坏屋败墙，**走出于外**。逢树即拔，遇墙亦倒。（《洛阳伽蓝记·城南》）

（94）粪塔渐高，**挺出于外**，去地四百尺，然后止。（《洛阳伽蓝记·城北》）

（二）唐宋

1. VC 或 VC₁C₂ 结构

（95）我有折脚铛子，要伊**提上提下**。（《祖堂集》卷四）②

（96）诸和尚子，这个事古今排不到，老胡**吐不出**。（《祖堂集》卷十二）

（97）有一日，大师领大众出西墙下游行次，忽然野鸭子**飞过去**。（《祖堂集》卷十五）

（98）观天理，亦须**放开**意思，开阔得心胸。（《河南程氏遗书》卷二）

（99）所有合要户口，宣抚司见行根捉，才获时即**发遣过来**。（《三朝北盟会编·燕云奉使录》）

2. VOC 结构

（100）特许燕云与南朝候两三日，便**引兵去**。（《三朝北盟会编·燕云奉

---

① 这一组中"去"比较特殊，可以二解，本节不列入补语之列。如：（1）袁彦道齿不合，遂厉色**掷去**五木。（《世说新语·忿狷》）（2）**剪去**毛，以泔清净洗。（《齐民要术》卷六）

② 张美兰（2003）指出：《祖堂集》中做**补语**的单音趋向动词有"下₃₀""上₁₀""入₂₄""出₆₇""起₉₀""过₃₁""来₃₇₄""去₁₃₉"，**复合趋向动词**"下来""上来""过去""出去""起来""出来"，共14例。本节《祖堂集》用例，皆取自张美兰：《〈祖堂集〉语法研究》，277~288页，北京，商务印书馆，2003。

使录》)

（101）伦下楼，已先备恶少数人在楼下，令传呼侍郎来。（《三朝北盟会编·中兴遗史》）

3. VCO 结构

（102）师云："虾跳**不出斗**。"（《祖堂集》卷十三）

（103）**打起**绿油吊窗，看修竹湖山之景。（《大宋宣和遗事》）

（104）粘罕令引过，尽**脱掉**衣服，用索执缚。（《三朝北盟会编·北记》）

4. 宾语在复合趋向补语的前后位置

第一，VOC$_1$C$_2$，这是唐宋的常用形式。如：

（105）大众喜不自胜，**打钟上来**。（《祖堂集》卷四）

（106）僧对云："这个僧**将状出去**。"（《祖堂集》第十四卷）

第二，VC$_1$OC$_2$，这是宋代新产生的用法。如：

（107）宋江见官兵已退，**走出庙来**。（《大宋宣和遗事》）

（108）**飞下**一个仙鹤儿**来**。（《大宋宣和遗事》）

趋向补语的基本的语法意义是表示趋向意义，随着趋向动词的虚化，唐宋时期趋向补语还可以表示结果意义[①]和状态意义。

二、组合式动趋式"V 将$_{助词}$（+O）C$_{趋（来>去）}$"

"V+将（O）+V趋"结构是一种组合式补语结构，"将"为结构助词，趋向补语多表示一般的趋向义，少数表示结果或持续的动态义。该句式在魏晋南北朝时期还是连谓性结构，到了唐五代渐趋成熟。早期"V+将（O）+V$_趋$"结构

---

① 崔达送（2005）指出在"V 来"结构中，如果"V"是位移动词，则"来"是趋向补语如"下来""入来"；如果是位移动词，则"来"是结果补语，如"取来""送来"。在"V 来 O"结构中，如果"V"是非位移动词，"来"是结果补语，如"持其头来"；如果是位移动词，"O"是处所宾语，则"来"是趋向补语；在"VO 来"结构中，仅有一部分"来"会是补语。详见崔达送：《中古汉语位移动词研究》，45 页，合肥，安徽大学出版社，2005。

以简单结构为主①，句中充当补语的成分趋向动词以单音节"来""去"为主，其中又以趋向动词"来"为多。吴福祥（1996）指出：《敦煌变文集》中"V+将+V$_趋$"有100例，仅2例表趋向义的"V+将（O）+去"式，且全是简单的"V+将+V$_趋$"结构。卢烈红（1998）统计出《古尊宿语要》有25例"V+将+（O）+V$_趋$"句，只有1例趋向补语为"去"，仅有1例"V+结果补语C+将+来"式：

（109）师云："要头则斫**将去**。"（《祖堂集》卷十二）

（110）并却咽喉唇吻，速道**将来**。（《祖堂集》卷四）

（111）洞山云："把将德山落底头**来**！"（《祖堂集》卷五）

（112）对曰："请和尚打**破将来**。"（《祖堂集》卷二十，仅此1例"VC将来"）

（113）行者云："开心碗子盛**将来**，无缝合儿合**将去**。"（《古尊宿语要》卷八）

晚唐五代时期复音节趋向动词极少见。《祖堂集》"V+将（O）+V$_趋$"结构共26例，只有1例是"出来"。如：

（114）师云："他时后日若欲得播扬大教去，一一个个从自己胸襟间流将**出来**，与他盖天盖地去摩！"（《祖堂集》卷七）

到了南宋的《朱子语类》趋向动词变得丰富多彩了。据刘子瑜（2002）的研究，《朱子语类》中进入"V+将+V$_趋向$"句的新动向：（A）句中的趋向动词除了"来""去""出来"外，还有部分为"过""上""起""出""起""下去"等；（B）句中的中心动词用双音节的多起来；（C）以趋向动词"去"充当补语的成分的，例子最多，有169例。复合趋向动词所占比例也多；（D）该结构有80%出现于动态义补语结构，尤其以"V+将+去"结构占多数。如：

（115）文字在眼前，他心不曾着上面，只是恁地略绰**将过**。（《朱子语类》卷十四）

（116）如兴体不一，或借眼前物事说**将起**，或别自将一物说起。（《朱子语类》卷八十）

---

① 《祖堂集》《古尊宿语要》《景德传灯录》分别仅有1例"V+结果补语C+将+来"式。如：
（1）对曰："请和尚打**破将来**。"（《祖堂集》卷二十）
（2）求得**将来**，他心慧眼观之，如吃脓血一般。（《景德传灯录》卷二十八）
（3）你凭个什么捉得**将来**？（《古尊宿语要》）
这些都反映了早期"V+将+V$_趋$"结构的用法特点。

（117）天下事体，固是说道当从原头理会来，也须是从下面细处**理会将上**，始得。(《朱子语类》卷一百零六)

（118）如一个船阁在浅水上，转动未得，无那活水**泛将去**，更将外面事物搭载放上面，越见动不得。(《朱子语类》卷一百二十一)

元明时期复音节趋向动词比较常见。"V趋"补语双音节的用法趋多，还可以作为小句出现。如：

（119）我说来的言词你**寄将去**，休忘了我一句。(《元刊杂剧三十种·严子陵》第二折)

（120）〔净云〕哦，只抓个机儿**抬将来**。〔张千云〕也**抬不将来**。(《元曲选·张天师》第二折)

（121）官人便差人去**地将来**，看果然便是死的白狗。(《训世评话》第三十九则)

（122）不一日，闯到一个山里，一条路**走将进去**。(《型世言》第十七回)

还与处置式、被动句混套使用。如：

（123）两个人冲着我马头，被祗从人**打将一个去**了。(《元曲选·渔樵记》第一折)

（124）这行者将一个假葫芦儿**抛将上去**。(《西游记》第三十三回)

（125）如今把满洞群妖**点将起来**，万中选千，千中选百。(《西游记》第七十六回)

（一）元明清

1. VC 结构

（126）那贼人将那人的缠带**解下来**看时，却是纸，就那里**撒下**走了。(《古本老乞大》)

（127）粪拾在筐子里头，**收进来**，休教别人将去了。(《古本老乞大》)

（128）吕达满心欢喜，一个翻身竟**跳上去**。(《型世言》第三十七回)

（129）四顾无人，他便起个恶念，将船**拨开去**。(《型世言》第二十五回)

2. VCO 结构

（130）刘氏听得，惶忙走到军中，要**救出丈夫**。（《训世评话》第十四则）

（131）咱如今**烧起油锅**，入去洗澡。（《朴通事谚解》）

（132）**掩了县门**，叫带过那强盗来。（《型世言》第二十二回）

3. VOC 结构

（133）鲍雷见众人应了，便又**取酒来**。（《型世言》第三十三回）

（134）我等三日再来**取你女儿去**。（《训世评话》第二十二则）

4. 复合动词"VO C_1C_2"结构、"VC_1OC_2"结构和"VC_1C_2O"结构

第一，"VO C_1C_2"结构，延续了唐宋用法的特点。如：

（135）如今不免叫过梅香**将酒过来**。（《小孙屠》第十出）

（136）俺李屠孩儿**还魂过来**了！《元刊杂剧三十种·铁拐李》第三折）

（137）正在攀谈，贵梅**拿茶出来**与婆婆。（《型世言》第六回）

（138）果然厅上**走一个穿白的官人出来**。（《今古奇观·沈小霞相会出师表》）①

（139）一顿抓拐，**打那光棍出去**。（《今古奇观·杜十娘怒沉百宝箱》）

（140）少顷，宝剑**拿茶上来**，茶杯也是家人皮套带来的。（《歧路灯》第十六回）

第二，"VC_1OC_2"结构②（宾语嵌入式），这个形式元明开始多见。如：

（141）我道他**支出我去**，好歹与孙福叔叔说些话也。（《元刊杂剧三十种·铁拐李》第二折）

（142）子除是九重天滴溜溜**飞下一纸赦书来**！（《元刊杂剧三十种·薛仁贵》第二折）

（143）就那里拿起一块大石头，把那人头上打了一下，**打出脑浆来**死了。（《古本老乞大》）

---

① 该句在北京官话《今古奇观·沈小霞相会出师表》中，改编成："直等到两点多钟，快三点了，就见起厅房里出来一个穿白的大爷，出了衙门，就走了。"

② 复合趋向动词中间常常插入宾语成分，语义与宾语置于复合趋向动词之后一致。若要将宾语提前，则多构成由"把""将"引进的处置式，这些与现代汉语没有差别。

（144）船里一个强盗，把我母亲**推下水去**。（《型世言》第二十五回）

（145）公子只道他是要整理整理衣裳，忽听得喀吧一声，就从衣襟底下忒楞楞**跳出一把背儿厚、刃儿薄、尖儿长、靶儿短、削铁无声、吹毛过刃、杀人不沾血的缠钢折铁雁翎倭刀来**。（《儿女英雄传》第六回）

（146）一面惊异，**想起长山的言容，并方才所换的衣服来**，心下益觉诧异。（《春阿氏》）

（147）但是仙鹤就**瞧出这石头是被风摇动的来**，已经不怕了。（北京官话《伊苏普喻言》）

第三，"VC₁C₂O"结构（宾语后置式），这个形式清代才出现。如：

（148）对账房阎相公说，**取出一床铺盖**，送到西厢房去。（《歧路灯》第一回）

（149）**摆上饭来**，还说某道题省的，某道题一时恍惚。（《歧路灯》第一百零二回）

（150）又**验出来许多伤痕**，把一干人一齐带进城来。（《歧路灯》第十三回）

（151）王经千在腰间纸袋内，**掏出来一张揭约**，王中早把算盘放在桌上。（《歧路灯》第四十八回）

郝琦（2018）专题论述清中叶以来北京话述趋式带宾语语序的历时变化，指出：清末以宾语嵌入式为优势语序，嵌入式不排除定指宾语，能接受非常长的宾语，几乎无后置式。大致也是反映了清末的现状。但是后置式《歧路灯》已见，可以补充。

可见，近代汉语复合动趋式带宾语有三种语序：早期的"V+O+C_{趋1}+C_{趋2}"，后来逐渐发展出的"V+C_{趋1}+O+C_{趋2}"和"V+C_{趋1}+C_{趋2}+O"，后者逐渐取得优势。张伯江（1991）在讨论复合动趋式带宾语句式语序变化时指出，这两种格式使用频率消长的原因主要有：第一，单音节述语要求一个补语性质的单音节成分贴在其后构成一个双音节单位，即汉语韵律双音节化特征导致 C_1 前移。第二，趋向词有"结束动词之势"的"结动词"性质，近代汉语发展的一个重要趋势是光杆动词直接带宾语现象逐渐被"动词+结动词+宾语"的形式替代。第三，趋向词的语义经历了从"趋向义"到"结果义"再到"动态义"从实到虚的过程，句末是语义的焦点，随着意义虚化的复合趋向动词的出现及前移，趋向补语就有了前移的趋势。

（二）动趋式的语义特征

动趋式在明清时期发展得越来越完善。从语义特征看，趋向义是趋向动词的基本意义，结果意义是趋向意义的引申和虚化，而状态意义则更加虚化[①]。宋元以来，就"V+C$_{趋1}$+O""V+C$_{趋1}$+C$_{趋2}$"式而言，这种状态语义表达用例在逐渐增多。如：

（152）为人忒性劣，**结下雠冤**，怎肯成亲？（《刘知远诸宫调》第一回）

（153）百姓每见在上的人如此，也都争斗**劫夺起来**。（《大学直解》）

梁银峰（2007）认为汉语趋向补语的语义演变呈现出"趋向意义＞结果意义（＞时体意义）"的规律性路径，演变的机制主要是"隐喻"。"动趋式"中，趋向动词作补语，从早期只做趋向补语，发展为以趋向补语为主、结果补语次之，到唐宋还发展出状态补语的用法。趋向动词的虚化、引申现象较以前要多见和复杂。趋向补语意义越来越虚，补语的虚化程度越来越高，能够进入动趋式的述语动词的范围越来越广泛，从而最终使一部分趋向补语成分虚化成为表示状态貌的助词，如"来"已经发展成可作事态助词和语气助词在句中使用。这个发展过程也在一定程度反映了汉语在词义和句法两方面演变的一般规律。

三、组合式动趋式"V得C$_{趋（去＞来）}$"/"V得/的OC"

"V得C$_{趋}$"本应放在本章第五节"V得/的$_{助}$（O）C"句部分，因此处C是趋向动词作补语，故安排在本节，特此说明。该句式在唐代已见。如：

（154）远江吟得**出**，方下郡斋东。（李咸用《登楼值雨二首之一》）

（155）见即见，若不见，纵说**得出**，亦不得见。（《祖堂集》卷三）

（156）雪窦引在颂中，用比德山再入相见，依旧被他跳得**出去**。（《碧岩录》卷一）

（157）如今未曾看得正当底道理**出**，便落草了。（《朱子语类辑略》卷七）

（158）便怎能够挽蟾宫，攀折得桂枝**来**？（《元刊杂剧三十种·介子推》第一折）

（159）如水之初定，静则定**得来**久，物不能挠。（《朱子语类》卷九十四）

[①] 按：表状态的句子。如：只一路都是逆水，水势滔滔汩汩滚下来。（《型世言》第三十四回）

（160）吃得来东倒西歪，后合前偃，哕得来吐天吐地。（《元刊杂剧三十种·薛仁贵》第二折）

（161）洒家听的说，我放的秀才去了。（《元曲选·荐福碑》第二折）

（162）我不理会的，不曾将得来。（《朴通事谚解》）

（163）却闪得入树背后去，只见数个士兵急急走得喘做一堆，把刀枪拄着。（《水浒传》第四十一回）

（164）那大爷把差人打了十板，将我放的来了。（《醒世姻缘传》第二十三回）

在动补结构系统中，受到语言经济原则的制约，表结果的"V得C$_趋$"被"V了C$_趋$"或不带"得"的"VC了"替代。在现代汉语中"V得C$_趋$"只在表示可能的语义环境下使用。

四、组合式动趋式"V了C$_{趋（去＞来）}$"

"V了C$_趋$"结构中的"了"是动态助词。根据陈刚（1987）、武振玉（1991）等的研究，"V+了+C"在宋代已出现，元代较少出现，到明代该结构的出现频率开始增高。补语趋向动词早期多为单音节"去"，后来发展为也可以是复音节趋向动词。如：

（165）不是别人，是鲁斋郎强夺了我浑家去了。（《元曲选·智斩鲁斋郎》楔子）

（166）**抬了去**时，到十五里地山底下，杠折了。（《训世评话》第四十六则）[①]

（167）大哥把这好话儿莫与他说，他听了去，又降别人。（《西游记》第六十五回）

（一）表趋向义

"V了C$_趋$"这种格式基本用在表示趋向义的动趋式中。

（168）拥出五六十个妖邪，将三藏、从者**揪了上去**。（《西游记》第十三回）

杨德峰（2004：17）指出：只是在十六七世纪的作品中用"动+了+趋"式

---

① 按：在《训世评话》中，"V了C$_趋$"格式共有7例，均为单音节趋向动词"去"。

来表示当时出现情景的都不太多，大都用来表示过去的或设想的情景，或用于命令。如：

（169）口里恨恨地道："他又不是我亲兄弟，赶了**出去**便罢。"（《水浒传》第四十四回）

杨德峰（2004：19）还指出：这种用法明初并不普遍，处于兴起阶段。到了清中叶虽然使用频率有所增加，但是也还没有完全用开。清末，该用法处于衰退阶段。20世纪70年代以后基本不用了。

（二）表结果义和状态义

"V了$C_趋$"这种格式，结果义和状态义的用例很少。

《西游记》中，表结果义的"V+了+$C_趋$"都是由简单趋向补语构成，且未出现表状态义的"V了$C_趋$"的用例。如：

（170）不想贼兵乱起，家里大小人口都被抢**了去**。（《训世评话》第四十七则）

（171）大哥把这好话儿莫与他说，他听**了去**，又降别人。（《西游记》第六十五回）

（172）〔正末云〕兀那厮，俺嫂嫂呢？〔店小二云〕着人拐**的去**了。〔正末云〕怎生着人拐**将去**了也。……着他拐**了**我浑家**去**，可怎了也。（《元曲选·黑旋风》第二折）

"着人拐将去了也"与"着他拐了我浑家去"，上下文出现，正是"V将去"与"V了去"的区别。曹广顺（1995）指出："动＋将＋补"，宋以后经过元代的反复，终于随着助词系统的调整和助词"了"的发展，逐渐走向消亡。

第三节 动相补语式的历时发展

早在20世纪70年代，赵元任先生就提出了"phase complement"的术语，吕叔湘（1979）翻译《汉语口语语法》时，将之翻译为"动相补语"。丁邦新（1980）将之翻译为"状态补语"。"动相补语"是从述补结构的补语里虚化出来的，是表示动作（或状态）已实现或有结果的补语性成分。吴福祥（1998）曾把"动＋

了+宾"表示动作完成义、动作实现义的补语称为动相补语。将动相补语与结果补语之间在基本语义、表述功能、语义指向、扩展形式四个方面的特点进行了分析，并指出了一个比较清晰的虚化链："结果补语＞动相补语＞完成体助词。动相补语居于虚化链中的中段，显然是一种虚化中的语法成分。由于动相补语是一种处于虚化过程之中的语法成分，所以不同的动相补语或者同一动相补语处在不同的虚化阶段，往往显示出不同的虚化程度。有的动相补语还带有明显的'结果'义，虚化程度较低，性质近于结果补语。"蒋绍愚（2001）通过论证，指出汉语史中动相补语可以分为两种：（A）**表示完结**，前面的是持续动词；（B）**表示完成**，前面是非持续动词。可见，动相补语介于结果补语和时态助词两者之间。

【结果补语】-【动相**完结**】-【动相**完成**】-【完成体助词】

【VC】-【持续V+完结V】-【非持续V+完成V】-

一、V+完成动词"已""毕""竟""讫"

（一）中古时期的动相补语

1. 持续动词+完成动词"已""毕""竟""讫"构成的"V+(O)+CV"格式

魏晋期间，"V+(O)+CV"格式中的完成动词"已$_1$""毕""竟""讫"，与前面的谓语动词结合成动补结构，表示一个动作过程的完成。如：

（173）徐凿堑安营**讫**，乃入谒，具陈其状。（《三国志·魏志·于禁传》）

（174）常以五月**下种讫**，祭鬼神，群聚歌舞，饮酒昼夜无休。（《三国志·魏志·东夷传》）

（175）**佛说经竟**，十方诸来明士及诸天神，礼佛欢喜，忽各还本所。（《佛说成具光明定意经》）

（176）我以从过去诸佛所已闻是法，**持讽诵读已**$_1$。（《佛说阿阇世王经》）

（177）谢与王叙**寒温数语毕**，还与羊谈赏，王方悟其奇，乃合共语。（《世说新语·雅量》）

关于完成动词"已"在汉译佛经中的用法，蒋绍愚（2001）指出：在中古佛经材料中，"V+(O)+CV"中的"毕""竟""讫"和"已"（已$_1$/已$_2$）的性质不一,并进一步指出"已$_1$""已$_2$"来源不一,"已$_1$"用于**持续动词后**是继承了中土文献的传统用法,从战国至汉代,到魏晋南北朝,一直使用相传。"已$_2$"用于非持续动词后的用法,仅见于佛经文献,是用来翻译梵语的绝对分词的,是受梵语外来语法的影响而致。"已$_1$"表示动作的完结,"已$_2$"表示动作或状态的实现。但由于"已$_2$"的频繁使用,它逐渐地汉化,不但在佛典译文中使用,而且在口语中也使用。

2. 瞬间动词 + 完成动词"已$_2$""毕""竟""讫"构成的"V+(O)+CV"格式

(178)作是语已$_2$,寻时平复。(《贤愚经》卷一)

(179)王到已$_2$,太子五体投地,稽首如礼。(《六度集经》卷四)

(180)既闻经已$_2$,无有狐疑大如毛发。(支娄迦谶译《道行般若经》)

(二)唐宋时期的动相补语

1. 持续动词 + 完成动词"已$_1$""毕""竟""讫"构成的"V+(O)+CV"格式①

(181)善惠说法已,必却归大雪山南面。(《敦煌变文集·不知名变文》)

(182)故阿路猱山增高既已,寻即崩坠。(《大唐西域记·霫蔽多伐剌祠城及阿路猱山》)

随着"了"的广泛使用,导致"V+(O)+已"的使用频率急剧下降,南宋以后很少见到"已"的用例,如《朱子语类》已不见该结构的身影,"V+(O)+已"在元明清时期更是彻底退出了历史舞台。

(183)辞毕入火,寻即致死。(《大唐西域记·三兽窣堵波》)

(184)善惠说法已,必却归大雪山南面。(《敦煌变文集·不知名变文》)

(185)天皇每食已,常留一饼与之,云:"吾慧汝,以荫子孙。"(《祖堂集》卷五)

---

① 在《祖堂集》中充当动相补语的"已"有72例,"V+已"25例,"V+O+已"共47例,"毕"10例,"V+毕"7例,"V+O+毕"3例,"竟"10例,"V+竟"2例,"V+O+竟"7例,"讫"14例,"V+讫"10例,"V+O+讫"4例。

（186）僧便送本处巳，再来问："如何是本身卢舍那佛？"（《祖堂集》卷十五）

2. 瞬间动词+完成动词构成的"V+（O）+CV"格式

这里说的"完成动词"是"已$_2$/毕/竟/讫"等。"已$_2$"在口语中使用的历史情况，据蒋绍愚（2001）观点，唐初的《六祖坛经》有4次，在唐代和宣讲佛教教义有关部门的文献中还用"已$_2$"，但更多的是被"了"代替。如：

（187）善友闻巳，曰："深喜深喜，财宝闲事……"（《敦煌变文集·双恩记》）

（188）时遮王闻巳，再三叹言："我子释迦！我子释迦！"（《祖堂集》卷一）

（189）闻讫利多毁灭佛法，招集国中敢勇之士。（《大唐西域记·雪山下王讨罪故事》）

唐宋时期"毕""讫""竟""罢"一般只能跟在持续动词后面，很少能用于非持续动词后面，由于表义较实，没有能得到新的发展。黄锦君（2001）[①] 指出：北宋的《二程语录》里几乎看不到作为补语的"已""讫""毕""竟"，仅发现2例。杨永龙（2001）统计，《朱子语类》中也只有"竟"1、"讫"32、"毕"57、"罢"10，共100例。

二、"V了"/"V+O+了"句式

入唐后"了"开始多见。"了"逐渐替代了动词"巳"和补语"已$_1$"、"已$_2$"，"动（+宾）+了"成为占优势的格式。在《祖堂集》中补语"了"共有117个，其中"V+了"，41个。"V+O+了"，34个。"V了也"，26个。"V+O+了也"，16个。根据"了"表义虚实的三种使用情况：实、介于虚实之间、较虚，依次又可将动相补语"了"分为：（A）用于**持续动词**后面表示完结义的"了$_1$"，（B）用于**瞬间动词**后面表示完成义的"了$_2$"，（C）用于静态动词后面表示完成状态的"了$_{1+2}$"。

[①] 这两例是：（1）**每祭讫**，则藏主于北壁夹室。（《二程语录·外书卷一》）（2）是日，正叔**略讲毕**。（《二程语录·外书卷一二》）引自黄锦君：《〈二程语录〉中的"了"和"却"》，载《汉语史研究集刊》第四辑，395页，成都，巴蜀书社，2001。

（一）用在持续动词或动补结构后

（190）师**看经了**，便去大雄山出世。（《祖堂集》卷十四）

（191）僧云："**开田了**，请师说大义。"（《祖堂集》卷十四）

（192）师曰："**吃饭也未**？"对曰："**吃饭了也**。"（《祖堂集》卷十三）

（二）用在非持续动词或动补结构后

（193）又上大树**望见江西了**，云："奈是许你婆。"（《祖堂集》卷十）

（194）**作此语了**，遂即南行。（《敦煌变文集·伍子胥变文》）

（三）用在静态动词、形容词后，强调动作状态的实现

（195）本有妙高之性，性被烦恼覆之，**未现了**，故言藏也。（《祖堂集》卷二）

（196）蚁子在水中，绕转两三匝，**困了**，浮在中心，死活不定。（《祖堂集》卷三）

（197）只见四山**青了又黄**，**青了又黄**。（《祖堂集》卷十五）

三、"V+却₂/得₂（+O）"动相补语结构

这类格式中的补语，所表语义是较虚的，侧重于表动作的完成或动作实现的状态，是介于实与虚或部分虚的中间状态。

（一）"V+却₂+（O）"式

"却"做补语，在动词后说明造成对象消失、去除的结果，此为"却₁"。魏晋已有用例；用在动词后，前动词的语义限制取消，表完成状态，此为"却₂"。唐代已有用例。"却₂"在唐代的表现形式是"V+却₂"/"V+却₂+O"句式，《祖堂集》有24例。如：

（198）时大师复往观之，**挥却了**，举颜微笑，亦不赞赏，心自诠胜。（《祖堂集》卷二）

（199）汝若与摩，我有一句子**盖却天下人舌头**。（《祖堂集》卷六）

（200）你才**拈却鼻孔失却口**，**拈得口失却一只眼了也**。（《碧岩录》卷三）

在宋代以后,"V却(O)",逐渐被"V了(O)"替代了。

(二)"V+得₂+(O)"式动相补语结构

"得"在虚化之初,用于取得义类的动词后作补语,此为"得₁";用于非取得义类的动词后,有"成""掉""完""到""住"等义,说明动作行为的完成或状态的实现,此为"得₂"。如:

(201)师云:"适来洎道**得**。"(《祖堂集》卷八)

(202)雪峰养**得**一条蛇,寄著南山意若何?(《祖堂集》卷七)

该结构从唐代开始一直到明代都有一些用例,但不是常用句式。明代"V得₂O"句式还在使用,但该句式,最终被"V了O"句式所取代。我们在明小说《今古奇观》与清代北京官话《今古奇观》的异文比较中,得到这样的事实。如:

(203)a.(李万)连连磕了几个头,**出得府门**,一道烟走了。(明《今古奇观·沈小霞相会出师表》)

—— b.李万磕了一个头,爬起来,**出了衙门**,就飞似的跑回家去了。(清北京官话《今古奇观》)

(204)a.一家父子三口死于非命,只**剩得丈夫沈襄**。(明《今古奇观·沈小霞相会出师表》)

—— b.父子三口都死于非命,就**剩了**小妇人的丈夫沈襄一个人了。(清北京官话《今古奇观》)

(205)a.他日倘**生得一男**,也不绝了沈氏香烟。(明《今古奇观·沈小霞相会出师表》)

—— b.倘或他将来**生了**一个男孩子,沈家也不能绝后了。(清北京官话《今古奇观》)

(206)a.你的甜话儿**哄得我**多年了,信不过。(明《今古奇观·李汧公穷邸遇侠客》)

—— b.你那甜言蜜语的,**攒了我**这么些年了,我所不信你的话了。(清北京官话《今古奇观》)

(207)a.想是你失心风了!**做得几时官**,交多少东西与我?(明《今古奇观·李汧公穷邸遇侠客》)

—— b. 你巧了是疯了罢，你才作了几天儿的官哪，你交给我有多少东西呀！（清北京官话《今古奇观》）

四、"V 讫""V 讫 O"动相补语结构

元代公文中多见。李崇兴、祖生利、丁勇（2009）指出：元代"讫"成为一个书面语词，在刑狱公文《元典章·刑部》中共出现492次，其中有"动+讫+宾"342例。如：

（208）将豁子口上打**讫**二拳。（《元典章·刑部》卷三，穆豁子杀兄）

（209）**得讫钞两银镮等物**。（《元典章·刑部》卷三，焚夫尸嫁断例）

（210）**与讫苦主烧埋银钞二定**。（《元典章·刑部》卷五，打死奸夫不征烧埋）

（211）凡杀人者，虽偿命**讫**，仍出烧埋银五十两。（《元典章·刑部》卷五，杀人偿命仍征烧埋银）

元明时期其他文献较为少见。如：

（212）小偻儡，与我将燕青推出**斩讫报**来。（《元曲选·燕青博鱼》楔子）

（213）孩儿们，将这两个与我**斩讫报**来。（《水浒传》第四十七回）

五、"V 了 O"动相补语结构

在晚唐五代，"V+了+O$_宾$"用例极罕见。在宋代，卢烈红（1998）统计《古尊宿语要》中"V+了+O$_宾$"仅3例；曹广顺（1995）"表二"列两宋禅师语录17家，其中有"V+了+O$_宾$"的11家，而"V+O$_宾$+了"这种格式17家全有。直到南宋，"V+O$_宾$+了"仍有相当强的势力。《朱子语类》中"VO了"句常见。到元代北方，"V+了+O$_宾$"已经完成了对"动+O$_宾$+了"的取代。如：

（214）秀才，你家乡到了。**见了**爷娘妻子便回来。（《元刊杂剧三十种·竹叶舟》第三折）

（215）那人左胳膊上射伤，不曾**伤了**性命。（《古本老乞大》）

（216）你**税了**契时，到明日，俺下处送来，相别散了。（《古本老乞大》）

李崇兴、祖生利、丁勇（2009）指出在《元典章·刑部》，"V+了+O$_宾$"有149例，"V+O$_宾$+了"只有6例。《古本老乞大》，"V+了+O$_宾$"有74例，

"V+O宾+了"一例也没有。《元刊杂剧三十种》,"V+了+O宾"有 660 例左右,"V+O宾+了"有 60 例左右。值得注意的是,"V+O宾+了"几乎只作为关目提示语出现,关目提示出语简略,只求达意而已,跟口语的表达习惯容有不同,是可以解释的例外。宾白中 1 例也没有,曲文中也只 1 例,"了"字入韵。如:

(217)晋灵辄得饭了,请赵盾且休闹。(《元刊杂剧三十种·月夜追韩信》第一折)

从此,汉语"V 了 O"成为常见的句子,一直使用至今。

第四节　程度补语式的历时发展

学界一般将有形容词或部分动词后用"多、极、透"等充当补语的形式称为程度补语(intensifier)。程度补语式又称"动程式"。有关"程度补语"名称的讨论是在 20 世纪 40 年代。王力(1943)运用了"末品补语"和"程度末品"的概念,"程度末品"作"末品补语"时,即同于"程度补语"。张志公(1953)用"补足语"的概念,说明动词和形容词的补足语可以表示动作的结果、程度,以及性状的程度。形容词补足语表示的均为性状的程度,动词补足语表示程度的情况相当于现在的数量补语,表示结果的情况包含程度补语。"程度补语"的命名和定义始于 20 世纪 60 年代,丁声树等(1961)在《现代汉语语法讲话》中首次明确了"程度补语"的名称。

在现代汉语中程度补语一般以形容词或副词充当。"甚""深""极""多""透""杀"这一类词,用在形容词或部分动词后面,补充说明动作或性状的程度,这种动补结构,即是程度补语。邢福义(2002)在《汉语语法三百问》中把现代汉语程度补语分为三类:第一类是程度副词"很""极""透""万分"等,只有"很"要求与"得"连用;第二类是形容词"出奇",要求与"得"连用;第三类是谓词性结构"不得了""要死""要命""不行""不能再 X 了"等。

追溯这三类程度补语的发展历史,先秦和中古处于萌芽和初步发展期,唐宋以前数量较少,以形容词充当补语为多,结构单一。唐宋之后才是程度补语的发展阶段，体现在数量大增，在结构上不仅用黏合式，而且组合式的用例也在增多。与动结式的结果补语和动状式状态补语比较，相对而言，动程式的程度补语结构比较简单，功能单一，一般只能充当光杆补语，具有较强的组合能力。特别是程度补语不能单独用来回答问题，也不能被否定①。

本节简单介绍有形容词充当补语的黏合式的动程式。而带"得""的""的（得）来"的组合式的动程式，将在本章的第五节专门介绍。

一、中古时期

程度补语②一般是由形容词来充当的，中古汉语中有少数黏合式用例。如：

（218）白杨多悲风，萧萧**愁杀**人。（《古诗十九首》）

（219）刘伶病酒，**渴甚**，从妇求酒。（《世说新语·任诞》）

（220）前后得赐**甚多**，皆散尽之。（《三国志·魏志·袁涣传》）

二、唐宋元明清

唐宋开始，程度补语的用例逐渐增多，以黏合式为主，如"杀（煞、瞁、晒）""死""太煞""已甚""尤甚""殊甚""非常""倍常""殊常""不胜""不堪""无比"等。如：

（221）忆师兄，**哭太煞**，失却一只眼，下世去。（《祖堂集》卷四）

（222）敕谥悟空禅师栖真之塔，真塔**浩瀚非常**。（《祖堂集》卷十五）

（223）后来宣入宫中，封为妃子，**宠幸无比**。（《大宋宣和遗事》）

（224）家贫未是贫，路贫**愁杀**人。（《张协状元》第二十四出）

（225）流传至俺主献帝，**艰难极矣**。（《元曲选·连环计》第一折）

（226）再要不许我打个秋千顽耍，这就生生**闷死**我了。（《醒世姻缘传》第九十七回）

---

① 程度补语一般不能被否定，其黏合式的动程式不能变作"V 不 C"的可能式，这是它与动结式相区别处；其组合式动程式的程度补语一般也没有否定式，这是它与由性质形容词充当的状态补语相区别处。

② 太田辰夫称补语为形容词的动结式为"结果复合动词"，他认为"结果复合动词是由使成复合动词类推而来的。它的确立比较晚，直到唐代还几乎不用。"参见太田辰夫著，蒋绍愚、徐昌华译：《中国语历史文法》（修订本），197 页，北京，北京大学出版社，2003。本节将这一类形容词充当补语的形式，称之为程度补语。

（227）看守坟墓的人惧怕，战战兢兢，几乎**吓死**。（《官话类编》第一百零七课）

宋元开始，程度补语的使用数量在不断增加，黏合式程度补语整体上呈现下降趋势，而组合式程度补语整体上呈现上升趋势。如：

（228）若是**逼得他紧**，他便来冢瞒，便是不由诚。（《朱子语类》卷八十七）

（229）谁似俺公婆每**穷得煞**，嗜怎生直恁地月值年灾。（《元刊杂剧三十种·汗衫记》第三折）

元明清时期，组合式程度补语常见表示高程度的词有："要不的"（要不得）、"了不的"（了不得）、"当不得"（当不的）、"不可当""很"（狠）、"紧""慌"（荒）、"忒""没入脚处"等。详见下文第五节"得"字补语式中的第四"程度补语"部分。

第五节 "得"字补语式的历时发展

"得"字补语式是由助词"得"构成的"V得/的助（O）C"句，这种汉语组合式"V得助C/V得助OC"①述补结构（下文径称"V得/的C"），在唐代已经出现，宋元明时期达到了顶峰时期，发展出了各种各样的次类：结果补语、状态补语、程度补语、可能补语、趋向补语。在元明时期还会以"V的C"形式出现。关于"V得C"述补结构中助词"得"的来源，王力（1958/1980）②、杨平（1990）、蒋绍愚（1994）③、吴福祥（2002）等认为，状态、能性述补结

---

① "得"字动结式："得"跟V关系紧密，语义上只表示V的实现、有结果，语法上成为V的后附加成分。这一类"V得（O）"如《元典章·刑部》："再似这般发露的，好生**问得端的**。"由于形式上跟动结式类似，可以看成"动结式"中特殊的一类。"得"还表示动作的完成、达成，这一类动补结构可称为"完成式"。用在已然语境中，"得"后的补语一般表趋向和表结果。从语义上看，跟动结式、动趋式很相近。
② 王力（1958/1980）指出："由原来'获得'意义转化为'达成'，由'达成'的意义更进一步的虚化，而成为动词的词尾。"详见王力：《汉语史稿》，301~304页，北京，中华书局，1980。
③ 蒋绍愚（1994）有力地论证了能性述补结构与状态述补结构中助词"得"的同源性。详见蒋绍愚：《近代汉语研究概况》，195~201页，北京，北京大学出版社，1994。

构中"得"的来源是同一的,即结构助词"得"的来源是由"获得"转化为"达成",再由"达成"进一步语法化而成。而"当'动词+得'后面不是带体词性的宾语而是带谓语性成分的补语时,就产生了带'得'的述补结构"。赵长才(2002)认为,"V 得 C"述补结构,一是直接来源于"得"之"达成、达到"义的进一步语法化,二是来源于"致使"义"得"的进一步语法化。根据补语的语义,杨平(1990)将"V 得 C"述补结构分出结果补语、状态补语、程度补语、可能补语、趋向补语等次类。

一、结果补语

"V 得 C"结果补语结构产生初期(唐代),用作述语动词的都是单音节动词,宋元时期单音节动词或形容词还是占多数,明代双音节动词已经较为常见。

(一)"V 得 C"

1. 唐宋

"V 得 C"的情况大致是:(A)这种单个动词或形容词用于"V 得 C"结果补语结构上的现象是此期的一种典型的特点。(B)此期单音节动词占多数。如:

(230)因师说耳,寻得入门。(《祖堂集》卷一)

(231)得此本然之心,则皆推得去无穷也。(《朱子语类》卷四)

2. 元明清

(232)烫得热了,把将过来,筛做三碗。(《水浒传》第二十一回)

(233)快手看他走得远了,方才去回了话。(《醒世姻缘传》第二十七回)

宋元明时期,"V 得 C"结果补语结构一个典型的特点仍是补语由单个动词或形容词充当。其中动词在宋元时期以单音节动词占多数,到明代开始双音节动词已经常见了。其次,许多"V 得/的 C"结果补语结构的补语后面带着事态助词"了","V 的/得 C 了"。同时,表结果义的"V 得 C"向"VC"靠拢,"V 的/得 C 了"向"VC 了"靠拢。

朴元基(2007)统计出《水浒传》"V 得 C"结果补语结构共出现 121 次,补语后面带着事态助词"了",出现 86 次,占 70%。蒋绍愚(1995)指出"V 得

C"后来有归并到"VC"的趋向。吴福祥[①]（2002）曾指出：因为表实现的"V 得 C_{Vi}""V 得 C_{Vd}"语义基本等同于黏合式述补结构"VC"，于是前者就变成了一种冗余的语法形式。唐宋以后"V 得 C_{Vi}""V 得 C_{Vd}"逐渐将表实现的功能转嫁给黏合式述补结构"VC"，发展到现代汉语"V 得 C_{Vi}""V 得 C_{Vd}"业已完全丢掉了"实现"义，语法化为"能性"义的句法结构。蒋绍愚、曹广顺等（2005）也总结指出：大多数的结果补语有意带上事态助词"了"，用来表示它的结果意思。就是因为发生这种冲突现象，结果补语和趋向补语终于被淘汰，归并为动结式或动趋式了。表动作结果的"V 得 C"消失后，"V 得 C"（C 是表结果的动词）在现代汉语中就只表示可能了，"V 得 C 了"与"VC 了"两种格式都用，但以不带"得"的"VC 了"更常见。一句话：表示动作结果的补语有"VC""V 得 C"，在现实语境下，"V 得 C"有的归并到"VC"中了。

（二）"V 得 OC"

（234）因我百般巧诈，一味谄谀，**哄的皇帝老头儿十分欢喜**，言听计从。（《元曲选·汉宫秋》楔子）

（235）黑夜是哀痛啼哭，**隣舍家听的都害鼻子酸疼**。（《训世评话》第六则）

（236）**抹得桌子干净**，便取出那绸绢三匹来。（《金瓶梅词话》第三回）

（237）**急得心都碎了**，打算要到人群儿外头找去。（北京官话《今古奇观·十三郎五岁朝天》）

（三）"V 不 C"

"V 不 C"最初是结果补语 VC 的否定式，表示结果没有达成或实现。如：

（238）幽鸟**飞不远**，此行千里间。寒冲陂水雾，**醉下**菊花山。（贾岛《石门陂留辞从叔谟》诗）

（239）翠微云："**烧亦烧不著**，供养亦一任供养。"（《祖堂集》卷六）

在未然语境中表示不能达到。

（240）更有一般底，**锥又锥不动，召又召不应**，此人作摩生委得虚之与实？（《祖堂集》卷十六）

[①] 吴福祥（2002）曾在论文中将"V 得 C"之表结果单个动词 C 记作"V 得 C_{Vi}"，表趋向的动词 C 记作"V 得 C_{Vd}"。

降至宋代,"V不C"基本上用于表可能。详见本节下文可能补语部分。

二、趋向补语

"V得C$_{趋向补语}$"结构,详见本章第二节动趋式第三种类型组合式动趋式"**V得C$_{趋(去>来)}$**"/"**V得/的OC**"部分。特说明。

动趋式也是表示动作结果补语的一个次类,表动作趋向的"V得C"消失后,"V得C"(C是表趋向的动词)在现代汉语中就只表示可能了,"V得C了"与"VC了"两种格式都用,但以不带"得"的"VC了"更常见。也就是说:表趋向结果义的"V得C"最终与"V将C"一起,归并到"VC"或"VC了"结构中。

三、状态补语

在唐代,形容词最初出现于"V得C"述补结构当中,都是单音节,到了宋代才出现大量的双音节形容词。状态补语是对动作实现后形成的情态进行较为详细的描述和评价,补语构成成分比较复杂,单音节动词或形容词比较少见。根据是否带宾语,带"得"的状态补语结构也可分为两类:"V得C"和"V得OC"。

(一)"V得C"结构

不带宾语的状态补语结构"V得C",述语动词既可以是及物的动作动词,也可以是不及物的状态动词。状态补语结构的补语基本上都带有描写性质,充当补语的有形容词、形容词重叠、代词等,还出现主谓结构、动宾结构、偏正结构(定中结构、状中结构)、连谓结构、并列结构、述补结构、四字格以及熟语等,形式多样。如:

(241)已应**春得细**,颇觉寄来迟。(杜甫《佐还山后寄三首》之二)

(242)未过得一两日**念得彻**,和尚又教上别经。(《祖堂集》卷六)

(243)二将当时夜半越对,**唬得皇帝洽背汗流**。(《敦煌变文集·汉将王陵变文》)

(244)只今六十一岁,方**理会得恁地**。(《朱子语类》卷一百二十七)

(245)自后千余年,更无人晓得,惟二程**说得如此分明**。(《朱子语类》卷二十七)

（246）女孩儿**唬得**来一团儿颤。（《董解元西厢记》卷二）

（247）楚重瞳**杀的**怕撞阵冲军，**走的**慌心忙意紧，行至乌江，无处投奔，来叫渔公。（《元刊杂剧三十种·萧何追韩信》第三折）

（248）一日三遍家，每日**洗刷刨的**干干净净地，等一会儿馈些草吃。（《朴通事谚解》）

（249）李夫人**听得**满心欢喜，忙回家时，却是从天落下一个李侍讲一般。（《型世言》第十二回）

（250）加上檀头，喷口水儿，**弄得**紧棚棚好看的。（《醒世恒言》卷十三）

（251）却说那狄希陈的为人也刁**钻古怪的**异样，**顽皮挑达的**倍常。（《醒世姻缘传》第六十二回）

（252）安公子此时是只**感激得**一面答应，一面垂泪。（《儿女英雄传》第四十回）

（二）"V得OC"结构

（253）从门入者非宝，直饶**说得**石点头，亦不干自己事。（《祖堂集》卷五）

（254）生时百骨自开张，**唬得**浑家手脚忙。（《敦煌变文集·父母恩重经讲经文》）

（255）向时得《徽宗实录》，连夜看，**看得**眼睛都疼。（《朱子语类》卷一百零四）

（256）他时来力举千斤鼎，直**熬得**运去无功自杀身。（《元刊杂剧三十种·萧何追韩信》第三折）

（257）可是甚么人**打得**这牢门冬冬的响，我且开开这门看咱。（《元曲选·黑旋风》第三折）

（258）这田鼠一见老鸦**生的**形容狠歹，心里嫌他。（《训世评话》第三十二则）

（259）这公子**生得**天庭饱满，地格方圆，伶俐聪明，粉妆玉琢。（《儿女英雄传》第一回）

（三）"VO得C"结构

这种结构极少见。如：

（260）你这青梅，我闻名的久了。（《醒世姻缘传》第十回）

"V得C"结构，既可用于状态补语式表示述语动作所造成的状态，也可用于程度补语式表示述语动词或形容词所达到的程度。后者往往形式稍微简单些。韩鑫（2016）在讨论"A/V得紧"结构及其历时演变时，指出：从历时看，"A/V得紧"结构经历了从状态补语到程度补语的语法化过程。从形式上来看，结果补语的构成比较简单，常为单音节动词或形容词，若为短语，一般是比较简单的形式；状态补语的构成比较复杂，多为各式短语，单音节动词比较少见。从语义上来看，结果补语是叙述性的，说明述语动词实施后产生的某种结果；状态补语是描述性的，对动作实现后形成的情态进行较为详细的刻画和评价。还可以从二者的否定形式进行区分：带结果补语的"V得C"述补结构的否定一般把否定词置于整个述补结构之前，构成"Neg否定词V得C"形式；带状态补语的"V得C"述补结构的否定则一般把否定词放在补语之前，构成"V得Neg否定词C"形式。而"A/V得紧"也逐渐由一个状态补语语法化为一个程度补语结构。

四、程度补语

程度补语表示性状变化或心理活动的程度情况，述语多为形容词或心理动词，补语都表示"厉害""很"。杨平（1990）指出这种程度补语一般元明以后才开始出现，并指出近代汉语程度补语是："当不得""要不得""了不得""没入脚处""紧""慌""很"等。如：

（261）这般时，马们分外吃得饱。（《古本老乞大》）

（262）如今官司差人百般折倒，趱的紧。（《训世评话》第二十九则）

（263）老鸦恼的当不得，独自站在窑陇前面，等出来要害他。（《训世评话》第三十二则）

（264）我今日脑疼头旋，身颤的当不的。（《朴通事谚解》）

明代多用"**V得/的紧**"和"**V得慌**"，清代多用"**V得/的很**""**V得/的了不得**"。如：

（265）遇着一个打卦先生，叫做贾半仙。人都说他灵验的紧。《元曲选·盆儿鬼》楔子

（266）王氏听得，急到楼门来问，门却拴的紧。（《歧路灯》第五十一回）

（267）这话长着哩！隔着层夏布裤子，垫的跷罗盖子慌！（《醒世姻缘传》

第十回）

（268）如今老太爷归天，你老人家也孤零的慌。（《歧路灯》第十三回）

（269）大家看着很入兴，叫好儿，嚷嚷的了不得。（北京官话《伊苏普喻言》）

（270）九公惦着你们两个的狠呢，快看去罢。（《儿女英雄传》第三十八回）

五、可能补语

在未然或假设的语境中，"V 得 C"和"V 得 OC"[①]才具有能性意义。蒋绍愚（1994）曾论证了能性述补结构与状态述补结构中"得"的同源性。从是否带宾语、肯定与否定两个方面看，该能性结构有多种表达。

（一）肯定式"V 得 C"与否定式"V 不 C"

（271）若使火云烧得动，始应农器满人间。（来鹄《题庐山双剑峰》诗）

（272）地脉尚能缩得短，人年岂不展教长。（吕岩《七言》诗）

（273）叫他爷孃说："你的女儿寻得来呵，你认得麽？"（《训世评话》第二十一则）

（274）走出去，水淹死。在家中，屋压杀，那个逃躲得过？（《型世言》第二十五回）

注意："V 得 C"结构的**否定式是"V 不 C"，而不是"V 得不 C"**。如：

（275）**道得**亦杖下死，**道不得**亦杖下死。（《祖堂集》卷十五）

（276）当原是旧弦，俺**弹得惯**。这是新弦，俺**弹不惯**。（《琵琶记》第二十一出）

"弹得惯"，用的否定式是"弹不惯"，而不是"弹得不惯"。如：

（277）优填王思佛，故教目连神通三转摄匠人往彼，**雕得三十一相**；唯有梵音相**雕不得**。（《祖堂集》卷十）

"雕得三十一相"结果补语式，"雕不得"能性结构补语式。

（278）身子**动弹不得**，满身酒臭难闻，如何好去？（《型世言》第六回）

（279）提辖，端的热了**走不得**，休见他罪过。（《水浒传》第十六回）

[①] 在已然现实的语境中，"V 得 C"和"V 得 OC"是表结果含趋向的。后来汇入"VC"结构中。

（二）肯定式"V得OC"与否定式"VO不C"

带宾语的可能补语结构"V得OC"式，始见于唐代，宋代才普遍开来。在整个近代汉语阶段，一直是"V得OC"格式占主流。如：

（280）他增福哥一表人物，尽也**配得**你女儿**过**。（《元曲选·桃花女》第二折）

（281）就是**敌得**他**过**，他终没有偿命的理。（《醒世姻缘传》第九回）

注意：其对应的否定式是"VO不C"。如：

（282）善财童子，为什摩无量劫**游**普贤身中世界**不遍**？（《祖堂集》卷十七）

（283）缘心念不整肃，所以意思宽缓，都**凑泊**他那意思**不着**，说从别处去。（《朱子语类》卷一百二十一）

（284）一个大姐姐，这般当家立纪，也**扶持**你**不过来**。（《金瓶梅词话》第七十三回）

（285）不知晁大舍三月十六日起身得成起身不成，再听下回续起。（《醒世姻缘传》第七回）

从唐宋到明清，可能补语演变的总趋势是"V得OC"和"VO不C"逐渐减少，"V得CO"和"V不CO"逐渐增加，补语紧接动词，宾语后置。岳俊发（1984）认为：到了清代，宾语逐渐复杂化，音节增多，这种宾语一律要置于补语之后，这就使得"V得CO"式大量增加。"V得OC"在"V得CO"出现以后，一直存在。不过，今天只在南方方言中存在，现代汉语普通话中基本不用。

（三）"VO得C"式与"V不OC"

（286）把关的官员，那里应**敌得住**。（《水浒传》第八十五回）

（287）若是果真有些教法，果然有些功劳，这也还**气**他**得过**。（《醒世姻缘传》第三十五回）

其对应的否定式是"V不OC"式。如：

（288）要年家们开填，**撇不**面情**过**的，将来后边搭一名。（《型世言》第十八回）

（289）那公人道："胡说！本县四爷**叫不**你**车动**？"（《型世言》第二十二回）

（290）只怕二位行期速，**吃不**我喜酒**着**。（《型世言》第三十八回）

（291）咱道："怕养不媳妇子活哩！"（《魏忠贤小说斥奸书》第一回，以上引自魏培泉 2004）

（四）肯定式"V 得 CO"与否定式"V 不 CO"

肯定式"V 得 CO"格式出现较晚，南宋以后才逐渐有零星用例。岳俊发（1984）指出：直到明代，文献中"V 得 CO"的使用频率仍一直很低，到清代使用频率才超过"V 得 OC"。如：

（292）濯呵**濯得了**腮边血污，涤呵**涤得**净面上尘灰。（《元刊杂剧三十种·周王摄政》第三折）

（293）我不曾有片时忘的下俺那染病的男儿，知他如今是死那活那？（《元刊杂剧三十种·拜月亭》第三折）

（294）你怎么**瞒得过**我？我这左耳往上一扯，晓得三十三天人说话。（《西游记》第三十一回）

李思明（1992）曾调查了从晚唐到清代六部文献中可能性动补结构中宾语位置变化的情况，在明代中晚期"V 得 CO"已经超过了"V 得 OC"，宾语 O 由在 C 前开始向在 C 后的转移，说明"V 得"和 C 之间的联系已经越来越紧密，虽然也出现了"VO 得 C"和"VC 得 O"格式，但它们最终在竞争中被淘汰掉了。"V 得 CO"一统天下。

现代汉语北方话里，"V 得 CO"已完全取代了"V 得 OC"，不过在许多南方方言里，"V 得 OC"仍是很活跃的表达能性意义的形式。

其对应否定形式是"V 不 CO"。如：

（295）**揾不迭**腮边泪，**挠不着**心上痒，**割不断**业心肠。（《元刊杂剧三十种·看钱奴》第三折）

（296）只道你**嚥不下**相思这口涎，原来是手帕在喉咽。（《元曲选·留鞋记》第四折）

（297）若是宋江**打不得**祝家庄破，救不出这几个兄弟来，情愿自死于此地。（《水浒传》第四十七回）

吴福祥（2003）曾经对能性述补结构"V 得 C/V 不 C"带宾语的语序类型进行了研究，认为：就能性述补结构"V 得 OC/VO 不 C"（明代南方），"V 得 CO/V 不 CO"（清代的北方，其实在元代就已经开始）而言，"V 得 OC/

VO 不 C"继承了唐宋以来汉语的固有层次,"V 得 CO/V 不 CO"是一种来源于北方官话的新出层次,萌芽于宋代,元明逐渐使用开了。因此,能性述补结构带宾语的语序因历时的发展,形成了南北不同地域的分布特点。根据这一特点,吴福祥(2003)统计了《元刊杂剧三十种》与《元曲选》中相同的 13 篇剧本中南方特点"V 得 OC/VO 不 C"句与北方特点"V 得 CO/V 不 CO"句的使用情况,兹列表如下:

句式	V 得 OC	VO 不 C	V 得 CO	V 不 CO
《元刊杂剧三十种》	0	0	3(北方)	40(北方)
《元曲选》	4(南方)	4(南方)	7(北方)	28(北方)

可以看出表中的《元刊杂剧三十种》只有北方类,《元曲选》有南方的类,也有北方的类,也为《元曲选》含有改编者在改编中添加明代语言的因素提供了一个证据。

根据吴福祥(2003)和翟赟(2018)对两种句式研究的相关数据,列表如下:

句式	V 得 OC(南方)	VO 不 C(南方)	V 得 CO(北方)	V 不 CO(北方)
《元刊杂剧三十种》	0	2	5	85
《金瓶梅》	3	46	21	164
《醒世姻缘传》	6	102	55	282
《十二楼》	13	8	3	15
《儿女英雄传》	1	1	4	14
《绿野仙踪》	0	3	7	49
《语言自迩集》	0	0	7	0
《官话指南》	0	0	1	1
《平妖传》	7	21	3	30
《水浒传》	24	99	2	50
《型世言》	12	35	3	33
《西游记》	14	49	18	111

可以看出,偏重南方语言基础的文献,主要用"V 得 OC/VO 不 C"句,偏重北方语言基础的文献,主要用"V 得 CO/V 不 CO"句。

汉语不同类型动补结构历时演变，总括各类句式，列表如下：

	类型		
一	黏合式	动趋式	动结式 VC／VOC／VCO／VC$_{得}$／C 得 O
			黏合式：（1）VC$_{趋}$／VOC$_{趋}$／VC$_{趋}$O／VC$_{趋1}$OC$_{趋2}$
			组合式：（2）V+将+C$_{趋(来>)}$［现代汉语汇入 V（了）C］
			组合式：（3）V+了+C$_{趋(去>)}$
			组合式：（4）V+得+C$_{趋(去>)}$［现代汉语汇入 V（了）C/VC］
二	组合式	已然语境	动程式：VC/VOC/VCO
			"V 得 C"$_{结果补语}$［现代汉语大都汇入 VC（了）］
			"V 得 C"$_{趋向补语}$［现代汉语大都汇入 V 了 C/VC（了）］
			"V 得 C"$_{状态补语}$［V 得 C/V 得 OC/VO 得 C］
			"V 得 C"$_{程度补语}$［现代汉语大都汇入 VC（了）］
		未然语境	肯定式："V 得 C$_{可能补语}$"否定式：[V 不 C$_{可能补语}$]
			"V 得 OC"$_{可能补语}$[VO 不 C]（南方）——现代汉语不用
			"VO 得 C"$_{可能补语}$[V 不 OC]（南方）
			"V 得 CO"$_{可能补语}$[V 不 CO]（北方）——现代汉语常用

参考文献

曹广顺：《近代汉语助词》，北京，语文出版社，1995。

曹广顺：《试论汉语动态助词的形成过程》，载《汉语史研究集刊》（第 2 辑），成都，巴蜀书社，1998。

陈刚：《试论"动－了－趋"式和"动－将－趋"式》，载《中国语文》，1987（4）。

陈丽：《〈朱子语类〉中的结果补语式和趋向补语式》，载《语言学论丛》（第 23 辑），北京，商务印书馆，2001。

崔达送：《中古汉语位移动词研究》，合肥，安徽大学出版社，2005。

丁声树等：《现代汉语语法讲话》，北京，商务印书馆，1961。

董乐乐：《〈佛本行集经〉述补结构研究》，郑州大学硕士学位论文，2011。

郝琦：《清中叶以来北京话述趋式带宾语语序的历时变化》，载《语言学论丛》（第 58 辑），北京，商务印书馆，2018。

韩鑫：《"A/V 得紧"结构及其历时演变》，载《商丘师范学院学报》，2016（4）。

洪波：《使动形态的消亡与动结式的语法化》，《语法化与语法研究》（一），北京，商务印书馆，2003。

胡敕瑞：《动结式的早期形式及其判定标准》，载《中国语文》，2005（3）。

黄锦君：《〈二程语录〉中的"了"和"却"》，载《汉语史研究集刊》第4辑，成都，巴蜀书社，2001。

黄增寿：《〈三国志〉的动补结构》，安徽师范大学硕士学位论文，2002。

蒋绍愚：《内部构拟法在近代汉语语法研究中的运用》，载《中国语文》，1995（3）。

蒋绍愚：《汉语动结式产生的时代》，载《国学研究》第6卷，北京，北京大学出版社，1999。

蒋绍愚：《〈世说新语〉、〈齐民要术〉、〈洛阳伽蓝记〉、〈贤愚经〉、〈百喻经〉中的"已""竟""讫""毕"》，载《语言研究》，2001（1）。

蒋绍愚、曹广顺：《近代汉语语法史研究综述》，北京，商务印书馆，2005。

李崇兴、祖生利、丁勇：《元代汉语语法研究》，上海，上海教育出版社，2019。

李平：《〈世说新语〉和〈百喻经〉中的动补结构》，载《语言学论丛》（第14辑），1987。

李思明：《晚唐以来可能性动补结构中宾语位置的发展变化》，载《古汉语研究》，1992（4）。

梁银峰：《汉语动补结构的产生与演变》，上海，学林出版社，2006。

梁银峰：《汉语趋向动词的语法化》，上海，学林出版社，2007。

刘子瑜：《〈朱子语类〉述补结构研究》，北京大学博士学位论文，2002。

柳士镇：《魏晋南北朝历史语法》（修订本），北京，商务印书馆，2019。

龙国富：《〈阿含经〉"V+（O）+CV"格式中的"已"》，载《云梦学刊》，2002（1）。

卢烈红：《〈古尊宿语要〉代词助词研究》，武汉，武汉大学出版社，1998。

马克冬：《〈搜神记〉述补结构研究》，载《安康学院学报》，2009（1）

梅祖麟：《先秦两汉的一种完成貌句式》，载《中国语文》，1999（4）。

朴元基：《〈水浒传〉"V得C"实现式述补结构的特点》，载《语言研究集刊》（第4辑），2007。

石锓、刘念：《类型学视角下的明代致使结构研究》，载《中文论坛》（第9辑），北京，社会科学文献出版社，2020。

宋亚云：《汉语从综合到分析的发展趋势及其原因初探》，载《语言学论丛》（第33辑），北京，商务印书馆，2006。

宋亚云：《高诱〈淮南子注〉中的动结式研究》，载《广西师范学院学报》，2016（4）。

石毓智、李讷：《汉语语法化的历程》，北京，北京大学出版社，2001。

王力：《中国现代语法》，北京，商务印书馆，1985。

魏培泉：《近代汉语能性动补结构中宾语的位置》，载《语言暨语言学》，2004（3）。

魏兆惠：《论两汉时期趋向连动式向动趋式的发展》，载《语言研究》，2005（1）。

吴福祥：《敦煌变文语法研究》，长沙，岳麓书社，1996。

吴福祥：《重谈"动＋了＋宾"格式的来源和完成体助词"了"的产生》，载《中国语文》，1998（6）。

吴福祥：《试论现代汉语动补结构的来源》，见江蓝生、侯精一主编：《汉语现状与历史的研究——首届汉语语言学国际研讨会论文集》，北京，中国社会科学出版社，1999。

吴福祥：《能性述补结构琐议》，载《语言教学与研究》，2002（5）。

吴福祥：《汉语能性述补结构"V得／不C"的语法化》，载《中国语文》，2002（4）。

吴福祥：《南方方言能性述补结构"V得／不C"带宾语的语序类型》，载《方言》，2003（3）。

武宏：《〈高僧传〉述补结构研究》，陕西师范大学硕士学位论文，2007。

武振玉：《"动－将－补"句式的历史演变》，载《吉林大学学报》，1991（1）。

邢福义：《汉语语法三百问》，北京，商务印书馆，2002。

玄玥：《完结范畴与汉语动结式》，北京，商务印书馆，2018。

杨德峰：《汉语的结构和句子研究》，北京，教育科学出版社，2004。

杨平：《带"得"的述补结构的产生和发展》，载《古汉语研究》，1990（1）。

杨永龙：《〈朱子语类〉完成体研究》，172页，开封，河南大学出版社，2001。

姚振武：《上古汉语语法史》，上海，上海古籍出版社，2015。

岳俊发：《"得"字句的产生和演变》，载《语言研究》，1984（2）。

翟赟：《晚清民国时期南北官话语法差异研究》，北京，北京大学出版社，2018。

张伯江：《关于动趋式带宾语的几种语序》，载《中国语文》，1991（3）。

张丹凤：《〈洛阳伽蓝记〉述补结构研究》，辽宁师范大学硕士学位论文，2007。

张美兰：《〈祖堂集〉语法研究》，北京，商务印书馆，2003。

张志公：《汉语语法常识》，北京，中国青年出版社，1953。

赵长才：《汉语述补结构的历时研究》，中国社会科学院语言所博士学位论文，2000。

赵元任：《汉语口语法》，吕叔湘译，北京，商务印书馆，1979。

赵元任：《中国话的文法》，丁邦新译，香港，香港中文大学出版社，1980。

周晓林：《近代汉语语法现象考察——以〈老乞大〉〈朴通事〉为中心》，上海，学林出版社，2007。

祝敏彻：《再谈使成式（动结式）的产生时代》，载《古汉语研究》，2003（2）。

第四章
汉语处置句式的历时发展

本章主要内容

（一）重点讲述：处置式三种语义类型的历时发展状况及其标记特征

（二）重点讲述："S 把 O"结构

（三）简单讲述：汉语处置式的个性特点

（四）简单讲述："把""将"字句的语体差异

（五）简单讲述："把""将"字句消长的南北差异

处置式是世界语言里罕见的一种格式，因此在类型学的研究中难以直接与其他语言进行比较。处置式标记在目前的西文文献中有三种术语：来自王力先生的"disposal（处置式）"，但"disposal"为其他语言所无，无法比较；来自赵元任先生的"pretransitive（前置宾语）"，以及欧洲学者使用的"accusative（宾格）"，这两者虽在其他语言里广泛存在，但处置式标记与其他语言的前置宾语标记、宾格标记毕竟仍有重大区别。张敏（2010）在语义地图上将**处置式受事**（pretransitive）**定位**于工具语（instrumental）和受益者（beneficiary）之间，而这两个角色的标记在世界语言里极为普遍。张敏（2010）认为汉语方言中的处置标记只与工具语标记和受益者直接相关，排除了处置标记与给予动词、伴随者标记、被动标记等直接相关的可能性。

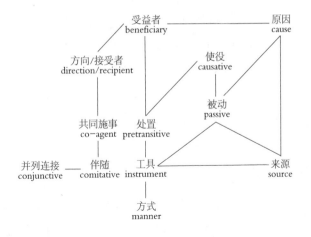

这一结论在汉语方言语法和历时语法里的意义在于：排除了处置式标记与其他标记的直接关联。①

第一节 处置句式的历时发展演变

处置式是汉语的一种重要的句法结构。最早提出这一概念的是王力（1943）："凡用助动词把目的位提到叙述词的前面以表示一种处置者，叫做处置式。"现代汉语普通话里，处置式常用"把"字来引出被处置的对象 O，构成"把 O+V+补语"句，也称作"把"字句。

关于历时处置式的句式类型，梅祖麟（1990）根据语义特征，将处置式的语义类型分为广义处置式、狭义处置式和致使义处置式三类。这三类句式学界多有不同程度的研究论述，根据不同时期由不同介词构成的处置式，大致有 "以"字

---

① 处置式标记或是来自工具语标记，其前身大多为表"持拿"义动词，或者直接来自表"持拿"义动词。如：上古 – 中古 – 近代汉语的"以""把""将"。汉语方言中的处置介词主要有三个来源：一是"拿、握"义动词，湘语、赣语、吴语、徽语、闽语、粤语的"把""拿""担""捉""掇""逮""捡""提""掠""拧""械"等。二是"给予"义和"帮"义动词，直接来自受益者标记（"帮""替""畀""给"之类）。三是伴随格，如湘语、徽语、吴语、客家话、闽语"帮""替""与""给""共""个""佮""搭""挨""畀""跟"等（详见曹茜蕾2007、张敏 2010）。温州方言介词"望"，也从受益者标记发展为处置式标记（详见姜淑珍、池昌海 2019）。

句（太田辰夫 1958/ 梅祖麟 1990 等）、"持"字句（朱冠明 2002）、"取"字句（曹广顺、遇笑容 2000/ 赵长才 2010）、"将"字句（王力 1943/ 梅祖麟 1990/ 蒋绍愚 1994/ 蒋绍愚、曹广顺 2005 等）、"把"字句（王力 1943/ 梅祖麟 1990/ 蒋绍愚 1994/ 蒋绍愚、曹广顺 2005 等）、"捉"字句（吴福祥 1996/ 蒋冀骋 2003）、"拿"字句（于红岩 2001）等，学界有一批研究成果，兹结合学界的研究，加以综合陈述。

一、广义处置式

广义处置式通常是一个双及物式，述语动词所表示的动作涉及两个域内题元，构成"介词$_{以/取/持/将/把/捉/拿}$+O_1+V+O_2"的句式，语义上处置性较弱，主要用来表达"给""作""告""到"的含义。

处置（给）的动词大都是"给予"义或与"给予"义相关的动词。句子所表达的语义是，由于某种动作的实施，某物由主体甲处 O_1 转移到主体乙处 O_2。先秦已见。

处置（作）表达的语义是：某一人或事物 O_1 被看作或当作另一人或事物 O_2。在 V 位置上出现的多是"认定""当作"义的认知动词。先秦已见。

处置（告）的动词大都是"告示"义相关的动词。句子所表达的语义是，某个信息由主体甲处 O_1 传递到主体乙处 O_2。先秦已见。

处置（到）中的 O_2 通常为处所词或表示处所的名词，句子的语义是，客体（theme）O_1 在某种动作的作用下位移到某一处所或方位之内，句中的动词多为行为动词。西汉才见。

（一）先秦"以"字句

"以"字句出现最早，处置（作）和处置（给）已见于先秦文献。

1. 处置（给）

（1）庄公通焉，骤如崔氏，以崔子之冠赐人。（《左传·襄公二十五年》）

（2）主不积务于兵者，以其国予人也。（《管子·参患》）

2. 处置（作）

（3）吾必以仲子为巨擘焉。（《孟子·滕文公上》）

后代亦有沿用。如：

（4）如以湛露为恩泽，皆非诗义。（《朱子语类》卷八十）

3. 处置（告）

（5）以公命示子家子。（《左传·昭公二十五年》）

（6）尝以中山之谋微告赵王。（《韩非子·内储说下》）

后代亦有沿用。如：

（7）太中大夫陈韪后至，人以其语语之。韪曰："小时了了，大未必佳。"（《世说新语·言语》）

（8）近来学者，多是以自家合做底事报与人知。（《朱子语类》卷八）

4. 处置（到）

始见于西汉，西汉时期的用例相对较少。O_2为处所名词。如：

（9）复以弟子一人投河中。（《史记·滑稽列传》）

后代亦有沿用。如：

（10）举业做不妨，只是先以得失横置胸中，却害道。（《朱子语类》卷十三）

"以"字句只用于广义处置式，没有狭义处置式的用法。广义处置"以"字句虽在唐宋元明清时期的文献还有部分使用，但它是古代汉语处置格式的遗留，与"将/把"字句比起来，早已失去了生命力。

（二）魏晋六朝"将/把"字句

"将"字广义处置式始见于魏晋六朝，"把"字广义处置式只见于入唐以后的文献。

1. 处置（给）：把O_1给O_2

（11）我今可将此女与彼沙门。（东晋瞿昙僧伽提婆译《增壹阿含经》卷四十一）

（12）佛告阿难："将此女人，付㤭昙弥，令授戒法。"（元魏·慧觉等译，《贤愚经》卷三）

（13）善知识将佛法菩提与人，亦不为人安心。（《神会和尚语录》）

2. 处置（作）：把 O_1 当作 O_2

（14）爱**将**莺作友，怜傍锦为屏。（南北朝·王德《春词》诗）

（15）**将**人当桃李，何处不成蹊。（南北朝·刘删《侯司空宅咏妓诗》）

（16）**将**世比于花，红颜岂长保？（《寒山诗》）

（17）能**将**佛事为心，不**把**世缘作务。（《敦煌变文集·妙法莲华经讲经文》）

（18）故君子不当以此为主，而以天命之理为主，都不**把**那个当事，但看这理合如何。（《朱子语类》卷六十一）

（19）今**将**六经做时文，最说得无道理是易与春秋。（《朱子语类》卷八十三）

3. 处置（到）：把 O_1 放到或放在某处

（20）灵家在城中，瓒**将**灵母弟置城上，诱呼灵。（《三国志·魏志·张乐于张徐传》裴注）

（21）忽见**将**二百钱置妻床前。（《幽明录》）

（22）**把**舜子头发悬在中庭树地。（《敦煌变文集·舜子变》）

（23）只**把**自家心下先顿放在这里，却捉圣贤说话压在里面。（《朱子语类》卷一百二十）

（三）汉魏"持""取"字句

"持"字句的广义处置式已见于汉魏。曹广顺、遇笑容（2000）专门论述过"取"字句，朱冠明（2002）曾专门论述"持"字句。

1. 处置（给）

（24）尔时世尊寻**持**所著僧伽梨衣授与彼王。（吴·支谦译《撰集百缘经》卷二）

（25）月光王却后七日，当**持**其头施婆罗门。（元魏·慧觉等译，《贤愚经》卷六）

2. 处置（作）

（26）**持**无常作有常。（《佛说遗日摩尼宝经》）

（27）阿难做是念：世尊已泥洹，我今正欲依附，云何**持**我作疥癞野干？（东晋佛陀跋陀罗与法显共译《摩诃僧祇律》卷二）

3. 处置（到）

（28）尊者瞿沙，即**取**众泪置右掌中。（后秦鸠摩罗什译《大庄严论经》卷八）

（29）尔时儿妇，复啼泣言："坐是迦罗，遗我此苦，云何**持**我陷火坑中。"（东晋佛陀跋陀罗与法显共译《摩诃僧祇律》卷六）

（30）更**取**宝珠散佛顶上，于虚空中，变成宝盖。（吴·支谦译《撰集百缘经》卷一）

4. 处置（告）

（31）汝既**持**是欢喜之事，白我令知，如汝深心。（隋·阇那崛多译《佛本行集经》卷三）

"持"字句、"取"字句在唐代极少见到。

（四）魏晋六朝"捉"字句

"捉"字广义处置式，在中古译经中偶见。入唐以后也不多见。如：

（32）是时，世尊复更**捉**一髑髅授与梵志。（东晋瞿昙僧伽提婆译《增壹阿含经》卷二十）

（33）（目连）或能**捉**我掷他方世界。（东晋佛陀跋陀罗与法显共译《摩诃僧祇律》卷十四）

（34）几许难部宰，**捉**此用为心。（《王梵志诗校注》卷七）

（35）这都是不曾平心读圣贤之书，只把自家心下先顿放在这里，却**捉**圣贤说话压在里面。（《朱子语类》卷一百二十）①

（五）明代"拿"字句

（36）又替他里边的妾**拿**香袋与我，**拿**僧鞋与我，逼着要与我好。（《型世言》第二十九回）

（37）黛玉笑道："你说你是丫头，我只**拿**你当嫂子待。"（《红楼梦》第三十一回）

---

① 李焱、孟繁杰（2012）指出：《朱子语类》共2例"捉"字处置式。1例广义处置式，1例狭义处置式。详见李焱、孟繁杰：《〈朱子语类〉语法研究》，347页，厦门，厦门大学出版社，2012。

二、狭义处置式

这类处置式的题元结构是一个及物式,谓语动词所表示的动作一般只涉及一个域内题元(通常为介词后面的成分),谓语动词为及物动词,并且往往带上补语特别是结果补语,因而处置性较强。狭义处置式根据结构形式可分为下面两个小类。

狭义处置式的论元结构是一个及物式,谓语动词通常是一个及物动词,有时候带上补语。

从处置介词来看,狭义处置式有"将"字句、"把"字句、"持"字句、"取"字句和"捉"字句。其中"持"字句的狭义处置式在西秦《太子须大拏经》中已出现。"取"字句见于唐代以前的佛经翻译,"将"字狭义处置式出现于魏晋六朝,而"把"字句、"捉"字句,魏晋六朝偶见,入唐以后多见。"拿"字狭义处置式始见于元代文献。偶尔也有"与"字句和"给"字句的用法。

(一)"持/取"字句

"持"字句的狭义处置式在乞伏秦《太子须大拏经》中已出现。

(38)当**持**是经典为诸沙门一切说之。(西秦圣坚译《太子须大拏经》)

(39)诸世间经书所不能解者,当**持**般若波罗密为解之。(东汉友娄迦谶译《道行般若经》卷六)

(40)**持**彼百千乳牛犊,皆金装角银饰蹄。(隋·阇那崛多译《佛本行集经》卷十,引自朱冠明 2002)

(41)时月光长者发遣诸人,还来入家,见夫人**取**婢鞭打,即问之曰:以何因缘,而鞭此婢?(东晋瞿昙僧伽提婆译《增壹阿含经》卷五十)

(42)念汝**取**母害,折伏犹汝奴。(后秦竺佛念译《出曜经》卷四)

(43)是时目连即前捉手将至门外,还**取**门闭,前白佛言:不净比丘,已将在外。(《增壹阿含经》卷四十四,引自曹广顺、遇笑容 2000)

(二)"将/把"字句

"将"字句的狭义处置式萌芽于魏晋六朝。如:

(44)丁常言:"**将**我儿杀之,都不复念。"(《三国志》裴注)

(45)船者乃**将**此蟾以油熬之。(陆勋《志怪》)

唐代开始"将/把"字句式多见。如:

(46)解写除却名,楷(揩)赤**将**头放。(《王梵志诗校注》卷二)

(47)却思城外花台礼,不**把**庭前竹马骑。(《敦煌变文集·维摩诘经讲经文》)

(48)大师**把**政上座耳拽,上座作忍痛声。(《祖堂集》卷十五)

(49)只**将**地里打量,也只打量得山脚下。(《乙卯入国奏请》)

(50)且只**将**四字成句底诗读,却自分晓。(《朱子语类》卷八十)

(51)若**把**白衣轻易脱,却成青桂偶然攀。(杜荀鹤《恩门致书远及山居因献之》诗)

(52)某每见前辈说易,止**把**一事说。(《朱子语类》卷六十七)

(53)取友必须端,休**将**戏谑看。(《喻世明言》卷二十一)

(54)被那虚底在里夹杂,便**将**实底一齐打坏了。(《朱子语类辑略》卷三)

(55)师便**把**火筯放下。(《祖堂集》卷十四)

(56)沩山**把**一枝木吹两三下,过与师。(《祖堂集》卷十四)

(57)横渠**将**屈伸说得贯通。(《朱子语类辑略》卷一)

(58)**将**人犯逐一唤过,发出投胎出世。(《喻世明言》卷三十一)

(三)"捉"字句

中古译经中偶见,如:

(59)童子即前取带,带腰已,便**捉**比丘痛打,手脚令熟。(《摩诃僧祇律》卷十八)

入唐之后也不多见。如:

(60)夺我宅舍,**捉**我巴毁。(《敦煌变文集·燕子赋》)

(61)惟是今人不能"脱然如大寐之得醒",只是**捉**道理说。(《朱子语类》卷九十八)①

(四)"拿"字句

"拿"字句产生于元代,语法化程度极低。到了清代,"拿"字句语法化程度比明代高,使用频率也比明代高。

(62)张千,你**拿**那老子高高的吊起!放下问事帘来,我问这老子!(《元

---

① 李焱、孟繁杰(2012)指出:《朱子语类》只有1例狭义处置式"捉"字句。详见李焱、孟繁杰:《〈朱子语类〉语法研究》,347页,厦门,厦门大学出版社,2012。

刊杂剧三十种·铁拐李》第一折）

（63）李逵拿毂天锡提起来，拳头脚尖一发上。（《水浒传》第五十二回）

（64）说着，先拿史湘云的麒麟瞧。（《红楼梦》第三十一回）

于红岩（2001）对元明清时期"拿"字句在南北方文献中的出现次数分别进行统计。数据表明，"拿"字句元代产生于北方，明代在北方虽有一定的发展，但清代中叶又渐趋衰微。在南方，明代发展较快，到清代末其发展超过了北方，特别是在吴语里，"拿"字句几乎完全替代了"把""将"字句。如：

（65）侬叫个小工拿里向屋里出理出理。（《土话指南》卷三）[①]

（66）我拉㑚阶檐石上立拉，勿防伊冷生里拿我朝后一推，几乎跌一个觔斗。（《沪语指南》卷一，1908第二版）[②]

"拿"字句至今在吴方言区口语中仍然使用。处置标记用"拿"或音近异写为"挪"。如：

（67）当兵个若然也识义礼理，讲究点谦逊，挪强个性子一齐消化脱，第个就算士农工商里齐有礼貌咾谦逊哉。（《圣谕广训吴语直解》第三则）

（五）"与"字句

吴福祥（1996：422）指出"与"字式在敦煌变文中有2个用例。如：

（68）汝与我送到寺中，任你却来。（《敦煌变文集·难陀出家缘起》）[③]

（69）更被唇口喂嚅，与你到头尿却。（《敦煌变文集·燕子赋》）

冯春田（1991：13）指出：狭义处置式"与"字句大约起于宋代。如：

（70）也拟与愁排遣，奈江山，遮拦不断。（《绝妙好词》五，莫仑《水龙吟》词）

（71）人虽睡着，其识知自完，只是人与唤觉，便是他自然理会得。（《河南程氏遗书》卷六）

---

① 按：该句的官话为："你带着苦力把上屋拾掇出来。"（《官话指南》卷三，1881）同时，《土话指南》处置标记词用得最多的是"担"字。如：听见㑚后面天井里咕咚一声，跳进一个人来，担我懒醒者。（卷二）"担"本义是"挑"，引申有"拿"义，再虚化为介引受事者的处置标记。"担"为清末民初沪语松江方言大区的特征词。

② 按：该句的官话为："我在台阶儿上站着，他抽冷子把我望后一推，几乎没栽了个大觔斗。"（《官话指南》卷一，1881）

③ 按：该例属于广义处置句。

（72）譬如捉贼，"克己"便是开门赶出去，索性与他打杀了，便是一头事了。（《朱子语类》卷四十四）

（73）但才觉得此心随这物事去，便与他唤回来，便都没事。（《朱子语类》卷一百二十）

李焱、孟繁杰（2012：348）指出：《朱子语类》中"与"字处置句出现的次数不到30例，"与"后出现的都是代词"他"，指代上文提到过的某件事物或人。如：

（74）若只是握得一个鹘仑底果子，不知里面是酸是咸，是苦是涩，须是与他嚼破，便见滋味。（《朱子语类》卷八）

（75）大而一国，又大而天下，事业恁地多，都要人与他做。（《朱子语类》卷一百一十七）

该句式元明罕见。如：

（76）蒋日休又与他拭净了，换了洁净被褥。（《型世言》第三十八回）

（六）"给"字句

"给"字处置句见于清代，用例不多，适用范围不广。

（77）贾母因命人："给他收起去罢，别丢了。"（《红楼梦》第八十五回）

（78）接了人家两三吊钱，给人搁下，人家依吗？（《儿女英雄传》第四回）

（79）既然应承了，又不赶紧办，只是给人家耽搁着，是甚么意思呢？（《语言自迩集》）

（80）他若是一定不依，我就给他实端出来。（《官话指南》卷一）

刘云（2018：193）举了一些清末民初的用例。如：

（81）这么着我就到先生那儿，给他告下来了。（《急救篇》）

（82）把银簪抽出来，用绸布给他裹好，叫仆妇搭到下房，俟等伤好了再说。（《仇大娘》）

（83）有旁边儿的人，给他们劝开了。（《北京纪闻》）

（84）石秀醋啦，背地里给石英大砸，说他不是本人的手笔，窗友替他捉的刀。（《大兴王》）

三、致使义处置式

致使义处置句产生于晚唐五代。这类处置式中介词"把""将"的宾语语义上不是动词的受事,而是其当事或施事,整个格式具有一种致使义。去掉介词后,所剩的部分是可以独立的一般施事句。句型主要是"把"字句和"将"字句。

（一）唐宋时期

最早见于敦煌文献和禅宗文献中。如：

（85）如斯数满长无倦,能把因缘更转精。(《敦煌变文集·妙法莲华经讲经文》)

（86）以此思量这丈夫,何必将心生爱恋。(《敦煌变文集·佛说观弥勒菩萨上生兜率天经讲经文》)

（87）学道修行力未充,莫将此身险中行。(《祖堂集》卷七)

（88）入道之门,是将自家身己入那道理中去。(《朱子语类辑略》卷二)

这类处置式中的谓语动词大都是不及物动词,所以处置性不太显著,语义上跟由使役动词构成的兼语式相近。在《敦煌变文集》里这种致使义处置式间或能与使役句对举使用。如：

（89）休教烦恼久缠萦,休把贪嗔起战争,休谴信根沉爱网,休令迷性长愚情。(《敦煌变文集·维摩诘经讲经文》)

（二）金元明清时期

这一时期该句式谓语除了是不及物动词外,还出现了形容词。如：

（90）没事尚自生事,把人寻不是,更何况,今日将牛畜都尽失。(《刘知远诸宫调》)

（91）比及盼得到白露中秋节,把四海苍生热杀也。(曾瑞《小令哨遍·秋扇》散曲)

（92）原来是一封休书,把那小姐气死了。(《元曲选·倩女离魂》第三折)

（93）谁想走到人市处,把梅香迷了。(《元曲选·刘行首》第二折)

（94）寻了两乘兜轿,夫妻两个坐了,把两个女儿背坐在轿后。(《型世言》第十回)

（95）却不把人间向上的心都冷了？(《初刻拍案惊奇》卷一)

（96）从此便把弟兄们的心肠都冷淡下来了，一日一日的攒凑，便至于打架厮闹。（清·王又朴《圣谕广训衍》第一则）

（97）这小福儿半夜到家，竟像死人一般，几乎把我吓死。（《歧路灯》第十八回）

（98）凭着邱八怎样温存，怎样追问，只是漠漠无言，直把个邱八罥得急了，恨不得自己替他。（《九尾龟》第二十三回）

（99）我是给人管了件闲事，受了点儿气，把肝气的病勾起来了。①（《官话指南》卷二）

在日本江户时期唐话教材中也有这样的用例。如：

（100）看银子的面上，替你用情判断得，不把你吃亏了。（《唐通事心得》）

（101）点明白了条数，规矩是交把本街街官送到货库里去，就在那里验验看，才把你收去。（《译家必备》）

（102）又吩咐街管，时常留心看顾寡妇，不把他难为。（《闹里闹》）

（103）各位先生所讲的话，都是大道明言，把我冒昧心肠也觉得了然，心里不胜感激。（《白姓官话》）②

（三）《歧路灯》"叫"字致使义处置式

黄晓雪、贺学贵（2016）指出"叫"字句中，表"无意致使用法"的"叫"字使役结构可以发展出一种致使义处置式用法，即"叫"字致使义处置式。有河南开封话背景的清代小说《歧路灯》中有其用例。如：

（104）你们去了一千人，就叫俺孩子喝的这样光景。（《歧路灯》第十七回）

（105）说到与先父相与两个字，倒叫我羞了。（《歧路灯》第五回）

（106）你上那里去？叫我等死了。（《歧路灯》第七十回）

（107）到明日你要不去，叫我羞的死。（《歧路灯》第七十三回）

黄晓雪、贺学贵（2016：698）还进一步指出：这类致使义"叫"字句在语义、句法结构上与致使义"把"字句极为相似。在今天有些方言区的"叫"字致使

---

① 《粤音指南》该句对译为"令"字句："我同人理啲件闲事，受晓啲气，**令**个肝气嘅病引起上嚟咯。"
② 翟赟（2018）对该句式做过专题调查，详见翟赟《晚清民国时期南北官话语法差异研究》，235页，北京，北京大学出版社，2018。

处置式功能扩展到狭义处置式。如湖北襄樊话、山东郯城话和河南鲁山话，处置标记既用"把"又用"叫"（鲁山话用"把"已很少见），但河南叶县、固始、许昌等地方言及安徽蒙城话的处置标记只用"叫"，不用"把"。

从上古到明清不同的历史时期，在不同的文献中，处置标记一直在发展变化。汉语三种类型处置式先后出现的处置介词有"以""持""取""将""把""捉""与""拿""给""叫"等，而"以""持""捉""取"这类处置式在金元乃至以后的文献中都比较罕见了。其间有新旧兴替，介词"持""取""捉""与"等被淘汰了，"以"退出口语系统，"将""把"一直处于竞争状态，明末至清"把"占主导，"将"也退出口语系统。"拿""给""叫"在方言中存留。大致使用的情况，列表如下：

表4-1 三种类型处置式介词历时发展图表

	先秦 西汉	魏晋 南北朝	隋唐 宋	元明清
广义	以	持	取、将	将、把、捉	将、把、给
狭义		持	取、将	将、把、捉	将、把、(捉)、拿、给
致使义				将、把	把、叫

早期狭义处置句谓语动词简单，以光杆动词为多，晚唐以后谓语动词前有状语出现，其后出现补语甚至是宾语，金元以后句型从简单到复杂，从"将"字句为主到"把"字句为天下，除少数曲文韵文有光杆动词的用例外，"把"字句从单一的处置句式到特殊语用环境下的多种变体形式，或者几种结构的杂糅使用，尤其在北方汉语中更是复杂多样。明清以来"把"字句占有主导地位，蒋绍愚（2015）在谈到"'把'字句的功能的历史演变"时指出："把字句历史演变的总趋势是：初期以表处置为主，后来表致使的逐渐增多，最后以表致使为主。"

第二节 "我把你个＋名词性词组"句式

明清时期有一种特殊的句式结构："我（S）+把你个+名词性词组（O）"，又称之为"S把O句式"。这种句式在学术界已受到研究者的关注，有称之为"S+

把+你这NP"构式。刁晏斌（1986）认为是"省略述语"的一种。王雪樵（1986）认为是"把字句中一种特殊的句式"，多用来表示责骂，但责骂的话（"把谁怎么样"中的"怎么样"）不说出来；孙占林（1991）认为它是特殊结构，表示一种加强的语气，着重强调处置的对象；王海棻（1992）认为它实际上是"把"字句的省略；钱学烈（1992）认为它是一个"不完全把字句"，这种句式中的谓语部分省略了；向熹（1993）认为是"出现没有动词相呼应的处置式"；高万云（1997）认为是"把"字句中的一个特殊类型，其语用功能一般表示谴责的行为类型，并且表达重点叠合，有强调作用。张美兰（2000/2002）认为是一个语义自足的特殊结构，是口语化程度很高的句式，不是"把"字句的省略。在人物对话中，整个句式不强调动作的处置，而是带有说话人个人强烈的主观情绪，以主语"我"来向对话的那一方发出责骂，来詈称或戏称对方，是一种特殊的称谓语。江蓝生、杨永龙（2006）认为"S+把+你这NP（O）"的结构式是："把"字句从基础句式转化为特定句式，再从特定句式省去VP变为省缩句式。并指出：这种结构省缩的动因有高频使用、完形认知、会话原则等三个层面，是不同层面的动因交互作用的结果。省缩之后，通过回溯推理和重新分析，"把"在一定程度上表现出由虚变实的逆语法化倾向。王文晖（2006）指出它是近代汉语中的一种特殊"把"字句。孔超（2013）称之为骂詈句式。

一、句子结构

这类句子的结构特点是：以第一人称代词"我"充当句子的主语成分（有时"我"可以省略），后接介词"把"及其宾语，宾语由代词+名词性词组充当，而句中不出现谓语动词。这种用法较早用例是《元曲选》。在《元曲选》中共出现8句。如：

（108）喏声！我把你个村弟子孩儿！我不误间撞着你，我陪口相告，做小伏低，你就骂我做驴前马后。（《神奴儿》第一折）

（109）老人云："我把你个老不死的老贼。"（《生金阁》第三折）

（110）搽旦云："我把你两个小弟孩儿，你老子在家骂我，我如今先剥了，慢慢的打你。"（《酷寒亭》第二折）

（111）俞循礼云："呀，惊了孩儿。大嫂，你那糟头怎生打我孩儿这一下。"王兽医云："我把你个忘恩背义的弟子孩儿。"（《儿女团圆》第二折）

以上宾语"O"由"你这（个）+詈词"构成。

（112）高山云："走杀我也。把那贼弟子孩儿！他说道还有个大醋务巷，那里不走过来。"（《魔合罗》第二折）

（113）高山云："我把那精驴贼丑生弟子孩儿！原来则这个醋务巷，着我沿城走了一遭，左右则在这里。"（《魔合罗》第二折）

（114）我把那衔冤负屈是非场，离家枉死李德昌！知他来怎生身丧。（《魔合罗》第三折）

此三例宾语"O"由"那＋詈词"构成，主语"我"在特定上下文可省略。这种句式在近代其他文献材料也使用[①]，明清时期屡见。如：

（115）我把你这伙毛团，什么好机会！（《西游记》第七十九回）

（116）俺把你这个大胆的道士！俺闻你的大名如雷灌耳。（《三宝太监西洋记》第二十五回）

（117）妇人道："我把你这傻兔子：他单单一个钱叉子，而且沉重，那必是硬头货了。"（《三侠五义》第二十四回）

（118）只听朱光祖一声喝道："咱把你这两个淫尼！无端引诱人家子弟，废害好人，该当何罪？"（《施公案》第二百五十七回）

（119）唔呀，吾把你这忘八羔子，往那里走！（《彭公案》第九十二回）

（120）按着宝玉笑道："我把你烂了嘴的！我就知道你是骗我的。"（《红楼梦》第十九回）

在《西游记》《水浒传》《金瓶梅词话》《醒世姻缘传》《红楼梦》等口语作品中，均发现这样的用例。《水浒传》很特殊，似无用例。

二、语义特征

（一）通过第一人称对第二人称对方发出指称行为

用第一人称"我"，甚至具有文言色彩的"吾"或方言色彩的"俺""咱"

[①] 齐鲁书社出版标点本《醒世姻缘传》在这种句子的句末多用省略号、破折号（只有1例），疑为标点者认为这个句式语义未尽所致。如：
（1）骂道："我把你这个老虔婆，——我就合你对了！"（第三十三回）
（2）素骂说："我把你这秦贼忘八羔子……苘疙瘩堵住你嗓子了？问着你不言语！"（第五十六回）
（3）说道："我把这个忤逆禽兽！……你老子病了这两三个月，你是通不到跟前问他一声。"（第四十一回）
（4）说道："我把你这谎皮匠……你说没有，这是甚么？"（第七十五回）

等第一人称也可见到,指斥责骂第二人称的"你"或远指代词"那",甚至会出现"你们""你这伙""两个"等复数形式。詈词由名词性成分充当,表示责骂的对象,如老贼、弟子孩儿。

"S 把 O 句式"可独用,作为孤立句出现表示责语;有时句式前后有相关的小句暗示责骂原因,先骂人,后面的分句表骂人原因。或者前面一小分句说原因,然后再骂人,但在表示责骂时,对责骂对象如何处置即"把某人怎么样"中的"怎么样"并不说出来。

(二)是口语化程度很高的一种句式

形式上都用"把"字而未见用"将"字的用例。通观近代汉语后期文献用例,这种句式的语义特征有二:

第一,继承了《元曲选》用例的语义特征,即在人物对话中,以主语"我"来向对话的那一方发出责骂,这种责骂主要是詈称对方,渐渐地就成为一种特殊的称谓语。我们常常在文献材料中发现称人时可以用"S 把 O"式,也可以直接称对方为"O",在一定的对话场合"S 把 O"即同"O"。

第二,该类有时不纯粹表责骂,还带有一种嘲讽、戏弄、亲昵的语气。骂詈有与戏谑心理相联系的一面。詈词多粗野,专以展示生活阴暗面为能事,而生活阴暗面却是生动笑料的主要来源,这样骂詈者的敌意减弱,剩下的就只有嘲讽和戏谑了。

江蓝生、杨永龙(2006)充分论证了"S+ 把 + 你这 NP"构式语义原本具有惩处、骂詈的意味。但在特定的语用场合,这类威胁、骂詈的言语行为甚至肢体动作可能具有嬉闹、亲昵色彩。

三、语用环境

(一)只出现于人物对话中

这个句式用于特殊的语境:只出现于人物对话中,且带有说话者个人强烈的主观情绪。只用于"把"字结构,不用于"将"字结构中。

（二）是一个语义自足的句式

这个句式在使用过程中渐渐变成为一个固定的句式，一个语义自足的句式，它的语义结构就在宾语"O"中，仅指"O"，而"O"本身就是由詈词构成的。

（三）是一种特殊的称谓语

在一定的上下文中常常能见到称人用"S 把 O"，而表对人处置时却必定要有动词谓语，即用"S 把 OV"句式。如：

（121）西门庆骂道："我把你这贼奴才！你说你在大门首，想说要人家钱儿，在外边坏我的事，休吹到我耳朵内，把你这奴才腿卸下来！"那平安磕头了起来，提着裤子往外去了。西门庆看见画童儿在旁边，说道："把这小奴才拿下去，也捞他一捞子。"（《金瓶梅词话》第三十五回）

（122）那个人看见贾琏的气色不好心里先发了虚了，连忙站起来迎着。刚要说话，只见贾琏冷笑道："好大胆，我把你这个混帐东西！这里是什么地方儿，你敢来掉鬼！"回头便问："小厮们呢？"外头轰雷一般几个小厮齐声答应。贾琏道："取绳子去捆起他来。等老爷回来问明了，把他送到衙门里去。"（《红楼梦》第九十六回）

这里"把"字句中"你这个混帐东西"与"他"同指一个人，前者强调骂人，后者强调动作。

表4-2 "S（我）把OV" "S（我）把O"两种句式结构所表语义差异示意表

语义重心	句子结构	
	S（我）把 OV	S（我）把 O
强调谓语动词	+	−
强调主语（S）	−	−
强调介词宾语（O）	−	+
强调主语 S 及介词宾语	−	+

汉语是非常讲究语序的语言，因为汉语的形态标志不明显，所以"S 把 O"句式中谓语成分的空格应该是有一定的语义指向的。正是"S 把 O"句中谓词的缺失空位使句子失去了原有的陈述表达功能，而注定了整个句式功能将不可避免地朝着指称性方向发展，在人物面对面对话的语用环境中，实际上已指明参与言

语活动的双方，所以"S 把 O"结构作为用来詈称或戏称对方的句子。"O"的指称性质本身已具，不必再陈述，导致"S 把 O"句式成了一种特殊的称谓语。原本用来标示对话中骂詈动作发出者的"S"，与标示被骂詈对象的"O"因为在面对面对话的语用环境已显示，这种标示作用也变得多余，这样也导致"S 把 O"结构中的"S 把"成分成为冗余，最终变成只有"O"成分。即由"S 把 O"式变为"O"式。《西游记》明"世德堂"本与清代刻本《黄周星定本西游证道书》两个不同来源版本中所出现的异文用例，为我们论证提供了极好的内证和补证。明代版本中用"S 把 O"式的，清本中直接用"O"表示。如：

（123）a.菩萨道："我把你这个大胆的马流，村愚的赤尻！我倒再三尽意，度得个取经人来，叮咛教他救你性命，你怎么不来谢我活命之恩，反来与我嚷闹。"（《西游记》第二十六回）

—— b.菩萨道："你这大胆的马流，我倒再三尽意，度得个取经人来救你，你怎么不来谢我活命之恩，反来与我闹嚷？"（《西游证道书》第二十六回）

（124）a.（行者）双手举起金箍棒，高叫道："我把你这伙贼怪！你偷了我的袈裟，要做甚么'佛衣会'！趁早儿将来还我！"（《西游记》第十七回）

—— b.(行者)举棒高叫道："好贼怪！你偷了我的袈裟，要做甚么佛衣会，趁早儿将来还我。"（《西游证道书》第十七回）

清《古本西游证道书》，在文字上更优于明刻百回本，是《西游记》演化成书后最臻成熟的一个本子。明刻《西游记》中有"我把你个 O"结构 34 例，在清《古本西游证道书》仅 17 句，两相比较，前者另外 17 例"S 把 O"结构，在后者中大都以"O"的形式出现，"S 把 O"与"O"两种结构属"同质异构"，在语义及语气上并无差异，均用于称谓。这种文字的删改，也为"S 把 O"结构的研究提供了语言发展演变的线索。

四、名词性词组的构成及特点

"S 把 O"句式中"O"是一个极为重要的成分。我们在对《元曲选》《西游记》《金瓶梅词话》《醒世姻缘传》《红楼梦》几部作品调查时发现，"S 把 O"中的"O"，从结构本身所揭示的语义主要是用来作为詈称的。但在实际语言使用中直接用詈称"O"比"S 把 O"的"O"在表达内容、结构组合及表达功能上更加丰富。如《西游记》《金瓶梅词话》《红楼梦》等书詈词都很丰富，使詈词成为繁丰多变的称谓语的一种表现形式。

究其原因，"S 把 O"句式中的宾语"O"是有定指的对象即是主语"我"特定称谓的对象，所以不能随心所欲地称谓。而"你个/这个+名词性的成分"（"O"），是用代词"你""这"，有时加量词"个"来限制修饰名词中心成分，在具体话语中整个结构"O"获得了"定指"的特性，中心语虽多是借动物或非生物，但因为在具体对话中"O"是指称所对话的对象，所以"O"又具有了"有生"性。"定指"与"有生"是称谓语（指人）的特性。尤其在人物对话的语用环境中，已指明参与言语活动的双方，用指称构成的句子，不必有陈述。正是"S 把 O"句中谓词的缺失空位使句子失去了原有的陈述表达功能，而注定了整个句式功能将不可避免地朝着指称性方向发展。原本用来标示对话中骂詈动作的发出者的"S"，与标示被骂詈对象的"O"因为在面对面对话的语用环境已显示，这种标示作用也变得多余，这样也导致"S 把 O"结构中的"S 把"成分成为冗余，最终变成只有"O"成分。即由"S 把 O"式变为"O"式。"S 把 O"是一个自足的句式结构，口语色彩浓，同时简洁有力，将说话人詈骂、怪罪时的某种情感也表现出来了，这些也许就是"S 把 O"式有时可直接称为"O"的原因所在。这也可解释为什么近代汉语"S 把 O"式少于"O"式、现代汉语多用"O"来直接称谓詈骂的原因。

今天"我把你个+名词性成分"的结构只在部分方言中存在①，山西临汾和运城以及内蒙古仍在责骂、怪罪人的场合使用这类句子。如：

运城：我把你个贼羔！

临汾：我把你个贼坯子！

内蒙古：走！我把你个老糊涂！把你个挨砍刀的！

有时也可在后面再带小句。如：

运城：我把你个聋耳朵，连我的声音都听不出来了！

临汾：把你个倒灶货，寻的哪里也寻不着。（引自乔全生，2000）

周琼华（2009：55）通过统计元明清文献中的例句发现，在近代汉语中，"S

---

① 黄红蕾（2006）指出：浙江高敬话有"帮"字处置句，也有"侬帮尔个+名词性词组"结构，如：
（1）侬帮尔个老弗死个。（我把你个老不死的）
（2）侬帮尔个婊子养个。（我把你个婊子养的）
详见黄红蕾：《高敬话的处置式研究》，载《杭州师范学院学报》，2006（6）。

把 O"句式活跃于北方方言中，在南方方言作品中较少出现，是一种具有北方方言色彩的方言句型。

第三节 汉语处置式的句式特点

一、学界关于三种类型处置式形成途径的研究

此前，有关处置句的起源问题学界存在一些不同的看法。祝敏彻（1957）、王力（1943）认为上古没有处置式，"将"和"把"在唐代以前是动词，唐中期逐渐虚化产生了初期的处置式。陈初生（1983）和太田辰夫（1958/2003）认为古汉语中的"以"字结构是"把""将"字句的前身。贝罗贝（1989）认为"把"字句是通过语法化产生的。先有共时的变化，然后历时的变化才发生，通过语法化的过程，动词"把"变成介词"把"。梅祖麟（1990）则将处置式分为三种类型，提出多元来源的看法，认为"处置式是一种多元性的句式，本身包括几个小类，而且从历时的角度看，产生的方式也是层层积累"。蒋绍愚（1994、1997、1999、2017）也对几类处置式的多元来源进行了探讨。冯春田（2000：580）提出处置式在语义上的不同类别是同一句式发展演变的结果。他认为："用同一个处置介词的'将'或'把'字处置句式，认为它有两种以上的来源或形成途径，这是很有问题的。"他认为汉语处置式"是同一基本类型的处置式本身的嬗变"。

"将""把""拿"最早作动词使用，皆有"持握、携带"的意思，随着历史的发展和语言的广泛运用，"将""把""拿"逐步虚化为工具介词和处置介词。蒋绍愚（2017）指出："将"字与"把"字引进工具的用法，分别在六朝晚期和中唐时期，时间晚于处置式产生的时间。吴福祥（2003）比较全面地论述了汉语处置式的产生与演变经历了"连动式 > 工具式 > 广义处置式 > 狭义处置式 > 致使义处置式"，是一个连续发展过程。通过论证说明，"连动式 > 工具式 > 广义处置式"是重新分析，连动式的前一动词虚化成为表工具的介词，工具式重新分析成为广义处置式。"以""持""取""将""把""捉""拿"等都同时兼有表工具和表处置的用法，可见从工具式很容易重新分析为广义处置式。而"广

义处置式＞狭义处置式＞致使义处置式"是功能扩展的产物，广义处置式中的动词是三价动词，狭义处置式中的动词是二价动词，致使义处置式中的动词是一价动词。动词从三价扩展到二价到一价，处置式就从广义处置式到狭义处置式到致使义处置式。

蒋绍愚（2017）在他原有的研究上，对广义、狭义、致使义三种类型汉语处置式产生发展做了相当全面的分析。他的观点概括下来有以下几个方面：

（A）"以"字广义处置式来自"以"字工具式（"以 +O_1+V+O_2"，句中动词后面的宾语都不是动词的受事，一般"$O_1 \neq O_2$"）。能够表达的范围有限，主要表示给予处置、放置处置①。"以"字处置式不能转成狭义处置式。

（B）"将/把"字广义处置式是从连动式演变而来，不是从"将/把"字引进工具用法扩展而来，也不是"把/将"字对"以"字广义处置式词汇兴替而致。

（C）狭义处置式来源于连动式结构"将/把 +O_1+V+O_2"（必须是"$O_1=O_2$"）中动词"将/把"的语法化。而这种连动式中的 V 多数是单个动词，所以，初期"把/将"字句也大多是单个动词结尾，而后来"把"字句中的 VC 越来越多。述补结构适合处置式语义表达的要求，所以后来大量进入"把"字句。

（D）致使义处置式的来源，大致有三：

（a）有些致使义处置式，谓词是使动义的动词或形容词，或者是含有使动义的动结式，其形成途径和一般处置式一样，可以看作是用"将/把"把宾语提前而成的。如：红涨了脸——把脸红涨。

（b）有些致使义处置式"S_1+ 将/把 +[S_2+V+O]"，是由工具句"S_1+ 以/将 +[S_2+V+O]"演变而来。其中，"以/将"后面的名词是人体或人体器官，"以/将"本是引进工具的，但人体器官也可独立地发出某种动作，整个句子就成了致使义处置式；或者，句中的动词本是"动作—状态"类的，"以/将"后面的名词是某种物体，是动作的工具，但如将动词理解成状态，整个句子也就成了致使义处置式。

（c）其余致使义处置式，可能是形成"将/把 +[S+VP]"致使义处置式后，频繁使用，功能扩展，人们觉得可以在"将/把"后面加上施事主语句来构成处置式，不再顾及以上两类条件。但"将/把 + 施事主语句"构成处置式，不

---

① "以"字处置式，可以表达"处置（作）"。

是任意的。

这也是对广义、狭义、致使义处置式一个比较全面的分析。

二、"把/将"处置介词的历时消长与南北地域分布差异

朱玉宾（2016）统计了自唐至清的 31 部有代表性的语料，大致梳理出了"把"字句和"将"字句的兴替过程：唐五代时期，"将"字句占绝对的主导地位，而"把"字句主要分布在韵文之中；宋金时期"将"字句依然占据主导地位，但"把"字句数量较前代增长迅速，且冲破了韵文的限制；元代"把"字句虽没有取代"将"字句的主导地位，但是二者的相差数量已经大幅缩小；进入明朝时期，"把"字句得到空前发展，取代了"将"字句占据主导地位，成为处置式结构介词这一义域的主导词；清朝时期"把"字句取代"将"字句的进程进一步加快，到清朝末期"将"字句基本被"把"字句完全取代。汉译《清文指要》有 54 例处置式，"把"字句 52 例，"将"字句只有 2 例。

这种趋势在很多文献里得到体现。在汉语会话课本《老乞大》的四种版本中，处置式的发展呈现出两个变化。首先，清代的两个版本"把"字句大量替换元明版本中的"将"字句，其次是处置式已经开始大量出现且结构日趋多样化。这正是明清时期汉语"把"字句式的发展变化特点。随着时代的发展，"把"字句逐渐成为处置句型的主流，但是各个时期内部南北方文献中的"将"字句、"把"字句所占比例存有差异。总的说来，北方文献中的"把"字句比例要高于同时期的南方文献，"把"字句在北方使用更为普遍。

（一）"S 把 OV"句式在清代北方文献中占优势

相对于南方文献，"S 把 OV"句式的使用比例在北方文献中要大一些。

首先，需要说明的是，到了清代"把"字句在处置句这个大家族中，一定是占主流的句式。即使是在具有南京官话的文献中，一定是"把"字句多于"将"字句。这是句式发展的总趋势。

其次，我们发现同一部文献，无论是从原来具有南方特色的文献，改编成具有北方特色，还是从原来具有北方特色的文献，改编成具有南方特色，句式往往都会跟着发生相应的有规律的变化，其中一定会涉及受事成分在句中的语法位置

的句式变化问题，如"VO"语序与"把/将 OV"语序之间的变化问题。而这一问题，关涉到南方北方语言特点的差异问题，很值得关注。

1. 明清两种《今古奇观》"SVO"与"S 把 OV（C）"的句式变化

日本江户时期学习汉语官话是唐话，以南京官话为主。冈岛冠山编写的《唐话纂要》《唐译便览》《唐话便用》《经学字海便览》《唐音雅俗语类》等系列教材即是。同时，直接用明人白话小说集《今古奇观》，小说《水浒传》《西游记》等作为汉语学习的中高级教材。明治时期日本人开始专门学习北京官话，编写教材过程中，请旗人老师金国璞将明人白话小说集《今古奇观》中的《李汧公穷邸遇侠客》《沈小霞相会出师表》《怀私怨狠仆告主》《十三郎五岁朝天》四篇，改编为北京官话《今古奇观》四卷（1904），作为日本明治时期学习北京官话的中级口语教材。这为进行南京官话与北京官话比较研究提供了一个素材。北京官话《今古奇观》中"把"字句特别多，一部分就是将明小说中的"SVO"句式改成"S 把 OV（C）"了。这种变换是较为普遍的一种变化。如：

（125）a. 亏这官人**救了性命**，今反恩将仇报。（明《李汧公穷邸遇侠客》）

—— b. 幸亏这位老爷**把他命救了**，如今他倒恩将仇报。（北京官话《今古奇观》同上）

（126）a. 还是奶奶见得到，不然，几乎反**害自己**。（明《李汧公穷邸遇侠客》）

—— b. 还是夫人想得周到，我倒差一点儿**把我自己害了**。（北京官话《今古奇观》同上）

（127）a. **谙害了大学士夏言**，自己代为首相。（明《沈小霞相会出师表》）

—— b. 他**把大学士夏言谙害了**之后，他就升为首相了。（北京官话《今古奇观》同上）

（128）a. 你到问我要丈夫，难道我们**藏过了他**？（明《沈小霞相会出师表》）

—— b. 你倒和我们要人，难道我们还**把他藏起来**么！（北京官话《今古奇观》同上）

（129）a. 你自己贪他银子，便几乎**害得他家破人亡**。（明《怀私怨狠仆告主》）

—— b. 你只顾贪图讹诈王生的钱，可差一点儿**把他害的家败人亡**。（北

京官话《今古奇观》同上）

（130）a. 如何不明不白抛我在此？（明《十三郎五岁朝天》）

—— b. 不知道那个财主为甚么把我扔到这个地方来？（北京官话《今古奇观》同上）

从"VO"到"把OV"，这种变化不仅仅是时代的特点，更是明代南方话作品与清代北方话作品句式表达的差异，从一个侧面说明了"把OV"是北京官话倾向使用的一种句式。

2.《官话指南》与《土话指南》"S把OV"与"OV""VO"的句式变化

沪语《土话指南》（1889）是北京官话《官话指南》（1881）的上海话方言对译。《官话指南》（1-3卷）有226例"把"字处置句，而《土话指南》（1-3卷）对译成"担"字处置句95例，"拿"字处置句6例，仅101例。官话其余的115例"把"字句，沪语多用"O+V"受事话题句（见例144-145），或者是"V+O"结构句（见例146-147）。如：

（131）a. 赶咱们**把事情都办完了**之后，我再同他到地里去看一看去就得了。（《官话指南》卷二）

—— b. **事体办舒徐**之后来，我同伊一淘到地上去看一看就是者。（《土话指南》卷二）

（132）a. 叫我先**把那两部拿了两套来**，给您看看。（《官话指南》卷二）

—— b. 教我个两部书上先拿两套来，请老爷看看。（《土话指南》卷二）

（133）a. 依我说，不如**把他活口儿的埋了**就完了。（《官话指南》卷一）

—— b. 照我话起来，倒勿如**活葬脱之伊**歇作。（《土话指南》卷一）

（134）a. 我可就到衙门去，**把他告下来了**。（《官话指南》卷二）

—— b. 我就到衙门去，**告之伊一状**。（《土话指南》卷二）

至少说明，南方的上海话处置式不是优势句式。与《官话指南》"把OV"受事成分句式表达不一致，上海话受事话题句是一种优先的表达。

《粤音指南》四卷（1895）是对北京官话《官话指南》四卷的方言对译。《官话指南》四卷"把/将"字句共有276例，《粤音指南》四卷"把/将/搣"字句仅有124例，粤语则主要用"V+O"受事宾语句表示。粤语的处置式不占主导地位。与《官话指南》"把 OV"受事成分句式表达不一致，粤语受事宾语句是一种优先的表达。如：

（135）a. 托我把他城外头那处铺面房给他卖了。（《官话指南》卷二）
—— b. 托我同佢卖咗城外嗰间铺。（《粤音指南》卷二）

（136）a. 他自己不过有几千两银子，就这么把那个当铺开了。（《官话指南》卷二）
—— b. 佢自己不过仅得几千银，嗷就开起当铺嚟。（《粤音指南》卷二）

（137）a. 把烟忌了罢，再要往下吃，可就怕不好了。（《官话指南》卷二）
—— b. 不如戒咗烟罢喇，再吃落去，怕唔好。（《粤音指南》卷二）

粤语《散语四十章》（1877）是英国人包尔腾（John Shaw Burdon）将英国人威妥玛（Thomas Francis Wade）北京官话《语言自迩集》第三部分《散语四十章》（1867）进行了粤语翻译而成。通过官话与粤语的比较，我们发现官话处置句全用"把"字句充当，而粤语对应的除用"搣"字句、"将"字句外，有4例用的是"VO"句。如：

（138）a. 你快把铺盖铺上。——b. 你快的整好铺盖。
（139）a. "吹灯"是人把灯吹灭了。——b. 吹熄灯系熄灯嘅火。
（140）a. 把我那一件汗衫补了。——b. 补好我呢件汗衫。
（141）a. 他躺在地下，把胳膊搣了。——b. 佢跌倒喺地处，擦伤佢自家嘅手臂。

三、语体差别

（一）书面语与口语语体对"将"字句"把"字句的分布影响

唐宋以来，"把""将"字处置句式一直在发展的进程中。唐宋金元时期"将"字句依然占据主导地位，从元代开始"把"字句与"将"字句竞争，明清逐渐成为处置式的主要句式。"将""把"新旧兴替为两种句式在书面语与口语语体色彩的差异奠定了基础。史存直（1986）认为宋元之后"把"字句和"将"字句在书面语中都常用，而在口语之中"将"字句用的就比较少了。太田辰夫（1958/2003）也认为二者相比，"将"字句稍显"文"，在口语中不常用。张美兰（2001）就曾提出早期处置式在口语和书面语中都应用，但元末明初后"将"字句的口语色彩就大大减弱，相反地在口语文献中"把"字句占有的比例更高。李崇兴（2011）指出：到了元代，"将"字虽然仍然活跃在口语中，但恐怕已经跟"把"字有了雅俗的分别，"将"字较雅，"把"字较俗，《刑部》所录文字多为刑狱公文，选择资格比较老的"将"字，避开比较俗的"把"字，文体感要强一些，这或许是《刑部》几乎不用"把"字的原因。元代的《元代白话碑文集录》《通制条格》与《刑部》同类性质的文献，"将""把"处置式的使用情况大致如此。郭延华（2011：40）统计了《西游记》中"将""把"字处置句对白和叙述出现的数量，结果显示，"把"字句中处置式的占比在对白和叙述中分别为 30.71% 和 26.20%，"将"字句中二者的比例分别为 26.75% 和 16.34%。因此，说明在《西游记》中无论是"把"字还是"将"字的处置句，用在叙述语言中的数目都明显多于用于对白语言的数目。

　　周小娟（2011：16）统计了《水浒传》和《红楼梦》中"把/将"字句的数量，发现以民间故事话本、戏曲为蓝本的《水浒传》，因为语言更口语化，所以"把"字处置式的主导地位更加突出。而《红楼梦》主要描写官宦家族生活，较《水浒传》而言，语言的书面色彩更明显。因此，其中的"将"字处置式占很大比例，与"把"字处置式不相上下。处置式除了在不同文体的文献中存在明显的雅俗差异外，在一些戏曲话本和小说中，人物的对白和叙述性的旁白也存在差异。朱玉宾（2016）也发现"将"字句和"把"字句在文学作品中用于叙述语句和对话语句时，两者存在不一致的情况，且在不同历史时期两者运用在叙述语和对话中的比例是不同的。王丽霞（2019）对《喻世明言》中的处置式在叙述语、对话、诗词文书、成语几种不同情况中的使用进行统计，发现在诗词文书中"将"字句在数量和比例上都比"把"字句高，且"将"字用于成语中，而"把"字却只更多地用于语言通俗的词句中，说明了在《喻世明言》中"将"字句较之于"把"字句更多地用于正式和文雅的场合。

　　语体对于处置式的使用存在限制性。《元曲选》是明代改编的元杂剧汇集，晚于《元刊杂剧三十种》，却有一个怪异的现象，用"**将**"字句比例高，如果将《元曲选》与《元刊杂剧三十种》相同曲目进行比较，还有一个怪异的现象是：《元刊杂剧三十种》中的"**把**"字句，在《元曲选》中有改用为"**将**"字句，这样的例子在两者相同篇目的 13 篇中有 30 多组。尽管《元曲选》不完全是直接改编自《元刊杂剧三十种》，但两相比较，的确存在这样的现象。如：

（142）a. 不把我人也似觑。（《元刊杂剧三十种·老生儿》第一折）

—— b.你不将我人也似觑。(《元曲选》同上)

(143)a.把衫儿折下,着血糊搭。(《元刊杂剧三十种·汗衫记》第三折)

—— b.将衫儿折下,就着这血糊刷。(《元曲选》同上)

(144)a.杀人可恕,谁敢把别人功业厮胡突。(《元刊杂剧三十种·薛仁贵》第一折)

—— b.那厮每杀人可恕,将别人功绩强糊突。(《元曲选》同上)

(145)a.畅道想我这受苦糟糠,卖儿时,也合把爷挣当。(《元刊杂剧三十种·看钱奴》第三折)

—— b.则俺这受苦的糟糠,卖儿呵,也合将咱拦当。(《元曲选》同上)

尤其要指出的是致使义处置式"把"字句也改成"将"字句。如:

(146)a.问甚邻家,那里肯攀鞍下马,把穷汉每傲慢杀。(《元刊杂剧三十种·看钱奴》第二折)

—— b.问甚么先达,那肯道攀鞍下马,直将穷民来傲慢杀。(《元曲选》同上)

张美兰(2021)将检索范围扩大到《元刊杂剧三十种》与《元曲选》中相同的13篇剧本,"把"字句分别有156例与174例,"将"字句分别有116例与401例。可见《元曲选》"将"字句数量比例大。从《元刊杂剧三十种》到《元曲选》,"把"字句反而呈现出一种衰落的趋势,远低于"将"字句。这一反常的语言现象,与《元曲选》在改编过程中的用词雅化有关。从"把"字句到改用"将"字句,也有编者有意回归书面古雅色彩的倾向。

(二)特殊语体对句式特点的影响

丁勇(2007)的研究显示出在元代的文献中,"把/将"字句中谓语是光杆动词的用例仍有一些。概与特殊时代文献语体有关。如:

(147)被父母禁持,投东摸西,将一个表子依随。(《宦门子弟错立身》第十二出)

(148)则为咱当年勇过,将人折倒,石亭驿上袁襄怎生结末?(《元刊杂剧三十种·西蜀梦》第三折)

(149)贱人你自为娼妓,哥哥把伊提携。(《小孙屠》第二十一出)

(150)特遣天臣,把贤良访问。(《元刊杂剧三十种·陈抟高卧》第二折)

（151）中间或有不兰奚及奸细人等，本处官司自合审问来历，无得，因而将僧众攞赖。（《一二四四年林县宝岩寺钧旨碑》）

（152）元议养老女婿有丈人要讫财钱，或因事已将元妻休弃，即目另居，别行娶到妻室，无问籍内有无，收系当差。（《通制条格》卷二，养老女婿）

（153）且说朝廷跟前行呵，把心敬谨，便是为官的道理最上等好处。（《直说大学要略》）

（154）因这般上头得那普天下欢喜的心，把祖先祭祀呵，也不枉了。（《孝经直解·孝治》）

（155）那人每却是达达人家走出来的躯口，因此将那人家连累。（《古本老乞大》）

其中，例 160—163 是受曲文的影响，例 164—168 是受阿尔泰语影响。

（三）《官话问答》文白语体处置式对照

《官话问答》①是朝鲜后期学习北京官话的汉语教材，每课一问一答的对话，文白双语对照。其中 8 例"把"字句均是对应"将"字句。如：

（156）a. 你把我的事忘了罢。——b. 汝将予事忘矣乎？（第四十六课）

（157）a. 你把我的话告诉他没有？——b. 汝将予言告知彼否？（第七十八课）

（158）a. 你把这个表格给我拾掇拾掇。——b. 汝将此表为予修理修理。（第一百零四课）

（159）a. 你可别只顾自己，把我忘了哇！——b. 汝切勿只顾己，将予忘却。（第一百四十九课）

四、致使义处置式"把/将"字标记的被替代

致使义"把"字句在元明以后虽有用例，但一直没有成为主要用法。随着元明"教/交/叫/着"字使役句的大量使用，"把"字句逐渐退出历史舞台。通过《元刊杂剧三十种》和《元曲选》相关片段的同义异文比较，在元刊本中有几处致使义"把/将+S$_{施事}$+VP"句，在《元曲选》中已经改为"教"字或"着"字。

---

① 《官话问答》是朝鲜后期北京官话会话书。该书收入（韩国）朴在渊、金雅瑛编：《汉语会话书续编》，韩国学古房，2010。张美兰（2018）推测《官话问答》的抄写时段应是 1915 年到 1924 年民国期间。

这不仅证明了这类"把"字句含有使动意义,也说明了专用使役标记在句式中的替代情况。如:

（160）a. 枉把一二千人都落后。（《元刊杂剧三十种·范张鸡黍》第三折）
—— b. 枉教那一二千人都落后。（《元曲选》同上）

（161）a. 我把他牛马般吃一顿拷。（《元刊杂剧三十种·铁拐李》第一折）
—— b. 我着你似生驴般吃顿拷。（《元曲选》同上）

（162）a. 可将我谜也似猜。（《元刊杂剧三十种·老生儿》第一折）
—— b. 倒着我谜也似猜。（《元曲选》同上,引自蒋绍愚 1999）

南方官话《官话指南》中的"把"字使役句,北京官话《官话指南》中对应的是"叫"字使役句。如:

（163）a. 我想到了中时都翻一翻,把那晒过的也倒一倒,把那背阴的都把他向阳来。（南方官话《官话指南》卷三）
—— b. 我想到了晌午都翻一翻,把那晒过的也倒一倒,把那背阴儿的都叫他向阳儿。（北京官话《官话指南》卷三）

五、"把个"无定式"把"字句（"把个 NP+V"）

无定式"把"字句是指介词"把"的宾语为"（一）量名"无定形式的"把"字句,该类句式产生于宋代,金元用例极少,明代用例增多。如:

（164）如今学者先要把个"勿忘,勿助长"来安排在肚里了做工夫,却不得。（《朱子语类》卷五十二）

（165）月娘道:"恁不合理的行货子,生生把个丫头惯的恁没大没小的,还嗔人说哩!"（《金瓶梅》第七十五回）

（166）把个王子唬得手软筋麻,不敢舞弄。（《西游记》第八十八回）[1]

陶红印、张伯江（2000）详细分析了无定式"把"字句从近代到现代的发展演变情况,指出了近代汉语时期的"把个"格式的三个特征:

（A）"把个"之后名词性成分的选择十分丰富,其中受事者为人物的情况最多,《红楼梦》《儒林外史》中"把个"后面常常带上一个专有名词,尤其是以人名形式出现的专名。

---

[1] 引自朱玉宾:《常式与变式——近代汉语"把"字句研究》,274 页,上海,中西书局,2018。

（B）在动词的使用上，近代汉语文献中的中心动词以表示心理状态、情绪变化以及表示死亡一类的不及物动词为主。如"唬""气""吓""急""乐""没""死"等。

（C）"把"字前面的主项不是一个具体的名词，而是空位，这个空位所代表的是一个整体的事物或事件。如：

（167）话未说了，**把个宝钗气得怔了**。（《红楼梦》第三十四回）

（168）十三妹离坐，一把拉住，按在身旁坐下，说："不许跑。"**把个张姑娘羞的无地自容**，坐又不是，走又不能。（《儿女英雄传》第九回）

（169）两个月讨回，足足二百两，兑一兑还余了三钱，**把个陈正公欢喜的要不得**。（《儒林外史》第五十二回）

该句式基本都是致使义处置式，因此处置标记前的一般是比较复杂的使因因素，而不是简单的施事者。强调的是宾语被某种行为影响后所处的结果状态超出常情、常理。如：

（170）不想我的命苦，**先把个冤家没了**。（《金瓶梅》第六十二回）

（171）一顿抚恤，**把个小献宝转怒为喜**，拿着银子去了。（《醒世姻缘传》第三十九回）

（172）骂只骂你主意差，**把个强人藏在家**。（《聊斋俚曲》）

（173）贾老儿既**把个大儿子死了**，这二儿子便成了个宝贝。（《老残游记》第十五回，引自朱祎祺2019）

从使用频率的角度来看，"把"的宾语为"一个+名"的"把一个名"与"个+名"的"把个"两类结构，后者越来越多，逐渐形成了带有无定标志"个"的"（施事/使因）+把+个+受事"的结构形式。该结构的形成，与"把"的词义虚化程度有关，"把"的词义虚化，导致"把"后面的数量结构也进一步简化，"把个"这种组合因此更加常见，"个"作为类无定冠词的特性得以显现。尤其是中心动词主要表示心理状态、情绪变化，如此扩展后的"把个"专注于描写外在事物如何导致人物的心理情绪的变化。所以，陶红印、张伯江（2000：438）认为："把字句的范围扩大到描写心理情绪变化和通指/任指和全称的意义。"

六、"S将/把OV"句式在汉语中并非主流句式

在汉语句式中，"处置式"不是强势高频，但却常见。相对于"SVO"句，"S

"把 VO"处置式是一个有标记的句式,并非主流句式。这一点在近代汉语处置式研究中,从已有论文的统计数据中也可以看出。如钱学烈(1986)统计出《红楼梦》中,作为处置式的"把"字句共 1021 个,作为处置式的"将"字句共 886 个。可以推算,相对于"SVO"句式,这 1907 句"把/将"字处置式占的比重其实很小。这一认知,还可以在满汉双语文献句式的对译比较中得到充分证明。满语是"SOV"的语序,满语受事成分常用格标记"be"标示,构成满文"S+O+be+V"句,而汉语主要以"SVO"为主流,也可以用"S 把 OV"表达。张美兰、李沫(2020)将清代满汉合璧版《清文指要》两种不同类型语言的文本进行了对照,专门研究了汉译本对应"SOV"句式的表达以及标记标识情况。调查发现,满文有"SOV"结构句 730 例,其中有满语受事格"be"标记的"S+O+be+V"句有 456 例,无"be"标记的"SOV"结构有 274 句。汉译本句式对译主要用"SVO"句,只有 54 例是"把/将/以 OV"结构,仅 2 例是"将"字句,以"把"字句为主。如:

(174) buda be tuwana. beleni bisirengge **be** hasa benju se.
　　　 buda be tuwa-na. beleni bi-sire-ngge **be** hasa benju se
　　　 饭　把　看去　 现成的　有的　　　 把　快速　送来　说
　　　 看饭去。说把现成的快送来。(《清文指要》第 5 课)

(175) baitangga gūnin **be** baitakū bade fayabure anggala, bithe tacire de isirakū.
　　　 baitangga gūnin **be** baitakū ba-de faya-bu-re anggala, bithe taci-re de isi-ra-kū.
　　　 有用的　心思　把　无用的　地方　耗费　　　 与其　书　学习　在　不如
与其将有用的心思费于无用之地,不如读书啊。(《清文指要》第 21 课)

(176) fithere hacin **be** bengsen obuci ombio.
　　　 fithe-re hacin **be** bengsen o-bu-ci o-mbi-o.
　　　 弹的　　种类　把　本事　　成为　　 可以吗
　　　 会弹也算得本事吗?(《清文指要》第 21 课)

按:这句话在《清文指要》没有翻译成"把"字句。而在清末北京官话教材《语言自迩集·谈论篇》(1867)中却改写成:"能够把弹琵琶弦子算得本事么?"但这样例子并不多。

(177) sain ningge **be** alhū dame yabure, ehengge **be** targacun obure oci.

  sain ningge **be** alhū da-me yabu-re, ehe-ngge **be** targacun o-bu-re o-ci.

  好 的 把 效法 行 坏的 把 警戒的 成了 若

以好的为法，以不好的为戒。（《清文指要》第 35 课）

（178） bi sinde emu sain arga tacibure. damu hefeli **be** omiholobu.

    bi sinde emu sain arga tacibu-re. damu hefeli **be** omiholo-bu.

    我 给你 一 好 办法 教 只 肚子 把 饿着

  我教给你一个好方法儿，把肚子饿着。（《清文指要》第 56 课）

  通过对满汉双语文献句式的比较，可见，即使是在对译 "SOV" 语序文献，汉语句式表达主要以 "SVO" 为主。在表示施受关系的句式中，相对于 "SVO" 结构， "把/将" 字结构是一个有标记的、不占优势的句式。

七、"S 将/把 O 给 V" 句式在清代北方文献中占优势

  首先， "S 把 O 给 V（了）" 句式是清末才开始使用的。在当时的南方文献中不见该句式。如日本江户时期的唐话教材，其实使用的都是南京官话，其教科书四种：《唐话纂要》（1725）、《唐译便览》（1726）、《唐话便用》（1726）和《唐音雅俗语类》（1726）⑧，共 9 万多字，我们统计出其中的处置式 "把" 字句有 30 例， "将" 字句仅 7 例。如：

  （179）他前日悄悄地到我家来，**把那件事一五一十详细告诉我了。**（《唐译便览》）

  （180）一年贫似一年，**把家财尽行变卖了。**（《唐话便用》）

  （181）**把平生本事使出来。**（《唐话纂要》）

  （182）凡得遗失之物，限五日内送官召人识认，于所得遗失物内，**将一半给予得物人充赏，**赏其无隐匿之情、有还人之意也。（《唐音雅俗语类》）

  例（182） "将" 字句出现在诏令中，属于 "雅语类" 的书面语色彩。但是，我们还要注意的是，与清代北方文献中的 "把" 字处置句的使用情况比较，这四种具有南方文献中的处置句式相当简单，句式语义也相当简单。没有出现太复杂的 "把" 字句，更没有清中叶以后出现的 "把 O 给 V" 的新句式用法。在当时整个北方文献中 "把 O 给 V" 句式，比较突出，构成北方口语文献 "把" 字句的一个鲜明的特点。

这种句式的地域特征，还可以从北京官话教材被改写成南方官话后的句式表达差异中得到印证。如九江书局《官话指南》（1893）曾改编删改了北京官话《官话指南》（1881）中"把O给V"句中的"给"字。其中北京官话《官话指南》有8例"把O给V"句，在南方官话九江书局版《官话指南》中都改成"把OV"句。如：

（183）a. 把拦柜上搁着的算盘也**给**摔了。（《官话指南》卷二）

—— b. 把拦柜上搁着的算盘也**被**摔了。（南方官话版卷二）

（184）a. 这么着那群贼就把箱子和包袱、现钱都拿了去了，就是**把铺盖给留**下了。（《官话指南》卷二）

—— b. 这么的那羣贼就把箱子和包袱、现钱都拿了去了，就是**把铺盖留**下了。（南方官话版同上）

（185）a. 不管怎么样，我求你千万别**把**这个事**给**泄漏了。（《官话指南》卷一）

—— b. 不管怎么样，我求你千万莫**把**这个事弄泄漏了。（南方官话版卷一）

（186）a. 你回头**把**我脱下来的东洋衣裳**给叠**起来，可别拿刷子刷。（《官话指南》卷三）

—— b. 你回头把我脱下来的东洋衣裳**快叠**起来，却莫拿刷子刷。（南方官话版卷三）

（187）a. **把衣服给叠**好了，小炉子里烧上炭，拿灰培上。（《官话指南》卷三）

—— b. **把衣服该叠**好了，小炉子里烧上炭，拿灰培上。（南方官话版卷三）

（188）a. 务必**把职名给留**下。（《官话指南》卷三）

—— b. 务必**把片子留**下。（南方官话版卷三）

这种句式的地域特征，还可以从南方官话材料被演改为北京官话的句式差异中得到印证。如南方白话《无锡白话报》中《海国妙喻》①中"把OV"句，经《京话报》演改后，将原文的"把OV"增改成"把O给V"句。《无锡白话报》在1898年5月11日至11月16日的第1至24期上就刊登了梅侣女史（裘毓芳，江苏无锡人）白话《海国妙喻》25则译文。1901年创刊的《京话报》，用一种特殊的"添改"方式，在第1至5期中，将《无锡白话报》梅侣女史的白话《海国妙喻》

---

① 《无锡白话报·海国妙喻》《京话报·海国妙喻》，见《中国早期白话报汇编》第1册，北京，全国图书馆文献缩微复制中心，2009。

改造成京话的《海国妙喻》:"金匮梅侣女史原演,本馆改成白话",共"演改"了 19 篇寓言,两相比较,把南方白话"演"改成京话。经过比较,我们发现《京话报》将《无锡白话报·海国妙喻》中的"把 OV"句和"VO"句"演改"成"把 O 给 V 了"。如:

(189) a. 忽然走来一只狗,几乎**把**村老鼠**抢去**。(《无锡白话报·海国妙喻》村中鼠急流勇退)

—— b. 忽然来了一条大狗,差一点**把**乡下耗子**给抢了去**。(《京话报·海国妙喻》村中鼠急流勇退)

(190) a. 盘古时候,有一只豺,吃东西吃得忒要紧些,被骨头鲠住了喉咙。(《无锡白话报·海国妙喻》拔鲠刺豺忘鹤恩)

—— b. 古时候,有一只狼,吃东西吃得忒忙些,一下子让骨头**把**嗓子**给卡住了**。(《京话报·海国妙喻》拔卡刺狼忘鹤恩)

而日本明治时期北京官话汉语教材《伊苏普喻言》[①](以下简称《伊》),是《伊索寓言》的汉语译文,其中有 9 例"把 O 给 V"句,大都表示一种不幸的遭遇。如:

(191) 这个笨东西,你把我所喝的水,**都给弄涸了**。(《伊·狼图攫羔》)

(192) 倒说他是讨厌的东西,就把他的耳朵**给去短了**。《伊·骆驼祷神》)

(193) 叫一个长虫把没出窝儿的雏儿**给吞了**。(《伊·蛇吞燕雏》)

(194) 被他把特特的偷来的羊**给夺了去了**。(《伊·狮夺狼食》)

(195) 说着,就把他脑袋**给咬下来了**。(《伊·羊狼劣狐》)

(196) 打窝里把他的蛋儿**给辁辊着弄下去**,全都**给撮破了**。(《伊·兔被鹫追》)

朱玉宾(2018)介绍了有些南方方言在使用处置式的句中,有在处置动词前面加上类似于助词"给"的形式,以形成了增强处置效果的加强式。福州话"共 O 掏 V"字处置句,动词前加上一个助词"掏"字。如:

(197) 汝快世共别侬批**掏扯**?(你为什么把别人的信撕了)

(198) 共只间房底**掏粉刷**!(把这个房间粉刷一遍。)[②]

---

① 《伊苏普喻言》是明治时期的北京官话教科书。日本人中田敬义在旗人老师英绍古的帮助下,把日语《通俗伊索物语》共 237 则,翻译成北京官话《伊苏普喻言》,1878 年出版。
② 例引自陈泽平:《福州话的动词谓语句》,见李如龙、张双庆主编:《动词谓语句》,107 页,广州,暨南大学出版社,1997。

泉州方言有"将O+**共伊**+V"字处置句，动词前加上一个副词"共伊"字。如：

（199）将大厝共伊卖嗦去，哪会无钱？（把大房子给卖了，哪能没钱？）[①]

汕头方言有"对O+**佮伊**+V"字处置句，动词前加上一个副词"佮伊"字。如：

（200）我对汝佮伊卖掉！（我把你给卖了！）

（201）汝对我双鞋佮伊物对地块去？（你把我的鞋弄哪儿去了？）

（202）伊对凄凄惨惨趁来许几个钱拢佮伊输到白白去。（他把辛辛苦苦赚来的那几个钱全给输光了。）

施其生（1997）认为："北方口语中'把……+给+动'式（'把牛给卖了'），无论是在结构上还是在语义上都和汕头话的'对……+佮伊+动'十分类似。"[②] 汕头话处置式中加强处置效果的用法，也为说明北方话中"把……给VP"是"把"字句的加强式提供了较好的注脚。这些现象南北都有，值得深思。

八、被动和处置糅合句

在汉语语法中，"被"字式和"将/把"字式可以同时出现在一个句子当中，"被"字短语和"将/把"字短语同时用在谓语动词之前作状语，这种句式既强调"施事"，又突出了"受事"，被称为被动和处置的糅合句或"被""将/把"同现句。目前看到的最早用例是在唐代敦煌抄卷伯2838《云谣集杂曲子·倾杯乐》："**被**父母**将**儿迕配，便认多生宿姻眷。"（参见袁宾（1992））宋代以后，"被""将/把"同现的几种情况逐渐发展起来，此后在元代初步发展，明清时期逐渐多见，不仅用于狭义处置式，也用于广义处置式。

（一）"将/把""被"同现句

"将/把""被"同现句在结构上主要分为两类：（A）"被动+处置"式和（B）"处置+被动"式。

（A）"被动+处置"式，这个句式是同现式最早的用法。"将/把"字后的宾语和主要动词的关系更直接、更密切，表处置的"将/把"字短语通常在"被"

[①] 例引自李如龙：《泉州方言的动词谓语句》，122页，载李如龙，张双庆主编：《动词谓语句》，广州，暨南大学出版社，1997。

[②] 例引自施其生：《汕头方言的动词谓语句》，138~139页，载李如龙，张双庆主编：《动词谓语句》，广州，暨南大学出版社，1997。

字短语之后、紧靠主要动词及其附加成分、引进动作行为的支配对象等。而表被动的"被"字短语则多位于"将/把"字短语之前，引进动作行为的施事。因此，这种类型比较多见。如：

（203）**被**猴行者**将**金镮杖变作一个夜叉。(《大唐三藏取经诗话》第六回)

（204）则**被**这君章、子征**将**我紧逼逐，并不肯相离了左右。(《元刊杂剧三十种·范张鸡黍》第三折)

（205）叹光阴如过隙，百年人旅中寄。**被**宿生冤债**将**身累。(《套数·新水令·乐道》)

（206）**被**人**将**相公的马偷将去了！(《水浒传》第五十七回)

（207）三不知**被**那老鸦**把**头脑上啄破，就死了。(《训世评话》第三十二则)

（208）吕使君虽然得了这一手便宜，也**被**这一干去的人各处**把**这事播扬开了。(《二刻拍案惊奇》卷七)

（209）于伦道："他又**被**我**把**烧香骗去，料也不带得。"(《型世言》第三回)

（210）昨日要入殓，怎么**被**雷**把**先生震的稀烂？(《醒世姻缘传》第四十一回)

（211）到底**被**那木钉**把**头碰破了。(《红楼梦》第三十八回)

（B）"处置＋被动"式，这个句式是金元时期才出现的。如：

（212）他自作自受的罢了，怎么**把**两个没罪的丫头同**被**监禁？(《醒世姻缘传》第四十三回)

（213）二相公**把**父亲怎么**被**打死，上下官员怎么卖法，三官妹怎么报仇，知县、城煌怎么受贿，阎王怎么动非刑，从头至尾，说了一遍。(《聊斋俚曲》第七回)

（214）我才二十多岁，挤了来看，**把**帽子都**被**人挤掉了。(《儒林外史》第五十五回)

这两种形式又以"被动＋处置"式为主要结构，用例明显多于"处置＋被动"式，有时两个句式之间可以互相转换。

（二）"把/将""将/把""乞/叫/吃"同现句

被动标记还有"乞""吃""为""教""叫"和"着"等标记，结构上也可以分为两类：

（A）"被动+处置"式，是主要的形式。如：

（215）就同王三官到老孙家会了，往许不与先生那里借三百两银子去，乞孙寡嘴老油嘴把借契写差了。（《金瓶梅词话》第四十二回）

（216）这几件衣服能使了几个钱，只这些人引开了头儿就收救不住，脱不了我这个老婆子叫他们就把我拆吃了打哩！"（《醒世姻缘传》第二十回）

（B）"处置+被动"式，用例不多。如：

（217）如今把俺们也吃他活埋了。弄的汉子乌眼鸡一般，见了俺们便不待见！（《金瓶梅词话》第十一回）

（218）不想我的干女儿没得认成，倒把个亲女儿叫弟夫人拐了去了。（《儿女英雄传》第三十二回）

（三）被动和处置糅合句句式语义

该句式不仅强调处置，更强调被动，表示施事者致使受事者遭受不幸或不愉快不如意的影响。所以句式中心动词所表达的语义倾向于表示不幸、不好或不愿发生的事情。且以被动句为主句杂糅进去处置式这一类为多。楼枫（2009）统计出：《全元散曲》中检得的6例糅合句型全是表示不幸、不好或不愿发生的事情；《元曲选》《元曲选外编》《新校元刊杂剧三十种》中检得的59句糅合句型中，有49句是表示不幸、不好或不愿发生的事情的，比率高达83%；在《新编五代史平话》以及《武王伐纣平话》中检得的11句糅合句型中有10句，比率达到90%。

（四）被动和处置糅合句的地域特点

从方言色彩上来看，明清时期的糅合句型主要集中在北方文献中。楼枫（2009：46）指出：综合金元时期的糅合句型来看，也主要是集中在《元曲选》《元曲选外编》《新校元刊杂剧三十种》等北方文献中，南方文献如"四种南戏"中罕见糅合句型，使得糅合句型带有较浓的北方方言色彩。它产生于近代而传承至今，尤其在北方地区还用，是一种很值得注意的语法现象。在一个长句中，用被动式引出施动者后再套用一个处置式引出受动者，或用处置式引出受动者后再套用一个被动式引出施动者，突出了句中施事受事成分。这是否与北方"SOV"语言的语言接触有关，还是值得思考的一个问题。朱玉宾（2018：220）指出：被动/处置杂糅句在近代汉语中并不兴盛，宋元时期仅仅是产生阶段，即使明代的使用频率有所提高，但也不是一种常用句式。到了清代，该类句子已经开始大量缩减。这说明相对于两种分开的句式而言，糅合句式在语义的表达上并不够精密。

参考文献

曹广顺、遇笑容：《中古译经中的处置式》，载《中国语文》，2000（6）。

曹茜蕾：《汉语方言的处置标记类型》，载《语言学论丛》（第36辑），北京，商务印书馆，2007。

陈初生：《"早期处置式略论"》，载《中国语文》，1983（3）。

刁晏斌：《"把"字句的产生和演变》，载《吉林大学研究生论文集刊》（社科版），1986（2）。

丁勇：《元代汉语句法专题研究》，华中科技大学中文系博士学位论文，2007。

[法]贝罗贝：《"早期'把'字句的几个问题"》，载《语文研究》，1989（1）。

冯春田：《近代汉语语法问题研究》，济南，山东教育出版社，1991。

冯春田：《近代汉语语法研究》，济南，山东教育出版社，2000。

高万云：《"我把你这个NP！"的句法、语义、语用分析》，载《张家口师专学报》，1997（1）。

黄红蕾：《高敬话的处置式研究》，载《杭州师范学院学报》，2006（6）。

黄晓雪、贺学贵：《从〈歧路灯〉看官话中"叫"表处置的现象》，载《中国语文》，2016（6）。

江蓝生、杨永龙：《句式省缩与相关的逆语法化倾向——以"S+把+你这NP"和"S+V+补语标记"为例》，见何大安等主编：《山高水长：丁邦新先生七秩寿庆论文集》，《语言暨语言学》专刊外编之六，2006。

姜淑珍、池昌海：《从视觉动词到处置介词——温州方言"望"的语法化和语义地图》，载《汉语史学报》第20辑，2019。

蒋冀骋：《论明代吴方言的介词"捉"》，载《古汉语研究》，2003（3）。

蒋绍愚：《〈元曲选〉中的把字句——把字句再论》，载《语言研究》，1999（1）。

蒋绍愚、曹广顺：《近代汉语语法史研究综述》，北京，商务印书馆，2005。

蒋绍愚：《"把"字句的功能的历史发展》，载《梅祖麟教授八秩寿庆学术论文集》，北京，首都师范大学出版社，2015。

蒋绍愚：《近代汉语研究概要》（修订版），北京，北京大学出版社，2017。

孔超：《"我把你这个 NP"骂詈句式新探》，载《新余学院学报》，2012（3）。

李崇兴、祖生利：《〈元典章·刑部〉语法研究》，开封，河南大学出版社，2011。

李焱、孟繁杰：《〈朱子语类〉语法研究》，厦门，厦门大学出版社，2012。

刘海波：《从致使表达的角度看近代汉语致使义处置式的来源和发展》，载《荆楚学刊》，2019（4）。

刘云：《早期北京话的新材料》，载《中国语文》，2013（3）。

刘云：《北京话处置标记"给"的来源与历时演变》，载《汉语学报》，2018（1）。

楼枫：《唐宋至明清处置式研究》，上海师大硕士学位论文，2009。

吕叔湘：《现代汉语八百词》，北京，商务印书馆，1980。

梅祖麟：《唐宋处置式的来源》，载《中国语文》，1990（3）。

钱学烈：《〈红楼梦〉把字句》，载《近代汉语研究》，北京，商务印书馆，1992.

乔全生：《晋方言语法研究》，北京，商务印书馆，2000。

史存直：《汉语语法纲要》，上海，华东师范大学出版社，1986。

孙占林：《〈金瓶梅〉"把"字句研究》，载《广西师院学报》，1991（3）．

陶红印、张伯江：《无定式把字句在近、现代汉语中的地位问题及其理论意义》，载《中国语文》，2000（5）。

太田辰夫著，蒋绍愚、徐昌华译：《中国语历史文法》（中译修订本），北京，北京大学出版社，2003。

王海棻：《谈古代白话小说中"把""打""相""地"》，载《山西师大学报》，1992（4）。

王力：《中国现代语法》，北京，商务印书馆，1985。

王丽霞：《〈喻世明言〉处置式研究》，广西师大硕士学位论文，2019。

王文晖：《近代汉语中的一种特殊把字句》，载《中国语文》，2001（4）。

王雪樵：《山西运城话中一种"把"字句》，载《中国语文》，1986（4）。

吴福祥：《再论处置式的来源》，载《语言研究》，2003（3）。

吴福祥：《近代汉语语法》，北京，中国社会科学院出版社，2015。

向熹：《简明汉语史》，北京，高等教育出版社，1993。

于红岩：《浅析"拿"字处置式》，载《语文研究》，2001（3）。

余健萍：《使成式的起源和发展》，载《语法论集》（第二集），北京，中华书局，1957。

袁宾：《近代汉语概论》，上海，上海教育出版社，1992。

翟赟：《晚清民国时期南北官话语法差异研究》，北京，北京大学出版社，2018。

张美兰：《近代汉语语言研究》，天津，天津教育出版社，2001。

张美兰：《再论"我把你个／这＋名词性成分"句》，载《河北师范大学学报》，2002（1）。

张美兰：《近代汉语几种句式结构成分的变化及其句法后果》，载《湖北民族学院学报》，2003（1）。

张美兰：《施受关系之表达与南北类型特征制约》，载《学术交流》，2018（2）。

张美兰：《"浅文理"与文言语体层次特征——以〈官话问答〉文白双语体中的文言书面语体词汇为例》，载《澳门理工学报》，2018（4）。

张美兰、李沫：《〈清文指要〉满文受事成分句式结构在汉译本中的对译特征》，载《语文研究》，2020（4）。

张美兰：《从文本比较看〈元刊杂剧三十种〉元代口语的通俗性》，载《澳门理工学报》，2021（1）。

张敏：《语义地图模型：原理、操作及在汉语多功能语法形式研究中的运用》，载《语言学论丛》（第42辑），北京，商务印书馆，2010。

周迟明：《汉语的使动性复式动词》，载《山东大学学报》，1958（1）。

周琼华：《明清处置式探讨》，上海师范大学硕士学位论文，2009。

志村良治：《中国中世语法史研究》，江蓝生、白维国译，北京，中华书局，1995。

朱冠明：《中古译经中的"持"字处置式》，载《汉语史学报》（第2辑），上海，上海教育出版社，2002。

朱冠明：《先秦至中古汉语语法演变研究》，北京，中国社会科学出版社，2015。

朱祎祺：《明清山东方言背景白话文献特殊处置式研究》，山东大学硕士学位论文，2019。

朱玉宾：《近代汉语"把／将"字句的竞争及成因》，载《烟台大学学报》，2016（6）。

朱玉宾：《常式与变式——近代汉语"把"字句研究》，上海，中西书局，2018。

翟赟：《晚清民国时期南北官话语法差异研究》，北京，北京大学出版社，2018。

第五章 汉语被动句式的历时发展

> 本章主要内容
>
> （一）简单讲述：上古被动句式
>
> （二）重点讲述：中古被动句式
>
> （三）重点讲述：近代汉语被动句式
>
> （四）简单讲述：复杂的"被"字式

作为一种非屈折（inflective）语言，汉语中的动词没有语态（voice）的变化，因此汉语被动语态的表达需要借助特殊的语序和词语标记。从上古汉语到近代汉语，被动句式一直在经历着不断的变化与发展。被动句分为语义被动句和语法被动句。前者是没有特殊语法标记，但表示被动意义的句式，又被称为概念或意念上的被动句，或称为广义范畴的被动句；后者是带有表被动关系的专用语法标记的被动句式。

带有表被动关系的专用语法标记的被动句式有多种类型。方经民（2003）指出，汉语被动式在历史上先后出现过三个系统。第一个是文言书面语被动式系统："於/于"字式、"见"字式、"为"字式；第二个是白话/官话被动式系统："被"字式；第三个是方言口语被动式系统："教（交/叫）"字式、"喫（吃/乞）"字式、"给（拨/畀）"字式、"让"字式等。

对被动式从上古到清代汉语系统地历时考察方面，近年有张延俊（2010）《汉语被动式的历时研究》和曹凤霞（2014）《汉语被动标记更替历时研究》的专著，对近代汉语复杂"被"字句的专题研究方面，有刘进（2019）《近代汉语复杂的"被"字句研究》等。而专书被动句式专题研究、断代被动句专题研究以及各种被动句式的历史发展的系列论文更是丰富多彩。这些专著和论文推动了汉语被动句各种句式类型历时发展和演变的深入研究。被动句式类型多、发展过程特点多、研究成果也多，因此，本章在参考学界已有研究基础上进行简要介绍，详见参考文献。

第一节 上古汉语被动句式发展变化

一、无标记被动句式

王力《汉语史稿》将无标记的被动句分为两种结构：一种是用一般主动形式表示被动意义；另一种是"可""足"字后的动词带有被动意义。

（一）主动形式表示被动的句式

学界一般认为甲骨卜辞中没有发现语法被动句，仅有语义被动句，被动关系用一般结构表示[①]。如：

（1）邛方无闻？（金祖同编著《殷契遗珠》465）闻：被听到。

西周和春秋战国这种无语法标记的被动句得到进一步发展。如：

（2）蔡赐贝十朋。（《殷周金文集成》卷十一，5974《蔡尊》西周）赐：被赐予。

（3）舜生三十征。（《虞夏书·尧典》）征：被征召。

（4）谏行言听。（《孟子·离娄下》）行：被执行；听：被采纳。

（5）鲁酒薄而邯郸围。（《庄子·胠箧》）围：被围。

这种句式汉代及后代书面语仍用。如：

（6）狡兔死，良狗烹；高鸟尽，良弓藏。（《史记·淮阴侯列传》）烹：

[①] 学界唐钰明、周锡馥（1985）、张玉金（2006）、张延俊（2010）都认为甲骨文中有少数"于"字被动句式用例，处于萌芽状态。

被烹。藏，被藏。

（7）居无何，二世杀死，优旃归汉，数年而卒。（《史记·滑稽列传》）杀死：被杀死。

（8）西伯，伯也，拘于羑里。（司马迁《报任安书》）拘：被拘禁。

（9）是故贾谊以才逐，而晁错以智死。（《后汉书·桓谭传》）逐：被放逐。

（10）困平城，病流矢。（柳宗元《封建论》）困：被困。

（二）"可／足+V"表被动的被动句式

（11）万民之所便利，而能强从事焉，则万民之亲可得也。（《墨子·尚同中》）

（12）夫道有情有信，无为无形，可传而不可受，可得而不可见。（《庄子·大宗师》）

（13）蔓草犹不可除，况君之宠弟乎？（《左传·隐公元年》）

（14）今言王若易然，则文王不足法与？（《孟子·公孙丑上》）

从殷商西周到元明清各时期汉语无标记被动式一直都在使用，张延俊（2010）进行了历时的研究。限于篇幅，本章只简介先秦用法，至于中古和近代的使用情况，可参阅张延俊（2010）的相关专章论述。

二、有标记被动句式

（一）"於／于"字式

王力《汉语史稿》认为，被动句"于"字式出现于春秋以后。向熹《简明汉语史》认为"西周金文开始出现用介词'于'引出施动者的被动句"[①]。张延俊根据学界的研究，认为"于"字式在殷商时期的甲骨文中已经萌芽，其施事成分所指几乎都是天地神祇。到西周时期趋于成熟并兴旺起来，春秋战国时期较为常用。与西周金文同时代的今文《尚书》中也发现了几种类型的"于"字被动句。但相对于《尚书》中"于"出现600余次，而用于表示被动意义的不过数次而已。因此可知，"于"字式在西周并没有被广泛使用。如：

[①] 关于"於""于"的区分，参见本书第15页的说明。另外，姚振武（1999）认为"于"字式，只是普通意念被动句的一种扩展，"于"字并不负担任何被动信息。

（15）旨千若于帝，佑？（郭沫若主编《甲骨文合集》，4199）（旨千会被上帝许可、保佑吗？）

（16）惟时怙冒，闻于上帝。（《周书·康诰》）

春秋战国时的例子。如：

（17）郤克伤于矢，流血及屦，未绝鼓音。（《左传·成公二年》）

（18）劳心者治人，劳力者治于人。（《孟子·滕文公上》）

（19）夫破人之与破于人也，臣人之与臣于人也，岂可同日而言之哉？（《战国策·赵策二》）

但是，介词"于"引进施事，只能用于谓语动词之后。

（二）"见"字式

"见"字式始见于春秋时期，普遍运用于战国时期。但是标记词"见"字只能直接置于动词之前，不能引入施事者。① 如：

（20）年四十而见恶焉，其终也已。（《论语·阳货》）

（21）百姓之不见保，为不用恩焉。（《孟子·梁惠王上》）

只有用"于"字引出施事者，通过两个标记才能合成完整的被动句式。如：

（22）吾长见笑于大方之家。（《庄子·秋水》）

（23）使文王所以见恶于纣者，以其不得人心邪？（《韩非子·难二》）

（三）"为"字式

始见于春秋时期，普遍运用于战国时期。"为"字通常置于动词之前。有不带施事者的，也有引介施事者的。如：

（24）厚者为戮，薄者见疑。（《韩非子·说难》）

（25）不听吾言，身死，妻子为戮。（《国语·越语》）

（26）兔不可复得，而身为宋国笑。（《韩非子·五蠹》）

（27）止，将为三军获。（《左传·襄公十八年》）

有用"于"字引出施事者而合成的句式。如：

---

① 刘承慧（2006）认为"见"的功能在指明属人主语的语义角色为"领受者"，是标注人际对待关系的记号。
梅广（2015：293）认为"见"字式也是一种受动句。"见"是受动轻动词。"见"字式受动是有标受动，可以名为"经验受动"。用法上，经验受动只能带属人主语。

（28）使遂失其国家，身死为僇于天下。（《墨子·法仪》）
（29）多出兵，则晋、楚为制于秦。（《战国策·秦策二》）

（四）"为 A 所 V"式

这一句式产生于战国后期。如：

（30）方术不用，为人所疑。（《荀子·尧问》）

（31）负石自投于河，为鱼鳖所食。（《庄子·盗跖》）

（32）楚遂削弱，为秦所轻。（《战国策·秦策四》）

汉代"为 A 所 V"成为最有生命力的被动句式，运用更加普遍，"V"一般都是单音节动词（双音节动词极少）。如：

（33）汉军却，为楚所挤。（《史记·项羽本纪》）

（34）若早自杀，毋徒使母子为太子所鱼肉也。（《史记·晋世家》）

（35）食于道旁，乃为乌所盗肉。（《汉书·黄霸传》，"肉"为动词宾语。）

在汉代，其使用频率增多，逐渐取代"于"字被动句式。

（五）"为 A 之所 V"式

（36）有制人者，有为人之所制者。（《管子·枢言》）

（37）神龙失水而陆居兮，为蝼蚁之所裁……悲仁人之尽节兮，反为小人之所贼。（《贾谊集·惜誓》）

（六）"被"字式

作为被动标记的"被"字从表"遭受"义的动词"被"发展而来的，它在向表被动的标记发展的过程中难免会保留表示"遭受"的语义。"被"字句起源于战国末期，早期这种句式仍然不成熟，带有许多过渡阶段的痕迹："被"字在语义上仍包含"蒙受""遭受"义，在词性上仍带有动词性，所以还不是真正的被动标记。如：

（38）今兄弟被侵，必攻者，廉也；知友被辱，随仇者，贞也。（《韩非子·五蠹》）

（39）万乘之国，被围于赵。（《战国策·齐策六》）

用介词"于"帮助引进主动者。

（40）信而见疑，忠而被谤。（《史记·屈原贾生列传》）

与"见 V"对举，被动得以显现。"被"字的被动语义，依据的是上下文语境。

第二节　中古汉语被动句式发展变化

一、"被"字句式

（一）"被"字之后插入施事者（关系语）的"被 NV"式

"被"字句在刚产生时，"被"字后不出现施事者，直到魏晋才出现了带施事者的"被"字句①。这是"被"字被动语态完全成熟的标志。如：

（41）公曰："吾被皇太后征，未知所为！"（《三国志·魏书·高贵乡公纪》）

（42）屈原被王逐逼，乃赴清冷之水。（《拾遗记》卷十）

（二）"被 N_1V+N_2"式

（43）如彼愚人，被他打头，不知避去。（《百喻经·以梨打破头喻》）

（44）祢衡被魏武谪为鼓吏。（《世说新语·言语》）

（45）隆后至江边，被一大蛇围绕周身。（《太平广记》卷四三七《华隆》，引《幽明录》）

（46）时焉被天火烧城，车具荡尽。（《三国志·蜀书·刘二牧传》）

（三）"被 V 于 N"式

（47）至乃复有致谪于为乱之日，被讪于害正之徒。（《宋书·周朗传》）

---

① 学界常举蔡邕《被收时表》："今月十三日，臣被尚书召问。"以之为早期标准用例。蒋绍愚师告示：该例标点有差错，可疑，不足为例。从上下文看，标点应为："今月十三日，臣**被尚书召问臣**以大鸿胪刘合前为济阴太守，臣属吏张宛长休百日，合为司隶，又托河内郡吏李奇为州书佐，及营护故河南尹羊陟、侍御史胡母班合不为用，致怨之状。臣征营怖悸，肝胆涂地，不知死命所在。臣邕死罪，台所**问臣**三事，其远者六年，近者三岁。"（《全上古三代秦汉三国六朝文》，北京，中华书局，1965。）

（48）父偃，金紫光禄大夫，**被遇**于宋武。（《南齐书·何戢传》）

（四）"被 N 所 V"/"被 N 见 V"式

（49）无罪无辜，谗口嚣嚣。（《诗经·小雅·十月》，郑玄笺：嚣嚣，众多貌。时人非有辜罪，其**被谗口见**愬谮嚣嚣然。①）

（50）问曰："寸口脉浮微而涩，法当亡血，若汗出。设不汗者，云何？"答曰："若身有疮，**被刀斧所伤**，亡血故也。"（《金匮要略·疮痈肠痈浸淫病脉证并治第十八》）

（51）（康国）**被匈奴所破**。（《魏书·西域传》）

（52）所债甚少，所失极多，果**被众人之所怪笑**。（《百喻经·债半钱喻》）

但汉魏六朝"被"字被动句带施事者的仍是很小的比例。肖丽容、陈家春、杨锦芬（2014：112）对史书《三国志》《后汉书》《宋书》《南齐书》《魏书》进行了统计，"被NV"式仅有19例，加上其他"被N+VV（VC）"等带施事者类型的9例，只有28例。在"被"字被动句总数771例中还是占极小的比例。这意味着"被"字被动句还在发展之中。

二、"蒙"字式

"蒙"字先从最初的"覆盖"义引申出"蒙受""遭受"义，随后动词又逐渐虚化，成为被动标记。袁宾（2005）指出，"蒙"字句在语法功能上与"被"字句的产生和发展状况都极为相似，二者间同义对举和连用的现象可证。下面是仍用作动词的例子。如：

（53）a. 南越王甚嘉**被惠泽**，**蒙休德**，愿革心易行。（《汉书·严助传》卷六四）

—— b. 人命有长短，时有盛衰，衰则疾病，**被灾蒙祸**之验也。（《论衡·命义篇》）

（54）a. 其后熏鬻作虐，东夷横畔，羌戎睚眦，闽越相乱，遐氓为之不安，中国**蒙被**其难。（《文选》卷九）

—— b. 故投身死地，转战万里，**被蒙宽恕之恩**，得从临履之宜。（《晋书·王

---

① 此两例，引自吴金华：《古汉语被动句"为……见"式补说》，载《南京师范大学学报》，1992(4)。

濬传》卷四十二）

袁宾（2005）认为：同一语法，"被"字句先于"蒙"字句产生，"蒙"字句的发展演变受"被"字式的类化影响。中古出现了"蒙"字式，且发展比较迅速。如：

（55）及孝武之朝，复**蒙**英主顾眄。（《南齐书·张敬儿传》）

（56）足下哀其愚，**蒙赐书**，教督以所不及，殷勤甚厚。（《汉书·杨恽传》）

（57）自分幽沦，长弃沟壑，不图复**蒙引见**，得奉帷幄。（《三国志·吴志·张昭传》）

张延俊（2010）指出除了常用"蒙V"式外，还有"蒙AV"式、"蒙A所V"式和"蒙A所见V"式等多种变体。一般只能用于积极场合。

（58）卿今幸**蒙**尊神所遣。（《太平广记》卷三七八《陈良》，出《幽明录》）

（59）彭幸**蒙司徒公所见全济**，未有报德，旋被祸难，永恨于心。（《后汉书·岑彭传》）

三、"为A所V"式及其变式

（一）"为A所V"式

张延俊（2010）对上古"于"字式、"见"字式的相继没落进行了分析，他认为"于"字式由于施事成分居于谓语之后，"见"字式由于不适合于非生物主语，且其施事成分也居于谓语之后，它们到中古时期便不能够适应当时的语言环境，所以中古时期"为A所V"新句式得以成为被动句的主要句式。唐钰明（1988）对六朝11部典籍的统计显示：3434例被动句中"为A所V"有1821例，占一半以上（例略）。从句式构成来说，该句式适应了中古汉语介宾短语由倾向于后置转变为倾向于前置的历史趋势，也是适应中古时期语言环境的一种被动式类型。柳士镇（1985）指出：《百喻经》中"为A所V"式有26例，其句型极为整齐，均为"为-施事者-所-动词（单音节）"，无一例外。

中古"为A所V"的变式较多，如："为A之所V""为A所见V""为A之所见V"。它们多出现于战国末期和汉魏六朝时期。吕叔湘在《见字之指代作用》一文中，提出"为A所见V"式和"为A见V"式都是由"见"字式与"为"字式糅合而成。吴金华（1983/1984/1988）对"为A之所见V"等相关句式进行了研究。唐钰明（1987）认为，"为 A 之所 V"式是由"为 A 所 V"式和"为 A 之 V"式结合而成。

（二）"为 A 之所 V"式

（60）此室入者，不为诸垢之所恼也，是为二未曾有难得之法。（鸠摩罗什译《维摩诘所说经·观众生品》）

（61）肃宗所幸潘嫔，以轨为假父，颇为中官之所敬惮。（《魏书·成轨传》）

（三）"为 A 见 V"式

（62）臣诚恐卒为豺狼横见噬食，故冒死欲诣阙。（《后汉书·邓寇传》）

（63）设为彼人见毁辱者，当奈之何？（《贤愚经·富那奇缘品》）

（四）"为 A 所见 V"式

（64）进退失理，违负佛恩而无返覆，遂为三途所见缀缚，自作祸福。（东汉佛经《阿难问事佛吉凶经》）

（65）臣国先时人众殷盛，不为诸国所见陵迫，今转衰弱，邻国竞侵。（《宋书·夷蛮传》）

（五）"为 A 之所见 V"式

（66）而横为故齐王冏所见枉陷，诬臣与众人共作禅文，幽执图圄，当为诛始。（陆机《谢平原内史表》）

在"为……所"式中，谓语动词都是单音节的。"为……之所"式和"为……所见"式中谓语动词都是双音节的。所以，有学者认为添加上"之"或者"见"字，是为了保持语言节奏韵律的协和。柳士镇（2019：477）指出："在魏晋南北朝这一语词双音化得到较快发展的时期，是选用'为……所见'式，还是选用习见的'为……所'式，却往往同语音的节奏有密切联系。前者一般同双音节动词搭配，后者则一般同单音节动词搭配，彼此均符合偶音节节拍的要求。"吴金华（1981）指出：后秦凉州沙门竺佛念所译的《出曜经》中'为……所见'式及其省略式共计 67 例，其中 65 例'所见'之后使用双音节动词，占全部用例的 97%；而'为……所'式共计 310 例，其中 262 例使用单音节动词，占全部用例的 84.5%。而佛经之外，《三国志》是'为……所见'式出现频率最高的文献，正文及裴注共出现9例，'所见'之后全部使用双音节动词。由此可见，'为……所见'式在运用中有一个重要功能是，主要与双音节动词搭配以求得语音上的整齐和谐。"① 杨伯峻、何乐士（2001）也如是说。而朱庆之（2013：85）指出：真正决定一个句子是不是"所见V"式被动句的最核心条件是其中的"所见"是不是一个韵律词，是不是真正的双音节助词。如果是，则其后必然紧跟一个双音节及物动词。只有当动词V之后有一个单音节的跨层成分时，这个动词才可以是单音节。因此，吴金华（1981）所揭示的"所见V"之"V"通常为双音节的现象，是"为……所见V"被动句式的充分条件。

从东汉到隋是汉语语法从上古到近代承上启下的关键转折时期。肖丽容、陈家春、杨锦芬（2014）选择中古史书《三国志》《后汉书》《宋书》《南齐书》《魏书》的被动句进行了数理统计。以下是对中古汉语被动句式使用情况的统计：

"於（于）"字句（2种）	"见"字句（20种）	"为"字句（38种）	"被"字句（24种）
34例	1330例 "见V" 1019例	2452例 "为N所V" 1916例 "为NV" 88例	771例 "被V" 517例 "被V₁V₂" 130例 "被NV" 19例

肖丽容、陈家春、杨锦芬（2014：144）对魏晋南北朝文、汉文佛典、中古史书三类不同类型的文献的被动句使用情况进行了分析，认为：在被动句的使用上三类文献呈现各自的特点：官修的史书语言比较正式，汉魏以后言文分家，正统的书面文献较少反映语言的实际面貌，南北朝文属于此类。汉译佛经是外来僧人翻译的作品，受语言接触或中介语的干扰，导致出现很特别的句式表达。兹将他们（2014：144）陈述的数据进行了列表呈现，如下表：

---

① 对吴金华（1981）的统计数据，朱庆之（2013）用CBETA验证，略有出入，共65例，其中基式54例，变式11例；双音节V为63例，单音节V为2例。朱庆之（2013：71）进一步指出："R为A所见V"式被动句及其变体，主要见于两晋南北朝时期的文献，之前和之后的用例数量极少。不计重复，在宋代之前的非佛教文献里，共有40个句子，其中V为双音节动词者29例，占总数的72.5%；单音节动词者11例，占27.5%。在佛教文献里，不重复，共有340个句子，其中双音节动词者321例，占总数的94.4%；单音节动词者19例，占总数的5.6%。

魏晋南北朝文（14种句式）	汉文佛典（27种句式）	中古史书（16种句式）
共1635例，前三者："见"字句624例"为……所"式362例"被"字句225例	共1301例，前三者："为……所"式986例"被"字句472例"为"字句266例	共4587例，前三者："为……所"式2146例"见"字句1259例"被"字句763例

东汉到隋的被动句式，是汉语被动句发展的分水岭，很多被动句式发展至此呈现出前后截然不同的发展态势。在这一时期，旧有的被动形式仍大量使用，只有少数消亡，而新兴的被动句式已经陆续产生，地位也在逐渐巩固。曹凤霞（2014）指出：不同句式在不同语体中显示出不同的特点：（A）书面语以"为"字式句为主，口语中"被"字式开始呈现与"为"字式并驾齐驱之势。（B）"被"字式在中古汉译佛经中形式多样，受"为N所V"式的类推影响，还出现了"被N所V"和"被N之所V"的句式变体。（C）"为N所V"式从东汉开始是中古汉语被动句主流句式，谓语动词可以单音节或多音节，复杂结构不多。但"被N之所V"的句式中谓语动词不仅结构复杂化，而且句式延伸空间不受句式的限制。因此，这一阶段新旧句式交替，诸多语法形式处于萌芽或发展阶段，也显示出"被"字被动句潜在的发展趋势。

第三节　近代汉语被动句式发展变化

近代汉语的被动句式主要有十种，从语义来源可分三类：

与"遭受"义相关："被"字式、"吃（喫、乞）"字式、"着（著$_1$）""蒙"字式，被动标记是由"遭受""蒙受"义动词演变来的；"被"字句发展特殊，尤其在元明时期有新的用法。

与"使役"义相关："教（交、叫）"字式、"着（著$_2$）"字式、"等"字句，被动标记是由"使役"义动词演变来的，是这段时期被动句的特点。

与"给予"义相关："与"字式、"把"字式、"给"字式，被动标记是由"给予"义动词演变来的。虽然用法不普遍，但很有个性特点。

一、"遭受、蒙受"类被动句式

唐宋以来,"被"字式之外,添加了新成员"吃(喫、乞)"字式、"蒙"字式。从起源的角度观察,"吃"字式、"蒙"字式同"被"字式属于同类现象,被动式标记"吃"和"蒙"的词义发展和语法化过程都类似于"被",都与各自的动词义项"遭受""蒙受"有关。"吃"字式和"蒙"字式的不同点在于,"吃"字式继承了上古汉语被动式表示消极意义的特点,而"蒙"字式基本上是一种表示积极意义的被动式。

(一)"吃(喫、乞)"字被动式

江蓝生(1989)对"吃"字式的起源作了研究,指出"吃"是"喫"的俗写,唐宋资料中皆作"喫",元明资料中有的写作"吃",或借用音近的"乞""讫"字。被动标记"喫"的用例最早见于唐五代,元明多见。如:

(67)火急离我门前,少时终须喫捆。(《敦煌变文集·燕子赋》)

(68)黄洋野马捻枪拨,虎鹿从头喫箭川(穿)。(《敦煌变文集·王昭君变文》)

(69)我向庄中喫打骂无休,怎生交俺子母穷厮守。(《刘知远诸宫调》)

(70)花儿偏向蜂儿有。莺共燕,喫他拖逗。(柳永《红窗迥》词)

(71)直去府里,要刺贺太守,被人知觉,倒喫拿了。(《水浒传》第五十八回)

(72)你的名声,传闻天下,今日不向前出力,好生吃人笑!(《忠义直言·林甫任事》)

(73)几乎教我吃这大汉坏了性命。(《一窟鬼癞道人除怪》)

(74)郭威吃董璋争了这功。(《新编五代史平话·周史平话》卷上)

(75)你父亲吃胡家下了蛊药,哥也吃他害了。(《刘仲璟遇恩记》)

(76)虽是不曾到手,也吃渠亲了两个嘴。(《型世言》第二十七回)

(77)讫(喫)那种田的百姓认得是他,拿将来杀了。(《皇明诏令》)

(78)他参见了我,讪讪的,乞我骂了两句没廉耻。(《金瓶梅词话》第二十五回)

江蓝生(1989)对"吃(喫)"字被动式的生成途径作了系统研究,指出"喫"

本义为"食",唐五代文献中"喫"后带"杖""棒"等事物作宾语,从而引申出"遭受"义。当"喫"进入"喫+NP+VP"结构用来引介动作施事时,可以视为表示被动的介词,"吃(喫)"经历了"吃食—遭受—被动"的语义演变过程。我们发现在《金瓶梅词话》(a)中表示"被动"义时,既可用"吃"字,也可用"乞"字作被动介词。而《金瓶梅》崇祯本(b)除少部分用例外,词话本中表被动的介词"乞"都改用了"吃"字①,"乞"则专表"乞求"义。这为江蓝生(1989)的观点提供了很好的证明。如:

(79)a. 于是**乞**逼勒不过,交迎春掇了水下来。(《金瓶梅词话》第五十回)

—— b. 于是**吃**逼勒不过,交迎春掇了水下来。(《金瓶梅》崇祯本卷十)

《水浒传》有容与堂本(a)、天启刻本(b)和贯华堂本(c),表示被动,容与堂本(a)和天启刻本(b)"吃(喫)""乞"都用,但贯华堂本(c)用"喫"。如:

(80)a. 李逵**乞**宋江逼住了,只得撇了双斧,拜了朱仝两拜。(容与堂本第五十二回)

—— b. 李逵**乞**宋江逼住了,只得撇了双斧,拜了朱仝两拜。(天启本第五十二回)

—— c. 李逵**喫**宋江逼住了,只得撇了双斧,拜了朱仝两拜。(贯华堂本第五十一回)

(81)a. 若是我们初来时,不知路的,也要**吃**捉了。(容与堂本第四十七回)

—— b. 若是他们初来时,不知路的,也要**吃**捉了。(天启本第四十七回)

—— c. 便是我们初来时,不知路的,也要**喫**捉了。(贯华堂本第四十六回)

《警世通言》(b)对《清平山堂话本》(a)多有借鉴,其中产生了一些同义异文表达。如:

(82)a. **乞**这大娘骂了三四日。(《清平山堂话本》卷三《雨窗集上·错认尸》)

—— b. **喫**高氏骂了三四日。(《警世通言》卷三十三《乔彦杰一妾破家》)

刘坚、江蓝生等(1992)指出,"吃"字式在北方系白话资料中的出现频率要比在南方系白话资料中低得多,"吃"字式在当时大概主要通行于江苏、浙江

---

① 按:这一异文现象,同样存在于"吃""乞"表示吃食、遭受的用法上。在《金瓶梅词话》中"乞"字也表吃食义、遭受义、被动义、原因义、乞求义,而在"崇祯本"中则基本只用"吃"字来记录吃食义、遭受义、被动义、原因义,而"乞"只表乞求义。

以及山东的部分地区。到了清代,白话资料中就见不到"吃"字被动式了。在清代以后"吃"字被动句开始走向衰落,在口语中逐渐被新兴的"叫"字和后来的"让""给"字被动式所取代。

(二)"蒙"字被动式

"蒙"字式被动句,在近代汉语中不断发展并趋向成熟。如:

(83)幸蒙时所漏,遂得恣闲游。(杨衡《游峡山寺》,《全唐诗》卷四六五)

(84)辛亶再拜而谢曰:"幸蒙先生见责,实觉多违。谨当刮肌贯骨,改过惩非。"(《朝野佥载》卷四)

(85)自蒙泰山错爱,将令爱嫁事小人。(《水浒传》第八回)

(86)如今倘蒙不鄙,愿结葭莩。(《初刻拍案惊奇》卷二十)

袁宾(2005)曾明确提出"蒙"字句在语用中顺意倾向的特点,这是"蒙"字被动句与"被"字句最明显的差别。在表达中,顺意被动义更多使用"蒙"字句,而逆意被动义,则通常使用"被"字句。如:

(87)于是贫仕蒙诏,跪拜大王已了。(《敦煌变文集·金刚丑女因缘》)

(88)初时被目为迂叟,近日蒙呼作隐人。(《全唐诗》卷四五六,白居易《迂叟》)

(89)感谢众位豪杰,不避凶险,来虎穴龙潭,力救残生,又蒙协助报了冤仇,恩同天地。(《水浒全传》第四十一回)

(90)蒙玉帝差遣李天王父子助援,又被他抢了太子的六般兵器。(《西游记》第五十二回)

经统计,在《敦煌变文集》与《水浒全传》中,"蒙"字句表示积极含义的比例分别达 84% 和 87%。因此,学界将"蒙"字句确立为积极被动句。

安俊丽、邢诺(2017)也对"蒙"字句和"被"字句的演变进行了具体分析。通过对汉魏六朝汉文佛经、《论衡》《朝野佥载》《红楼梦》及现代小说的语料分析发现,"被"字被动句在发展过程中消极意义呈下降趋势,积极意义则有一定上升。因此认为,这在一定程度上影响了积极色彩强烈且单一的"蒙"字式被动句的发展。

"蒙"字被动句的使用在明清以后逐渐减少。在现代汉语中更是消失殆尽。

安俊丽、邢诺（2017）认为，除以上影响外，"蒙"字式表谦敬、客套的语用色彩在口语中受到使用场合的严格限制，也导致其在现代汉语中逐渐衰弱。

（三）"着$_1$"字被动式

在近代汉语中"着"用作表被动的介词，有两个来源，一是来源于"遭受"义动词的虚化，我们称之为"着（著$_1$）"，二是来源于"致使"义动词的虚化，我们称之为"着（著$_2$）"。"着$_1$"虚化时间比后者略早，在元代之前多见，直至今天多在南方方言区域使用。"着$_2$"在元代才初步成熟，元明主要在北方地区使用，至今也是多见于北方方言区。因此我们分开论述。

在历时发展过程中，表"遭受"义"着$_1$"的介词用法，大约始于唐代，最初写为"著"。本节除用例外一律以"着"表示。"着$_1$"大约介于"遭受"义动词及被动标记之间，依旧保留着"着$_1$"的受动含义。如：

（91）郤公不易胜，莫著外家欺。（王维《戏题示萧氏甥》诗）

郑宏（2006）提到关键的一点，"着$_1$"字被动句如果跟否定副词连用，如"莫"，则"着$_1$"理解为被动。

（92）红罗著压逐时新，吉了花纱嫩麴尘。（元稹《离思五首》诗）

（93）素面已云妖，更著花钿饰。（杜光庭《咏西施》诗）

（94）一朝著病缠，三年卧床席。（寒山《一朝》诗）

宋代以后，"着（著$_1$）"作介词的用例略有增加，表义的类别大大丰富，表被动的句子，如：

（95）一度著蛇咬，怕见断井索。（《五灯会元》卷二）

（96）你鼻孔因什么著拄杖子穿却？（《五灯会元》卷十八）

（97）报答春光酒一卮，贫中无酒著春欺。（杨万里《三月三日雨作遣闷十绝句》）

（98）我单为你，着那厮打了一顿。（李文蔚《燕青博鱼》第三折）

（99）你离路儿着，休在路边净手，明日着人骂。（《老乞大谚解》）

（100）你可知着他打了，原来不是男子汉做事。（《水浒传》第二十九回）

（101）狄周也着雷劈杀了。（《醒世姻缘传》第五十六回）

郑宏（2006：40）提出，从语义和句式结构层面来看，"遭受"义的"着"为"着$_1$"式被动句的产生提供了基础。就历时层面来看，明清时期均有"遭受"

义的表达,且发展出被动式,但在被动语义场不占主流。就共时层面来看,"着₁"作为通语词汇,在南北方言中均有使用。

张延俊(2010)指出:在元代之前,一般的"着"(著)字被动式的施事者都是非生物,少数是动物,它们都不是"着"(派遣、使令)的对象,这种"着"字被动式显然只能来自以"遭受"义动词"着"为谓语的中动式。

李蓝(2006)指出:来自"遭受"义的"着₁"式被动句,现代汉语见于南方汉语方言。根据现有材料调查,"着₁"字式发展而来的被动句主要分布于西南、中南及华南地区,被沿用至今。李蓝(2006)强调,从方言类型来看,"着₁"字式被动句主要出现在西南官话中,与西南官话关系比较密切的湘语、赣语和湘南土话也比较常见;此外,还见于闽语、胶辽官话及兰银官话中。

(四)"被"字被动式

晚唐五代以后,"被"字句蓬勃发展,成为常见的被动句式。如:

(102)迁化去后如何得不**被**诸境诱惑?(《祖堂集》卷六)

(103)作住涅槃,**被**涅槃缚;住净,**被**净缚;住空,**被**空缚;住定,**被**定缚。(《神会语录》)

(104)行至小江,遂**被**狂贼侵欺。(《敦煌变文集·伍子胥变文》)

直至宋代,带施事者的"被NV"句式使用频率持续升高。据唐钰明(1988)统计,《朱子语类》共有"被"字式457例,其中"被NV"出现399例,占87%。

"被"字被动句的使用一直延续至现代汉语中。在其发展过程中句式逐渐成熟,功能也逐步完善。如:

(105)当寺白虎精哮吼近前相敌,**被**猴行者战退。(《大唐三藏取经诗话》)

(106)有那大虫要来伤残牛只,**被**成宣宝将大柴棒赶去,夺取牛回来。(《新编五代史平话》)

(107)**被**利欲将这个心包了。(《朱子语类》卷十八)

(108)过在什摩处即**被**打之。(《祖堂集》卷四)

(109)觑着莺莺,眼去眉来,**被**那女孩不瞅不睬。(《董西厢》卷一)

(110)老汉自到蔡婆婆家,希望做个接脚,却**被**他媳妇坚持不从。(《窦娥冤》第二折)

（111）小人自不小心，路上被雷横走了，在逃无获。(《水浒传》第二十六回）

蒋绍愚、曹广顺（2005）将其归纳为 6 种主要句法特征，如：句法核心为连动结构或复谓结构；"被"字后的及物动词可带宾语；产生与"致使"义、"原因"义相关的"被"字式等。

"被"字句在近代汉语被动句中成为主流。程丽丽（2012）统计了 18 世纪中叶至 19 世纪中后期北京话"被""给""叫""教""让"五个被动标记在文本中出现的数量及所占百分比，"被"字句占 87.14%，是当时使用率最高的北京话被动标记。我们发现满汉《清文指要》嘉庆十四年（1809）三槐堂重刻本的汉译文中"被"字句的使用占明显优势："被"字句 11 例，"叫"字句 5 例，"给"字句 4 例。

二、"使役"类被动句式

（一）"教"字被动式

太田辰夫（1958）指出，使役动词"教"早在唐五代就已经有被动用法了。蒋绍愚（2003）指出："'使役句—被动句'的转化，是以汉语的语法特点（主语可以不出现，受事可以作为话题或主语处于句首，主语有时就是话题）为基础的。"如：

（112）休教烦恼久缠萦，休把贪嗔起战争。(《敦煌变文集·维摩诘经讲经文》)

（113）心贞不共楚王言，眉淡每教张敞画。(《敦煌变文集·佛说观弥勒菩萨上生兜天讲经文》)

这一句式存在以下三种特点：

一是"教"的宾语所表达的事物是不具有意志的。如：

（114）见说上林无此树，只教桃李占年芳。（白居易《石榴树》诗）

（115）刚被太阳收拾去，却教明月送将来。（苏轼《花影》诗）

二是句子表达造成某种结果的感觉。如：

（116）无事嚬眉，春思翻教阿母疑。（和凝《采桑子》词）

（117）教那西门庆听了，赶着孙寡嘴只顾打。(《金瓶梅词话》第十五回）

（118）要赚祝家庄人，故意教孙立捉了。(《水浒传》第五十回）

三是"教"字式同禁止义相配合。如：

（119）第一莫**教**渔父见，且从萧飒满朱栏。(李远《邻人自金仙观移竹》诗)

（120）休**教**那俗人见偷了！(《金瓶梅词话》第八十二回)

（二）"交"字被动式

"交"字被动式从宋代开始出现，与"教"字被动式相同，是由表使役的动词虚化而来。

（121）大男小女满庄里，与我一个外名难揩洗，都**交**人唤我做刘穷鬼。(《刘知远诸宫调·知远别三娘太原投事第二》)

（122）膑曰："将在于计谋。你空为百万之师，尔不辱邀你上祖乐羊子节盖，**交**别人就身上摘了印？"毅曰："你不辱邀你上祖孙武子十八国之师，父母皮肉不可毁伤，**交**人刖了两只脚？"(《七国春秋平话》)

（三）"叫"字被动式

宋代以后动词"叫"开始用于兼语式，引申出了新义，可表示客观状况"容任"某人做某事，在表示消极性允让等语境下，为它向被动标记的演化准备了语义条件。唐钰明（1988）指出"叫"字被动句出现在元明之交。清代成为北方汉语主要的被动句式。当今的一些北方方言，"叫"为口语中的唯一语法标记，与后起的被动标记"让""给"共存。如：

（123）不要**叫**仇家抢夺了去。(《桃花扇》卷四第三十六出)

（124）**叫**他老婆兜脸打了几个嘴巴。(《醒世姻缘传》第六十七回)

（125）若**叫**人知道了，我就吃不了兜着走呢？(《红楼梦》第二十三回)

（126）如今看见出局的轿子，一般是呼幺喝六，横冲直撞，**叫**人见了，不觉打动了做官思想。(《官场现形记》第八回)

邓传芳（2014）调查了《红楼梦》中"叫"字被动句的基本用法，指出："叫"字句已经基本上取代了"教"字句(《红楼梦》仅2例)成为被动句的重要标志之一。"叫"字句只用于口语，47例中，46例用于人物语言，1例用于心理活动，也是间接引用人物语言。"叫"字句中动词都是及物的，并且表示某一种情况已经实现，动词的连带成分较简单，只有少数句子有宾语、状语或补语，"叫"引介的宾语都是表人的名词、代词，且都是动作行为的施事，较单一，句式语义全表不愉快的遭遇。与"被"字句相比,"叫"字句结构简单。韩璇(2011)考察了《儿女英雄传》中"叫"字句的使用,"叫"字被动句均出现在人物对话中,用以介引动作行为的施事者,口语色彩较浓。

(四)"着$_2$"被动式

"着$_2$"字使役句不是使役优势句式。与"着$_1$"被动句从来源与使用地域(含共时方言)均有差异。表使役的"着"宋代才出现,因此表被动的"着$_2$"绝对不会早于宋代,从确定用例来看,只能是萌芽于宋,成熟于元代,明清北方方言盛行,其基本语义表达使令和致使。清代以后开始衰落,而在有些北方方言中至今仍在使用。

本节判断"着$_2$"字被动句的标准为:是否能在文献中发现"着"字使役句。如果"着"有使役和被动的语义关联,基本可以判断"着"字被动来自使役。从使役动词"着$_2$",由此引申表"容让"义,最终虚化为被动介词"着$_2$"。在宋元时期的《大宋宣和遗事》《五代史平话》《元典章·刑部》都未见"着$_2$"字使役句,在元代直解体和元代汉语口语教材中"着"字句使用较多,并与"教"字使役句互文出现。因此,元代"着$_2$"字句开始成熟。如:

(127)我是个梦醒人,怎好又**着他魔**。(《元曲选·鲁斋郎》第四折)

(128)我单为你,**着那厮打了这一顿**。(《元曲选·燕青博鱼》第三折)

(129)〔正末云〕兀那厮,俺嫂嫂呢?〔店小二云〕**着人拐的去了**。〔正末云〕怎生**着人拐将去了也**。……**着他拐了我浑家去**,可怎了也。(《元曲选·黑旋风》第二折)

明清时期文献中,"着$_2$"字被动句处于一个微弱状态。清代只在一些带有冀鲁地域特色的文献中见到。如:

(130)他如今似变化了的一般,这不是**着人换了心去**么?这合他做闺女通是两个人了!(《醒世姻缘传》第四十五回)

(131)张老又起来,**着他挟上去**。(《聊斋俚曲集·墙头记》)

法国传教士戴遂良编纂的汉语教材《汉语入门》(1903)中,这个带有河间府官话的口语文献,"着"是唯一表达被动的标记。刘亚男(2016)指出:《汉语入门》中使役、被动、工具使用同一标记"着",同时"着"还可以做表因果关系的连词及处所名词的后置成分。"着"的被动用法来源于"着"的使役用法的语法化①。共出现 198 例。如：

（132）这个门上真古董，你们都着他哄了。他着我说的没言答对。房子塌了，他在炕上躺着，把脑袋着梁砸坏了。他不小心，离炉子忒近，把他那褂子着火烧了个大窟窿。他着我打了一拳，我着他碉了一脚。可惜，你净听他的话，着他耽误了你的事儿了。他的意思容易着人知道。猫进了厨房，着厨子就打死了。（《汉语入门》No.254，P422-P424）

经研究发现，该书中的"着₂"字被动句均为"着+NP+VP"结构，即"着"后的施事都不能省略。在语用表达上，绝大多数用于消极和不幸的语境。如：

（133）李三在山上打柴，着老虎吃了。（《汉语入门》No.254，P422）

（134）太阳着云彩遮住了。（《汉语入门》No.254，P422）

（135）这风筝着风一刮，就飘起去了。（《汉语入门》No.274，P510）

"着"字被动句跟"把"字句糅合的句式，共 12 例。如：

（136）他不小心，离炉子忒近，把他那褂子着火烧了个大窟窿。（《汉语入门》No.254，P424）

（137）着狗把个兔子赶的河里去了。（《汉语入门》No.358，P850）

也有不少被动句用在中性甚至积极的语境中。如：

（138）他跳的河里，着打鱼的捞出来了。（《汉语入门》No.324，P702）

（139）要想着着人尊敬，务必别慢待人。（《汉语入门》No.453，P1270）

《汉语入门》中的"着"字被动句，在句法、语义、语用方面，均表现出形式多样、类型丰富的特点，"着₂"字被动句是《汉语入门》表达被动的唯一强势句式。②

在传世文献中，从"致使"义动词虚化而来的"着₂"被动句，一直到元代用例才渐渐多了起来，其后又逐渐衰落并消失，但即使在相对成熟的元代，"着₂"字被动句也一直处于边缘地位，其使用频率远远不及"叫"字被动句，且主要是在北方地区使用的句式。至今河间、献县一带方言中"着"仍是唯一表达使役和被动的标记。

---

① 刘亚男（2016）认为被动"着"的来源是：附着义动词（搁放＞使用）＞使役动词（使令义）＞（使役动词）容让义＞被动介词 // （使役动词）致使义＞被动介词（致使意味）。

② 用例引自刘亚男：《清末河间府方言文献〈汉语入门〉语法研究》，186~188 页，中山大学博士学位论文，2016。我们调查《汉语入门》系列的其他文献，发现"着₂"被动句常用。可见，这是河间府地区官话方言的用法特色。

（五）"等"字被动式

动词"等"发展出等待、等到义。等待本身不是积极的行为，带有消极义，即使主动等待，是不作为的动作。从等待（消极）> 不阻止的允让（non-preventive permissive）> 允让（permissive），在使役义"让、允让"的基础上，再引申虚化为被动介词"等"。在"等 OV"格式中使用。不过典籍中并不多见，如：

（140）（外郎云）在城有一人是李庆安，杀了王员外家梅香，招状是实，等大人判个"斩"字。① （关汉卿《钱大尹智勘绯衣梦》）

（141）偏巧走到大街上，等查夜的兵捉倒了。（南方官话《官话指南》卷二）

（142）你们怎么会等他忽了呢？（南方官话《官话指南》卷二）

但在今天的一些方言中，比如属西南官话的湖南汉寿县、赣东北的赣语区、南昌话、彭泽话，属客家话的江西上犹社溪、福建武平武东等方言中，"等"发展出了完整的表被动的用法。此外，在江西九江话中"等"也几乎成为唯一的被动标记。据何忠东、李崇兴（2004）的研究认为，"等"字句从使役发展为被动句和"教"字句、"给"字句一样不是偶然的巧合。"等"由原来的一般动词发展为使役动词，再虚化为被动标志的"语法化"过程与"教""给"如出一辙。当表使役和表被动二者出现共同表层结构的时候，就有可能进行"重新分析"，通过"重新分析"，表使役的句式便出现了表被动的功能。通过类推，最终实现"功能扩展"。蒋绍愚（2002：174）指出，所谓的"功能扩展"是指："本来，A 型句有 X 功能，B 型句有 Y 功能。后来，由于语法的演变，A 型句也逐渐取得了 Y 功能，它的功能由 X 扩展到兼表 X 和 Y。"

（六）"让"字被动句

"让"字被动句也是从使役到被动的发展轨迹。冯春田（2000）、屈哨兵（2008）、张延俊（2010）等指出"让"字的被动用法在清代甚至更早已经出现。

（143）让你骂许多时，如今该回去了。（《警世通言》卷二十四）

（144）这夫妻是把心横了，就让他打死，也不想从他。（《济公全传》第二十一回）

（145）况且每日一定要让妙智打头，等了一会，欲火动了。（《型世言》

---

① 按："等大人判个'斩'字"一句，蓝立蒦校注《关汉卿集》：脉望馆古名家本、顾曲斋本，该句上有一"只"字。如果有"只"字，只能做"等待"讲，故这个用例，不是最好例句。估录此备考。

第二十九回）

（146）可说我**让**你骂了好几句了，你再骂，我不依了。（《醒世姻缘传》第六十回）

（147）俗语儿说得好："银钱如粪土，脸面值千金。"偺们俩从前是怎么样儿的相好来着？要**让**你白说了这句话,那不是前功尽弃了吗？(《语言自迩集》)

（148）伊老者还要揪他的脖领儿，**让**小连刁住了腕子，往后一推，伊老者可就闹了一个豆蹲儿。（《小额》）

（149）善全因为刚才**让**票子联拍了一顿，听见说他奶奶叫他拿钱，心里很不愿意。（《小额》）

屈哨兵（2008）指出：在《小额》不足 8 万字的小说中，"让"可以看成是被动标记的句子有 25 例，因此认为其使用已具有较高比例。

此后在现代汉语中，"让"字被动句得到蓬勃发展，被广泛使用。

三、"给予"类被动句式

"给予"动词向被动标记的演化是汉语被动式的新发展。"与""把""给""拨""畀"虚化为被动介词经历了"给予动词＞使役动词＞被动介词"这样的自身语法化历程。

（一）"与"字被动式

表被动的"与"字[①]，是给予类动词中最早演化为被动标记的，上古已偶有用例，仅《战国策》中有 3 例。如：

（150）秦与天下俱罢，则令不横行于周矣。（《战国策·西周策》）

（151）（夫差）无礼于宋，遂与勾践所禽也。（《战国策·秦策五》）

中古未见，唐代开始，普遍使用。如：

（152）世间一等流，诚堪与人笑。（寒山子诗）[②]

（153）和尚是高人，莫与他所使。（《祖堂集》卷二）

[①] 郑宏（2009）在《近代汉语"与"字被动句考察》一文中，对被动标记词"与"的来源、发展与消亡作了较为详细的考察。

[②] 江蓝生（2000：230）认为："到了唐代以后，'与'表被动的用法就很常见了。"如：寒山诗"诚堪与人笑"。王梵志诗"鬼识人与料，客辨羊肉厄。"。

（154）天子愚暗痴呆，与人穿着鼻，成个甚么朝廷？（《新编五代史平话·唐史》）

（155）不要烦烦闹闹，与别人看破了，生出议论来。（《二刻拍案惊奇》卷九）

（156）凭着咱胆气，料得没与他拿去，只他官兵来奈何？（《型世言》第十七回）

直到清代，"与"字被动句仍然使用，但比例很少。①

（二）"把"字被动式

元明时期，"把"作"把与"用，同时也具有被动的用法。

（157）这明明是天赐我两个横财，不取了他的，倒把别人取了去？（《杀狗劝夫》）

（158）你是男子汉大丈夫，把人骂了乌龟王八，看你如何做人？（无名氏《欢喜冤家》第一回）

"与"字和"把"字的被动句都是从"给与""把与"意义虚化来的。

（三）"给"字被动式

"给"字表被动是清末的新用法。如：

（159）千万别给老太太、太太知道。（《红楼梦》第五十二回）

（160）就是天也给运气使唤着。（《儿女英雄传》第三回）

（161）邹师傅是从来不给人赢的，今日一般也输了。（《儒林外史》第五十三回）

（162）剩得这点家私，如今给人搬运一空。（《花月痕》第四十四回）

（163）倘给都老爷查着了，他不问三七二十一，当街就打。（《二十年目

---

① 周晓彦，龙国富（2020）指出：汉译佛经中有一类以"与"为被动标记的被动句，与常规的"给予动词 > 使役标记 > 被动标记"的演化路径不同，该类被动句中"与"的衍生路径为：伴随动词 > 伴随介词 > 被动标记。此类被动句使用环境极为单一，唯有含 [+伴随] 语义特征的动词方能进入。他们认为：受"语源决定论"的影响，这一演化路径并非汉语独有，而是具有类型学意义。如：

（1）于是其父**与五百眷属围绕**，执七宝盖贡白净王。（《普曜经》卷三）

（2）一时，佛游拘萨罗，在人间，**与大比丘众翼从而行**。（《中阿含经》卷一）

（3）尔时菩萨**与诸官属前后导从**，出城东门。（《方广大庄严经》卷五）

睹之怪现状》第七十五回）

江蓝生（1999）认为：给予动词自古兼表使役和被动，在上古汉语中共存的"使役"义和"被动"义在发生学上不存在先后差异。

冯春田(2000)则指出"与"字从原本的"给予"义发展到"致使"义，再到"被动"义的转化，并认为"给"字的被动义和"与"字句属于同一变化路径。蒋绍愚、曹广顺（2005）通过对"给"字句"使役、给予及被动"三种意义的句子进行详细论证，认为存在"表给予→表使役→表被动"的发展序列。

李炜（2004）指出，"给"字表被动义在北京话里从18世纪中期到20世纪90年代前都属罕见用法，南方官话至迟在18世纪中期已经出现了"给"字被动用法，"给"字被动用法始自南方官话。韩永利（2006）指出：就"给"用作介词表被动时，清代南方作品里较为常见，其使用比例要大于北方文献。如《儒林外史》中"给"字句101例，被动"给"5例；《花月痕》中"给"字句303例，被动"给"30例；《孽海花》中"给"字句为335例，被动"给"29例。

据李炜、濑户口律子（2007）研究，在具有鲜明的汉语南方话色彩的琉球官话资料《白姓官话》和《学官话》中的"给"则已经出现了"被动"义的用例。如：

（164）那些没丢的，也给海水打烂了。（《白姓官话》）

（165）寡剩的几担豆子没丢吊，也给海水打滥上霉了。（《白姓官话》）

（166）这个东西给雨淋湿了，拿去晒晒。（《学官话》）

（167）你还敢争嘴？你做事件件都给人看破了，如今不敢用你了。（《学官话》）

李炜、濑户口律子（2007）指出：清末苏州话小说《海上花列传》就是用表"给予"义的"拨（拨来）"兼表"使役"义和"被动"义，"拨（拨来）"在《海上花列传》中共出现244个，其中表"给予"义的有140个，表"使役"义和"被动"义的共有104个。张延俊（2010）指出："给"字使役式和"给"字被动式的产生，与南部方言相关用法的类化作用有密切关系。在现代汉语大多数南方方言，如粤语、客家话、闽语、吴语（包括苏州方言、平阳方言和温州方言）、赣语等中也较多出现被动标记来源于"给予"义使役动词的现象。广州话用"畀"，梅县话用"分"，潮州话用"乞"或"分"，湖南临武话用"阿"，安徽话用"哈"，上海话用"拨"等。

四、近代汉语复杂的"被"字句式

近代汉语阶段被动标记产生了一批,如"吃"字式、"着"字式、"教"(交)字式、"叫"字式、"与"字式、"把"字式、"给"字式,但是这些介词的使用频率不高,近代汉语中占统治地位的仍是"被"字式。但"被"字被动句出现了一些新变化,如"被"字式施事、受事和中心谓语构成成分的复杂性,不表示被动语义的"被"字式、零主语"被"字式、"被"字表原因等问题,虽是非主流的现象,但对认识"被"字式的整体发展规律具有重要的价值。刘进(2019)专门研究了与此相关的系列问题。

(一)被动句的关系语成分复杂

一般来说,被动句的关系语(受事主语)是有生的、有感觉的事物,但也可以是无感觉的事物。如:

(168)才西门上起火,被一场大雨把火灭了。(《西游记》第七十回)

近代被动句的关系语也可以带有不同的连带成分,对关系语进行说明,不与整句的谓语部分发生关系。如:

(169)离此间西北上约有十五里有一座山,唤做牛头山,山上旧有一个道院。近来新被两个强人,一个姓王名江,一个姓董名海,这两个都是绿林中草贼,先把道士道童都杀了,随从只有五七个伴当,占住了道院,专一下来打劫。(《水浒传》第七十三回)

(二)被动句的谓语进一步复杂化

谓语的复杂化,在于可以增加许多修饰成分,可以由多个词组或复句组成。如:

(170)苗天秀被陈三手持利刀,一下刺中脖下,推在洪波荡里。(《金瓶梅词话》第四十七回)

(171)在先敝寺十分好个去处,田庄又广,僧众极多,只被廊下那几个老和尚吃酒撒泼,将钱养女。长老禁约他们不得,又把长老排告了出去。因此把寺来都废了。(《水浒传》第六回)

(172)后被张团练买嘱张都监,定了计谋,取我做亲随,设智陷害,替蒋门神报仇。(《水浒传》第三十一回)

(173)这几句话,说的雪娥急了,宋蕙莲不防,被他走向前,一个巴掌打

在脸上，打的脸上通红。（《金瓶梅词话》第二十六回）

（三）动词带宾语成分复杂

按常规，"被"字句中受事成分已经作为"被"字句的主语而位于"被"字之前，但也常常发现"被"字后的动词仍然可以带宾语，构成："**NP$_1$+ 被 + NP$_2$+VP+NP$_3$**"的格式，这是近代汉语"被"字句的常见复杂形式之一。

学界认为"被"字后动词带宾语是"被"字句的一个重大的发展变化。刘进（2019）调查了30部文献8357例语料中，"被"字后的动词带宾语的各类句子共有2075例，占所有"被"字句的24.83%。该类"被"字句中的谓语动词带上宾语后，位于句首的受动者便成了间接受事，而谓语动词后的宾语则变成直接受事。蒋绍愚、曹广顺（2005）概括这些宾语为三个大类：**A. 带完全受事宾语**，即宾语位置上的受事成分同主语位置上的受事成分所指完全相同。B. **带部分受事宾语**，即受事宾语与受事主语所指并不完全相同，在语义关系上受事宾语从属于受事主语，或宾语是主语的一部分，或宾语同主语存在着某种联系。C. **带无关受事宾语**，即受事宾语无论在隐形语法关系上还是在语义关系上都同受事主语没有直接关系。刘进（2019）进一步分析指出：近代汉语"被"字句中"被"字后动词所带宾语主要有"主宾同指类"和"宾语隶属于主语类"两种类型。其中的"主宾同指"类就是蒋绍愚、曹广顺（2005）所指的"**带完全受事宾语**"类，"宾语隶属于主语"类即其所指"**带部分受事宾语**"。而刘进（2019）将这种隶属于主语类分成狭义和广义两个次类，并指出这两个次类在来源和语义都有区别。狭义类是指"NP$_1$+ 被 +NP$_2$+VP+NP$_3$"格式中，动词V不仅指向宾语"NP$_3$"，也指向主语"NP$_1$"，句式表被动。如：

（174）吕伯恭做读诗记首载谢氏一段说话，这一部诗便被此坏尽意思。（《朱子语类》卷二十三）

（175）他被细犬咬了头，必定是多死少生。（《西游记》第六十三回）

（176）因为搭伙计在外，被人坑陷了资本，着了气来家，问他要饭吃。（《金瓶梅》第九十二回）

在"**NP$_1$+ 被 +NP$_2$+VP+NP$_3$**"格式中，如果动词V仅仅指向宾语"NP$_3$"，而不指向主语"NP$_1$"，"**NP$_3$**"与"NP$_1$"之间在某种意义上有一定的关联，属于"广义领属"类宾语，整个句子在本质上是不表示被动关系的"被"字句，它是从表示"遭遇事件"的"被"字句演变而来的。如：

（177）李天王着太子出师，只一阵，被那魔王把六件兵器捞了去了。(《西游记》第五十一回)

句中"捞"，不指向被省的主语"太子"。

（178）那吕达不知道，不提防，被这两个差人下了关。(《型世言》第三十七回)

句中"下"，不指向主语"吕达"。

（179）贾政还欲打时，早被王夫人抱住板子。(《红楼梦》第三十三回)

句中"抱"，不指向主语"贾政"。

（四）被动句的感情色彩丰富

从历时发展看，类似"被"字被动等类型的被动句的语义色彩在上古时期基本用于消极场合，从中古时期开始，用于积极和中性场合的语例也有出现。张延俊（2010）指出：被动句中的"于"字式，在殷墟卜辞和西周金文中一般用于积极场合，表示顺性语意，到上古时期常常用于消极或中性场合，表示逆性和中性语意。"见"字式在战国后期之前一般用于消极场合，战国后期到中古时期出现了不少表示积极和中性语意的用例。"为"字式在上古时期一般用于消极场合，个别情况可以表示积极或者中性语意，进入中古以后，用于积极和中性语意的语例大增。"蒙"字式基本用于积极场合。张延俊（2010）还提出了被动式感情色彩的"中和律"。即：汉语被动式类型的感情色彩都经历了从单一到多样，从强烈到柔和的发展变化过程，即逐渐趋于中和的过程。刘进（2019）指出：关于"被"字句的语义色彩问题，应首先顾及被动式的共性。"被"字句虽然以表示"不如意色彩"为主，但仍有少数表示"如意色彩"。随着"被"字的"遭受"义在"被"字结构中的逐渐淡化，人们渐渐地习惯于用它来表示"如意色彩"。同时还有一个有趣的现象，就是"被"字句表示的语义色彩跟句中使用表示"不幸""意外""如意""预料之中"的词汇表达有关。如：

（180）想必是卢俊义嫌官卑职小，不满其心，复怀反意，不幸被人知觉。(《水浒传》第一百回)

（181）不料那日被崔本邀了他，和几个朋友往门外耍子。(《金瓶梅》第八十二回)

（182）天幸今日被擒，乞赐天诛，以绝后患。(《喻世明言》第四十回)

明清时期的"教"字或"叫"字被动句，基本上也是多数用于消极场合，偶尔用于中性和积极场合。如《红楼梦》第四十六回："俗语说的，金子还是金子换，谁知竟叫老爷看中了！你如今一来，可遂了你素日心高智大的愿了。"

五、特殊的"被 $N_{1你/他/这}$ V 杀 $N_{2我/俺}$"句式

元代杂剧里的"被 N_1……V 杀 N_2……"句型为零主语被字句，施事 N_1 大多为对称代词"你"和受事宾语 N_2 多为自称代词"我"。本句型的句首有个特征词"则/子"，句尾大多带语气助词"也"；句首多用呼语（来加强语气）。是一种在语法、语义、语用和修辞等方面具有多项特征、含有强调语气的特殊"被"字句型。该句型来自口语，但不同于普通口语，带有明显的戏剧语言色彩；该句型产生于唐宋时期，其方言基础是当时的北方话。元明用例，如：

（183）片时间作念够三十遍，子被你闪杀我也张孝友。（《元刊杂剧三十种·合汗衫》第四折）

（184）小姐小姐，则被你想杀俺也。（《牡丹亭》第二十八出）

（185）则被他这一句呵，道的我便泪盈腮。（《元曲选·薛仁贵》第二折）

（186）驴哥儿也，则被你可便地闪杀您这爹爹和妳妳。（《元曲选·薛仁贵》第二折）

通过异文比较，发现《元刊杂剧三十种》"（这）N+VC"句，《元曲选》改成"子/则被 $N_{(他/你/这)}$+VC"句。如：

（187）a.**露寒掠湿蓑衣透**，摇短棹下中流。（《元刊杂剧三十种·竹叶舟》第三折）

—— b.**则被一天露湿渔蓑透**，摇短棹下中流。（《元曲选》同上）

（188）a.**一场天火，送了家财！**（《元刊杂剧三十种·合汗衫》第三折）

—— b.**则被这一场家天火破了家财**。（《元曲选》同上）

这类句子都有三个特点：一是句中的动词都是具有"致使"义及物性低的动作动词。二是整个句式表达是对说话者自身不利或损坏程度大的语义。所以在《元刊杂剧三十种》中不带"遭受"义标记的句子，到《元曲选》中被标记化了，使句法关系表达更为清晰。三是强调遭受的痛苦或不愉快的事情与说唱的受使者"我"有关，使该句式其实也蕴含着"致使"义。该句型源自口语，是剧作家和演员们在口语的基础上，形成的带有行业色彩的特殊语句。

六、两种特殊的"零$_{1/2}$主语""被"字句式

"被"字句可以没有主语,直接在施事名词前边加"被",主谓短语各个成分不动,全句的主语位置空缺,成为零主语,即无主语。零主语"被"字句,是近代汉语中一种较为特殊的无受事主语的"被"字句。它兴起于唐宋,大量使用于元明,清代以后消失。王力(1958/1980)称这种句式是一种"表示不幸的脱离正常轨道的特殊'被'字句"。"施事者在动词前,受事者在动词后,和一般'主动宾'的结构相似,但是'被'字放在主语的前面"。俞光中(1989)称之为"零被句。"俞光中、植田均(1999)认为这种句式中"'被'字前无被动受体,且非省略",因而称之为"零被句"。卢烈红(2005)认为这种句式"没有主语,且补不出或不需要主语",因而称之为无主语"被"字句。根据有无受事者(被动受体)、是否省略受事者(被动受体),它有两类句式情况:

一是句子无主语,"被"字前无受事者、非省略的"**零$_1$**"式:"0 被 +NP$_1$+VP+NP$_2$"格式,如《刘知远诸宫调》:"被一人抱住刘知远。"句中的宾语是动作行为的受事,即受事者被置于动词之后充当宾语,整个句子表被动。

另一是句子无主语,无受事者(被动受体)、非省略的"**零$_2$**"式:"0 被 +NP$_1$+VP"格式,如《水浒传》第九回:"自此途中,被鲁智深要行便行,要歇便歇,那里敢扭他。好便骂,不好便打。"因句中无受事者(被动受体),故整个句子不表被动。"被"字只是用来表示一种不幸的遭遇,即使词序变换,也不能成为被动式。从"被"字句的历史发展看,"零主语""被"字句跟"被"字的"遭受"义和"被"字句式的逐步定型有关。

(一)"零$_1$"无受事主语的"被"字句式

(189)被你直羞落庭前无数花。(《古本董解元西厢记》卷一)

(190)我是客人,昨夜和娘过岭来。因我娘要水吃,我去岭下取水。**被那大虫把我娘拖去吃了**,我直寻到虎巢里。(《水浒传》第四十三回)

(191)晁宋二人笑道:**被你杀了四个猛虎**,今日山寨里又添的两个活虎上山,正宜作庆。(《水浒传》第四十四回)

(192)(林冲)蓦然想起:"以先在京师做教头,禁军中每日六街三市游

玩吃酒，谁想今日被高俅这贼坑陷了我这一场，文了面，直断送到这里。……"（《水浒传》第十一回）

（193）**被**西门庆用手拉起他来。（《金瓶梅》第七十五回）

叶建军（2014）认为这种"零$_1$"无受事主语的"被NP$_施$VPNP$_受$"句是由被动句式"NP$_受$被NP$_施$VP"与主动句式"NP$_施$VPNP$_受$"糅合而成。这种具有被动意义的零被句"被NP$_施$VPNP$_受$"往往表示消极义。当言者大脑中先浮现"（NP$_受$）被NP$_施$VP"，后叠加"NP$_施$VPNP$_受$"，那么"被NP$_施$VPNP$_受$"的生成动因是保证信息的完整性；反之，其生成动因是凸显言者的主观性，同时还有可能是保持话题的同一性。

（二）"零$_2$"无受事主语的"被"字句式

（194）**被**他只就一个"敬"字上做工夫，终**被**他做得成。（《朱子语类》卷一百一十）

（195）又喝叫庄客原拿了小人，**被**小人飞马走了。（《水浒传》第四十六回）

（196）**被**我如此支吾，调的他喜欢了。（《金瓶梅词话》第三十七回）

下面两句，还可看作是零$_2$与零$_1$句式的混合。"皇叔""淖齿"可以看作是受事者被置于动词之后，充当宾语。如：

（197）**被**张益使两军相交，杀散川军，救了**皇叔**。（《三国志平话》卷下）

（198）**被**王孙贾骤马持枪，进前刺杀**淖齿**。（《七国春秋平话》卷中）

对于"零$_2$"无受事主语的"被"字句，虽然形式上同"零$_1$"无受事主语的"被"字句，但是语义上没有被动的意味，它句型上也就不属于被动句，以主动的形式出现，且隐含句外语法不幸者，唯一的目的就是表示一种不幸的遭遇。岳立静（1999）在《元明之间的"被"字句》中认为，从语义上看，这些"被"字句都不表示被动关系，用"被"字只是为了强调所发生的事情是叙述重点——"被"字前主语——所未料或不希望发生的事。蒋绍愚（2005）对两种"零$_{1/2}$主语"（无主语）被字句做了讨论，指出这两类句式之所以不用正常的被动句来表达，有两方面的原因，一方面适宜于表达某种特殊的语义，一方面有助于语句的连贯。

从历史发展的角度来看，两种"零$_{1/2}$主语"（无主语）被字句，是宋元明这个特定时期的特殊句法现象，在近代汉语后期及现代汉语中没有得到发展。

第四节 结 语

一、汉语被动句式总汇

（一）从上古到中古

最早出现语法被动句是"于"字式，出现于西周时期。春秋时期开始出现"为"字式、"见"字式。春秋战国时期"於/于"字式、"为"字式、"见"字式并行，占主流地位。为了明确被动关系，避免混淆，以及便于引出施事者、受事者，又出现了各种由"于""为""见""所"等字杂糅而成的复合被动式，其中"为A 所 V"式在汉魏六朝时期占统治地位。战国后期"被"字式开始萌芽。"被"字经历逐步虚化，到中古开始成为专用的被动式语法标记，唐代开始得到普遍使用。

上古至中古汉语被动句式标记总表

	"于"字式	"见"字式	"为"字式	"被"字式
单标记	V于N	见V	为V / 为NV	被V 被NV（魏晋）
双标记①		见V于N 为N见V（战国末）	为V于N（战国初） 为N见V（战国末） 为N所V（战国末） 为N之V（战国末） 为N之所V（战国末） 为N见V（战国末） 为所V（西汉后） 为见V（东汉后） 为N所见V（东汉后） 为N之所见V（东汉后）	被N所V（汉译佛经） 被N之所V（汉译佛经）

（二）从唐宋到元明清

唐五代以后，"被"字式取代以前的各种被动句式，占据了主导地位，

---

① 按：曹凤霞（2014）指出："为"字式的标记最为复杂，可以单标。多用于双标，有前后两个标记：与被动标记"于""见"分别共同组合成：为V于N/ 为见V/ 为见V；与其他辅助性标记共同组合成：为N之V、为N之所V、被N之所V；被N所V、被N之所V。与其他被动标记和其他辅助性标记共同组合成：为N所见V、为N之所见V。

同时产生了繁多的变化,与"处置式""兼语式""连动式"等句式的套合等,这些发展,都是"被"字句完善和功能扩展的直接体现。"被"字式自唐代直至现代汉语是汉语普通话被动式表达的主流。近代又出现了"教(交/叫)""吃""与""着""等""让""给"等多种多样的被动句式,但这些句式多用于口语和方言,并没有成为主流。汉语被动句的被动标志的来源是由动词转化而来,分为三种。

汉语三种来源的被动句式历时发展表

义类	先秦 西汉	魏晋南北朝	隋唐	宋元明	清
遭受	被	被/蒙	被/喫/蒙	被/喫/吃/乞/蒙/着$_1$	
使役			教/交	叫/着$_2$/等	让
给予	与		与	把	给

汉语被动标记语法化有三条语法化链条:(A)"消极的遭受/积极的蒙受—被动";(B)"使役—消极的允让—被动";(C)"给予—使役—被动"。

二、新旧被动句式的共存与历时更迭

上古中古的被动句式,除了"被"字句外,相关句式在唐代以后已基本不用,或只偶尔在书面语中使用。但就每个时代而言,每个时代都有每个时代的主流被动句式。如上古的"V 于"式,中古的"为 N 所 V"式,近代的"被"字式。所以将晚唐五代作为近代汉语的起点时段,"被"字式也是一个参照系数。

对于"于"字式衰退的原因,与上古时期介词"于"的多功能高频词有关。张延俊(2010)引用了唐钰明(1985)的解释:"'于'字用途广泛,既可以介引施动者,也可以介引受动者,因而仅凭'于'字往往还不能判断某句是否被动式。"同时他还指出:"于"字式的衰退与当时汉语句法中介宾短语由后置转型为前置的历史趋势也有关系,谓语动词之后的位置不再是适合施事成分居住的环境。

先秦到六朝"为"字式、"见"字式一直是被动句的主要表现形式,但入唐以后这两种被动句使用频率下降,成为支流。"见"字式的局限:不能引进行为动作的主动者,同时古文献中"见"主要作动词用,在六朝时期还引申出指代性副词的用法。"为"字式的局限:"为"本身有丰富的内涵,介词、助词、系词、实义动词等。而"为"充当介词，也是一个多功能高频介词，引介原因、对象、目的等。有些"为 N+V"式既可看成被动句，又可看成"动＋宾"结构，所以需要一个更明确标示的格式。而上古至中古谓语之后的非结果义介词短语逐渐消亡，取而代之的是谓语之前新语法化的标记，这导致旧有的"於/于"字引入施事的被动构式解体，同时也促使在谓语之前引入施事的"为 N 所 V"构式、"被 V"字构式出现，这也是"为 N 所 V"式在汉魏六朝时期占统治地位的根本原因。

"被"字式在战国后期开始萌芽，随着"被 V"构式的出现，"被"字经历逐步虚化，到汉代以后已成为专用的被动式语法标记，并得到普遍使用。这也是"被 N V"句式顺应句式发展规律的原因。唐钰明（1988）指出："'被'字句比'为'字句更有利于表达被动语义。"的确，"被"字来源于"蒙受"义，有其优势：即使误作动词仍可表被动语义，不容易发生歧义，且也没有其他更常见的用法。汉语被动句的基本形式是："被动标记词+N（施）+V"，"被"字句成功地发展成"被动标记词+N（施）+V"的形式，满足了语义上语法形式表达上两方面的需求，最终获胜。因为"被"字句的优势，"为 N 所 V"式在唐代以后也退出了历史舞台。

近代汉语时期因不同途径产生的新的被动标记句式"吃"字式、"教/交/叫"字式、"等"字式、"让"字式、"着"字式、"给"字式等，有先后历时的变化与新旧兴替，同时也有地域差异和语体差异。因此发展不平衡，使用地域不一，历史长短不一，"等"字式、"着"字式等在一些方言地区保留了下来。如"叫"字式一般使用于北部地区，"给"字式一般使用于南部地区。随着南北官话地位的变化，地域方言的地位也在变化。随着北京官话口语"叫"字被动式的盛行，原来官话层面常用的"被"字式，成了书面语中常用句式。同时相对于北方官话，"被"成为南方官话的用法特点。

这种消长竞争的态势，早就出现。例如"被"字被动句与"吃"字式、"教"字式在明代就存有书面语与口语的对立。方经民（2003）对《金瓶梅词话》前 50 回"被"字式进行统计，共 234 例，其用于叙述文字 175 例（74.8%），多半是比较庄重的场合，占绝大多数，59 例（25.2%）用于对话。"教/交"字被动式几乎都出现在对话部分。"吃/乞"字被动式大都用于对话部分，用于叙述部分的，都有特殊的语境。这也证明了这一点。随着"吃"字式、"教"字式在被动范畴内的衰微，在清代，"被"字被动句式、"叫"字式，存有书面语与口语的对立。

方经民（2003）还引用今井敬子（1986）对《红楼梦》的统计情况也帮助说明了这一点。《红楼梦》庚辰本（1—80回）"被"字式70例（55.1%）用于叙述文字，57例（44.9%）用于对话。"叫（教）"字式1例（2.1%）用于叙述文字，48例（98.9%）用于对话。《红楼梦》程乙本（80—120回）"被"字57例（63.6%）用于叙述文字，32（36.4%）用于对话。"叫（教）"字式6（16.2%）用于叙述文字，31（83.8%）用于对话。

清末北京官话文献被动句使用情况，也证明了口语中是以"叫"字被动式为主。[①] "被"字被动式在官话系统主要用于书面语或南方官话。

参考文献

安俊丽、邢诺：《"蒙"字式被动句的正态发展与逆向分化——以〈水浒传〉为例》，载《内蒙古大学学报》，2017（6）。

曹凤霞：《汉语被动标记更替历时研究》，南京，南京大学出版社，2014。

程丽丽：《十八世纪中叶到二十世纪末北京话被动式研究》，首都师范大学博士学位论文，2012。

崔显军、张雁：《汉语方言中表被动的"着"论略》，载《湛江师范学院学报》，2006（5）。

崔宰荣：《唐宋时期的特殊"被"字句》，载《语文研究》，2001（4）。

邓传芳：《〈红楼梦〉"叫"字句考查——兼与"被"字句比较》，载《淮北师范大学学报》，2014（6）。

方经民：《〈金瓶梅词话〉和近代汉语被动式的发展》，收入《汉语被动表述问题研究新拓展——汉语被动表述问题国际学术研讨会论文集》，华中师范大学语言与语言教育研究中心，2003。

冯春田：《近代汉语语法研究》，济南，山东教育出版社，2000。

高纯：《近代汉语中"零被句"的界定及其语义分析》，载《宁夏大学学报》，2016（2）。

韩璇：《〈儿女英雄传〉介词研究》，浙江师范大学硕士学位论文，2011。

何亮：《方言中"等"字表被动的成因探析》，载《语言科学》，2005（1）。

何忠东、李崇兴：《汉语"使役""被动"规律性演变的方言佐证——汉寿方言中的

[①] 关于现代北京口语里的被动句式使用情况，周一民（1998）指出：现代北京口语里没有介词"被"。表示施事或动作行为主体主要用"让"和"叫"，偶尔也用"给"。详见周一民：《北京口语语法》（词法卷），222页，北京，语文出版社，1998。

"等"字被动句》,载《武汉理工大学学报》,2004(2)。

江蓝生:《汉语使役与被动兼用探源》,载江蓝生:《近代汉语探源》,北京,商务印书馆,2000。

蒋绍愚:《"给"字句、"教"字句表被动的来源》,载《语言学论丛》(第二十辑),2002。

蒋绍愚:《近代汉语研究概要》,北京,北京大学出版社,2005。

蒋绍愚:《"给"字句、"教"字句表被动的来源——兼谈语法化、类推和功能扩展》,载吴福祥、洪波主编:《语法化与语法研究》(一),北京,商务印书馆,2003。

蒋绍愚:《近代汉语的几种被动式》,载《陕西师范大学学报》,2009(6)。

蒋绍愚、曹广顺:《近代汉语语法史研究综述》,北京,商务印书馆,2005。

李蓝:《"着"字式被动句的共时分布与类型差异》,载《中国方言学报》,2006(1)。

李炜、濑户口津子:《琉球官话课本中表使役、被动义的"给"》,载《中国语文》,2007(2)。

李炜:《清中叶以来北京话的被动"给"及其相关问题》,载《中山大学学报》,2004(3)。

刘承慧:《先秦汉语的受事主语句和被动句》,载《Language and Linguistics》,2006年第7卷第4期。

刘进:《近代汉语"被"字句中动词所带领属性宾语研究》,载《安阳师范学院学报》,2019(4)。

刘进:《近代汉语复杂"被"字句研究》,北京,中国社会科学出版社,2019。

刘亚男:《清末河间衬方言文献〈汉语入门〉语法研究》,中山大学博士学位论文,2016。

柳士镇:《〈百喻经〉中的被动句式》,载《南京大学学报》1985(2)。

龙国富:《试论汉语"为"字被动式的构式语法化》,载《古汉语研究》,2014(3)。

卢烈红:《无主语"被"字句的历史发展》,载卢烈红:《训诂与语法丛谈》,武汉,湖北人民出版社,2005。

吕叔湘:《现代汉语八百词》,北京,商务印书馆,1980。

吕叔湘:《见字之指代作用》,载《汉语语法论文集》,北京,商务印书馆,1984。

梅广:《上古汉语语法纲要》,台北,三民书局,2015。

桥本万太郎:《汉语被动式的历史·区域发展》,载《中国语文》,1987(1)。

屈哨兵：《被动标记"让"的多角度考察》，载《语言科学》，2005（1）。

屈哨兵：《被动标记"着"的共时／历时分布及衍推路径》，载邢福义编：《汉语方言语法研究》（第二辑），武汉，华中师范大学出版社，2007。

石毓智：《汉语语法演化史》，南昌，江西教育出版社，2015。

唐钰明、周锡馥：《论上古汉语被动式的起源》，载《学术研究》，1985（5）。

唐钰明：《汉魏六朝被动式略论》，载《中国语文》，1987（3）。

唐钰明：《唐至清的"被"字句》，载《中国语文》，1988（6）。

王力：《汉语史稿》，北京，中华书局，1980。

王统尚、石毓智：《汉魏被动构式演变的动因》，载《语言研究》，2019（3）。

王统尚、石毓智：《近代汉语"吃"字被动式兴衰的原因》，载《古汉语研究》，2019（2）。

王振来：《从语法化和方言的角度考察被动标》，载《汉语学习》，2006（4）。

吴庚堂：《汉语被动式与动词被动化》，载《现代外语》，2000（3）。

吴金华：《所见＝所》，载《中国语文》，1981（5）。

吴金华：《试论"R为A所见"式》，载《中国语文》，1983（3）。

吴金华：《试论"R为A所见"式补正》，载《中国语文》，1984（1）。

吴金华：《"R为A所见"式述例》，载《南京师大学报》，1988（4）。

向熹：《简明汉语史》，北京，高等教育出版社，1993。

肖丽容、陈家春、杨锦芬：《中古史书被动句比较研究》，成都，四川大学出版社，2014。

闫梦月、樊亚东：《近代汉语"着NP V"结构中的"着"》，载《语言与翻译》，2008（1）。

杨伯峻、何乐士：《古汉语语法及其发展》，北京，语文出版社，2001。

姚振武：《先秦汉语受事主语句系统》，载《中国语文》，1999（1）。

叶建军：《"被NP$_{施}$VPNP$_{受}$"的生成机制与动因》，载《中国语文》，2014（3）。

俞光中：《零主语被字句》，载《语言研究》，1989（2）。

俞光中、植田均：《近代汉语语法研究》，上海，学林出版社，1999。

袁宾：《近代汉语特殊"被"字句探索》，载《华东师大学报》，1987（6）。

袁宾：《"蒙"字句》，载《语言科学》，2005（6）。

翟赟：《晚清民国时期南北官话语法差异研究》，北京，北京大学出版社，2018。

张美兰、战浩：《从〈金瓶梅〉崇祯本对词话本的改订看被动标记"吃（乞）"的来源》，载《阅江学刊》，2018（4）。

张延俊：《汉语被动式历史研究》，北京，中国社会科学出版社，2010。

张玉金：《关于殷墟甲骨文中有无被动句式的问题》，载《殷都学刊》，2006（3）。

郑宏：《近代汉语"着"字被动句及其在现代汉语方言中的分布》，载《语文研究》，2006（2）。

郑宏：《近代汉语"与"字被动句考察》，载《语文研究》，2009（3）。

周晓彦、龙国富：《汉译佛经由伴随到被动的"与"字被动句》，载《古汉语研究》，2020（4）。

朱庆之：《"R 为 A 所见 V"被动句式的厘定》，载《古汉语研究》，2013（4）。

第六章 汉语双宾句式的历时发展

> 本章主要内容
>
> （一）重点讲述：不同语义类型双宾句式历时发展概况
>
> （二）重点讲述：上古汉语双宾句式复杂情况
>
> （三）简单讲述：双宾语句式历时发展特点

在世界多种语言中，"双宾式"普遍存在，并非汉语独有，这也许与人类抽象逻辑思维的共同规则有关。汉语双宾语结构是汉语句法系统重要的组成部分。"给予"是人类共同的行为，"给/与"为最典型的给予表达方式。早在明清域外汉语教材，如瓦罗《华语官话语法》（1703）、艾约瑟《官话口语语法》（1857）、威妥玛《语言自迩集》（1867）、狄考文《官话类编》（1892）中就有关于汉语双宾语结构的描写，但这部分内容多在"与格"中加以揭示。

艾约瑟（1857）认为双宾语句词序的变化受节奏的影响。双宾语的节奏决定宾语的位置，如："送他一本书""拿一本书送他""送一本书与他"这三种排列顺序：（A）动词－直接宾语－间接宾语；（B）间接宾语－动词－直接宾语；（C）动词－间接宾语－直接宾语。最自然的顺序应该是动词后加直接宾语，但由于节奏需要，第三种最为常用。

日本汉语教材《官话指南》（1881）的《凡例》中涉及汉语双宾语句式语音重读问题的记载如下：

第六章 汉语双宾句式的历时发展

凡说清话,字句之间,有宜重念者,最为紧要,盖重念之字,实与语言之意,大有关切。譬如:"我可以给你钱",唯一句言语,而有四种念法,如左:

(1)**我**可以给你钱,"我"字重念,其意"我"独能与汝钱,而他人不能与汝钱也。

(2)我**可**以给你钱,"可"字重念,其意我实能与汝钱,非不能与也。

(3)我可以给**你**钱,"你"字重念,其意我止能与汝钱,而不能与他人钱也。

(4)我可以给你**钱**,"钱"字重念,其意我止能与汝钱,而不能与汝他物也。

举此一端,他可推知。①

由此双宾动词句中表达对比焦点的手段有三种:语音手段、词汇手段、语序。语音手段指的是在口语中用强调的词语重读来表达焦点,重读不同,焦点就不一样。上四例中(1)"我"字重念,是焦点,强调施事,隐含"他人不能与汝钱,'我'独能"。(2)"可"字重念,是焦点,强调我施出动作的可能性。(3)"你"字重念,是焦点,强调与事,隐含不是与别人。(4)"钱"字重念,是焦点,强调受事,隐含我止能与汝钱,而不是他物。

耿智(2002)指出"双宾语"结构在英汉两种语言中的原型均为由"给予"类动词所组成的"SVO_IO_D"("$SVO_{1间接}O_{2直接}$")双宾语句,而且在此基础上,"通过隐喻手段对具有传递意义的结构SVO_IO_D(SVO_1O_2)加以改造以表达更丰富的内容。因为这个句型的基本功能是用来表达具体事物的'传递'和'接收'的。用具体事物表达抽象概念是人类最基本的思维方式和表达方式。"因而人们常常给双宾动词分类,从原型的"给予"类引申至"夺取""获取"类(如"偷了他一支笔""租了我一套房子"),而隐喻、转喻性的"取予"则表现为信息的传递,因而有"告示"类("告你一件事""问你一个问题""求你一个答案")②、"表称"类("叫他班长""喊他小王"),表现为动作目的传递,"制作"类("打我一件毛衣")等。

"给予"类双宾语结构是典型的双宾句式。句中常用动词的语义表达多与

---

① 是日本驻清朝公使馆"学生译员"吴启太为主、郑永邦为辅,在中国文人黄裕寿、金国璞的指导、支持和鼓励下,根据"切日用者"(田边太一序)的原则,加以整理编辑而成其初稿,黄、金二人复为之审核定稿,然后交付东京印刷出版,是日本最早的北京官话读本之一。

② 《马氏文通》(1898):"教、告、言、示诸动字后有两止词(即宾语),一记所语之人,一记所语之事。先人后事,无介词以系者常也。""《左传·隐元》:公语之故,且告之悔。——'语''告'两字后'之',指告语之人,曰'故'曰'悔',乃告之事。"

给予与获取相关。如"**给予**"类：S通过给予等动作给某人以具体或抽象之某物；"**取得**"类：S通过获取等动作使某人获得具体或抽象之某物；"**探问**"类：S通过探问的行为使某人得到某方面的知识信息；"**告示**"类：S通过告示的行为给某人以某方面的知识信息；"**称谓**"类：S通过命名给某人以某一称呼。从动词的动作性强弱来看，"取得""探问"类为"强传递"结构，"给予""告示"类为"弱传递"结构；从动词的致使拥有性强弱度看，"给予""告示"类为"强致使"结构，"取得""探问"类为"弱致使"结构。早在上古文献如殷墟古文、西周金文、《诗经》《尚书》《左传》等，就大量使用了双宾语句式。

关于双宾语的名称，不同的时代不同的学者给予了不同的称谓，如：指人和指事、次宾位和正宾位、近宾语和远宾语、与事和受事、直接宾语和间接宾语等等。本章径以直接宾语和间接宾语表示。学界对双宾语句式有多种标示，一般直接以直接宾语和间接宾语英文首字母标示，如"SVO_1O_D"（间接I、直接D）。从配价、论元角度的标示的，则有"$NP_0+V+NP_1+NP_2$（三价论元名词1、名词2）"或"$VO_r O_t$（三价论元受事r、与事t）"等标示，因此，阅读不同学者的论著，句式标示符号各有特点。本章径以O_1代表间接宾语，O_2代表直接宾语，即用"SVO_1O_2"表示。

本章将双宾语句式严格限定在一个动词后接连出现两个名词或名词性成分作宾语的句式（含双动双宾"$V_1V_2+O_1O_2$"式、"O_1，$V_1+O_1O_2$"之O_1话题双宾式），对与双宾语句式相关的**话题句**（O_2，VO_1）、**介宾结构式**（VO_2 于O_1 或"以O_2VO_1"或"VO_1 以O_2"）、**连谓结构**（"$V_1+O_2+V_2+O_1$"）、**处置式**等表现形式和特点，均不讨论。双宾语句式有两种语序表现形式："动词+间接宾语+直接宾语"，"动词+直接宾语+间接宾语"，分别记作："V+$O_间$+$O_直$"（A式"SVO_1O_2"）和"V+$O_直$+$O_间$"（B式"SVO_2O_1"）。A式自古至今一直都在使用，并且在与B式长期共存、发展、竞争的过程中都处于优势地位。而B式虽然起源很早，和A式一样都是从甲骨文时代就已经使用，但是它一直处于弱势地位，到明代就正式地从汉语共同语和北方方言中退出，仅南方等地域方言中还在使用。

学界对汉语双宾语句式的历史研究有系列研究成果，徐志林（2013）、张美兰（2014）先后出版专著，对汉语双宾语句式的历史发展及其相关问题进行了自上古到清代的"通史性"的研究。本章从双宾语的A式和B式语序出发，按动词语义分类呈现；说明各个不同历史时期双宾语句式中间接宾语、直接宾语、句法结构的发展概况。徐志林（2013）在分析各个时期直接宾语和间接宾语的句式特点方面做得很仔细，刘海平（2014）对汉代至隋唐双宾语结构也有专章的讨论，本章多有采用。本章也广泛吸取了学界的研究成果，详见参考文献。

第一节　双宾语句式动词的语义类型

一、先秦两汉

学界有关汉语史双宾句式的研究，主要集中在上古汉语。如沈春晖（1936）、管燮初（1953/1986）、沈培（1992）、喻遂生（2000）、张玉金（2001）、杨逢彬（2003）、时兵（2007）、齐航福（2010）等学者对殷墟甲骨卜辞双宾语动词及句式作了较为深入的研究。研究西周金文双宾语的沈春晖（1936）及其后的管燮初（1981）、时兵（2007）、张玉金（2004）、邓章应（2004）、潘玉坤（2005）分别从动词的语义类别和双宾语语序角度，对西周金文的双宾句式作了较为全面的描写。

对春秋战国时期研究有姜汉椿（1990）《谈〈左传〉的双宾语句》、邵永海（1990）《从〈左传〉和〈史记〉看上古汉语的双宾语结构及其发展》、廖振佑（1998）《先秦书面语的双宾语动词类型》、刘宋川（1998/1999/2001）《先秦双宾语结构考察》《先秦双宾语结构的分类》《两汉时期的双宾语结构》、钱宗武（2001）《今文〈尚书〉双宾语句型和双宾语动词的选择》、张先坦（2003）《〈战国策〉双宾结构动词研究》。张美兰（2014）专章介绍了"春秋战国时期双宾语句式"，具体介绍了该时期双宾语句式的面貌。潘秋平（2015）从认知语言学和语言类型学角度对上古汉语的双宾语结构、"于"类和"以"类与格句式进行了系统研究。

上古汉语的双宾语句式最为复杂。有 A、B 两种类型的语序，句中的动词有的只见于 A 式，有的只见于 B 式，有的可以用于两个句式。根据动词的语义可分为给予类、取得类、告示类、称谓类等。先秦时期动词谓语与间接宾语的语义关系是复杂多样的。还存在比较特殊的使动类、为动类、与动类双宾语句。这种类型梅广（2018：400）称之为**增价装置型**的句法措施。处所宾语类是一种准双宾语型，为此，本节分别按照它们的特点，略作一些说明。

（一）"SVO_1O_2"语序 A 类型

早在殷商甲骨文时代，"SVO_1O_2"类型的句式一直处于强势。管燮初（1986）调查了 157 个能够通读的甲骨刻辞双宾语句子，其中有 120 例属于这种 A 式类型，占全部调查对象的 77%。沈培（1992）在更大范围内考察甲骨卜辞的双宾语句式的语序情况，其中 A 式在祭祀类动词构成的双宾句式中也是占到 73% 以上。从西周至西汉时期的传世文献来看，也是 A 式占强势地位。

1. 给予类

这一类动词，也有称作"给与"类，实则同义异称。动词"与"从上古到清代是主要的成员，且汉代以后"V+与"复合形式多用，称"给与"类更合适。但学界多用"给予"归类，故本章沿用"给予"类称之。这是双宾语句中最常用的一类。如：

（1）贞：祷于上甲，受我佑？（《甲骨文合集》6322，引自张玉金 2001）

（2）公赐旅贝十朋。（西周《旅鼎》）

（3）言授之絷，以絷其马。（《诗经·周颂·有客》）

（4）王崩，周人将畀虢公政。（《左传·隐公元年》）

（5）与之釜。（《论语·雍也》）

2. 取得类

（6）甲午卜：惠周乞牛多子？（《甲骨文合集》3240，引自张玉金 2001）

（7）楚伯州犁曰："此行也，辞而假之寡君。"（《左传·昭公元年》）

（8）婴闻之，夫厚取之君而施之民，是臣代君君民也，忠臣不为也。（《晏子春秋·内篇杂下》）

（9）至入人栏厩，取人马牛者，其不仁义，又甚攘人犬豕鸡豚。（《墨子·非攻》）

刘海平（2014）统计出该类双宾句在《史记》中有 55 例，在《汉书》中有 47 例。如：

（10）项羽数侵**夺**汉甬道，汉军乏食，遂围汉王。（《史记·高祖本纪》）

3. 告示类

告类动词"告""诲"等，其直接宾语限于言语。如：

（11）**告**余先王若德。（毛公鼎西周晚期集成5.2841，引自张玉金2001）

（12）其维哲人，**告**之话言。（《诗经·大雅·抑》）

（13）**教**之春秋，而为之耸善而抑恶焉。（《国语·楚语上》）

（14）**诲**女知之乎！知之为知之，不知为不知，是知也。（《论语·为政》）

动词"示"比较特殊，语义上是施事者拿受事所表示的东西或情况给接受者看，让接受者了解，即给人看和向人显示。在先秦较常见。"示"字双宾句《左传》13例，《国语》4例，《战国策》11例，《韩非子》3例（参见张美兰2014）。有"示+O$_人$+O$_物$"与"示+O$_物$+O$_人$"两种语序，当直接宾语是具体的定指名词，及物性较强。"示"是典型的双及物动词（三价动词）。如：

（15）楚子使师缙**示**之俘馘。（《左传·僖公二十二年》）

（16）以**示**卜楚丘。（《左传·昭公五年》）

当直接宾语是无定的抽象名词或表事件的谓词性短语或形容词性成分时，"示"的动作性减弱，及物性在降低。如：

（17）民未知义，盍纳天子以**示**之义？（《国语·晋语四》）

（18）君不如借之道，而**示**之不得已。（《战国策·赵策一》）

（19）不可，是**示**之无魏也，……今又索卒以攻晋，**示**我不病也。（《韩非子·说林下》）

（20）楚子**示**诸侯侈。（《左传·昭公四年》）

从表层句法结构来说，先秦的"示"既有双及物结构，又有单及物结构，还出现一些相关的衍生句式。①

4. 称谓类动词

（21）彼君子女，**谓**之尹吉。（《诗经·小雅·都人士》）

---

① 如：（1）示之以整，使谋而来。（《左传·宣公十四年》）
　　　（2）援白黑而示之，则不处焉。（《淮南子·主术训》）
　　　（3）先帝巡行郡县，以示强，威服海内。（《史记·秦始皇本纪》）

（22）故讲事以度轨量谓之轨。（《左传·隐公五年》）

（23）昔者子呼我牛也而谓之牛，呼我马也而谓之马。（《庄子·天运》）

（24）故事生不忠厚，不敬文，谓之野；送死不忠厚，不敬文，**谓之瘠**。（《荀子·礼论》）

这种结构后世一直使用。

5. 为动类特殊双宾结构

"为动"的宾语的语义格除是一般的所为者（purposive）外，多数是受益者（beneficiary）。"为动"①双宾语句：其语义关系是为某人、某事物而施加动作行为，为了某一目的而采取行动，或是受事者由于某一原因而遭受某种后果。其中 O_1 表示服务对象、目的或原因，O_2 表示受事之物或结果，而述动本来都是双向的，由于处在特殊的为动语义关系里，也就取得了三向性。动词多为二价动词。刘宋川（1999）对《尚书》《诗经》《左传》《国语》《仪礼》《论语》《墨子》《孟子》《庄子》《荀子》《韩非子》《吕氏春秋》《管子》《晏子春秋》《战国策》等15种先秦文献中搜集归纳用例，为动类型的动词共有50个（用字52个）。这种用法西周金文已见，动词有：作、为、铸。《诗经》大雅、小雅中的"作""树"等用例，在先秦两汉颇为常见。如：

（25）天生民而立之君。（《左传·襄公十四年》）

（26）晋文公反国，**酌士大夫酒**。（《韩诗外传·卷二》）

（27）天佑下民，**作之君**，**作之师**。（《尚书·泰誓》）

（28）**树之榛栗**、椅桐梓漆，爰伐琴瑟。（《诗经·鄘风·定之方中》）

（29）骊姬既远太子，乃生之言，太子由是得罪。（《国语·晋语一》）

（30）战无不胜而不知止者，身且死，爵且后归，犹**为蛇足**也。（《战国策·齐策二》）

春秋战国时期传世文献至两汉文献，为动类双宾语使用频率高。魏晋始

---

① 后世作品偶有用例。《西游记》中有类似上古汉语的"为动"双宾用法。如：
（1）仍买治民间田地，与老爷起建寺院，立老爷生祠，勒碑刻名。（《西游记》第八十七回）
类似上古汉语"对动"双宾用法。如：
（2）我先变小妖，去请老怪，磕了他一个头。（《西游记》第三十四回）
类似上古汉语"使动"双宾用法。如：
（3）既大圣来取，我再延他阳寿一纪，教他跟大圣去。（《西游记》第九十七回）

退出历史舞台。汉以后,在接近口语的作品中,为动类逐渐被"为(介)+O_1+V+O_2"的状中结构所代替。所以潘秋平(2015:341)称之为"受益类"双宾结构。"为""立""作"等都是二价动词,进入双宾结构的构式,所获得的额外论元,是受益者的语义角色。

6. 使动类特殊双宾语结构

在先秦两汉文献中,部分动词带宾语之后,会产生使动意义,与其宾语构成使动关系,可称其宾语为使动宾语。如果动词带使动宾语之后,同时还带支配宾语,也会出现双宾语结构。在这种结构中,一个动词的使动宾语与支配宾语共存,通常称之为使动双宾语结构。其语义关系是,使令者(主语)指令 O_1 所表示的人或物产生前面述动所表示的动作行为或情况,O_2 所表示的人或物是这个动作行为的受事之物或目的地,即使令者使 O_1 移向 O_2 具体的动作行为;而 O_1 既是使令的接受者,又是具体动作行为的发出者。甲骨卜辞和金文中不见其用例。这种格式的句子出现很早,春秋战国时期传世文献已经出现。如《尚书》《诗经》《左传》《战国策》《国语》《韩非子》都见到过。如:

(31)乃生男子,载寝之床,载衣之裳,载弄之璋。乃生女子,载寝之地,载衣之裼,载弄之瓦。(《诗·小雅·斯干》)①

(32)令民自遗三年之食,有余粟者入之仓。(《韩非子·十过》)

先秦使动双宾语句的数量相对较少,主要集中在《左传》。潘秋平(2015:357-390)对《左传》中使动类双宾语句进行了系统的考察,他根据语义细分了几个小类。他认为:上古动词"饮""食""佩""衣""生""负""枕"等都是二价动词,它们在双宾语结构中表达致使事件,必定从句式那里获得额外的论元,由双宾结构所提供给动词的额外论元,这个论元是受使者(causee)成分。如:

(33)故敬其事,则命以始,服其身,则衣之纯,用期衷,则佩之度。今命以时卒,闷其事也;衣之尨服,远其躬也。(《左传·闵公二年》)

(34)杀囚,衣之王服,而流诸汉,乃取而葬之,以靖国人。(《左传·昭

---

① 按:《国语》《战国策》等文献中有用例。如:
(1)**饮小臣酒**,亦毙。(《国语·晋语二》)
(2)公输般服焉,**请见之王**。(《战国策·宋卫策》)

（35）晋侯**饮赵盾酒**。（《左传·宣公二年》）

（36）及**食大夫鼋**。（《左传·宣公四年》）陆德明《经典释文》："食，音嗣。"

（37）若弗与，则请除之，无**生民心**。（《左传·隐公元年》）

（38）王弗听，**负之斧钺**，以徇于诸侯。（《左传·昭公四年》）

（39）公知其无罪也，**枕之股**而哭之。（《左传·僖公二十八年》）杜预注云："公以武叔尸枕其股。"

其中，"饮赵盾酒"和"食大夫鼋""佩之金玦"都是与格兼使动义的双宾语结构。间接致使"酒""鼋"和"金玦"的领有域发生转移，含有给予义。"**衣之纯**""**衣之王服**"则由"衣"这个动作所影响的对象的生命度来决定，如是有生命的人，则是与格兼使动义的双宾语结构，例（31）（33）即是；如是无生命的对象（尸体），那么这个双宾句的语义类型则属于纯使动类。例（34）即是。而"**生民心**""**负之斧钺**"是间接致使，"**枕之股**"是直接致使。

两汉使动双宾语句主要集中在《史记》和《汉书》，其他作品数量有限。刘海平（2014）统计：《史记》12例，《汉书》24例，《世说新语》《祖堂集》都未见。汉以后，只在刻意仿古的文言作品中还显示有先秦用法的残留。如：

（40）其弟守代州，（娄师德）**辞之官**，教之耐事。（《新唐书·娄师德传》）

（41）（刺史颜证）**与衣裳**，吏护还之乡。（柳宗元《童区寄传》）

（42）彼童子之师，**授之书**而习其句读者，非吾所谓传其道解其惑者也。（韩愈《师说》）

7. 与动类特殊双宾语句

与动类特殊双宾动词，刘宋川（1998）指出该类动词先秦只有4个，即：结、修、成、绝，所表示的行为限于外交范围。其特点是，主语通过施事使宾$_1$（O_1）与自己一同移向宾$_2$（O_2）。邵永海（1990）称之为"结绝"义双宾动词，《左传》有三：绝、修、结。廖娟（2007）称作"关联"义动词，动词"结""绝""修"所涉及的对象除了施事、受事之外还有关联方，施事和关联方可以一起做主语或定语。如：

（43）晋为郑服故，且欲**修吴好**，将合诸侯。（《左传·襄公三十年》）

（44）陈女叔来聘，始结陈好也。（《左传·庄公二十五年》）

（45）东道之不通，则是康公绝我好也。（《左传·成公十三年》）

（46）公及莒人盟于浮来，以成纪好也。（《左传·隐公八年》）

其实，先秦这种用法也很少见，到《史记》仅有2个动词：结$_2$、绝$_2$，共4个用例，在西汉中后期"与动"双宾语句式几近消失。

刘宋川（2001）曾指出：给予类、取得类、告示类、称谓类是整个上古汉语阶段双宾语的主要使用类型。而使动类、处置类、与动类、为动类在西汉之后文献中也不常使用，乃至消亡。

8. 处所类准双宾语句

"V+O$_1$+O$_{L处所名词}$"中的"O$_L$"是否可以看作直接宾语，学界有不同的看法，原型的双及物结构的语义是施事者成功地使一个客体转移给接受者。处所宾语O$_L$是目标论元，不是典型的受事，但具有陈平（1994）所说的"自立性""静态性"的语义特征，也有一定程度的受事性。因此，该类句式看作是非典型的准双宾语句。O$_1$表示处所。句中动词是带有处置意味的动作动词，常见的有"埋""处""置""藏""积""投""陈""施""布""着""蓄""迁""斥"等，以"放置"类动词为核心，动词的语义特征可以描写为：V[+ 动作][+ 转移][+ 外向]。其句子都可以解释为：甲（S$_{施事}$）通过动作（V）将事物（O$_{1受事}$）由甲所处的位置转移至乙处（处所$_L$）。如：

（47）诞置之隘巷，牛羊腓字之。诞置之平林，会伐平林；诞置之寒冰，鸟覆翼之。（《诗经·大雅·生民》）

这类双宾语中的中心动词以"放置"类动词为核心，《左传》中的动词有："置""埋""祭""杀""斩""遇""求""御"。如：

（48）弗听，乃入，杀而埋之马矢之中。（文公十八年）

（49）越子伐吴，吴子御之笠泽，夹水而陈。（哀公十七年）

（50）诱子华而杀之南里，使盗杀子臧于陈、宋之间。（宣公三年）

（51）公至，毒而献之。公祭之地，地坟。（僖公四年）

（52）公使大史固归国子之元，置之新箧，褽之以玄纁，加组带焉。（哀公十一年）

这类句式用例不多。以"置"为例，《左传》中我们只检索到2例

"置 +O_1O_2" 的，其余都为 "置 O_1 于 O_2"① 或 "置诸 O_2" "置 O_1 焉"。

究其原因，在先秦汉语里，处所词一般要用 "于" 介接，不用 "于" 介接的是极少数。

（53）掘地而**注**之海，驱蛇龙而**放**之菹。（《孟子·滕文公下》）

（54）决汝汉，排淮泗，而**注**之江。（《孟子·滕文公上》）"按：注之江，使之（汝、汉、淮、泗）注入江（长江）。"

（55）若已推而**内**之沟中。（《孟子·万章上》）

（56）武丁朝诸侯，有天下，犹**运**之掌也。（《孟子·公孙丑上》）

（57）引而**置**之庄岳之间数年。（《孟子·滕文公下》）

（58）女子之嫁也，母命之，往**送**之门。（《孟子·滕文公下》）

（59）措杯水其肘上。（《庄子·田子方》）

（60）有**书**之竹帛，**藏**之府库。（《墨子·天志下》）

该句式在两汉得到重要发展，《史记》中多见。刘海平（2009：41）统计出："$VNP_{受事} NPL_{(处所)}$" 双宾结构有 368 例。如：

（61）或言禹**会**诸侯江南，计功而崩，因葬焉，命曰会稽。（《夏本纪》）

（62）襄公于是始国，与诸侯通使聘享之礼，乃用骝驹、黄牛、羝羊各三，**祠**上帝西畤。（《秦本纪》）

（63）文王闻之，喟然而叹，故**拘**之牖里之库百日，欲令之死。（《鲁仲连邹阳列传》）

（64）乃**营作**朝宫渭南上林苑中。（《秦始皇本纪》）

（65）良尝**学**礼淮阳。（《留侯世家》）

《史记》有 58 例是 "V+ 之$_{(代词)}$ + 处所词$_L$"② 结构。如：

（66）乃**幽**之永巷中。（《吕太后本纪》）

（67）**斩**之长乐钟室。（《淮阴侯列传》）

---

① 如：（1）鱄设诸**置**剑于鱼中以进，抽剑刺王。（《左传·昭公二十七年》）
（2）**置**群公子于莱。（《左传·哀公五年》）
（3）遂**置**姜氏于城颍。（《左传·隐公元年》）
（4）**置**桓公子雍于谷。（《左传·僖公二十六年》）

② 刘海平（2009：42）统计出《史记》"V+ 之十于 +L" 只有 9 例。并认为：这与处所名词同一般名词出现分化的事实有关，处所词作为一个词类已经形成范畴，导致了 "于" 字的脱落。详见刘海平：《〈史记〉语序研究》，华中科技大学博士学位论文，2009。

（68）何足置之齿牙间。（《刘敬叔孙通列传》）

（69）破石之病，得之堕马僵石上。（《扁鹊仓公列传》）

该句式魏晋以后步入衰落阶段，**同义异构**句子的大量产生与分流，转化为动补结构、状动补结构、状动结构或一般动宾结构。

9."S+V_1+V_2+ O_1+ O_2"句式

"S+V_1+V_2+ O_1+ O_2"，句式中 V_2 为给予类语义的"与""予""遗"。如：

（70）卓王孙不得已，**分予**文君僮百人。（《史记·司马相如列传》）

（71）而厚**分与**其女财，与男等同。（《史记·司马相如列传》）

（72）诚得至，反汉，汉之**赂遗**王财物不可胜言。（《史记·大宛列传》）

这是贝罗贝（1986）最早揭示的双宾句式发展的一种重要现象。关于这一点，我们将在本章第二节加以专门论述。详见下文。

（二）"SVO_2O_1"语序 B 类型

B 式语序双宾语句，其中心动词限于表授予、献纳类"假""授""畀""施""传""献"或告示类"言""谒"等几个。如：

（73）父师若曰："王子，天毒降灾荒殷邦。"（《尚书·微子》）

（74）黄金四十镒，白玉之珩六双，不敢当公子，请**纳之左右**。（《国语·晋语二》）

（75）夫至乎诛谏者必**传之**舜，乃其难也。（《韩非子·外储说右上》）

（76）燕王乃收玺，自三百石以上皆**效之**子之，子之遂重。（《韩非子·外储说右下》）

（77）举三者**授之**贤者，非为贤赐也，欲其事之成。（《墨子·尚贤上》）

（78）凡为人臣者，犹炮宰和五味而**进之**君，君弗食，孰敢强之也。（《韩非子·难二》）

（79）申子欲**言之**君，而恐君之疑己外市也。（《韩非子·内储说上》）

（80）楚之有直躬，其父窃羊而**谒之**吏，令尹曰："杀之。"（《韩非子·五蠹》）

（81）司马子期欲以妾为内子，**访之**左史倚相曰……（《国语·楚语上》）

动词"畀""献""告""问"虽有 A 式和 B 式，但情况复杂，特别说明。

（82）庄王既以夏氏之室赐申公巫臣，则又畀之子反，卒于襄老。（《国语·楚语上》）

"畀"，甲骨卜辞中只进入"$V+O_1+O_2$"（A式），西周时期，可以进入"$V+O_1+O_2$"（A式）和"$V+O_2+O_1$"（B式）两式。据唐智燕（2005）的考察，当"畀"所带的间接宾语是**代词**，直接宾语是名词时，就用"$V+O_2+O_1$"（B式）语序。

（83）中田有庐，疆场有瓜。是剥是菹，**献之皇祖**。（《诗经·小雅·信南山》）

先秦没有"献O_1+O_2"（A式），直到西汉，"献"才进入"献O_1+O_2"格式。如：

（84）高祖八年，从东垣过赵，赵王献之（高祖）美人。（《史记·淮南衡山列传》）

（85）归而**告之子尾**。（《左传·昭公三年》）

"告"，在西周时期，虽然还是以"告＋于＋O"和"告$+O_2+$于$+O_1$"为主，但是已经有了"$V_告+O_1+O_2$"（A式）的用例。据车淑娅（2008）的研究，这种"$V_告+O_1+O_2$"句式在《左传》之后才明显增多。可见，此时还只是"$V_告+O_1+O_2$"的萌芽阶段。

（86）王弗听，**问之伶州鸠**。（《国语·周语下》）

（87）燕王欲传国于子之也，**问之潘寿**。（《韩非子·外储说右下》）

（88）**问释之秦之敝**。（《史记·张释之列传》）

唐启运（1990）指出：在先秦"问"字句一般不表示双宾语的格式，在《论语》中表询问对象的词语有"于"的介引。到《史记》表询问对象的词语没有"于"的介引，"问"字句就有了双宾语的格式，多用"问＋间接宾语＋直接宾语"（A式），少用"问＋直接宾语＋间接宾语"（B式）的语序。"问＋直接宾语＋于＋询问对象"的例子不多。

B式类型结构的句子都比较简洁单纯，无论是间接宾语还是直接宾语都避免使用较复杂的结构形式。从音节数量上看，直接宾语倾向于使用单音节的代词或名词，而间接宾语一般也以双音节名词为主，绝少例外。B式直接宾语多数由代词"之"充当，直接宾语为普通名词的只占少数。

（三）上古汉语A式"$V+O_1+O_2$"与B式"$V+O_2+O_1$"的对立互补

在《国语》《战国策》等典籍和战国、秦汉简中，有一批动词只出现在"$V+O_2+$

O_1"句式结构中。大致有三类:"进献"义动词:"献""传""奉""属""纳""入""施""荐""委""寄""进""致""效""贷""让""送""归(归还)""反"等;"询问"义动词:"言""谒""问""告""闻"等;"取得"义动词:"取""得"。具体表现为这组动词在春秋时期还没有完全具备带双宾的能力:

(a)它们都很少用于双宾句,多由介词"於/于"引介受事者成分;

(b)语序倾向于"$V+O_2+O_1$",间接宾语远离中心动词。

下面我们就分别对这组"进献"义动词在双宾语句中的句式表现进行介绍。

献:早期传世文献中"献"不能进入双宾句;出土文献偶有个别用例,春秋战国文献中偶有,但首先是以"VO_2O_1"式进入双宾句结构中的。如:

(89)奉而献之厉王。(《韩非子·和氏璧》)

《史记》中"献"字双宾结构11例,有两种语序,仅有1例"VO_1O_2"式,其他10例是"VO_2O_1"格式。如:

(90)献璧皇帝。(《史记·淮南衡山列传》)

(91)如此者再,乃献之赵王,赵王未取,又薨。(《论衡·骨相篇》)

马王堆汉墓帛书《战国纵横家书》中还有许多"××献书×王"之类的句子。

传:早期用于"VO_2于/诸O_1"句中。进入双宾句结构首先是在"VO_2O_1"中,《韩非子》有个别用例。如:

(92)今王信爱子之,将传国子之。(《韩非子·外储说右下》)

直到《史记》才有两种语序双宾语句。如:

(93)得璧,传之美人以戏弄臣。(《史记·廉颇蔺相如列传》)

奉:早期不能进入双宾语句,《战国策》才有"VO_1O_2"句。如:

(94)孟尝君重非诸侯也,而奉我四马百人之食。(《战国策·齐策三》)

属:早期不能进入双宾式,战国时期偶有用例,《史记》才渐多。如:

(95)遂出革车千乘、卒万人,属之子满与子虎。(《战国策·楚策一》)

(96)王已属臣兵。(《史记·吴太伯世家》)

纳:直到战国中后期才用于"VO_2O_1"双宾句。如:

(97)乃奉惠子而纳之宋。(《战国策·楚策三》)

入:进入"VO_2O_1"句用例较少。如:

(98)令民自遗三年之食,有余粟者入之仓;遗三年之用,有余钱者入之府。

（《韩非子·十过》）

进：进入"VO_2O_1"句用例较少。如：

（99）赵人李园持其女弟，欲**进**之楚王。（《战国策·楚策四》）

施：进入"VO_2O_1"句用例较少。如：

（100）散百官之财，**施**之民矣。（《晏子春秋·内篇谏上》）

荐：偶有"VO_2O_1"句的用例。如：

（101）求勇士**荐**之公子光，欲以自媚，乃得勇士专诸。（《吴越春秋》卷三）

寄：偶有"VO_2O_1"句的用例。如：

（102）酒酣而送我以璧，**寄**之我也。（《吕氏春秋·恃君览》）

委：偶有"VO_2O_1"句的用例。如：

（103）唯先生能活臣父之死，愿**委**之先生。（《吕氏春秋·开春论》）

致：偶有"VO_2O_1"句的用例。如：

（104）王思旧勋而赐之路，复命而**致**之君。（《左传·昭公四年》）

（105）而以其来日**致**其食。（《睡虎地秦简31》）

取、得：汉代才普遍用于"VO_2O_1"句，这一变化是"VN_S於／于N_R"在上古渐趋消亡的结果。如：

（106）灌将军**得**罪丞相。（《史记·魏其武安侯列传》）

（107）（项羽）尽复**取**鲁梁地。（《史记·樊郦滕灌列传》）

言：要引进听者，必需依靠介词"**於／于**"或"与"。它经历了先有"$V+O_2+$于$+O_1$"，后有"$V+O_2O_1$"的过程。如：

（108）使阳**言**之太守，太守其效之。（《战国策·赵策一》）

（109）公子**言**之公子之主，鞅请亦**言**之主而皆罢军。（《吕氏春秋·慎行论》）

谒：战国"VO_2O_1"句偶见。如：

（110）请告太子其故，使太子**谒**之君，以忠太子。（《战国策·齐策三》）

（111）以书时**谒**其状内史。（《睡虎地秦简40》，引自时兵2007）

闻：经历了先有"$V+O_2+$于$+O_1$"，后有"$V+O_2O_1$"的过程。如：

（112）吾**闻**之曾子，曾子**闻**之仲尼。（《吕氏春秋·孝行览》）

请（索求）：经历了先有"$V+O_2+$于$+O_1$"，后有"$V+O_2O_1$"的过程。如：

（113）又将**请**地他国！（《韩非子·十过》）

泄： 偶有"VO_2O_1"句的用例。如：

（114）因泄之楚，曰："周君所以事吾得者，器必名曰某。"（《战国策·西周策》）

发： 偶有"VO_2O_1"句的用例。如：

（115）国君发政国之百姓。（《墨子·尚同上》）

总之，"进献""言问""取得"义动词是在**战国前后才开始有**进入双宾语句式的萌芽，之前它需要介词"於/于"来引进间接宾语，到《史记》已渐次进入。但是语序是"VO_2O_1"。由此可见"进献"类动词由双及物格式到双宾语句结构化的进程。参见张美兰（2014：146-150）、潘秋平（2015：324-327）对动词和句式的搭配关系，用"时间层次""基式生成句式""非基式生成句式"所作的解释。了解了这些动词双宾句特点，有利于了解 A 式双宾句多于 B 式双宾句的原因，也能清楚地知道在中古和元明清时期这类动词仍有 B 式双宾句的存留以及其书面语的特色。

（四）双宾语句与语体

双宾语的使用有没有语体的限制？《诗经》中《雅》《颂》双宾语句多且典雅。《国风》双宾句较少，自由口语化，以双及物单宾结构为多，似乎给了我们启示：《雅》《颂》中一批表"给予"义常用动词有"锡""贻""诒""赉""鳌""告""示""绥""介""降""卜"，其双宾语结构一律用"$V+O_1+O_2$"，所带直接宾语多是福祉封赏宴飨时的祝颂等抽象名词。如：

（116）**锡之山川、土田附庸。**（《诗经·鲁颂·閟宫》，郑笺：加赐之以山川、土田及附庸。）

（117）神之听之，**介尔景福。**（《诗经·小雅·小明》，郑笺：神明听之，则将助女以大福。）

（118）言授之絷，以絷其马。（《诗经·周颂·有客》）

（119）既载清酤，**赉我思成。**（《诗经·商颂·烈祖》）

（120）显父饯之，清酒百壶。（《诗经·大雅·韩奕》）

（121）君曰卜尔，**万寿无疆。**（《诗经·小雅·天保》，毛传：卜，予也。）

《诗经·国风》中几乎没有天降福祉、贵族赏赐之类的句子，而代之的男女时送礼物传达情意，则又主要以其他双及物单宾句表现，所以双宾语较少。

《国风》中常见以介词"于"引介间接宾语句,在《小雅》中只1例,《大雅》3例,三《颂》中没有一例。《国风》中,"给予"义动词少,如"贻""诒""授"等。如:

(122)静女其娈,**贻我彤管**。(《诗经·邶风·静女》,孔颖达正义:又遗我以彤管之法。)

(123)我之怀矣,**自诒伊阻**。(《诗经·邶风·雄雉》,毛传:诒,遗也。)

(124)谁将西归,**怀之好音**。(《诗经·桧风·匪风》,集传:慰之以好音。)

《国风》"给予"义动词很少用于双宾语句,多以双及物单宾句出现,(A)以介词"以"介引直接宾语;(B)以介词"于"介引间接宾语。所带直接宾语多是生活中常见对象(参见刘春生1993①)。这种语用差异在以后的"将/把O_2VO_1"双宾单句中得到应验,它们多见于口语中。

二、中古

(一)"SVO_1O_2"语序 A 类型

1. 给予类

(125)若有人呵此女者,卿当**雇我五百两金**;若不呵者,我当**雇卿五百两金**。(《佛说七女经》)

(126)梵志曰:"三日必**还吾钱**。"(吴·康僧会《六度集经》卷一)

(127)尔不急去,且**加尔杖**。(吴·康僧会《六度集经》卷四)

(128)有风病者**授之酥油**,热病之人**授之石蜜**,水病之人**授之姜汤**。(北凉昙无谶《大般涅槃经》卷二十三)

(129)愿**赐我等记**,如饥须教食。(姚秦·鸠摩罗什译《妙法莲华经》卷三)

(130)时公粮少,**与荀彧书**,议欲还许。(《三国志·魏志·武帝纪》)

(131)人**饷魏武一杯酪**,魏武啖少许。(《世说新语·捷悟》)

---

① 刘春生(1993)指出:"动$_1$+直+动$_2$+间"句式在《史记》中有30例,充当V_2的只有"予""与""遗",出现在V_1位置上的动词包括:"持""割""分""取""行""散""出"等。详见刘春生:《〈诗经〉的双宾语》,载《贵州大学学报》,1993(3)。

徐志林（2013：47-48）指出：在东汉文献的双宾语结构中间接宾语可以用"所"字结构和代词"其"。李明（2017：4）在论述代词"其"的特点时，也列举《太平经》中"其"在双宾句式中取得"宾格"，充当间接宾语的用例。如：

（132）有大命赦天下，诸所不当犯者尽除，并与孝悌力田之子，**赐其彩帛酒肉**。（《太平经》卷一百十四）

（133）善明，闻佛**授其封拜之名**，则心净体轻。（《佛说成具光明定意经》）

代词"其"字作宾格，这是东汉双宾句间接宾语的一个特点。这跟该期"之"字充当间接宾语大量减少有关。双宾句式作直接宾语的名词性短语出现了一个新的现象："者"字结构作直接宾语。

（134）故**赐国家千金**，不若与其一要言可以治者也。（《太平经》卷四十六）

（135）有酒者**赐其各一器**，无酒者**赐其善言者**，使相助为总明已毕也。（《太平经》卷三十五）

2. 取得类

（136）无忌因**夺直兵参军刀**，便欲斫。（《世说新语·仇隙》）

（137）于诸众生视之若己，一切善本皆度彼岸，悉**获诸佛无量功德**。（曹魏 康僧铠译《佛说无量寿经》卷上）

（138）大月大臣梦提为鬼**夺王金冠**，各怀愁忧，不能自宁。（北魏慧觉等译《贤愚经》卷六）

3. 告示类

（139）如使大人用我言者，我欲**诫大人一事**。（吴·支谦《佛说赖吒和罗经》）

（140）（太子）至年十四，**启王出游**，欲观施为。（吴·支谦《佛说太子瑞应本起经》卷上）

（141）王夷甫尝**属族人事**。（《世说新语·雅量》）

（142）耿氏**教之书学**，遂以通博称。（《后汉书·邓寇传》）

（143）世祖**问纯故**。（《后汉书·耿纯传》）

4. 称谓类

（144）唯桃汤独造僧寺，世人称之英雄。（《洛阳伽蓝记》卷四）

（145）潘安仁夏侯湛并有美容，喜同行，时人谓之连璧。（《世说新语·容止》）

5. 为动类

"为动"类双宾语在东汉以后，地位开始下降。魏晋以后，尤其是在口语化较强的文献中，其使用明显较少。与整个介词系统的产生有关，而"为（介词）$+O_2+V$"结构，在语义表达上的明确性是主要的原因。

（146）愿归承相印，乞骸骨归，**避贤者路**。（《汉书·万石卫直周张传》）

（147）夏侯孝若**为之叙**。（《世说新语·言语》）

（148）孙长乐作王长史诔云："余与夫子，交非势利。"（《世说新语·轻诋》）

（二）"SVO_2O_1"语序 B 类型

沿袭上古用法。如：

（149）卿乃明白疑于必然，**托命豺狼**，委身虎口，弃亲助贼，兄弟寻戈。（《洛阳伽蓝记》卷一）

（150）庾太尉在洛下，**问讯中郎**。（《世说新语·赏誉》）

（151）下座比丘，以守戒故，**授板上座**，没海而死。（北魏慧觉等译《贤愚经》卷五）

（三）"$V_1+V_2+O_1+O_2$"句式

中古复合动词双宾语句"V_1+V_2（与/遗）$+O_1+O_2$"中的"V_2"多为"与"，形成"**V 与/遗 O_1O_2**"句式，在魏晋南北朝更加普遍。如：

（152）是故父母当给与我珍宝所有及诸侍女。（西晋无罗叉译《放光般若经》卷二十）

（153）臣朝早将园华道路逢佛，不胜欢喜，尽以上佛，即授与我决。（西晋法炬译《阿阇世王授决经》）

（154）若入圣明众智境界一切悉舍，能惠与人不断所幸，犹如古王头首布施。是曰智慧。（西晋竺法护译《贤劫经》卷三）

（155）若我此生若于余生，曾行布施或守净戒，乃至施与畜生一揣之食。

(《佛说决定毗尼经》)

（156）（童子宝网）各各赐遗清信士女一具体衣。（西晋竺法护译《佛说宝网经》）

三、唐宋元明清

（一）"SVO_1O_2"语序 A 类型

1. 给予类

这一时期最大的特点是直接宾语有数量结构修饰。有名词＋数量结构。如：

（157）**赐远公如意数珠串，六环锡杖一条，衣着僧衣数对**，兼将御舆，来迎远公入内。（《敦煌变文集·庐山远公话》）

（158）师曰："**乞我一文钱。**"曰："**道得即与汝一文。**"（《五灯会元》卷二）

（159）秀才，你肯跟贫道去，**赠你一帆清风**，不用盘缠便到。（《元刊杂剧三十种·竹叶舟》第一折）

（160）**赐唐僧金钱三百贯、金钵盂一个，赐行者金钱三百贯**，打发了。（《朴通事谚解》）

O_2 中数量名结构众多，有了数量结构的修饰，受事宾语的中心名词就从无界变成了有界，语法上也成为"显眼"的成分。

"V＋给予动词（与/馈/给）＋O_1O_2"双宾式多见。如：

（161）数中为有耶殊彩女，识辨毫相，便**施与太子指环**。（《敦煌变文集·太子成道变文》）

（162）就如陪嫁一般，又**赐与他永免差徭的御旨**。（《西游记》卷十一）

（163）**把这欺心奴才打与你个烂羊头**也不算。（《金瓶梅词话》第四十六回）

（164）寻书童儿问他讨话，悄悄**递与他银子**。（《金瓶梅词话》第三十五回）

关于"二价动词＋给予动词（与/馈/给）＋O_1O_2"句式特点见下文，此略。

2. 取得类

作直接宾语有"数量＋名词"结构。如：

（165）礼拜起来，**收他一只履**，以袖拂上尘，倒头覆下。（《祖堂集》卷十四）

（166）和尚**图他一斗米**，失却半年粮。（《祖堂集》卷十六）

（167）你在南岳山，**借我二百钱**。为什么不还？（《古尊宿语录》卷十八）

（168）又到前边柜上诓了**傅伙计二十两**，只说要买孝绢。（《金瓶梅词话》第六十四回）

（169）日前你做亲时，曾借下了褚家六十两银子，年年清利。（《初刻拍案惊奇》卷十三）

（170）有许多瓶罐，都是那玉液琼浆，你们都不曾尝着。待我再去偷他几瓶回来，你们各饮半杯，一个个也长生不老。（《西游记》第五回）①

3. 告示类

（171）适来和尚**问智师弟这个因缘**，合作摩生祇对？（《祖堂集》卷十六）

（172）曾见有人说诗，**问他关雎篇**，于其训诂名物全未晓。（《朱子语类》卷十一）

（173）这娘子**告诵你话**，你怎么佯佯不睬？（《西游记》第二十三回）

（174）这雪娥气愤不过，走到月娘房里，**正告诉月娘此事**。（《金瓶梅词话》第十一回）

4. 称谓类

（175）师问白舍人："汝是白家儿不？"舍人**称名白家易**。（《祖堂集》卷三）

（176）山东人**呼"方"字去声**。（《朱子语类》卷八十七）

（177）（末）**称你娇脸儿**。（《张协状元》第五出）

（178）若干着口喊**谓之嚷**，扭搜出些眼泪儿来**谓之哂**。（《西游记》第三十九回）

---

① 按：《西游记》中取得类动词有夺取、获得、期待、取得、偷盗、骗取等语义。

（179）口里咬文嚼字，一口一声只称呼他"薛爷"。（《金瓶梅词话》第五十回）

（二）"SVO_2O_1"语序 B 类型

唐宋至明清，能进入该语序的动词仍是"献""委""传""施"等少数几个，结构中的直接宾语以代词"之"为主。这些是上古汉语用法的存留，用例不多。如：

（180）能于岭上，便**传法**惠顺。（《六祖坛经》）

（181）所以捐舍国位，**委政太子**，不乐大内娇奢，岂爱深宫快乐！（《敦煌变文集·妙法莲华经讲经文》）

（182）**施之君臣**，则君臣义；**施之父子**，则父子亲。（《朱子语类》卷二十七）

（183）后来一书吏窃而**献之高宗**。高宗大喜，赐号"浑成"。（《朱子语类》卷一百三十六）

（184）况乃锦衣玉食，归之自己，担饥受冻，**委之二亲**，漫然视若路人，甚而等之仇敌。（《初刻拍案惊奇》卷十三）

徐志林（2013）指出：当间接宾语不用古代的代词"之"，直接宾语为多音节的名词或名词性短语时，句式语序就是"VO_1O_2"。如：

（185）永州市上人，认得了他，晓得他前项事的，就**传他一个名**，叫他做"当艄郭使君"。（《初刻拍案惊奇》卷二十二）

（186）前日老爷**传了你五囤三出的本领**，驾得起千百丈的腾云，你今日又上山来，有何贵干？（《三宝太监西洋记》第二十六回）

总之，双宾语句式以 A 式为主，B 式较少见。B 式"SVO_2O_1"句中动词有一定的限制性。

第二节 双宾语句式成分的构成特点

双宾语结构有间接宾语 O_1、直接宾语 O_2、动词 V 等成分，本节简单介绍它们在句法结构中用法特点。关于间接宾语、直接宾语从上古到明清时期的使用特点，徐志林（2013）分别对西周、春秋战国、西汉、东汉、魏晋南北朝、隋唐五代、宋元、明清各个不同阶段的代表文献进行考察和统计，详细内容可参阅。张美兰（2014）对上古时期双宾语句动词类型、西晋佛经文献以及《西游记》《金瓶梅词话》中双宾动词进行了穷尽性分析，详细内容可参阅。

直接宾语和间接宾语都有典型成员和非典型成员。直接宾语的典型成员是受事（patient），间接宾语的典型成员是接受者（recipient）或感受者（experiencer）。潘秋平（2015）指出：直接宾语的典型成员会受动词所表述的行为动作影响而产生位移或内部变化。间接宾语在这方面不突出。

一、间接宾语 O_1

双宾语句中的间接宾语，一般都是名词性成分充当。名词性成分的特点主要集中在它们的生命度、有定性无定性、音节数量等方面。相对而言，间接宾语 O_1 总体上强烈倾向已知、有定。即使是用光杆名词担任时，也不同于在动词后的其他成分被赋予无定的特征，而是被赋予有定的特征。它的成员可分为人称代词、表人名词、一般名词和处所词。随着句中动词的类型的不同，O_1 也有不同的特点。如在给予类双宾中，对 O_1 具有生命性的要求最高，以人称代词和表人名词充当；取得类作为非典型性双宾具有更大的自由性，它更强调取得的直接宾语 O_2，而对间接宾语 O_1 的有生性要求相比而言低一些。言语类双宾表达了施事 S 与 O_1 的话语传递，其对 O_1 有生性的要求要比取得类高。刘丹青（2001）指出："世界上多数有双宾句的语言间接宾语前置于直接宾语，其实都体现了话题或旧信息居前原则。""间接宾语的话题性高于直接宾语。"这也说明了间接宾语偏重已知、有定的旧信息。

从第一节的论述可见，O_1 的结构形式较为简单，主要由人物名词、人称代词或其他名词性成分充当，代词占了绝大部分。在西周到战国后期这一阶段，人称代词"尔""我""之"占优势，其次是"光杆名词"，音节形式都比较简短，名词性短语少见。从西汉开始至隋唐五代，间接宾语则是由名词或复杂名词性短语充当的占优势，结构相对复杂。如：

（187）若有布施沙门道人及贫穷乞匄（丐）者，衣被饮食车马六畜香薰华房室舍宅灯火，所索不逆人意，一心布施后不悔，令清净道人奉真法，使安隐

得无央数善行。(《大楼炭经》卷六)

(188)(童子宝网)各各赐遗清信士女一具体衣。(《佛说宝网经》)

(189)太和中,帝思褚忠孝,下诏褒赞,复赐褚子孙二人爵关内侯。(《三国志·魏志·许褚传》)

张美兰(2014:224)统计了西晋汉译佛经双宾语结构中间接宾语成分的音节分布,单音节与复音节之比为7:1。但是无论间接宾语成分怎么复杂,它仍然以指称人为主,即使出现了不是直接指人名词,也是拟人化的表述。[+有生性][+述人]是其语义特征。表现为间接宾语大多数情况下由人称代词充当,这种状况一直维持到现代汉语。关于这一点徐士林(2013)从间接宾语具有[+有生性][+终点性]语义属性要求这一角度进行了解释。他认为[+有生性]的语义特征在句法上的体现就是通常由指"人"的名词(名词性短语)或者人称代词来做间接宾语。无论是从内部结构还是音节数量上看,后者都要比前者单纯得多,因为汉语人称代词绝大多数是单音节的。简而言之,[+终点性]就是直接宾语"转移"的终点所在。该语义特征要求"间接宾语"必须是确定的对象,保证"转移"之物所能到达的"终点"。

(一)间接宾语代词的历时兴替

"VO_1+O_2"句式中代词O_1有"之/其/彼/他/它"的历时兴替,标志着不同时代的用法特点。如:

(190)邓南鄙鄾人攻而夺之币。(《左传·桓公九年》)

(191)民未知义,盍纳天子以示之义?(《国语·晋语四》)

(192)武王梦帝予其九龄,其天已予之矣,武王已得之矣,何须复请?(《论衡·自然篇》)

(193)或有发愿速持正法,又复不发速持愿者,是故如来随其迟速而授彼记。(东晋法显译《大般泥洹经》卷六)

(194)得他一石面,还他拾斗麦。得他半疋练,还他二丈帛。(《王梵志诗校注》卷三)

(195)我明日上表,乞判梓州,直待报它仇隙。(《张协状元》第三十二出)

（二）间接宾语 O_1 强调式："O_1，VO_1O_2"

双宾结构中 O_1 的话题化，有两种情况：一种是"O_1，VO_2"，一种是"O_1，VO_1O_2"。这里只讨论第二种。O_1 充当话题，同时又在双宾句式中用代词"其""他""它"复指，强调了 O_1 这个句式成分。张文（2013）认为这是双宾句与话题句套合使用。如：

（196）**有酒者赐其各一器，无酒者赐其善言者**，使相助为聪明。（《太平经》卷三十五）

（197）**懦弱底与它几下刀背，顽猾底与它一顿铁查**。（《张协状元》第八出）

（198）**丫头桃花儿也与了他三钱**。（《金瓶梅》第六十八回）

（199）**他出来时再给他些个银子就完了**。（《红楼梦》第六十八回）

代词"之"的语义指称为"转移物"成分的，也可以位于句首话题位置，不过双宾句要使用"$V+O_2+O_1$"语序形式。如：

（200）**章句训诂，付之诸生**。（《朱子语类辑略》卷七）

（201）**大位归之花项人**。（《新编五代史平话》卷上）

二、直接宾语 O_2

和间接宾语 O_1 多为具有 [+ 生命] 的具体名词不同，直接宾语 O_2 具有生命度低、定指度低、语义抽象、音节较多、结构形式较复杂等特点。从结构形式和音节来看，直接宾语 O_2 则主要由数量名结构、名词性的偏正结构、并列结构和"所"字结构来充当，极少数由单个名词充当。在告示类双宾语中还能由谓词或谓词性短语充当。

直接宾语 O_2 的发展经历了一个持续趋向"繁化"的过程。从上古汉语排斥名词性短语，到在通常情况下直接宾语由名词性短语来充当，排斥"光杆名词"是其基本倾向。西周时期双宾结构中的直接宾语绝大多数是由光杆名词来充当，但从西周时期开始直接宾语 O_2 已有出现繁复（宾语音节数量的增加和语法构造的复杂）的现象。直接宾语 O_2 的主要特点是类型不拘一格，既可以是抽象名词也可以是具体名词；既可以是光杆名词，也可以是数量名结构、联合结构或谓词性结构。与间接宾语的情形相反，充当直接宾语的可以是偏正结构、并列结构、数量名结构、"所"字结构、"者"字结构等名词性的句法成分，甚至有谓词性成分。

由于直接宾语在语义特征上存在 [+ 具体] 和 [+ 抽象] 的差异，在实现双宾动词表示的动作之后，就存在不可逆或可逆的两种结果。通常当双宾动词是授给类或者取得类时，直接宾语一般就会具有 [+ 具体] 的语义特征，在转移完成后，其结果是不可逆的，动作是不可重复的。这是因为对于 [+ 具体] 的直接宾语来说，动作实现的是对直接宾语（O_2）占有权的转移。这种转移在实现后，相对于直接宾语（O_2）来说，主语（S）和间接宾语（O_1）就会在"受益"或"受损"两种角色中变换。而当双宾动词是告示类或者称谓类时，直接宾语（O_2）一般就会具有 [+ 抽象] 的语义特征，那么在转移完成后，其结果是可逆的，动作是可重复的。因为在执行双宾动词表示的动作后，主语（S）和间接宾语（O_1）不产生"受益"或"受损"的角色转换。这是由于直接宾语所处的语序位置以及动词与直接宾语之间的语义关联造成的。直接宾语位于句尾，必然承载着大量信息，是语义中心和信息焦点。

如何来解释 O_1O_2 承载信息量大小的差异问题，陆丙甫（1993）有一个解释，他认为汉语句子依据动词核心可划分为外围结构和内围结构两个部分。核心前的成分构成外围结构，核心后的成分构成内围结构。内围结构是封闭性结构，它所能容纳的独立语法成分的数量有所限制（≤3）。当内围结构中出现两个或两个以上独立的无标记成分且按照与核心动词语义亲疏关系排列时（如"V-O_1-O_2"），位于内层位置且与核心语义关系密切的成分（如"O_1"）的长度会受到严格控制。这是因为位于内层位置且与核心语义关系密切的成分，这里表现为位于近宾位的"O_1"，该语序位置受到核心动词以及远宾位材料的前后干扰，短时记忆机制对近宾位材料的处理能力较弱，为了保证核心与处于外层位置且与核心语义关系疏松的成分（如"O_2"）的语义关联，不至因为内层成分过长或过于复杂 O_2 会远离核心，从而造成 O_2 角色识别的困难，使理解遇到困难。

从语用角度来看，直接宾语承载着更多更重要的信息量。在双宾语中，根据末尾焦点原则，O_2 位于句子的末尾，也就是 O_2 是 V-O_1-O_2 句式中的新信息，是语义重心；根据末尾加重原则，O_2 则是承担句子中比较复杂的部分，因此能解释为什么 O_2 的音节要比 O_1 的多，因为承担的信息量越大，音节也就需要更多。与学界提出的"末尾焦点"的理论（end-focus maxim）所述观点相协调。

（一）直接宾语由数量名结构充当

"数+量+名"形式作直接宾语，在中古时期很少见到，唐宋以来，数量名结构充当直接宾语的在增多。如：

（202）如人与我一把火，将此火照物，则无不烛。（《朱子语类》卷十四）

（203）（净）白干骗了我三文。（《张协状元》第二十八出）

（204）郎中，你如今到里头与他一百个斗子钱。（《朴通事谚解》）

（205）圣驾赏铭网巾一顶，金圈一付。（《正统临戎录》）

（206）如来赐了我一颗定风丹，一柄飞龙宝杖。（《西游记》第二十一回）

（207）贫僧也还你一个单方就是。（《三宝太监西洋记》第七十六回）

"数+量+名"在"给予"类双宾结构中使用比例高于其他类型，这是因为 O_2 在施事 S 和 O_1 间发生了典型的转移，需要在语法层面相应地获得凸显，同时也显示了 O_2 名词性成分的**有界性**。而"称谓"类双宾句的 O_2 均非数量名结构，这是因为 O_2 是一种抽象的资格，它在 S 和 O_1 之间所有权的转移也是抽象的、非典型的，因此 O_2 仅以无界名词的光杆形式予以表现。

（二）直接宾语由"（一）个+O_2（NP/VP）"充当

"（一）个 NP/VP"结构充当 O_2 直接宾语，构成"V$_{与/给}$+O 他$_{间接宾语}$+（一）个+O_2（NP/VP）"双宾句，这是宋元以来，汉语新出现的一种双宾语句式。早期核心动词用"与"，清代倾向于"给"，其中"他"是间接宾语，"NP"是直接宾语，"个"是数量词"一个"省略数词"一"的结果。随着中心语"NP/VP"表达语义的泛化，这种数词"一"从明代的省略到明清口语文献中多脱落不用。该句式的最早用例是在宋代。如：

（208）此只是就子贡身上与他一个"恕"字。（《朱子语类》卷一一八）

（209）某来日画与他个十五座城子图样，留下玉璧，则不与他城子。（《渑池会》第一折）

直接宾语"O_2（NP）"结构，变成指一个抽象的、不如意的事情。如：

（210）先生曰："然。一物与他一个无妄。"（《朱子语类》卷七十一）

（211）不如先与他一个下马威，吓他一吓。（《三宝太监西洋记》第三十八回）

（212）只是父王之忧，须要**与他一个宽解**。（《三宝太监西洋记》第六十四回）

（213）这呆子咒我死，且莫**与他个快活**！且跟去看那妖精怎么摆布他，等他受些罪，再去救他。（《西游记》第七十六回）

（214）望空里揣**与他个罪名儿**，寻这等闲公事。（《元曲选·货郎旦》第四折）

直接宾语"O₂（VP）"从后接体词性成分扩展到谓词性成分，句子含有"使对方遭受"之义。如：

（215）如若不从，就**与他个武不善作**，即时捆住，剖开取之。（《西游记》第七十八回）

（216）**与他个顺手牵羊**，将计就计，教他住不成罢！（《西游记》第十六回）

（217）你自坐下，等我**与他个饿鹰雕食**。（《西游记》第二十二回）

（218）等我老孙跳高些，**与他个捣蒜打**，结果了他罢。（《西游记》第三十九回）

（219）行者笑道："筑还费力，不若寻些柴来，**与他个断根罢**。"（《西游记》第七十二回）

自《醒世姻缘传》开始核心动词用"给"字，这种结构多见。① 如：

（220）到了衙里，头上抹下，就**给他个下马威**。（《醒世姻缘传》第九十六回）

（221）**不给他个厉害**，下次越发狂纵难制了。（《红楼梦》第九回）

（222）早打算到姑娘临起身的时候，**给他个斩钢截铁**，不垂别泪。（《儿女英雄传》第二十一回）

（223）我就攒足了劲儿，**给他一个冷不防**，叫他吃不了得兜着走。（《官话指南》卷一）

（224）所以若要免去后患，必得**给他一个剪草除根**。（《官话类编》第一百六十五课）

（225）就是**给他个因循延宕带敷衍**，请见十回，八回不见他。所没法子啦，让秘书先搪他一水。（《新鲜滋味·一壶醋》）

"V₁（其他动词）他个 + VP"，也能见到。如：

---

① 韩永利（2008）称之为"使对方遭受"义的"给"字句。参见韩永利：《也谈处置义"给"的来源》，载《语文学刊》，2008（5）。

（226）我待来且慢只，我问他个擘两分星，说一段从头的至尾。（《元曲选·伍员吹箫》第三折）

（227）寻着曹操杀了他，可不好！我杀他个措手不及。（《千里独行》楔子）

（228）任你是甚么来，我只是还你一个不动手。（《三宝太监西洋记》第四十一回）

（229）坏了三纲五常，问他个非奸做贼拿。（《金瓶梅词话》第二十一回）

（230）老孙因此来寻寻玉帝，问他个钳束不严。（《西游记》第五十一回）

这些句子有一个共同的特点即它的宾语是虚指的，尤其是与"VP"连用中，"个"不断虚化，变得没有意义，形式上是双宾句，由于"他"已虚指，就缺少双宾动作的一端，开始超出双宾句的范围了。"一"的脱落，导致了"他个"走向助词的形成。这种带虚指宾语的双宾句不是典型的双宾句。这涉及无指代词"他"的句法语义功能，但该类句式的产生无疑和双宾句有关。所以袁毓林（2003）指出：无指代词"他"的宾语句是从双宾语句发展来的。和表示"给予"的"给"一样，这种"使对方遭受"的"给"也是引出两个宾语，不同的是这种句式中直接施予 NP_1 某种不利的遭遇、行为（NP_2），使其遭受，尽管某些句中"NP_2"仍由名词性成分充当，但表示的却是行为义。直接宾语越抽象，整个动词的及物性会受到很大影响。句式语义也发生变化。

清代末期，人称代词"他"完全虚化，不再指前后文的人或事物，和泛指的"他"也有不同，已经完全虚化，没有实际意义，在句子中可以省略且不影响句法结构。在"V+他+个+X"中的用例。如：

（231）幸亏今日俺的命不该绝，如今倒要大碗喝酒大块吃肉，吃他个爽快哩！（《呼家将》第十六回）

（232）燕道长你是个出家人，身如野鹤闲云啊，应该说，闭门思过，深山老峪之中一忍，以乐晚年，修他个长生不死，这才算对。（《雍正剑侠图》卷五十六）

（233）她体态丰盈，语音清脆，谈锋颇健，即使是聊它个一天半日，也不知疲倦。（《古今情海》卷二十六）

三、动词

（一）给予动词

根据认知语言学中的"原型范畴"理论，双宾句中最典型的句式是"给予"类，"给予"类中最典型是表"给予"义的动词。

汉语中表"给予"义动词的成员有："予""与""馈""乞""把""己""给"，它们用于双宾语句的情况有历时先后："予"上古秦汉有少数用例（见上文西周文献用例），汉之后较少见；"与"从上古到清代一直是主要的成员，但"与"在成为主要动词的过程中逐渐形成复合形式"V与"式；"乞"上古两汉偶有使用，唐宋有一些用例，之后少见，现在只在闽南话中用；"馈"，上古少见，在明代朝鲜人编写的教材（北方话）中用，复合形式"V馈"也多见；"把"至迟在元代已用为给予义动词，用在明清南方官话或方言中；"己"在北方话资料《醒世姻缘传》中，是"给"的一种方音形式；"给"（给予义）自元代作品中逐渐多见，到清末开始替代"与"，成为一直使用至今的主要予词。而动词"与"字突然间从核心动词范畴内消失，核心动词"给"成为清代双宾结构的发展的重要特点。（详见张美兰2014）

（二）二价动词的双宾语增元方式

1. 上古二价动词特殊双宾语句

首先，在上古时期，已有个别"$V_1+V_{2与/畀}+O_1+O_2$"的双宾句式。如：

（234）毋投与狗骨。（《礼记·曲礼上》）孔颖达疏："言为客之礼，无得食主肉后，弃其骨与犬。"

潘秋平（2015：472）对此进行了一个解释，他认为：非给予动词与间接宾语构成双宾结构之间的关系是有标记的，无法通过原有的句式来表达与这些动词相关的给予类事件，因此通常会因有这样的限制而带头进入新的与格结构。这一解释基本能说明非给予动词"投"的用法特点。我们检索了先秦两汉"投"带宾语的情况，大都是直接联系直接宾语的。如：

（235）园死士夹刺春申君，斩其头，投之棘门外。（《战国楚·楚策四》）

（236）**投**竿东海。（《庄子·外物》）

（237）**复投**一弟子河中。（《史记·滑稽列传》）

（238）乃**投**璧河中。（《史记·晋世家》）

如果与间接宾语联系，使用另一个有标记的与格结构："VO_1以$+O_2{}_{直接宾语}$"。如：

（239）**投**我以木瓜，报之以琼琚。（《诗经·卫风·木瓜》）

（240）**投**我以桃，报之以李。（《诗经·大雅·抑》）

只有1例是双宾语。如：

（241）**投**之一骨，轻起相牙者，何则？（《战国楚·秦策三》）

其次，在先秦两汉二价动词特殊的双宾语句多见于使动、为动、因动、在动等。其中的为动用法，比较常见的二价动词是"制作"类的"作""立""肇""铸""为"等。详见上文第一节为动类特殊双宾结构。随着介词"为"的大量使用，汉以后，在接近口语的作品中，"为动"类双宾句式逐渐被"为（介词）$+O_1+V+O_2$"的状中结构所代替。为动类双宾句式退出历史舞台。

最后，动词的使动用法可以看作为句法增价的一种句法操作手段。如上文所示，使动双宾语句就是使间接宾语发出使动动词所表示的动作行为而施及直接宾语的句子。在使动双宾语结构中，使动宾语（间接宾语）为施动者，然而其动作不是使动宾语（间接宾语）主动发出，而是主语迫使使动宾语发出，形成一种特殊的动宾关系。如：

（242）季氏**饮**大夫酒，臧纥为客。（《左传·襄公二十六年》）

（243）尧**妻**之二女。（《史记·陈杞世家》）

（244）今**殴**民而归之农，皆著于本。（贾谊《论积贮疏》）

（245）令平阳侯**告**卫尉："毋入相国产殿门。"（《史记·吕太后本纪》）

使动用法的句法操作手段在中古以后发生了变化，"使动"使用分析型致使的方式表达，这类二价动词不能进入双宾句了。

2. 元明二价动词特殊双宾语句

元明时期表"服务"类①、"制作"类二价动词可构成双宾语句式。"服务"

---

① 至今一些地区的方言还用。如：做他三件衣服。母亲织我两件毛衣。扯我五尺布。英语有类似的表达，表制作服务义动词，如 bake, cook, make, write, draw, paint, fry, peel, light, iron 等，具有："A 致使 B 拥有 C"（B 是受益者）。如："**serve** Jack tea" "**save** me a seat" "**pour** me a drink" "**draw** you a picture" "**fry** you an egg" "**peel** me an apple" "**iron** you a shirt"。

类二价动词，表示创造出事物后将事物给予接受者，使之**从无到有发生状态变化**；同时事物在创造者与接受者间移动。在创造某事物的同时将其传给接受者，说明创造事物的目的是为了给予，因而接受者也是受益者。这是一种特殊的为动用法。如：

（246）与老爷起建寺院，**立老爷生祠**，勒碑刻名。（《西游记》第八十七回）

（247）老孙拜他为师父，**指我长生路一条**。（《西游记》第十七回）

而"制作"类动词进入双宾句式往往要借助于V_2给予义动词复合构式而成："$V_{1制作类}+V_2$（与/遗）$+O_1+O_2$",[①] 其中复合动词"V_1"是二价动词，"V_2"是"与""遗"，使得原本不能进入双宾结构的二价动词增容为三价，辅助其进入双宾结构；或是改取得类动词为给予义"V 与"结构，进入双宾结构。元明时期"制作"类二价动词："写""画""指""断""做""舍""吃""说""出""摘""打""拌""解"等处于"V_1"的位置，通过"馈""与"复合的"给予"语素来实现增元，连接受益者论元，形成"V 与/馈$+O_1O_2$"句式。如：

（248）那里有金银写馈你帖字？（《训世评话》第十则）

（249）我们多蒙官人厚恩，我如今指馈你葬地。（《训世评话》第二十四则）

（250）早晚提水来与济行路人解渴，又做馈他鞋子。（《训世评话》第六十则）

（251）你摘馈我些叶儿。（《朴通事谚解》）

同期的《西游记》《金瓶梅词话》中有不同程度的表现。尤其是《金瓶梅词话》中能进入"V 与 $+O_1O_2$"复合动词双宾语句的动词共有 30 个，用例共 63 个。其中动词有"找""斟""兑""交""打点""换""传""丢""输""包""买""打""烧""砍"等，形成"给予"类双宾句。如：

（252）但望你指与我那神仙住处，却好拜访去也。（《西游记》第一回）

（253）教春梅每边脸上打与他十个嘴巴。（《金瓶梅词话》第二十九回）

《朴通事谚解》(a)"V+与/馈$+O_1O_2$"，《朴通事新释》(b)中被改换表达可证。如：

（254）a. 你只做馈我煤火炕着，前面做一个煤炉。（《朴通事谚解》）

—— b. 你只与我改做煤火炕，炕前做一个煤炉。（《朴通事新释》）

[①] 在汉代的《史记》就有给与义复合动词的双宾语句："$V_{1给与义}+V_2$（与/遗）$+O_1+O_2$"，其中"V_1"是为给与义动词，"V_2"是"与""遗""与""遗"帮助给予类的动词标记 O_2 的位移方向。这种用法在魏晋南北朝更加普遍。详见上文。

（255）a. 你做馈我一副护膝。（《朴通事谚解》）
—— b. 你替我做一副护膝与我。（《朴通事新释》）

（256）a. 你打馈我两张弓如何？（《朴通事谚解》）
—— b. 你代我做两张弓如何？（《朴通事新释》）

（257）a. 你打馈我一个立鳖儿、一个虾蟆鳖儿和蝎虎盏儿。（《朴通事谚解》）
—— b. 你与我打一个立鳖壶、一个虾蟆鳖壶、蝎虎盏。（《朴通事新释》）

元明清时期"V_1+V_2（予词）O_1O_2"句式，因占据 V_1 位置的动词，并不是 [+给予] 的与格动词。所以 V_2 位置上的与格动词，实现论元增容，让一批二价动词得到机会进入双宾句式，也是早期朝鲜汉语教材的双宾语的特点。

（三）加完成体标记的"V+了+O_1O_2"句式

双宾结构的发展也伴随了汉语史上一些比较重要的语法现象的发生和发展。时体标记词"了$_1$"的产生对双宾结构形式的丰富和完善有着积极影响。"了$_1$"是在"动+了+宾"结构中虚化，最终是在宋代完成它的语法化过程。双宾动词后加上完成体标记"了"，见于宋元时期。如：

（258）还了金人四州，以谓可以保其和好而无事矣。（《朱子语类》卷一百三十二）

（259）鬼谷问张晃曰："先生你借了我三卷阴书，何不送来？"（《全相平话五种·七国春秋平话》卷下）

（260）与了他一个无鞍子甘草黄白口不生驹的骒马，再煮熟了一个吃两母乳的肥羔儿。（《元朝秘史》卷一）

（261）说道："你当初在迭里温孛勒答合地面生时，我与了你一个貂鼠裹儿祆有来。"（《元朝秘史》卷三）

（262）话说魏邦朱真君朱亥，闻得燕丹被秦始皇克伏，取了燕丹首级，进上十车金宝。（《全相平话五种·秦并六国平话》卷中）

（263）如来赐了我一颗定风丹，一柄飞龙宝杖。（《西游记》第二十一回）

（264）又到前边柜上诓了傅伙计二十两，只说要买孝绢。（《金瓶梅词话》第六十四回）

（265）他传了我师父些养神服气之术。（《西游记》第十七回）

（266）即日宋江侵夺边界，**占了俺四座大郡**。（《水浒传》第八十六回）

（四）双宾结构"$VO_1O_2+V_2$"

1. 上古汉语"VO_1O_2+ 而/以 $+V_2$"句

汉语双宾句中，在"$V+O_1+O_2$"后还跟有另一动词或动词短语结构，即"$V_1+O_1+O_2+V_2$"。上古汉语往往有连词"而""以"连接。如：

（267）今君分之土而官之，是左之也。（《国语·晋语一》）

（268）既自见矣。**公与之环而佩之矣**。（《左传·昭公四年》）

（269）阍乞肉焉，**夺之杖以敲之**。（《左传·定公二年》）

2. 中古汉语"$V_1+O_1+O_2+V_2$"句

（270）太祖拒袁绍于官渡，绍遣人招绣，并**与诩书结援**。（《三国志·魏书·贾诩传》）

（271）使兼廷尉大鸿胪持节**赐彪玺书切责之**，使自图焉。（《三国志·魏书·楚王彪传》）

（272）私通宾客，为有司所奏，**赐干玺书诫诲之**。（《三国志·魏书·武文世王公传》）

3. 明代汉语"$V_1+O_1+O_2+V_2$"句

在明代小说中"$V_1+O_1+O_2+V_2$"这类现象多见。其中 V_1 多是"给予"类动词，极少"取得"类；V_2 有"吃、穿、住、谢"等。如：

（273）不若**与他一件事管**，庶免别生事端。（《西游记》第五回）

（274）朕与十王作别，允了**送他瓜果谢恩**。（《西游记》第十一回）

（275）我**与你助他些儿雨下药**，如何？（《西游记》第六十九回）

（276）你去邀着，等我**讨他帖儿看看**。（《西游记》第八十九回）

（277）但他饥时，**与他铁丸子吃**；渴时，**与他溶化的铜汁饮**。（《西游记》第七回）

（278）听见说**给他衣裳穿**，**给他饭吃**，我就生气。（《醒世姻缘传》第八十回）

（279）另与他一条别的颜色裙子配着穿。（《金瓶梅词话》第二十二回）

还出现了"$V_1+O_1+O_2+V_2+O_3$"与"$V_1+O_1+O_2+V_2+V_3+O_3$"的新格式。如：

（280）宋江道："我再与你银子十两做使用钱。"（《水浒传》第二十一回）

（281）初时甚是抬举二人，不令上锅灶，备洒扫，**与他金银首饰妆束身子**。（《金瓶梅词话》第一回）

（282）反贼**盗我战马来**此，可早早还我！（《三国演义》第一百二回）

4. "$V_1+O_1+O_2+V_{2趋向动词}$"

趋向动词"来""去"跟在"$V+O_1O_2$"的后面出现，在中古至隋唐时期，"$V_趋$"仅有一个"来"字。如：

（283）至于平地，语将车人言："**与我物来**。"（《百喻经·索无物喻》）

（284）语比丘言："**还我珠来**，若不见还，汝徒受苦，终不相置。"（鸠摩罗什译《大庄严论经》卷十一）

（285）于是命左右："**取吾青丝履来**！"（《搜神记》卷四）

（286）兔角从汝打，**还我兔子来**。（《祖堂集》卷九）

明代文献除了仍有用"来"外，多见"$V_趋$"的"去"字。如：

（287）果然被他挖个墙洞，**偷了他五六十两银子去**，将母亲殡葬讫。（《初刻拍案惊奇》卷三十五）

（288）以定是嫌少。你便再**与他三二斗米去**。（《水浒传》第十五回）

（289）这个不打紧，我央浼天师**与你一道符去**。（《三宝太监西洋记》第五十回）

（290）快**还我宝贝与我母亲来**，我饶你唐僧取经去！"（《西游记》第三十四回）

（291）那学生**与他几升菜子儿去**。（《训世评话》第六十则）

（292）他前几天和别人伙同一气，**哄骗我好几千吊钱去**。（《官话指南》卷二）

（293）**搬出他一百两银子来**，给了那个穷人拿了走了。（《官话指南》卷二）

四、双宾结构"VO_1O_2"小句化表达

双宾结构可以充当句式成分，是双宾结构小句化的一种体现。徐志林（2013）

有关句法特点的论证方面提供了不同时期的相关例证，可以说明这一点。

（一）上古时期双宾结构的小句化

1. 通过"者"字结构、"所"字结构小句化

"者"字结构、"所"字结构都是名词性结构，上古汉语通过"者"字结构、"所"字结构将双宾结构小句化，句子成分化。做主语。如：

（294）**予之不祥者**谁也？则天也。（《墨子·天志上》）

（295）**取人马牛者**，其不仁义又甚攘人犬豕鸡豚。（《墨子·非攻上》）

（296）齐景公奢于台榭，淫于苑囿，五官之乐不解，一旦而**赐人百乘之家者**三，故曰政在于节用。（《说苑·政理》）

（297）**所赐长子书及符玺**皆在胡亥所，定太子在君侯与高之口耳。（《史记·李斯列传》）

做宾语。如：

（298）郢人有**遗燕相国书者**，夜书，火不明，因谓持烛者曰："举烛。"（《韩非子·外储说左上》）

（299）人有**遗其舍人一卮酒者**，舍人相谓曰……（《史记·楚世家》）

（300）此所谓**借贼兵而赍盗粮者**也。（《史记·范雎蔡泽列传》）

（301）赵高因留**所赐扶苏玺书**，而谓公子胡亥曰……（《史记·李斯列传》）

2. 上古通过句中语气词"也"小句化

如：

（302）豆区釜钟之数，其**取之公也**薄，其**施之民也**厚。（《左传·昭公二十六年》）

3. 西汉在兼语句中小句化

如：

（303）汉元年秋，齐王田荣畔项王，汉乃使人**赐彭越将军印**，使下济阴以击楚。（《史记·魏豹彭越列传》）

（304）齐襄王闻雎辩口，乃使人**赐雎金十斤及牛酒**，雎辞谢不敢受。

(《史记·范睢蔡泽列传》)

（305）张良说汉王，汉王使良授齐王信印，语在《淮阴》事中。(《史记·留侯世家》)

（二）中古时期双宾结构的小句化

中古时期双宾结构可以不凭借标记，直接充当小句成分。如：

（306）赐人帛不谓之恶，天与之谷何故谓之凶？(《论衡·异虚篇》)

（307）受师道德之后，念缘师恩，遂得成人。(《太平经》卷四十七)

（308）余将使汝灭智氏，亦立我百邑，余将使赐若林胡之地。(《风俗通义·皇霸》)

（309）惟愿如来授我阿耨多罗三藐三菩提记。(《悲华经》卷六)

这种不凭借标记的用法，在近代汉语也有。如：

（310）我师父乃忠良正直之僧，岂有偷你甚么妖物之理？"(《西游记》第五十回)

（311）这个便是与我衣料的施主官人。(《水浒传》第二十三回)

（312）这个是夺你女儿的不是？(《水浒传》第七十三回)

（313）等老孙去寻着那厮，教他还我马匹便了。(《西游记》第十五回)

（314）那妖精见唐僧问他来历，他立地就起个虚情。(《西游记》第二十七回)

（315）你一人就占我三个女儿不成！(《西游记》第二十三回)

（316）你明日只还我一百两本钱就是了。(《金瓶梅词话》第三十一回)

第三节　结　语

一、汉语双宾语句式存在 A 式与 B 式的对立互补

汉语双宾语句式自古以来存在着 A 式"V+O_1+O_2"（V+$O_间$+$O_直$）与 B 式"V+O_2+O_1"（V+$O_直$+$O_间$）的对立互补。A 语序双宾语句式语义是"S 致使 O_1 获得 O_2"，"给予义"动词优先进入该句式。该句式一直是汉语史中最重要最常用的句式，至今仍是。B 式语序双宾语句式语义是"致使—移动"构式，其基

本意义是"S 致使 O_2 移向 O_1"。该句式先秦至明清都有用例，但使用范围很有限。动词本身的特点决定了它在双宾语句式类型中的角色。

不同类型的动词进入双宾语句的条件不同，很多三价动词不能进入双宾语句式中，能进入的三价动词甚至先后进入的时间也不一样的。如动词"与""献""问"等。上古时期有些动词本来是一价动词或二价动词，通过使动、为动或与动用法使它们具有三价动词的配价能力和句法类型，这就是特殊双宾语类型。元明时期少数二价动词在一定的句法手段帮助下也能带双宾语。双宾句式也可以小句化为一个句子成分，上古时期都是由小句化的句式标记，中古以后基本不要凭借标记直接在句中出现。

二、有无标记是判定予夺语义不明动词的外在形式

从古到今，凡是予夺不明的动词"**借**""**假**""**受**""**贷**""**买**""**沽**""**市**"，它们表"夺取"义是无标记的形式，表"给予"义是有标记的。对于这类动词的处理方案，古今采取的标记手段不一。

首先，上古时期，是以音变来区分词汇意义和语法意义的。即用声调来区别，"给予"义用去声，实现使动致使用法，**结构上是**双宾语句。用四声别义这种**语音交替构词**方式在语法上把使动词和与之相应的非使动词区别开来。如："夺取"义的**贷**$_1$：取于人曰贷，他得切（原始词，本读音）。《左传·昭公三年》："以家量贷而以公量收之。"而表"给予"义的**贷**$_2$：与之曰贷，他代切（透母、代部、去声）。《庄子·外物》："庄周家贫，故往**贷**$_1$粟于监河侯。监河侯曰：'诺。我将得邑金，将**贷**$_2$子三百金，可乎？'"可以看出**贷**$_1$与**贷**$_2$两者间的句式差异。后来人们为了区分它们间的差异，给这些字**增添语义部首**以确保信息表达。如"买—卖、受—授、乞—丐"的语义字形分化。

其次，现代汉语"予夺不明"的双向动词是客观存在的。在没有标志的状况下，人们普遍倾向于将间接宾语赋予受损者角色，即对予夺不明双宾语的理解有选择"索取"义的强烈倾向。如果采用语法手段来显示标记去除歧义的话，可以加上表位移方向的标记词"给/与"，"给予"义的双宾句是**有标记结构**有时需要带"给/与"字。如："我借**给**他两百块钱。""我租**给**他一间房。"一般的**强外向动词**和**弱外向动词**后面都可以加上表位移方向的标记"给/与"。

在汉语方言中，不同方言面对这种"予夺不明"的双向动词则是利用**句式语序**等语法手段来控制歧义的。一是用"VO_1O_2"语序来表达"索取"语义，用"VO_2O_1"的语序来表达"给予"语义。如："借十块钱渠。"二是用时态助词"了"标示。如："借了渠十块钱。""租了渠一间房。"其中"了"标示了动作的状态。

总之，对待不同语义类型的动词，汉语不同历史时期双宾语句式表达都在进行词汇意义与语法意义的结构调适，汉语方言也不例外。

参考文献

贝罗贝：《双宾语结构从汉代至唐代的历史发展》，载《中国语文》，1986（3）。

陈练军：《汉语单音词的语素化研究》，北京，社会科学文献出版社，2019。

邓章应：《西周金文句法研究》，西南师范大学硕士学位论文，2004。

高媛媛：《近代汉语双宾语结构研究》，华南师范大学硕士学位论文，2003。

耿智：《从认知—功能视角看英语双宾语结构及其翻译》，载《外语教学》，2002（3）。

管燮初：《殷墟甲骨刻辞语法研究》，北京，科学出版社，1953。

管燮初：《殷墟甲骨刻辞的双宾语问题》，载《中国语文》，1986（5）。

管燮初：《西周金文法研究》，北京，商务印书馆，1981。

韩永利：《也谈处置义"给"的来源》，载《语文学刊》，2008（5）。

李明：《从"其"替换"之"看上古—中古汉语的兼语式》，载《当代语言学》，2017（1）。

李炜：《从〈红楼梦〉〈儿女英雄传〉看"给"对"与"的取代》，载《兰州大学学报》，2002（4）。

林素娥：《汉语南方方言倒置双宾结构初探》，载《语言科学》，2008（3）。

刘春生：《〈诗经〉的双宾语》，载《贵州大学学报》，1993（3）。

刘丹青：《汉语给予类双及物结构的类型学考察》，载《中国语文》，2001（5）。

刘海平：《〈史记〉语序研究》，华中科技大学博士学位论文，2009。

刘海平：《汉代至隋唐汉语语序研究》，北京，中国社会科学出版社，2014。

刘宋川：《先秦双宾语结构考察》，载《湖北大学学报》，1998（4）。

刘宋川：《先秦双宾语结构的分类》，载《中南民族学院学报》，1999（4）。

刘宋川：《两汉时期的双宾语结构》，载《湖北大学学报》，2001（5）。

柳士镇：《使动用法的双宾语结构》，载《江苏大学学报》，1985（4）。

路广:《〈醒世姻缘传〉的"给"与"己"》,载《语言研究》,2006(1)。

陆丙甫:《核心推导语法》,上海,上海教育出版社,1993。

潘秋平:《上古汉语与格句式研究》,北京,商务印书馆,2015。

潘玉坤:《西周金文语序研究》,上海,华东师范大学出版社,2005。

齐航福:《殷墟甲骨卜辞宾语语序研究》,首都师范大学博士学位论文,2010。

钱宗武:《今文〈尚书〉双宾语句型和双宾语动词的选择》,载《云梦学刊》,2001(6)。

邵永海:《从〈左传〉和〈史记〉看上古汉语的双宾语结构及其发展》,载《缀玉集》,北京,北京大学出版社,1990。

沈春晖:《周金文中之"双宾语句式"》,载《燕京学报》,1936(20)。

沈培:《殷墟甲骨卜辞语序研究》,台北,文津出版社,1992。

石琳:《三国佛经中的双宾句式》,四川大学硕士学位论文,2005。

时兵:《古汉语双宾结构研究》,安徽大学博士学位论文,2002。

时兵:《上古汉语双及物结构研究》,合肥,安徽大学出版社,2007。

唐启运:《古代汉语"问"字句的演变和用不用"于、以"的关系》,载《华南师大学报》,1990(1)。

唐智燕:《论今文〈尚书〉的三价动词》,载《长沙理工大学学报》,2005(1)。

徐志林:《汉语双宾句式的历时发展及相关问题研究》,北京,中国文史出版社,2013。

杨逢彬:《殷墟甲骨刻辞词类研究》,广州,花城出版社,2003。

喻遂生:《甲骨文双宾句研究》,载《甲金语言文字研究论集》,成都,巴蜀书社,2000。

张美兰、戴利:《〈西游记〉双宾语句考察》,载《汉语史研究集刊》第十四辑,成都,巴蜀书社,2011。

张美兰:《汉语双宾语结构句法及其语义的历时研究》,北京,清华大学出版社,2014。

张敏:《"语义地图模型":原理、操作及在汉语多功能语法形式研究中的运用》,载《语言学论丛》(第41辑),北京,商务印书馆,2010。

张文:《汉语双宾句历时演变及相关结构问题研究》,北京大学博士学位论文,2013。

张玉金:《甲骨文语法学》,上海,学林出版社,2001。

张玉金:《西周汉语语法研究》,北京,商务印书馆,2004。

赵伯义:《论古代汉语的使动双宾语》,载《邢台师范高专学报》,2001(1)。

朱德熙:《与动词"给"相关的句式问题》,载《方言》,1979(2)。

Adele E.Goleberg:《构式:论元结构的构式语法研究》,吴海波译,北京,北京大学出版社,2007。

Larson, Richard. On the Double Object Construction. *Linguistic Inquiry 19*, 1988.

Peyraube, Alain. Syntaxe diachronique du chinois: évolution des constructions datives du XIVe siècle av.J.-C.au XVIIIe siècle.[Paris]: Collège de France, Institut des hautes études chinoises: En vente, De Boccard, diffusion. 1988.

Phua, Chiew Pheng. The *yu*-dative Construction "V+*yu*+IO" in Archaic Chinese: A Cognitive Typological Perspective. *Language and Linguistics* 10(4). 2009.

第七章 汉语选择问句式的历时发展

> 本章主要内容
>
> （一）重点讲述：并列选择问句
>
> （二）重点讲述：正反选择问句
>
> （三）简单介绍：两类句式的各自特点

选择问句（alternative question）是汉语疑问句中最富有特色的一类问句，其主要特点在于句式的"选择性"表意功能，说话者提出两个或两个以上的命题，要求答话者从中选择一个。①

一般分为并列选择问句和正反选择问句（或称反复问句 A-not-A）两大类。并列选择问句是并列几个提问项目，让回答者选择一种进行回答。若选择项目是一件事的肯定和否定两方面，则为正反选择问句。两类句式发展各有特点：

---

① 问句系统类型中有特指问、是非问和选择问三类。"特指问"有一整套可以用于多角度询问又与疑问焦点相统一的传疑标记，在问句系统中最为常用。"是非问"就作为问句出发点的陈述句的命题的真假或情态的是非提出疑问，只提出一个命题要求答话者表示接受或拒绝。疑问目标明确而具体，因而也有比较大的使用量。"选择问"问话者对疑问对象的范围有大致的认定，把可能的事项一一列举出来，唯是甲还是乙，选择问疑问范围集中而具体。主要体现在它的"选择性"表意功能上，要求答话者从中选择一个命题。不像特指问那么笼统，不像是非问偏向一边。傅惠钧（2011：44）指出：无论是在现代汉语、近代汉语，还是古代汉语，它们在使用频率上都存在着较大的差异。其整体状况是：特指问 > 是非问 > 选择问。选择问在问句系统中使用比例小。详见傅惠钧《明清汉语疑问句研究》，商务印书馆 2011 版。

上古并列选择问句多，正反选择问句少；唐代以后相反，正反选择问句大量增多，并列选择问句用得少。可见，唐宋以来的近代汉语时期是其发展演变乃至最后完善定型的重要时期。

关于选择问句的研究主要是针对选择问句的语法特点，语义特点及整个选择问句的发展变化。关注的句式焦点，一般包括选择问句的不同类型，每种选择问选择项的数量、选择项的构词结构、选择项间使用的关联词、疑问句句末语气词使用与否及其变化等。下面我们分开阐述。

第一节　并列选择问句式的历时发展

吕叔湘（1942/1982）在《中国文法要略》中称并列选择问句为"抉择问句"。"叠用两个互相补充的是非问句，询问对方孰是孰非，就成为抉择问句。白话里这类问句可以在句末用语气词'呢'或'啊'（不用'吗'），也可以不用；用语气词，可以上下句都用，也可以单用在上句或下句。上下两小句之间，多数用关系词来联络，也有不用的。"这是就现代汉语而言，涉及关系词，也就是关联词或选择连词，句末语气词和并列选择项。从先秦到元明清时期，选择问句中的语气词及关联词等都发生了很大变化。蒋绍愚、曹广顺（2005）对该句式历史发展也有比较全面的介绍。本节将综合多家研究，加以概述。

一、先秦两汉

（一）用相同的句末语气词"与""乎""邪""也"构成并列选择问句

梅祖麟（1978）指出，先秦两汉时期并列选择问句的特点是"两小句句末几乎必用'与''乎''邪'之类的疑问语气词"，而且"大多数另嵌入'抑''意''将''且''其''妄其'之类的关系词"。如：

（1）不知周之梦为胡蝶与？胡蝶之梦为周与？（《庄子·齐物论》）

（2）滕，小国也，间于齐、楚，**事齐乎？事楚乎？**（《孟子·梁惠王下》）

（3）所为立王者，**为社稷耶？为王立王耶？**（《战国策·齐策六》）

以选择连词"抑""将""且"置于后选择项之前，与两句末语气词相呼应。如：

（4）求牧与刍而不得，则**反诸其人乎？抑亦立而视其死与？**（《孟子·公孙丑下》）

（5）夫子至于是邦也，必闻其政，**求之与？抑与之与？**（《论语·学而》）

（6）……故使人问云曰："**诚病乎？意亦思乎？**"（《战国策·秦策二》）

（7）**知不足邪？意知而力不能行邪？**（《庄子·盗跖》）

（8）子能顺杞柳之性而**以为桮棬乎？将戕贼杞柳而后以为桮棬也？**（《孟子·告子上》）

（9）**岂吾相不当侯邪？且固命也？**（《史记·李将军列传》）

（二）以肯定项、否定项列项并问构句

这一类词句，并列的两个分句句尾借助了疑问语气词"抑""乎""邪"，构成"……抑？……抑？""……乎？……乎？""……邪？……邪"这种格式，促成并列项的形成。我们将这一类与"V不V"正反选择问区别开来。如：

（10）癸酉卜贞：方其围，**今夕抑？不执？**余曰："方其围。"（《甲骨文合集》20411）

（11）癸酉卜王贞：自今癸酉至于乙酉邑人**其见方抑？不其见方抑？**（《甲骨文合集》799）

（12）子以秦为**将救韩乎？其不乎？**（《战国策·韩策二》）

（13）**欲破王之军乎？其不邪？**（《战国策·赵策三》）

（14）**神人尚肯邪？不邪？**（《史记·孝武本纪》）

（15）且王之论秦也，**欲破赵之军乎？不邪？**（《史记·平原君虞卿列传》）

二、魏晋南北朝

（一）沿用上古句末语气词并问的选择问句

并列两选择项之后多使用上古常见的句末语气词"与""乎""邪""也"等。如：

（16）玠之吐言，以为宽邪？以为急也？（《三国志·魏书·毛玠传》）

或选择关联词"将""当""宁"置于选择项之前，与两句末语气词相呼应。如：

（17）帝曰："二者致化薄厚不同，**将**主有优劣**邪**？时使之然**乎**？"（《三国志·魏书·高贵乡公髦传》）

（18）不知此妇人三十岁常生于地中**邪**？**将**一朝欻生，偶与发冢者会**也**？（《三国志·魏书·明帝纪》注引《傅子》）

（19）今听卿，是无我也。卿**宁**无俊**邪**？无我**邪**？（《三国志·魏书·杨俊传》注引《魏略》）

（20）明将军**当**复有远志？但结耗而已**邪**？（《三国志·蜀书·诸葛亮传》注引《魏略》）

（二）先后产生了"为""为是""为当"新关联词选择问句

"为"最早见于东汉佛经，普遍使用开来是在六朝，"为是""为当"则是六朝新出现。它们常在选择问句各个分句的句首成对使用，单个使用较少，有时只用于一个分句，则以居于后一分句句首为常。在运用中，它们较少与句末语气助词配合。如：

（21）谢承记孚字及本郡，则与琼同，而致死事乃与孚异也。不知孚**为**琼之别名？**为**别有伍孚也？（《三国志·魏书·董卓传》裴松之注）

（22）以何等故事不宜尔，**为**以姓望？**为**以财货耶？（东晋·僧伽提婆译《增壹阿含经》）

（23）**为**谓穷灵极数，妙尽冥符**邪**？**为**将心体自然，灵怕独感**邪**？（刘程之《致书释僧肇》）

（24）王问，汝为如形象作也？**为**使好乎？（《众经撰杂譬喻》）

（25）君往者为王府君论怪云：老书佐为蛇，老铃下为乌，此本皆人，何化之微贱乎？**为**见于爻象出君意乎？（《搜神记·管辂筮王基》）

（26）元宏曰："卿**为**欲朕和亲？**为**欲不和？"（《南齐书·宗室·萧遥昌传》）

（27）昨夜光明，殊倍于常，**为是**帝释梵天四天王乎？二十八部鬼神大将也？（吴·支谦译《撰集百缘经》卷六）

（28）俗人解俗，**为当**解参差而言解俗？**为当**见俗虚假而言解俗？

(《令旨解二谛义》)

（29）王敬仁闻一年少怀问鼎。不知桓公德衰？**为复**后生可畏？（《世说新语·排调》）

这组关联词的来源，李崇兴（1990）认为"为"进入选择问，由系词用法引申。赵长才（2011）在前人研究的基础上指出：当系词"为"不再联系两个名词项以表明二者之间的同一或类属关系，而是出现在动词性成分之前时，"为"表联系的功能就会弱化，只表示对动作或行为事件的认定、确认或推断，从而由系词虚化为表认定或推断的语气副词。由此进一步引申发展出表探究测度、反诘语气的副词。在选择问句的语境中，出现在前一分句句首或两个分句句首，或后一分句句首位置，只起到关联选择项的作用，逐渐语法化为选择连词。这段时间大约在2世纪中叶，至魏晋南北朝时期则更加成熟。

柳士镇（1992/2019）指出："为是""为当""为复"是在选择连词"为"字已经较多使用的基础上产生的。"为是"的"是"来源于判断词，因此，"为是"有时含有断定语气。当"为是"后的选择项是名词或名词性词组时，"是"字侧重于断定。而当其后选择项是主谓词组时，"是"字侧重于助成连词"为"字的语气。"为当"的"当"，论量的意味仍可看出，也会含有一定的将拟意味。"为是"缘于其中"是"的来源，有时又会含有比"为当"的"当"更觉明显的判定意味。"为当"之后的选择项多为动词或动词性词组。"为复"的"复"自是后缀，魏晋偶见。"为是""为当""为复"兴起于魏晋南北朝时期，固然与其时汉语语词双音化的趋势有着密切的关系，也是汉语中表述趋于严密的一种需要。

（三）产生了不用语气词的选择问句

这是中古选择问句值得注意的另一种重要变化。如：

（30）一切人声从所出？从空出？（支娄迦谶译《伅真陀罗所问如来三昧经》卷上）

（31）兄今在天上，福多？苦多？（《幽明录》）

（32）便问人云：此为茶？为茗？（《世说新语·纰漏》）

（33）助教顾良戏之曰："汝姓何，是荷叶之荷？为河水之河？"妥应声答曰："先生姓顾，是眷顾之顾？为新故之故？"（《北史·何妥传》）

梅祖麟（1978）指出："句子句尾没有疑问语气词，是中古新兴的句型，也是现代选择问一种句型的先趋。""句末不用疑问语气词、用系词作选择问记号、选择问记号可以成双出现，这三点是现代选择问的特征。""换言之，现代选择问句法在五世纪已经具型。"

（四）以肯定项、否定项列项并问构句

（34）子宁解耶？不解耶？（《太平经》卷五十一）

（35）今欲有可乞问，甚不谦，不知当言邪？不邪？（《太平经》卷三十九）

有用新的关联词的现象。如：

（36）一切阿难眼已不更，宁有眼更不，亦有眼当因缘生不？为苦？为乐？为亦不乐亦不苦？（东汉·安世高译《人本欲生经》卷一）

（37）令如是非本念，前世我为有不？前世我为无有不？（东汉·安世高译《一切流摄守因经》）

（38）心生疑惑："为得？为不得？"（东晋《摩诃僧祇律》卷三十九）

（39）是善生比丘尼为得衣故不着？为无衣耶？（东晋《摩诃僧祇律》卷九）

傅惠钧（2011）将这种形式看成是列项问向正反问过渡的一种形式。这也是选择问句向正反问句演变的原因之一。

三、唐宋

（一）用关联词"为""为是""为当""为复""是""还是"

1. 唐五代并列选择问高频连接词"为""为是""为当""为复"

"为""为是""为当"三者见于东汉魏晋六朝，"为复"六朝偶见，到唐代多见。这三者在唐五代宋代禅宗语录中都得以普遍使用。其中有少数继承旧式，加句末语气词，而大都可不加语气词。如：

（40）子白师曰："为心白耶？为头白耶？"（《祖堂集》卷一）

（41）远法师问："为是比量见，为是现量见？"（神会《菩提远达摩南宗是非论》）

（42）凡修心地之法，**为当**悟心即了？**为当**别有行门？（《祖堂集》卷六）

（43）将军**为当**要贫道身，**为当**要贫道业？（《敦煌变文集·庐山远公话》）

（44）**为复**心离？**为是**眼离？（《神会和尚禅话录》）

有关联词同时出现在选择问句的各分句前，也可以单用于前项分句，或后项分句。如：

（45）直须目前生死，定取一言来看，**为复**实有？实无？（《祖堂集》卷七）

（46）**为**屈王邪？臣邪？（《敦煌变文集·祇园因由记》）

到宋代，在禅宗文献中连接词"为""为是""为当""为复"还在使用。

（47）诸禅德，洞山与么；**为复**是不肯古人耶？**为复**扶古人耶？（《古尊宿语录》卷四十二）

（48）**为复**意在芸田翁处？**为**在仰山处？**为复**总不恁么？（《古尊宿语录》卷二十四）

（49）**为是**神通妙用？法体如然？（《古尊宿语录》卷四）

在唐五代"为""为是""为当"可以肯定项、否定项列项并问构句。如：

（50）未审心与性**为**别？不别？（《祖堂集》卷三）

（51）只如上座道"不逐四时凋"，与摩道还得剿绝？**为当**不得剿绝？（《祖堂集》卷十一）

（52）今日报慈同于古人？**为复**不同于古人？（《祖堂集》卷十三）

根据对唐宋禅宗文献材料运用情况，发现"为""为复""为当""为是"使用频率都高，且配对使用多，单个使用少；不与语气词配合者多，与语气词配合者少；单个使用时用于前一分句者多，用于后一分句者少；以两项选择，构成上下句者多。且在某一段表示选择问句的语言中，交叉出现，很少重复同一形式。并列的问句表疑问关联词，可单用于前项问句，也可单用于后项问句；也可两项问句均用，构成：

为A……？ B……？	为当A……？ B……？
为A……？ 为B……？	为当A……？ 为当B……？
A……？ 为B……？	A……？ 为当……B……？
为复A……？ B……？	为是A……？ B……？
为复A……？ 为复B……？	为是A……？ 为是B……？
A……？ 为复B……？	A……？ 为是B……？

2. 唐五代选择问连接词"是"① 出现

唐五代选择问连接词"是"处于早期用法阶段，句中的选择项大多是名词性的。如：

（53）沩山曰："者沙弥，是有主沙弥，无主沙弥？"（《祖堂集》卷十八）

（54）师云："云居与摩道，是你与摩道？"云："云居与摩道。"（《祖堂集》卷十九）

（55）夫子语小儿曰："汝知夫妇是亲？父母是亲？"（《敦煌变文集·孔子项讬相问书》）

但普遍使用开来是在宋代以后。在《五灯会元》中"是"字选择问句已经大大超过"为""为是""为当""为复"等关联词的使用比例。如：

（56）且道是憎邪，是爱邪？（《五灯会元》卷二十）

（57）问："啐啄同时，如何瞻睹？"师云："是动是静？"问："出壳时如何？"师云："是末是本？"又云："见么？"（《古尊宿语录》卷三十五）

连接词"是"高频出现，这一变化发生在唐宋之际，标志着现代汉语并列选择问句形式的基本定型化。

3. 唐代选择问连接词"还是"偶见

（58）三界不自道我是三界，还是道流的目前灵灵地照烛万般酌度世界底人？（《镇州临济慧照禅师语录》，《大正藏》卷四十七）

（59）大德，动与不动是二种境，还是无依道人用动用不动？（唐·慧然编《镇州临济慧照禅师语录》，《大正藏》卷四十七）

（60）且如人而今做事，还是做目前事，还是做后面事？（《朱子语类》卷二十九）

---

① 柳士镇（2019：449）指出：正是因为判断词"为"字在口语中的消失，而代之以广泛使用的判断词"是"。魏晋南北朝也已有了萌生的迹象。萧统《令旨解二谛义》："俗谛是有是无？""未审能知之智，是谓真谛？是谓俗谛？"详见柳士镇《魏晋南北朝历史语法》，商务印书馆，2019年版。

（二）以并列两项的列项并问构句

1. "A？B？"式

此式的特点是并列选择的各项间没有连词或具有连接作用的副词，句末也不用语气词。一般情况下是并列两项，有时也有平列两项以上的情况。如：

（61）大师进曰："**水路来**？**陆路来**？"（《祖堂集》卷十七）

（62）未委三生之中，何生得记？**过去**？**未来**？**现在**？（《敦煌变文集·维摩诘经讲经文》）

（63）问僧："近离甚处？"云："长水。"师云："**东流**？**西流**？"（《古尊宿语录》卷七）

2. "A+语气词？B+语气词？"式

这类形式并列选择的各项间没有连词或具有连接作用的副词，但句末有语气词帮助表示选择问。一般情况下是并列两项，有时也有平列两项以上的情况。如：

（64）彼凤鸣耶？铜铃鸣耶？（《祖堂集》卷二）

（65）弥勒，世尊授仁者记，一生当得阿耨多罗三藐三菩提，为用何生得授记乎？过去耶？未来耶？现在耶？（《敦煌变文集·维摩诘经讲经文》）

宋代情况与唐五代比较接近，"邪（耶）""也"仍常见。如：

（66）他时闻风吹殿铃声，祖问曰："铃鸣邪？风鸣邪？"（《五灯会元》卷一）

（三）唐五代"还"字并列选择问句

该类句式"还"可出现在前一选择项前，也可出现在后一选择项前，构成"只／除却／唯独……，还……？""……，还……？""还……，……？"的并列问句。如：

（67）只划得这个，还划得那个摩？（《祖堂集》卷四）

（68）秀才唯独一身，还别有眷属不？（《祖堂集》卷十五）

（69）古人还扶入门？不扶入门？（《祖堂集》卷十一）

（70）除却这个色，还更有色也无？（《祖堂集》卷十八）

（71）祖意与教意，还同别？（《祖堂集》卷十九）

（四）唐五代特殊的"（K）VP 那作摩？"问句

这是《祖堂集》中一类极为独特的选择问句形式。如：

（72）或时见僧入门来云："**患颠那，作摩？**"僧便问："未审过在什摩处？"（《祖堂集》卷十二）

（73）僧问："如何是西来意？"师打之。师谓众曰："**是你诸人患颠那，作摩？**"把棒一时趁机出云："……。"（《祖堂集》卷十六）

按：该句在《五灯会元》作：乃曰："汝等诸人欲何所求？"以拄杖趁之……

（74）僧问西堂："有问有答则不问，不问不答时如何？"答曰："**怕烂却那，作摩？**"（《祖堂集》卷十四）

按：该句在《五灯会元》作：因僧问西堂："有问有答即且置，无问无答时如何？"堂曰："**怕烂却那。**"

（75）僧问："如何是本来事？"师曰："汝因何从我觅？"进曰："不从师觅，如何即得？"师曰："**何曾失却那？作摩？**"（《祖堂集》卷四）

按：该句在《景德传灯录》《五灯会元》"京兆尸利禅师"章中分别改为"汝还曾失却？""汝还曾失么？"

（76）"既道得十成，为什摩却成患寒？"僧云："从来**岂是道得底事那，作摩？**"师抗声云："脱却来！"（《祖堂集》卷十一）

（77）问："古人以调弦，以弁（辨）为希。只如熊耳与曹溪，以何为验？"师云："无纹彩。"进曰："既然如此，六叶从何来？"师云："**岂是有纹彩那，作摩？**"（《祖堂集》卷十一）

（78）只如佛法到此土三百余年，前王后帝翻译经论，**可少那作摩？**（《祖堂集》卷十八）

"K"指"岂""可"，（可，溪纽歌部上声[khai]岂，溪纽脂部上声[khjæi]或溪纽微部上声[khjai]）"可VP""岂VP"构成前项为非问句的形式，"那"置于两个选择项间是一个起连接作用的语气助词，后项采用特指问句的形式，"作摩"是谓词性成分，句义为"（是）……还是怎样"。选择前项表示预估，后项则表示未知，往往问者对前项有较大的把握但似又未达到确信的程度，不排除其他可能性，难以确定估量中现实的可能性，为此采用疑问代词"作摩"，而没有用表示实指的词语。在相应的语境中，该句式后常常伴有相关的某种反应或动作，是一个有疑而问的选择问句式。

四、元明清

（一）"A？B？"式

相对而言，不用句末语气词者多一些。如：

（79）谁不曾忘生舍死？谁不曾展土开疆？（《元刊杂剧三十种·三夺槊》第一折）

（80）你问他住在村镇？居在城郭？（《元刊杂剧三十种·铁拐李》第一折）

（81）曾知得布价高低？（《古本老乞大》）

（82）俺女儿百年之后，可往俺刘家坟里埋也，他张家坟里埋？（《元曲选·老生儿》第三折）

（83）一进城门，武巡捕轿旁请示：大人，先到公馆？先到河院？（《儿女英雄传》第十三回）

（84）你走路爱坐车？爱坐船？（《语言自迩集》）

（二）"A+语气词，B+语气词"式

元明时期并列选择问句中的语气词，沿用宋代的"邪（耶）""也"，新产生的有"那""呵""哩"等，元明以后则以"那"为常，清代以"呢"为主，又出现了"啊""哇""呀""哪""哟"等，已经与现代汉语并列选择问句的形式基本一样了。如：

（85）客人，你要南京的那？杭州的那？苏州的那？（《古本老乞大》）

（86）你们两个也商量商量，还是要宝玉好呢，还是随他去呢？（《红楼梦》第九十六回）

（87）公子是出场就动身了啊，还是不曾上路呢？（《儿女英雄传》第十二回）

（88）这人还不知是有哇是没了呢？（《儿女英雄传》第十七回）

（89）你们这鱼是"包鱼"吓，是"漂儿"呢？（《三侠五义》第三十三回）

（三）"关联词+A（+语气词），关联词+B（+语气词）"式

1. 关联词出现了新变化

元明时期"为""为当""为复"基本不用，即使出现少数用例，也有其个

性特点。丁勇（2007：39）指出元代选择问句中出现 **"唯复"**（即"为复"），一律只单用于后选择分句之前，有 15 例。如：未审僧人自犯重刑，合无有司与僧司审问，止令有司结案，**唯复**全令僧司结案？（《元典章》刑部卷一，僧人自犯重刑）

在此期，"是""还是"是并列选择问中的主要关联词。其余有"共""和""却""或""或是""可是""也是""还是""却是"等连词。如：

（90）那下书的是同买卖新伴当？元茶酒旧相知？（《元刊杂剧三十种·魔合罗》第四折）

（91）那厮身材是长共短？肌肉瘦和肥？（《元刊杂剧三十种·魔合罗》第四折）

（92）你还少吃的那？还少穿的？（《琵琶记》第二十九出）

（93）你可是土居也，可是寄居？（《元曲选·薛仁贵》第三折）

（94）你这马是一个主儿的那？是各自的？（《古本老乞大》）

（95）金银是真共假？（《元曲选·忍字记》第二折）

（96）寄信人何姓何名？谋合人或多或寡？（《元曲选·魔合罗》第三折）

（97）足下却要沽酒，却要买肉？（《水浒传》第十九回）

（98）随着就问了一声：客人吃饭哪，还等人啊？（《儿女英雄传》第四回）

（99）我还是在这儿坐着啊？还是回去呢？实在叫我倒为了难了。（《语言自迩集·谈论篇》）

到了清代，选择问句**关联词**主要为"是……是""（还是）……还是……""是……还是……"。

张丹星（2013）对清末民初北京话口语文献进行研究，指出：在整个清末民初阶段，"是 A 是 B"形式不管在什么时期都是选择问句主要的表达形式之一，基本上占所有选择问句的五成以上。早期文献中，包括《儿女英雄传》和《语言自迩集》中的选择问句形式比较多样，之后，从《官话指南》起，选择问句的形式不断减少，直至所有选择问句都只使用"是 A 是 B"一种格式。《儿女英雄传》《语言自迩集》及《官话指南》中"A 还是 B"格式尚能与"是 A 是 B"格式共同出现，且所占比例不小。然而，之后的文献，除《春阿氏》和《燕京妇语》比较特殊之外，都不见 1 例"是 A 是 B"形式以外的选择问句形式。可见当时"是 A 是 B"格式已经在北京话中占到了绝对中心的位置。

2. 关联词与语气词的使用比例及其分布特点

丁勇（2007：40）对元代十三种材料进行调查，发现《元典章》《通制条格》《元代白话碑》《元刊杂剧三十种》《老乞大》《直说通略》等反映北方官话的作品与《琵琶记》《小孙屠》《宦门子弟错立身》等反映南方官话的作品，在使用并列选择问关联词时，存在地域性差异。在十三种材料中，共有一般列项选择问 65 例，其中北方官话 55 例，使用连接词的 26 例，占 47%，如果剔除仿古的文言连接词 16 例，仅占总数的 18%；南方官话 10 例，使用连接词 5 例，占总数的 50%。北方官话的出现率要低于南方官话。这至少表明一种趋向：元代南方官话和北方官话对列项问选肢（即选择项）关系的处理所选择的方式是不同的：南方官话选择使用连接词，而北方官话更倾向于使用语气词。

丁勇（2007）的这一观点很值得注意。因此，我们对北方文献进行调查，《元刊杂剧三十种》26 个并列选择问中，其中使用连词的 12 句，有 6 例不用语气词，另 6 例用句中语气词"也 / 那 / 也那"。另 14 例无关联词的句子，有 10 例不带语气词，4 例用语气词"A 那，B？""A 也？B 也？"用关联词也用疑问语气词。又据张丹星（2013）的调查，北方口语小说《儿女英雄传》有 34 例并列选择问，用连词构句有 29 例，27 例用句末语气词，仅 5 例不用连词，2 例不用语气词。《语言自迩集》47 例并列选择问，有 23 例句末用疑问语气词，不用连词仅 4 例，24 例不用语气词。《官话指南》20 个并列选择问句，都用关联词"是""还（是）"，大都均用句末疑问代词。作为北方口语文献，不仅倾向于用语气词，也倾向于使用关联词。北京官话《官话指南》有上海话和粤语的方言译本，调查发现，在用关联词和语气词方面差异不是很大，差异在于用词的选择与上下句是否对称使用的差异上。如：

（100）是卖给粮食店哪？还是卖给客人呢？（北京官话《官话指南》卷二）
——是卖把粮食店哪？还是卖把客人呢？（南方官话《官话指南》卷二）
——卖拉米行里个呢？还是卖拉客人个？（《土话指南》卷二）
——粮食是卖拨拉店里呢？还是卖拨拉客人？（《沪语指南》卷二）
——系卖俾啲米铺吖？嚊卖过人客呢？（《粤音指南》卷二）
——你卖俾粮食铺？嚊卖过趁墟嘅人呢？（《订正粤音指南》卷二）
（101）你昨儿去游湖，回来早啊是晚哪？（北京官话《官话指南》卷一）
——你昨天去游湖，回来是早是晚啊？（南方官话《官话指南》卷一）
——阁下昨日游之湖景，转来啥模样者？早呢晚？（《土话指南》卷一）

——侬昨日游湖去，转来是早呢是晚？（《沪语指南》卷一）

——你昨日去游湖，翻嚟早嚊夜呀？（《粤音指南》卷一）

——你昨日游湖，番嚟早嚊夜呢？（《订正粤音指南》卷一）

根据相关文献的使用情况调查，可以看出并列选择问中关联词与语气词的使用频率不构成其南北地域分布的差异。

（四）元明清时期选择问的特殊形式

1."（不）VP那怎么（甚么/什么）"问句

这是元代汉语中一类极为独特的选择问句形式，一种选择问与特指问相结合的特殊形式。在元代各文献中均有出现。如：

（102）你高丽田地里无井那怎么？（《古本老乞大》）①

（103）俺不打火喝风那甚么？（《古本老乞大》）②

（104）这五件若都完备了呵，孝顺的勾当不有那甚么？（《孝经直解》）

（105）我有一计，将美良川图子献与官里，道的不是反臣那甚么？（《元刊杂剧三十种·三夺槊》第一折）

2."VP（也/那）怎的"问句

这是一种选择问与特指问相结合的特殊形式。如：

（106）尸首实葬了那怎的？（《朴通事谚解》）

（107）你两人合穿着一条裤子也怎的？（《金瓶梅词话》第十五回）

（108）如今惯的你这奴才们，想有些折儿也怎的？（《金瓶梅词话》第四十六回）

从句式形式上看，它仍应是一种选择问句。也许因为选择前项是预估的，后项"怎的"是未知的，故语意上显得前重后轻，而当前项带上反问语气加以强调时整个问句的语意重心就进一步前移，后项"怎的"表询问的意义就相对弱化，

---

① 在清代的《老乞大新校》中，该句作："你们那里朝鲜地方，有井没有，怎么不会打水呢？"
② 这句话在《老乞大》四个版本中有改订。如：
（1）俺不打火，喝风那甚么？（《古本老乞大》）（2）我不打火，喝风那？（《老乞大谚解》）
（3）我不打中火，喝风么？（《老乞大新释》）（4）我不打中火，喝风么？（《重刊老乞大》）

有时只起陪伴作用，用于表反问的意思。《金瓶梅》中该类句式多用于主子责骂下人、妻妾争宠发泄不满等场合，说话者往往根据已发生的某种现象或结局来发问，同时又表现出说话者说话时那种不容置疑的情态。

3. 清代的"A，（还）是怎么着"问句

这是一种选择问与特指问相结合的特殊形式。如：

（109）不是像他说的赔本，还是怎么着呢？（《语言自迩集·问答篇》）

（110）谁还敢动我们爷儿们是怎么着？（《小额》）

（111）就听门口儿直嚷：伊爷，伊爷，不敢出来是怎么着？（《小额》）

从句式形式上看，这仍应是一种选择问句。后项"是怎么着"很明显是询问另一种选择。

4. 清代的"A，（还）是怎样／怎么样"问句

这是一种选择问与特指问相结合的特殊形式。如：

（112）我给了他二两银子，他给了我一枝耳挖，不是二两银子换的，可是甚么？（《醒世姻缘传》第四十一回）

（113）还是从烟台走，还是怎样？（《二十年目睹之怪现状》第一百零柒回）

所以《语言自迩集》对《清文指要》"A，还是怎么样"句式进行改编时，这种选择问意味就更加明显了。如：

（114）a. 说我来的迟了，这们个举动吗？还是怎么样呢？（《清文指要》第三十四章）

—— b. 还是因为我来迟了，故此才这么样儿待我？还是因为别的呢？（《语言自迩集·谈论篇》）

（115）a. 家里人说我不在家的话上，恼了吗？是怎么样呢？（《清文指要》第四十八章）

—— b. 想必是我们家里的人们说我不在家，你恼咯，是这个缘故不是啊？（《语言自迩集·谈论篇》）

五、小结

先秦时期汉语并列选择问句的基本结构框架已经具备。历时的变化，首先

是问句语气词的使用。上古使用"乎""与/欤""邪/耶""也",中古至唐基本沿用,宋元明语气词出现"耶""呵""哩""那"等,清代还出现了"呢""吗""啊""哇""呀""哪""吓"等新语气词,语气词新旧更替或不使用语气词,这是历时变化之一;后期尤以不使用语气词占比高。

其次,从使用副词、语气词型的关联词语看,上古的"将""且""抑""其"等,到魏晋至唐宋的使用选择连词型的关联词语"为""为是""为当""当复"等,乃至唐、宋、元新出现的选择连词"是""还是""或是"的更替,同时元明时期连词"共""和""却""或"等参与选择,这是变化之二。

近代汉语时期是汉语并列选择问句发展演变乃至最后完善定型的重要时期。以北京官话《官话指南》(1881)为例,并列连词选择问句型是"是……呢/呀/哪/啊是……呢/呀/哪/啊"句、"是……呢/呀/哪/啊还(是)……呢/呀/哪/啊"句、"A……? B……?"句三大类。从上古并列选择问句多,到明清使用比例变小。这是并列问句规约的结果。

第二节 正反选择问句式的历时发展

正反问句(VP-Neg-VP)又叫反复问句,结构上是由两个正反并列的成分组成。通常谓语中由肯定形式和否定形式并列的格式构成,要求对方从肯定或否定中加以选择。学界研究该句式,有的称反复问句,如朱德熙(1985);有的称正反问,如祝敏彻(1995),所以在本节也会两个名称都出现,实为同一个句式的不同称呼。正反问句与并列选择问句作为选择问句的两个次类,从上古时期就已产生。但它们在问句系统中的地位在不同历史时期并不一样。正反问的使用呈由弱到强的发展趋势。在汉语史上,汉语正反问句有两种主要形式:"VP-Neg$_{否定词}$/VP-Neg+PRT$_{语气词}$"与"VP(O)-Neg-VP(O)"类。唐五代还产生了"K(疑问副词"可")-VP"式。每个小类,从历时发展看,"VP-Neg"最先产生,其次是"VP-Neg-VP",较后是"K-VP"式,各有其自身的特点与发展轨迹。蒋绍愚、曹广顺(2005)对该句式历史发展也有比较全面的介绍。本节将综合多家研究,加以概述。

一、VP-Neg否定词（+PRT语气词）

（一）先秦两汉

对于甲骨文中有无正反问学界存在较大争议，陈梦家（1956）认为甲骨文中已有"雨不雨？"（"VP-Neg-VP"）、"雨不？"（"VP-Neg"）两种格式的正反问。裘锡圭（1988）持反对意见。目前文献中所见到的最早的正反选择问句是西周中期铭文中的1例"VP-Neg"式（裘锡圭1988）。如：

（116）正乃讯厉曰：汝贾田不？（西周《五祀卫鼎铭》）

先秦两汉"VP-Neg"中的否定词以"不""否""未"充当。如：

（117）如此，则动心否乎？（《孟子·公孙丑上》）

（118）免老告人以为不孝，谒杀，当三环之不？（《睡虎地秦墓竹简·法律答问》）

刘子瑜（1996/1998）对先秦至六朝的20多部文献如《诗经》（毛诗、郑笺）、《礼记》（郑玄注）、《孟子》（郑玄注）、《战国策》（高诱注）、《睡虎地秦简》《史记》《修行本起经》《中本起经》《世说新语》《杂宝藏经》《贤愚经》等进行了考察，结果发现：

其一，先秦两汉到六朝时期，正反选择问句以"VP-Neg-PRT""VP-Neg""VP-Neg-VP"三种形式并存，前二式的用例，如：

（119）二世曰："丞相可得见否？"乐曰："不可。"（《史记·秦始皇本纪》）

（120）遂使寡人得相见否乎？（《孟子·公孙丑下》）

进入上述格式的否定词有"不""未""否""无"，语气词有"乎""耶""也"等。

其二，先秦汉语正反选择问句以"VP-Neg-PRT"式为主，汉代，该式减少，到六朝，"VP-Neg"式成为主要形式。对其原因，刘子瑜的解释是：一是与句末语气词的脱落有关，语气词的脱落是因为汉语正反选择问句"VP-Neg"形式本身就能传达正反选择疑问语气，语气词只是起到辅助传疑的作用；二是汉代处于包孕地位的动词性并列结构"VP-Neg"遽增，经由重新分析语法化成正反选择问句。

从先秦到六朝，"VP-Neg（PRT）"式正反选择问句还经历了否定词的词汇替换过程，即：先秦进入格式的否定词是"不""否"，汉代，"未""无"进入"VP-Neg（PRT）"框架，"无"只能与"有"相对，六朝时仍如此，当"无"出现在与"有"相对的语境中时，其否定词性质仍很强。如：

（121）上乃曰："君除吏已尽未？吾亦欲除吏。"（《史记·魏其武安侯列传》）

（二）东汉六朝

东汉六朝时期，"VP 不"式正反问句最多，据黄娜（2013）统计，南北朝汉译佛经中"VP 不"式反复问句总共出现 1040 例，其中有"VP 以不""VP 与不"式反复问句 5 例。但是，这个时期有少数"VP 未"，也开始出现"VP 无"。如：

（122）佛言："少食以不？"答言："悉皆少食。"（《杂宝藏经》卷四）

（123）佛言："帝释及诸天皆安乐不？"（《杂宝藏经》卷六）

（124）今日上不至天，下不至地，言出子口，入于吾耳，可以言未？（《三国志·蜀志·诸葛亮传》）

（125）问估客曰："世间可畏，有过我者无？"（《贤愚经》）

还出现了"疑问副词'颇（叵）/宁/岂（讵）'+VP-Neg（PRT）"的正反选择问句格式。如：

（126）给使白诞曰："人盗君膏药，**颇**知之否？"（《搜神记》卷十七）

（127）谓左右曰："**颇**曾见如此人不？"（《世说新语·赏誉》）

（128）问言："卿**颇**能作饮食不耶？"对曰："能作。"（《长寿王经》）

（129）汝今**叵**见彼大长者七日作王不？（《撰集百缘经》卷一）

（130）佛语其父言："若人解脱于漏，**宁**能还受欲不？"答言："不能。"（《弥沙塞部和醯五分律》卷十五）

（131）乡里人择药，有发简而得此药者，足下**岂**识之不？（《全上古三代秦汉三国六朝文·全晋文》卷二二，王羲之《杂帖》）

（132）折杨柳，寒衣履薄冰，欢**讵**知侬否？（《乐府诗集·月节折杨柳歌》）

学界对"VP-Neg"式问句句末否定词是否虚化的问题有诸多讨论。刘开骅（2006）总结出与选择问有关的末尾否定词的性质为：选择问句里选择项末的否定词已经虚化；带语气副词"宁"的反复问句末尾的否定词没有虚化；反复问句"VP 不"中的"不"没有虚化。中古汉语绝大部分"VP-Neg"式问句句末的否定词没有虚化,当然其反复问句的性质也没有改变。

汉代以后,还出现了"否定副词+VP-Neg"的形式。如:

(133)佛言:"当所灭者,宁可使不灭不?"须菩提言:"不也。"(支娄迦谶译《道行般若经》卷六)

(134)王尚书惠尝看王右军夫人,问:"眼耳未觉恶不?"(《世说新语·贤媛》)

蒋绍愚、曹广顺(2005)指出:这类句式,谓语部分是否定形式,句末否定词已经虚化,整个问句已经变成是非问句。另外,反诘问句末尾的否定词一般已经虚化;带测度副词的测度问句末尾的否定词已经虚化。

(三)唐五代

唐五代,正反选择问句发生了重要变化。此期正反选择问句的主要结构形式有二:"VP-Neg"和"VP-Neg-VP",仍以"VP-Neg"式为主,"VP-Neg-PRT"式消失。此外,"疑问副词+VP-Neg(PRT)"的格式仍存留,其中"颇"字句较常见,"宁/岂"字句已经衰微,又出现了"还"字句和"可"字句。

1. "VP-Neg"式

进入格式的否定词有"否""不""未""无","否""不"居多,"未"仍少见,"无"在唐代大量进入"VP-Neg"框架,不再局限于与"有"相对的语境,可以出现在与其他非"有"义动词相对的语境中。如:

(135)能禅师已后,有传授人不?(《神会语录》)

(136)朕一生已来,造寺、布施、供养,有功德否?(《六祖坛经》)

(137)子命尽未?(《敦煌变文集·搜神记》)

唐五代敦煌变文"VP-Neg"式问句中,"VP"与"Neg"之间出现了起延缓语气作用的"已""以""也"。刘子瑜(1994)指出:其中"已""以"放在"否""不"前面,而"也"只放在"无""么"的前面。如:

(138)足下辛(新)从帝邑来,诛灭陵亲实已否?(《敦煌变文集·李陵变文》)

(139)启言和尚:"前者既言不堪,此园堪住已不?"(《敦煌变文集·降魔变文》)

（140）恐娘不识，走入堂中，跪拜阿娘："识儿以不？儿是秋胡。今得事达，报娘汝（乳）哺之恩。"（《敦煌变文集·秋胡变文》）

宋代开始，"已""以"逐渐消失，"也"仍然存在。如：

（141）曰："向上更有事也无？"师曰："有。"（《五灯会元》卷四）

这类格式在宋代禅宗语录中还时能见到，但元明以后消失，可见是带有一定时地特征的语法形式。

2. 新出现了"还 VP（Neg/PRT）"句

（142）"汝还识此人不？"对曰："不识。"（《祖堂集》卷六）

（143）问："如何是衲僧气息？"师云："还曾动著你也无？"（《祖堂集》卷九）

（144）问："还将得尊胜经来否？"云："不将来。"（《祖堂集》卷十一）

（145）师云："汝与么道，还解齐得见处出一切人见也未？"（《祖堂集》卷十三）

（146）如今者若见远公，还相识已否？（《敦煌变文集·庐山远公话》）

（147）公还颂《金刚经》以否？（同上）

（四）宋元明清

"VP-Neg"式是宋元明清时期正反选择问句的基本形式①，"VP-Neg"式（否定词为"不""无""未"）正反选择问句在宋元明清时代数量不多，已经是古语形式的遗留。

（148）嫂嫂，咱坟园到那未哩？（《元刊杂剧三十种·替杀妻》第一折）

（149）可是由我那不那？（《元刊杂剧三十种·拜月亭》第四折）

（150）还教你们写清字楷书不啊？（《语言自迩集》）

从宋元开始，表已然体的"不曾"进入该结构，明清白话小说中"没""没有"逐渐代替了"不曾"②。"VP-Neg"式："VP 不曾""VP 没""VP 没有""VP 不是"。

---

① 学界在 2003 年以前对这一时期正反选择问句研究成果的综述，详见蒋绍愚、曹广顺：《近代汉语语法研究综述》第十四章《选择问句》，460~478 页，北京，商务印书馆，2005。
② 参看徐时仪：《否定词"没""没有"的来源和语法化过程》，载《湖州师范学院学报》，2003(2)。

1. "VP 不曾"

"不曾"进入"VP-Neg"框架始自宋，《朱子语类》中就有用例，不过宋时用例极少，元代略有增加，明代中叶才广泛使用开来，清中叶以后，又逐渐减少，直至退出口语，在南方话中保存着。如：

（151）何不试思，自家为人谋时，亦曾尽**不曾**？（《朱子语类》第二十一卷）

（152）有一坐桥塌了来，如今修起来那**不曾**？（《古本老乞大》）

（153）我不在家，你想我**不曾**？（《金瓶梅词话》第七十二回）

（154）方才邓九太爷到了门口儿，先问何大老爷、何大太太安了葬**不曾**？（《儿女英雄传》第二十四回）

2. "VP 没""VP 没有"

元明之际"没"进入"VP-Neg"框架。如：

（155）醒了怎么样着？他说害疼来**没**？"（《醒世姻缘传》第四十五回》

（156）这三个，你两个都见过了**没**？（《醒世姻缘传》第五十五回）

明清之际，"没有"又代替"不曾""没"进入"VP-Neg"框架，成为已然体正反选择问句的主要形式。"VP 没有"大约起源于明代，在明中叶和清初得到发展，并且在清代很快占据了优势地位。如：

（157）你大姐生了孩子**没有**？（《金瓶梅词话》第六十八回）

（158）方才出去，你都见来**没有**？（《醒世姻缘传》第八回）

（159）你们奶奶吃了饭了**没有**？（《红楼梦》第七十一回）

3. "VP 不是"

"VP 不是"在明清其他白话文献，如《醒世姻缘传》《红楼梦》中也有所见，但使用的频率同样不高。如：

（160）银子还在床地平上掠着**不是**！（《金瓶梅词话》第六十七回）

（161）我们姑爷今儿个这就算八府巡按了**不是**呀？（《儿女英雄传》第三十五回）

（162）说着接过来，把圈口给他掐紧了，又把式样端正了端正，一面亲自给他带在手上，一面悄悄的向他笑道：你瞧，团弄上就好了**不是**？（《儿女英雄传》第三十四回）

傅惠钧（2004）指出：这一形式多用于假性问，句中"不是"的否定多针对前面的整个陈述。

还有一种附加问，附加在某个非疑问句子后面。如：

（163）咱们则这后园里去净手，不好那？（《古本老乞大》）

"不好那"有一点附加问的味道，但也有征求意见，好不好的意思。

（164）兀那厮，你早说有黄金不的？（《元曲选·秋胡戏妻》第三折）

"不的"，需要确认是不是的口气。

"VP-Neg"在不同历史时期的演变在不同地域的方言中分布不一。《官话指南》（1881）中的"V没有"句，在当时上海话《土话指南》《沪语指南》中对译为"V没"/"V勿曾"，在粤语《粤音指南》《订正粤音指南》中对译为"V唔曾"/"V未"。如：

（165）还有配套的那套书，您给配得了没有？配得了，我今儿个忘了带了。（《官话指南》卷二）

——还有配套子个部书，配好没？配好者。（《土话指南》卷二）

——还有配壳套个伊部书，侬配好呢勿曾配好？配好哉。（《沪语指南》卷二）

——重有配套嗰部书，你同佢配好未呢？配好嘑。（《粤音指南》卷二）

——嗽嗰套书要配夹，做妥唔曾呢？配妥咯。（《订正粤音指南》卷二）

（166）你从前上那儿去过没有？（《官话指南》卷三）

——你从前去过個筸唔曾呀？（《粤音指南》卷三）

二、VP-Neg-VP（PRT：语气词）

（一）先秦两汉至六朝时期"VP-Neg-VP"式问句的发展

"VP-Neg-VP"式最早见于《睡虎地秦简》，共32例。如：

（167）任人为丞，丞已免，后为令，今初任者有罪，令当免不当？甲贼伤人，吏论以为斗伤人，吏当论不当？当谇。《（睡虎地秦墓竹简·法律问答》）

朱庆之（1990/1992）、何亚南（2001）曾举出东汉至六朝佛经中的5个用例。如：

（168）问："坐与行为同不同？"报："有时同，有时不同。"（东汉·安世高译《大安般守意经》卷上）

（169）比丘问言："是本罪中间罪？"答言："是本罪。"复问："覆不覆？"答言："覆。"（《大安般守意经》卷上）

"VP-Neg-VP"式在先秦至六朝的中土文人作品中不见，只出现于《睡虎地秦简》这样的法律文书以及佛经文献中，其原因可能与这两类文献的口语性强，特别是法律文书的对白性语体内容有关。

关于"VP-Neg-VP"式的来源，张敏（1990）认为它是由并列选择问句经删除（删除关联词、语气词或重复成分）发展而来的。

（二）唐五代时期"VP-Neg-VP"问句

"VP-Neg-VP"式正反选择问句在唐五代的出现频率不高，但结构形式较为完备，有"V不V""VO不VO""VO不V""A$_{形容词}$不A$_{形容词}$"等形式，有的还可以插入语气词。如：

（170）僧曰："未审此三般分**不分**？"（《祖堂集》卷十二）

（171）师云："**合吃棒不合吃棒**？"（《祖堂集》卷十三）

（172）蛮奴是即大名将，乍舒（输）心生不分（忿），从城排一大阵，**识也不识**？（《敦煌变文集·韩擒虎话本》）

此期正反选择问句的两种主要结构形式，仍以"VP-Neg"式为主，但"VP-Neg-VP"式正反选择问句的出现频率比前代有很大上升，形式已较为完备。

（三）宋元明清时期"VP-Neg-VP"式问句

"VP-Neg-VP"式在宋元明清时期成为占优势地位的正反选择问句形式，这是该时期"VP-Neg-VP"式的一大变化。有"VP不VP""VP没VP""VP无VP"以及"V否O"等小类。

1. "VP不VP"

唐五代已有的"V不V""VO不VO""VO不V""A不A"等形式，在宋元明清已经成为常见形式。如：

（173）你这月尽头**到**的北京么**到不得**？（《古本老乞大》）

（174）我这一去，**寻**得俺那浑家着**寻不着**？（《元曲选·吕洞宾》第三折）

（175）你**出去不出去**？（《金瓶梅词话》第四十四回）

（176）这姓褚的可是人称褚一官的不是？（《儿女英雄传》第十四回）

（177）你两个会唱"雪月风花共栽剪"不会？（《金瓶梅词话》第四十六回）

（178）自姑子不知会念《药师经》不会？（《醒世姻缘传》第六十三回》

"那""也那"是元代以后出现的语气词，用于"VP-Neg-VP"式中，起到舒缓语气的作用。如：

（179）山前行问道："你曾杀人也不曾？"静山大王应道："曾杀人。"又问："曾放火不曾？"应道："曾放火。"（《清平山堂话本·简贴和尚》）

（180）若还有些争差，您这双没主意的爷娘是怕也不怕？（《元刊杂剧三十种·汗衫记》第二折）

（181）问红娘道："韵那不韵？俏那不俏？"（《董解元西厢记诸宫调》）

（182）知他俺那主婚人是见也那不见？（《元刊杂剧三十种·拜月亭》第四折）

清末有在句末用语气词的。如：

（183）所以我今天跟您商量商量这两本书到底可以念不可以念哪？（《北京风俗问答》）

（184）初六得得了得不了哇？（《燕京妇语》）

（185）正这儿说着，王亲家太太搭了话啦，说：你知道不知哇？（《小额》）

该句式在明清时期的发展有两个方面的特点值得关注：

第一，正反并列选择问也在朝正反问靠拢。在《金瓶梅》两个不同文本中，有这样的事实。如：

（186）a. 看我明日对你爹说，不对你爹说？（《金瓶梅》词话本，第二十一回）

—— b. 看我到明日对你爹说不说？（《金瓶梅》崇祯本）

（187）a. 等我到家，看我对六娘说，不对六娘说？（《金瓶梅》词话本，第五十回）

—— b. 到家看我对六娘说也不说？（《金瓶梅》崇祯本）

《金瓶梅》词话本用的是并列选择问①两个选项由肯定项与否定项组成，而崇祯本用的是正反选择问。张美兰、战浩（2020）通过词话本与崇祯本的用字现象，

---

① 傅惠钧（2011）对这类句子的差异用了"删略"说来说明，认为"对你爹说不说"是对"对你爹说，不对你爹说"做了删略，这种删略策略是"右向性"。这可为一说，我们不主张用"删略"说来分析句式间的变化。

发现表示同一语义，词话本倾向用该字的俗字，甚至同音通假字，而崇祯本倾向用该字的正体。两者风格有雅俗之分。

第二，"VO 不 V"与"V 不 VO"句式有地域分布的特点。关于"VO 不 V"与"V 不 VO"句式的类型分布和相互之间的关系，赵元任（2000）在《中国话的文法》里曾经指出北方话倾向于用"VO-Neg-V"句式。朱德熙（1985）在《汉语方言里的两种反复问句》①中提到"'VP-Neg-VP'式在汉语方言里分布很广，在北方官话、大部分的西南官话、粤语、闽语以及大部分的吴语都采用这种句式"。同时朱德熙（1991）专文讨论了"V-Neg-VO"与"VO-Neg-V"两种反复问句在汉语方言里的分布，指出"VO-Neg-V"式主要见于北方方言，"大体说来，这种句式分布在从河北、山西、河南北部一直延续到陕西、甘肃、青海的广大地区"。"V-Neg-VO"式主要见于南方方言，如西南官话、粤语、吴语、闽语、客家话以及一部分北方官话（山东话、东北话）。

从反复问句的历史发展来看，中古汉译佛经中已有"VO-Neg-V"的个别用例②。而"V-Neg-VO"式要到明代末年的文献中才见，如《醒世姻缘传》中有"V-Neg-VO"式，但动词只限于"是"，用例较少。其后的文献即使有少数用例，动词也限于性质动词、关系动词如"是""在""有"（参见张美兰 2001）。在今天的汉语方言中，北方方言主要使用"VO-Neg-V"式，中部方言以及南部方言主要使用"V-Neg-VO"式。而吴方言、闽方言以及粤方言则基本上只使用"V-Neg-VO"式。

在清末北京官话文献《语言自迩集》《官话指南》《燕京妇语》《谈论新编》《伊苏普喻言》等文献中，正反问句主要用"VO 不 V"，极少用"V 不 VO"

---

① 朱德熙《汉语方言里的两种反复问句》（1985）通过对《金瓶梅》中两种反复问句句型的研究，提出《金瓶梅》使用的是山东方言，第 53 到 57 回则是南方人补作的观点。从方言俗语对《金瓶梅》作者及地域进行考证，尽管至今仍未有定论，但基本已破除了原先广为流行的《金瓶梅》方言纯为鲁语的说法，证实其中还掺杂着吴语、晋语以及北京方言等。如：
（1）西门庆问："你爹有书没有？"陈经济道："有书在此。"（《金瓶梅词话》第十七回）
（2）月娘便问大姐："陈姐夫也会看牌也不会？"（同上，第十八回）
（3）问袄安："有灯笼、伞没有？"（同上，第七十七回）
（4）玉楼道："你衙内有儿女没有……"（同上，第九十一回）
（5）春梅道："你每会唱〔懒画眉〕不会？"（同上，第九十六回）
② 如：王时语言："识我不也？"答言："不识。"王言："汝识某甲不识？"向王看，然后惭愧。（《杂宝藏经》4/459a）（引自刘开骅：《中古汉语疑问句研究》，243 页，哈尔滨，黑龙江人民出版社，2008）

问句[1]。如：

（188）他**认得**字**不认得**？字还认得，认过四五千字。（《语言自迩集·散语章》）

（189）你**爱**骑马**不爱**？马跑得快，我不爱骑他。（《语言自迩集·散语章》）[2]

《粤音指南》对《官话指南》的改编中，"VO 不 V"改为"VP **唔**呢"（VP-Neg）。如：

（190）a. 黄瓜里头已经搁了酱油了，还**招**点儿醋**不招**了？（《官话指南》卷三）

—— b. 黄瓜里头已经落咧的酱油㗎，重放的醋唔呢？（《粤音指南》卷三）

清末美国传教士狄考文在编写北京官话教材《官话类编》（1892）记载了当时汉语北京官话与南京官话同一句式表达的南北用法差异。在第22课专门介绍正反选择问句，有表达差异（北－南）的记载。如：

（191）你想家不想家？——你想不想家？（《官话类编》第二十二课）

（192）这把刀是你的不是？——这把刀是不是你的？（《官话类编》第二十二课）

（193）先生在中国服水土不服？——服不服水土？（《官话类编》第二十二课）

由此看出"VO-Neg-V"和"V-Neg-VO"两个句式的语言类型差异。不同记载，正是南北方言这个句式特点的写照。"V 不 VO"清代末年开始在南方地区使用。"VO 不 V"与"V 不 VO"这两个句子存在时间先后和地域分布的差异。

2. "VP 未 VP"

"未"是一个文言副词，所以这类句子用例不多。如：

---

[1] 如：老爷哈不哈酒呢？（《华音启蒙谚解》，见汪维辉：《朝鲜时代汉语教科书丛刊》，472页，北京，中华书局，2005。）

[2] 按：对于"V 不 V"正反问句，如何来回答问题，威妥玛在《语言自迩集》中有论述：It is well to remember, however, that the negative or affirmative in answer to a question is more frequently expressed in Chinese by the repetition, or partial repetition, of the question with the negative or affirmative prefixed than by the negative or affirmative alone. Thus, 他来不来, is he coming？ 他不来, he is not coming. 是他不是, it is he, is it not？ 是他, it is he. We could not say, without being guilty of a vulgarity, 不 simply, in answer to the first question, and the simple affirmative 是 would rarely be used in answer to the second.（散语章 2.2p.11）

（194）沧江白发愁看汝，来岁如今归未归？（杜甫《见萤火》诗）

（195）我若是还了俗可未可？（《元曲选·鲁斋郎》第四折）

3. "VP 不曾 VP"

副词"不曾"南宋开始使用，问句"VP 不曾"多见，而这类问句用例不多。如：

（196）你吃饭不曾吃？（《金瓶梅词话》第二十五回）

（197）兀良，可是他做来也那不曾做？（《元曲选外编·神奴儿大闹开封府》第三折）

4. "VP 没 VP"

"VP 没"问句多见，"VP 没 VP"问句在明清时期用例不多。如：

（198）问："做中了饭没做？中了拿来吃。"（《醒世姻缘传》第四十回）

（199）到底是上了吊了，不知是死了没死？（《三侠五义》第七十四回）

（200）你给了没给呢？（《语言自迩集·问答篇》）

（201）大老爷倒是在家没在家？（《小额》）

（202）姐姐只说这话有溜儿没溜儿？（《燕京妇语》）

5. "VP 勿 VP"

副词"勿"在南方方言中得以保留，清末吴语方言文献中有使用。如：

（203）a. 还想出去呢勿出去个者？还打算出外去不出外去呢？（《土话指南》第二卷）

—— b. 还打算出门去呢勿出门去？（《沪语指南》第二卷）

（204）侬只看侬个儿子搭是小弟兄啥相打，盖口末侬要恨呢勿恨？（吴语《圣谕广训直解》清抄本）

（205）上头个都化律法什介能严禁，是㑚兵丁啥百姓勿和睦乡党个人，还怕呢勿怕？（吴语《圣谕广训直解》清抄本）

（四）宋元明清时期正反选择问句的发展特点

第一，"VP-Neg"和"VP-Neg-VP"式是此期正反选择问句的基本形式，但是"VP-Neg"和"VP-Neg-VP"式处于竞争状态，竞争的结果是"VP-Neg-VP"

式占据优势的地位。李书超（2013）指出：春秋战国时期至唐代以前，反复问句以"VP-Neg"式为主，"VP-Neg-VP"式用例较少。唐代以后，"VP-Neg-VP"式反复问句逐渐增加。元代"VP-Neg"问句优势丧失，导致"VP-Neg-VP"式几乎与"VP-Neg"式用例持平。

第二，"VP-Neg"式正反选择问句已成为古语遗留形式。该式在宋元明清时期有新的发展，主要表现为表已然体的"不曾""没""没有"进入"VP-Neg"框架。从地域特点看，南方偏"VP不曾"式，清代北方多用"VP没有"式。

早期否定词为"不""否""无""未"的"VP-Neg"式已成为古语遗留形式。同时"VP不/否/无/未/末"式中的否定词语音弱化，朝是非问方向发展，成为疑问句的另一范畴。在南方方言文献中表现更为明显。唐宋以后，"VP-Neg"正反选择问句大量向是非问句转化，客观上造成正反选择问句用例减少，语言发展的客观要求必然要以新的语法形式来弥补空缺。"VP-Neg-VP"式成为占优势地位的正反选择问句形式，随着述补结构的发展，充当"VP"的成分趋于复杂。

第三，正反选择问两种类型势力的竞争，导致南北分布的差异。张美兰（2018）在对《官话指南》官话文本与南方方言对照版本的对比中发现：官话中的正反选择问句是"V不V"多于"V+否定词没有"句，在沪语中是"V+否定词没"多于"V呢勿V"句，粤语是"V+否定词唔/唔曾"多于"V唔V"句。南方话多用唐宋以前的"V+否定词"，北京官话用宋代以后盛行的"V不V"。

（五）选择问的疑问焦点问题

如果选择问的疑问焦点是补语，就形成了动补结构与正反问的杂糅。如：

（206）吃得饱那不饱？（《古本老乞大》）

（207）不知这工程做的长远不长远？（《金瓶梅词话》第九十六回）

（208）只听这姑娘心眼儿使得重不重？脚步儿站得牢不牢？（《儿女英雄传》第十九回）

如果选择问的疑问焦点是比较结果，就形成了比较句与正反问的杂糅。如：

（209）你说这比老师门生痛快不痛快？（《儿女英雄传》第三十九回）

如果选择问的疑问焦点是疑问对象的性质，就形成了特指句与正反问的杂糅。如：

（210）姐姐还吃点儿甚么不吃？（《儿女英雄传》第二十八回）

（211）奶奶**有**甚么止疼的药**没有**？（《儿女英雄传》第三十一回）

在汉语选择问句的发展中，正反问与并列问两者之间有一个此长彼消的演变过程。在上古汉语中，并列问使用频率较高，正反问则较低，而在近代汉语中正好相反。据祝敏彻（1995）统计，《论语》《孟子》《战国策》《左传》四部书，并列问共有85例，而正反问仅得7例，其比约为9：1。而《水浒传》《儒林外史》两部书，并列问仅11例，而正反问则有90例，其比约为1：9。傅惠钧（2011）统计了《老乞大》《朴通事》《金瓶梅》《儿女英雄传》四部书，其中并列问为61例，正反问为45例，约为1：7，与《水浒传》《儒林外史》相差不大。现代汉语中，正反问的使用频率也远远高于并列问，老舍《骆驼祥子》一书中，正反问有46例，而并列问仅见3例。这是值得注意的一个现象。消长问题涉及两方面：一是正反问内部小类的兴衰变化，一是正反问与列项问的兴衰变化。

三、K-VP（PRT：语气词）"可"字句

（一）唐宋

"可VP"式正反问句产生较晚。江蓝生（2000）列举唐五代文献数例，到宋代都不多见，而且，语气副词"可"后动词比较单调，多为"能"和"是"。如：

（212）善恶二根，**可**是菩提耶？（《祖堂集》卷一）

（213）**可能**舍得己身，与我充为高座？（《敦煌变文集·妙法莲华经讲经文》）

（214）朱雀航边今有此，**可能**摇荡武陵源？（王安石《段氏园亭》诗）

对于"可"的来源，学界认为它来源于汉魏六朝，同表推度询问的语气副词"颇"。

（二）元明清

"可"①字问句元代仍不多见，到明代白话小说中得到了发展，清代文献减少。如：

（215）你使一个小鬼，去望乡台上看他尸首**可**在？（《元刊杂剧三十种·铁拐李》楔子）

---

① 丁勇（2007：43）指出元代汉语中的"可VP"式反复问句只发现了这一例。

（216）你可记得元宵夜内家轿边叫救人的孩子么？（《今古奇观》卷三十六）

（217）问爹明日可与老爷去上寿？（《金瓶梅词话》第五十五回）

（218）你可知我今日这个用意？（《儿女英雄传》第三十六回）

"可"字式在此期进一步发展，如："可"后动词大大丰富。明清时期句末常带语气词。

朱德熙（1985）曾结合现代汉语方言和历时语料对"**可 VP**"正反选择问句进行过研究，他指出"**可 VP**"式正反选择问句在现代方言中仍然存留，有的方言是以变体形式存在，如苏州话用"阿"①（耐阿晓得？），合肥话用"克"（你克相信？），昆明话用"格"（你格认得？）。

今天部分北方方言（例如山东方言、西南方言）和部分中部方言（例如吴方言）以及部分南部方言（例如客家方言）中还用"可"字疑问句。"可"字句带有南方话特点，我们还可以从文献的南北语言差异中得到佐证。

四、正反问句之真性问、假性问与语体

真性问的目的在于求取信息，要求问有所答。假性问的目的在于给予信息，表明自己的观点态度，不求回答。汉语的正反问句具有真性问和假性问之别。这一点傅惠钧（2001）对《老乞大》《朴通事》《金瓶梅》《儿女英雄传》四书进行了专题调查，指出："VP 不""VP 未""VP 否"诸式用例极少，均是真性问。"VP 不曾"均为真性问。"VP 没有"仅 1 例是假性问，而"VP 不是"主要用于表示反诘语气，多为假性问，真性问仅 1 例。"VP 不 VP" 260 例中有真性问 195 例，假性问 65 例。其假性问句有一些特点：如多肯定前项、多用表示说话人倾向性看法的话题标记语"你看"类词、形容词充当 VP 者多。"K-VP"式，主要用于真性问，假性问少见。从傅惠钧（2001）的数据可见，《老乞大》《朴通事》是汉语口语教材，全部是真性问，而出现的假性问都在《金瓶梅》《儿女英雄传》两书中。所以，假性问的出现与语体相关。王建军（2010）也指出：一般而言，应用性语体以实用为目的，故要以真性问为主，较少使用假性问。如《老乞大》

---

① 《官场现形记》第八回：新嫂嫂**最乖不过**，一看陶子尧气色不对，连忙拿话打岔道："大人路浪辛苦哉！走仔几日天？太太**阿曾**同来？是啥格船来格？"该句南方话的味道明显。

和《朴通事》都是朝鲜人用来学习汉语的教科书，属应用性语体，因而两部书中的正反问句全部是真性问。与应用性语体相对的是文艺性语体，这种语体由于传递情感和审美的需要，常常使用假性问。唐代以后，随着各种文艺性文体像话本、小说、散曲、杂剧等不断涌现，假性正反问句的使用率明显得以递增。

五、小结

在汉语史上，正反选择问句有两种主要形式："VP-Neg（否定词）""VP-Neg-VP"，而"还/可$_{疑问副词}$+VP-Neg（PRT）"格式，晚至唐代产生且较少使用。① 正反问句式发展历史由上古简单，到明清复杂，发展趋势由弱到强。

（一）"VP-Neg"处于正反问句最古老的一层

"VP-Neg"在相当长时期是汉语正反问句的主要形式。张敏（1990）指出，从先秦到南北朝，除了秦墓竹简比较特别外，"VP-Neg"是唯一的反复问句形式。这类正反问句由在句子末尾缀以否定词"不""否""未""非"或"无"构成，其中以"VP 不"的形式最为常见。先秦以"不""否"为主，汉代"未"进入"VP-Neg（PRT）"框架，汉末，"无"开始出现在"VP-Neg"框架中；六朝至唐，"VP 无"使用开来；唐五代，"无"虚化，"摩""磨""麼"进入"VP-Neg"框架，语气词"麼（吗）"产生，部分"VP-Neg"正反选择问句向是非问句转化；宋代出现了双音节词"不曾"，元明时期还出现了"未曾""没曾""没""没有""不的"等新形式，清代，否定词有"没有""不是"两种主要形式，它们纷纷进入"VP-Neg"框架。吴方言用"勿"（参见《土话指南》），粤方言用"唔"（参见《粤音指南》）。

早期否定词为"不""否""无""未"的"VP-Neg"式已成为古语遗留形式。同时"VP 不/否/无/未/末"式中的否定词语音弱化，朝是非问方向发展，成为疑问句的另一范畴。在南方方言文献中表现更为明显。

"VP-Neg"式正反问句末的"不"，在魏晋佛典中开始虚化为语气词。刘开骅（2006）指出：中古汉语绝大部分"VP-Neg"式疑问句末的否定词没有虚化，

---

① 有关学界在 2003 年以前对正反选择问句的研究成果综述，详见蒋绍愚、曹广顺：《近代汉语语法研究综述》。在 2003 年之后，学界出现了专书或断代的硕博士学位论文，也可参照。

尤其在本土文献中仍是正反问句的性质。李书超（2013）统计出：该句式《景德传灯录》有356例，《五灯会元》有402例，《朱子语类》有1749例，占据绝对优势，"不"只出现在"VP-Neg-VP"式中。否定词"不曾"进入"VP-Neg"框架，始自南宋①，且偶见，元明"VP+不曾"才开始多一些。元代以后，"不曾"使用开来，"不""否""未"字句趋于衰落。同时，在元明"没"被广泛用作否定副词，表示对过去发生动作的否定，这样"没"也进入"VP-Neg"框架②。明清之际，"没有"开始进入"VP-Neg"框架，清代替代了"不曾""没"，成为已然体正反选择问句的主要形式。同时"VP-Neg-VP"句式势力也侵入"VP-Neg"的领域。从《老乞大》不同时期的版本，我们也注意到这种变化。如：

（219）那伴当如今赶上来那不曾？（《古本老乞大》）

——那火伴如今赶上来了不曾？（《老乞大谚解》）

——那朋友如今赶的上啊赶不上啊？（《老乞大新释》）

——那朋友如今赶上赶不上啊？（《重刊老乞大谚解》）

在《古本老乞大》和《老乞大谚解》中都用"V不曾"式，而刊行于清代的两个版本均改成"**VP 不 VP**"结构，这一方面与"VP 不曾"在清时特别是中叶以后迅速走向衰微有关，另一方面，也可看出此时动补可能式"VP 不 VP"结构的使用已比较常见。这一现象是动补结构发展过程中值得注意的现象。同时，也说明了"VP 不曾"的正反问特点。

（二）六朝至唐，正反选择问句"VP-Neg"中的"Neg"出现虚化

"Neg"出现虚化，这一语法化过程造成"VP-Neg"正反选择问句向是非问句转化，特别是唐五代"无"虚化，"摩""磨""麼"进入"VP-Neg"框架，语气词"麼（吗）"产生，由此使得唐五代出现大批"VP 摩/磨/麼"是非问句，这是后代"VP 吗"是非问句的来源，这一变化客观上使得"VP-Neg-VP"式在宋元明清时代成为汉语正反选择问句的主流形式。因为"VP-Neg"式的分化，导致了一部分"VP-Neg"式反复问句演化为是非问句，两者之间有因果制约。而地域上南方话存古，北方话和通语趋新，历时的发展导致其南北类型的分化。

---

① 《朱子语类》仅1例：莫依傍他底说，只问取自家是真实见得不曾？（《朱子语类》卷一百一十六）

② 《醒世姻缘传》中共有"VP 没有"（含"有0没有"形式，）用例20例、"VP 没"用例14例。

（三）"V-Neg-V"正反问句及其变式的历时发展变化

考核文献中"V-Neg-V"正反问句及其变式的历史情况是：多用"V 不 V" > "VO 不 V" > "VO 不 VO"，"V 不 VO"清代末年开始在南方地区使用。所以我们认为近代汉语"V-Neg-V"正反问句的各种变式，不是由"VO-Neg-VO"顺向的承前省或逆向的蒙后省而产生的各种简略式。有学者认为：由于语言尤其是口语的经济原则起作用，相同项往往可以删略，将"VO-Neg-VO"看作是一种完整常式，把"V-Neg-VO？"式看作是前删略式；"VO-Neg-V？"式当作后删略式；"VO-Neg"当作是后删动宾式。① 但从近代汉语"V 不 V"正反问句的发展看"V 不 V"式并不是删略而来的，我们不宜用现代汉语研究学界的前删、后删、并列删除等规则来限套近代汉语的正反问句的发展规律。

（四）"还 VP""可 VP"是近代汉语时期带有方言特征的两个重要形式

"还 VP""可 VP"正反选择问句有地域特色。我们还发现了一种现象，带有南方特点的"可 VP"正反问，被改写成北方话时句式有变化。如明代白话小说《今古奇观》有四卷在清末民初被改编为北京官话教科书《今古奇观》（1904），就将其中的"可 VP"问句改成"VO 不 V""VO 没有"问句。

在未然语境下，发生了"可 VP"与"VO 不 V"的句式对应。如：

（220）a. 若说把头掉转，不来招揽，此乃冷眼觑你，**可去相迎**？（《今古奇观·李汧公穷邸遇侠客》）

—— b. 你说他把脸儿掉过去，不肯招呼你，那是他试探你了，**看你理他不理他**？（北京官话《今古奇观》同上）

（221）a. 知县指着吕大问道："你**可认得那人**？"（《今古奇观·怀私怨狠仆告主》）

—— b. 知县就指着吕大问胡阿虎说："你**认得这个人不认得**？"（北京官话《今古奇观》同上）

（222）a. 周四道："相公**可认得白绢、竹篮么**？"（《今古奇观·怀私

---

① 参见刘一之：《现代汉语口语"（N）VPNeg"疑问句探源》，北京大学硕士学位论文，1986。邵敬敏：《现代汉语正反问研究》，收入《现代汉语疑问句研究》，108 页，上海，华东师范大学出版社，1996。

怨狠仆告主》）

—— b. 周四说："相公您认得这个竹篮子和这疋白绢不认得？"（北京官话《今古奇观》同上）

在已然语境下，是"**可曾**VP"与"VP 没有"的对应。如：

（223）a. 又问道："有个穿白的官人，来见你老爷，**可曾**相会？"（《今古奇观·沈小霞相会出师表》）

—— b. 可就问看门的说："刚才有一个穿白的大爷来见你们老爷，不知道见着面了没有？"（北京官话《今古奇观》同上）

这组比较，显示了明小说集《今古奇观》与清末北京官话改编本之间在句式上的差异，突显了"可 VP"问句南方话特点。也说明了"V 不 V"使用的范围扩大。

参考文献

陈梦家：《殷墟卜辞综述》，北京，科学出版社，1956。

刁晏斌：《景德传灯录的选择问句》，载（日本）《俗语言研究》，1997（4）。

冯春田：《睡虎地秦墓竹简某些语法现象研究》，载《中国语文》，1984（4）。

冯春田：《秦墓竹简选择问句的分析》，载《语文研究》，1987（1）。

冯春田：《近代汉语语法研究》，济南，山东教育出版社，2000。

傅惠钧：《真性问与假性问：明清汉语选择问句的功能考察》，载《语言教学与研究》，2001（3）。

傅惠钧：《明清汉语正反问的分布及其发展》，载《古汉语研究》，2004（2）。

傅惠钧：《明清汉语疑问句研究》，北京，商务印书馆，2011。

何亚南：《〈三国志〉和裴注句法专题研究》，南京，南京师范大学出版社，2001。

黄娜：《南北朝译经疑问句研究》，吉林大学博士学位论文，2013。

江蓝生：《近代汉语探源》，北京，商务印书馆，2000。

蒋绍愚：《近代汉语研究概况》，北京，北京大学出版社，1994。

蒋绍愚、曹广顺：《近代汉语语法研究综述》，北京，商务印书馆，2005。

阚绪良：《现代汉语"是"字选择问句出现的时代》，载（日本）《中国语研究》，1992（32）。

阚绪良：《〈五灯会元〉"是"字选择句》，载（日本）《中国语研究》，1994（34）。

李崇兴：《选择问记号"还是"的来历》，载《语言研究》，1990（2）。

李崇兴:《从反复句的使用情况看〈元曲选〉宾白的明代语言成分》,载《语言研究》,2007(4)。

李书超:《汉语反复问句的历时研究》,武汉大学博士学位论文,2013。

李思明:《从变文、元杂剧、〈水浒传〉、〈红楼梦〉看选择问句的发展》,载《语言研究》,1983(2)。

李炎:《〈醒世姻缘传〉正反疑问句研究》,载《古汉语研究》,2003(3)。

刘坚、江蓝生、白维国、曹广顺:《近代汉语虚词研究》,北京,语文出版社,1992。

刘开骅:《中古汉语VP-Neg式疑问句句末否定词的虚化问题》,载《南京师范大学文学院学报》,2006(4)。

刘子瑜:《汉语反复问句的历史发展》,第二届国际古汉语语法研讨会论文,1996。收入《古汉语语法论集》,北京,语文出版社,1998。

吕叔湘:《中国文法要略》,北京,商务印书馆,1982。

梅祖麟:《现代汉语选择问句法的来源》,载《历史语言研究所集刊》(第49本),1978。

裘锡圭:《关于殷墟卜辞的命辞是否问句的考察》,载《中国语文》,1988(1)。

孙锡信:《近代汉语语气词》,北京,语文出版社,1999。

吴福祥:《敦煌变文语法研究》,长沙,岳麓书社,1996。

吴福祥:《从"VP-Neg"式反复问句的分化谈语气词"麽"的产生》,载《中国语文》,1997(1)。

吴慧颖:《VP$_1$也VP$_2$和VP$_1$也怎的——关于近代汉语中的两种问句》,载《古汉语研究》,1990(2)。

伍华:《论〈祖堂集〉中以"不、否、无、摩"收尾的问句》,载《中山大学学报》,1987(4)。

伍华:《〈祖堂集〉等禅宗语录中的选择问句》,第三届近代汉语研讨会论文,1988。

徐正考:《唐五代选择问系统初探》,载《吉林大学学报》,1988(2)。

徐正考:《元明汉语选择问句系统述析》,载《心路历程——吉林大学文学院纪念校庆五十周年论文集》,长春,吉林大学出版社,1996。

徐正考:《清代汉语选择疑问句系统》,载《吉林大学学报》,1996(5)。

遇笑容、曹广顺：《中古汉语的"VP 不"式疑问句》，首届中古汉语研讨会论文，2000。收入《纪念王力先生百年诞辰学术论文集》，北京，商务印书馆，2002。

袁宾：《说疑问副词"还"》，载《语文研究》，1989（2）。

张丹星：《清末民初北京话的选择问句和反复问句研究》，北京大学硕士学位论文，2013。

张美兰：《〈祖堂集〉选择问句研究》，载《中文学刊》，2000（2）。

张美兰：《近代汉语语言研究》，天津，天津教育出版社，2001。

张美兰：《反复问句结构的历时演变与南北类型关联制约——以〈官话指南〉及其沪语粤语改写本为例》，载《语言研究》，2018（3）。

张敏：《汉语反复问句的类型学研究：共时分布及其历时蕴含》，北京大学博士学位论文，1990。

赵长才：《中古汉语选择连词"为"的来源及演变过程》，载《中国语文》，2011（3）。

赵元任：《中国话的文法》，北京，商务印书馆，2000。

朱德熙：《汉语方言里的两种反复问句》，载《中国语文》，1985（1）。

朱德熙：《"V-Neg-VO"与"VO-Neg-V"两种反复问句在汉语方言里的分布》，载《中国语文》，1991（5）。

祝敏彻：《汉语选择问、正反问的历史发展》，载《语言研究》，1995（2）。

第八章 汉语使役句式的历时发展

```
本章主要内容
（一）重点讲述：使役句使令动词类型
（二）重点讲述：使役句结构语义特征
```

使役概念是人类概念中最基本的认知范畴。使役结构（causative construction）是世界语言普遍存在的一种语法现象。所谓使役，是指动词有使令（directive causation）、致使、容许（permissive causation）、任凭等意义。1898 年，《马氏文通》提出了"至动""承读"等表使役的概念。1924 年，黎锦熙的《新著国语文法》提到了使成式。1942 年，吕叔湘在《中国文法要略》中首次提出了"致使句"的概念。

在海外，Talmy（1976）对致使关系做了如下定义：一个事件由于另一个事件的发生而发生，否则便不发生，这样两个事件之间存在着致使关系。Shibatani（1976）也提出两个事件之间的致使关系，定义使役结构为一个由结构表达的场景，这个场景由两个事件组成，（i）说话者认为受使事件的实现时间上发生在使令事件之后；（ii）说话者认为受使事件的出现完全依赖使令事件的出现。两个事件的依赖性某种程度上必须允许说话者得出反事实的推理，即：在其他条件不变的情况下，使令事件不发生，受使事件必然也不会发生。Comrie（1989）给使役结构的定义是：指一个宏观场景由 A 和 B 两个微观事件组成，"A 导致了 B 的出现"或者"A 使 B 产生"，这两个事件之间的关系就是致使关系。Dixon & Aikhenvald（2000）指出，分析型致使结构是以两个小句形式来表达致使，句中有两个动词——使役动词和底层实义动词，因此使役动词和底层实义动词的论元都可在句中得到句法位置，但在不同语言中这些论元特别是底层实义动词的论元的实现方式是不同的，在形态型语言中表现为不同的语言中这些论元所带的格标记是不同的。

　　语言类型学一般将使役结构区分为分析型（analytic causative constructions）、形态型（morphological causative constructions）和词汇型（lexical causative constructions）。上古汉语使役结构以形态型和词汇型为主，如由使役义动词或形容词带上宾语作谓语的"**使动句**"①。分析型使役有一些，但并不突出。中古开始，由动补结构带上宾语作谓语，并表使役意义的"**使成句**"②日益增多，"使"字句、"令"字句等使令句的类型逐渐完备。唐宋以来，新兴分析型使役结构陆续出现，表使役的**"V 得 C"**句式结构，表使役的"把"字句等，汉语的分析型使役结构变得更加丰富。

　　"使动句"是上古汉语使动用法的留存，"使成句"与"V 得 C"句在动补结构句式中涉及，表使役"把"字句在处置句中涉及，词汇型使役直到今天虽有使用，不是主流。这些都不在本章中论述。汉语中使役句分析型使役从古至今一直存在，普遍使用。本章的使役句指由使役动词"俾""使""令""教""叫""让""等""待""给"等构成的使役句。这些分析型使役结构一般由连动结构（serial-verb construction）发展而来。动词"教/叫/著（着）/让/等/待"等在连谓结构第一个位置时动作义明显弱化，表现出明显的语法化倾向，只有"使令""致使""允让""任凭"等较为抽象的关系义，被重新分析为使役动词，句子成为使役句。汉语典型的使役结构也分析为四个基本要素：**使役者**（causer）、**致使力**、**被使役者**（causee）和**致使结果**。各要素的结构顺序是：**使役者** + **致使力** + **被使役者** + **致使结果**。致使力的强弱与使役动词直接相关。使役动词包括**原型**使役动词（动词本身大都含

---

① 《左传·隐公十年》："六月壬戌，公**败**宋师于菅。""败"，使动动词，语义相当于动补式的"击败"。
② 《史记·匈奴列传》："右贤王以为汉兵不能至，**饮酒醉**。"

"致使"义,使役方式显著,可通过词义本身看出命令、派遣等使役方式):"俾""使""令""遣"和**非原型**使役动词(动词本身不含"致使"义,致使方式不显著):"听""教""放""等""叫""让""给"等。这些使役句的发展并不同步,使役句句法、语义的发展是由语言内部因素和外部因素共同制约的。

第一节 使役句使令动词类型

提起使役句,自然离不开句中的使役动词(exclusively causative verb),常用的使役动词自古至今有:"俾""使""令""遣""听""教""交""著(着)""放""叫""让""待""等""与""给"等,这些都在不同时期的汉语文献中使用过,有的至今在汉语不同的方言区存留着。而使役动词的来源不同,其在句中表达的语义、语用也存在异同差异,使役行为的语力也具有强弱之别。这就导致了原型使役动词"俾""遣""命""使""令"与非原型使役动词"教""交""叫""等""听""放""让"等之间在词义演化过程中存在差异。下面我们分类介绍。

一、原型使役动词"俾""使""令""遣"

"使""令""遣"属于"派遣""命令"一类的原型使役动词。"俾""使""令""遣"这类使令动词的出现,汉语句法也随之有了调整,出现了所谓的兼语式使令句:NP_1+V_1(俾/使/令/遣)$+NP_2+V_2/A_{形容词}$("NP_1"是发号施令者,"NP_2"是受使役的对象,又是"V_2"的施事)。其中 V_1 本身表致使动力的特征很明显,表"派遣、命令、差使"的意义,动作性很强。

"俾""使"和"令"的使令意义是自上古汉语便已经存在的旧有形式,较"俾""使"和"令"出现时期稍晚的原型使役动词是"遣",由于它们词义所表达的使役力强,所表示的动作行为特征明显,随着词义的不断虚化,由使令动词发展成为致使动词。

（一）俾

在西周时期《诗经》《尚书》中"俾"字使役句普遍使用。如：

（1）我思古人，俾无讹兮。（《诗经·邶风·绿衣》，毛亨传："俾，使也。"）①

（2）奄有下国，俾民稼穑。（《诗经·周颂·閟宫》）

（3）乃取遂事之要戒，俾戎夫主之，朔望以闻。（《逸周书·史记解第六十一》）

（4）俾暴虐于百姓，以奸宄于商邑。（《尚书·牧誓》）

曾志雄（2005）认为"俾"与"使"是旧词与新词的关系，《诗经》《尚书》有"俾"字句，到了《左传》就式微了。如：

（5）君若不施大惠，寡人不佞，其不能以诸侯退矣。敢尽布之执事，俾执事实图利之。（《左传·成公十三年》）

在春秋战国及两汉时期使用衰落，魏晋开始集中在《三国志》《南齐书》《宋书》《魏书》等史书的公文中使用，成为一个有语体色彩的句法特征，直到清代的诏敕文书都有使用。如：

（6）其随同出力之苗众，皆当酌赏，俾知鼓励。（苗民，七·392，诏敕）②

今天在一些公文书面语中仍有沿用现象。粤方言中也有使用。

（7）我话俾你知喇，你嘅脾气太耿直略，都要圆活啲致好。（《粤音指南》卷一）

——我告诉你，你的性子太耿直，也得随和些儿才好。（《官话指南》卷一）

（二）使

1. 先秦至西汉

上古就有"NP_1+使（+NP_2）+V_2"的使役句，句中"使"不再表"派遣""使

---

① 《诗经》中"俾"字句49例，只有2例见于《国风·邶风》中，其他主要见于《小雅》《大雅》，部分见于《周颂》《鲁颂》中。偏士大夫正式语体；《诗经》中"使"字句12例，8例见于《国风》中，4例见于《小雅》和《大雅》中。偏口语体。《左传》13例"俾"字句，都是在庄重典雅尊敬的场合，书面语的特点。从目前已有的文献看，"俾"字句早期的用例就有语体雅的倾向。

② 引自中国人民大学清史研究所、贵州省档案馆编：《清代前期苗民起义档案史料》，北京，光明日报出版社，1987。

用"的动作意义,表达"使令""致使"义。如:

(8)既往既来,使我心疚。(《诗经·小雅·大东》)

(9)故水旱不能使之饥渴,寒暑不能使之疾,妖怪不能使之凶。(《荀子·天论》)

(10)马病肥死,使群臣丧之。(《史记·滑稽列传》)

曹晋(2009)指出"使"字句的受使者NP_2到两汉时期,一般要求出现,省略现象减少。无生命的名词或非生物名词也可以进入使事者NP_1和受使者NP_2。作格动词(状态动词)出现在V_2位置上。如:

(11)共工与颛顼争为天子,不胜,怒触不周之山,使天柱折,地维绝,有力如此,天下无敌。(《论衡·谈天篇》)

2. 魏晋南北朝

洪波(2003)指出在西汉以前,使成式中的"使"为自主的使役动词,整个句子表示的是施动者有目的的使成事件,使令动词要理解为"让";在公元1世纪以后,使成式中的使令动词"使"不仅可以是目的性的"让",也可以是致因性的"致使""导致"。随着"NP_1+使(+NP_2)+V_2""使"字句的大量使用,中古以后"使"的致使义成为主要用法,句式结构为:"致事者+使(致使/导致)+当事者/客事者+V_2(+其他成分)"。句中"使"动作性减弱,"V_2"动作义不强,多为情感动词、心理动词、不及物动词、形容词等,"使"的主语中NP_1"自主性/施事力"减弱,经常是一些非常抽象的事物或名物化成分,施事性较低(多表致事起因),整个句式不是表示一个高及物性的事件,而是指NP_2在一定使因的作用下发生某种变化,受整个句式句法语义的影响,NP_2的施事性特征非常低,相反却表现出较高的受事性。如:

(12)举目所见,皆起文殊所化之想。圣灵之地,使人自然对境起崇重之心也。(《入唐求法巡礼行记》卷二)

(13)善明金性使其柔伏。(《景德传灯录》卷一)

(14)少许时中行不难,还能礼拜使心坚。(《敦煌变文集新书·妙法莲华经讲经文(二)》)

中古时期"使"字句也可见"V_1(+NP)+使+V_2"。如:

(15)作面饭法:用面五升,先干蒸,搅使冷。(《齐民要术》卷九)

3. 唐至明

唐以后至明清的"使"字句有固化的倾向，多表达"致使"义。如：

（16）**致使**父心愁戚，母意忧惶，终日倚门，空垂血泪云云。（《敦煌变文集新书·父母恩重经讲经文》）

（17）未占得则有所疑，既占则无所疑，自然**使得**人脚轻手快，行得顺便。（《朱子语类》卷七十五）

"使"字在特定的语境中受"任"字语义的影响，引申出"容让"的含义。如：

（18）**任教**清乐奏弦歌，**任使**楼台随处有。（《敦煌变文集新书·维摩诘经讲经文（五）》）

（19）所以道，**任使**板齿生毛，莫教眼睛顾著。（《五灯会元》卷十四）

在受事主语句中"使"字可以理解有被动的语义，这种被动属于"反致使被动"。如：

（20）殷勤惜玉体，勿**使**外人侵。（《游仙窟》）

（21）如铭等有好歹时，亦愿爷爷深埋着，不要触汙天地，**使**鸦鸟残吃。（《正统临戎录》）

"使"字表"容让"使役或"被动"义，只是受特定语境的影响所致。

（三）令

"令"，命令。多指以言语行为使某人做某事。《尔雅·释诂上》："命、令、禧、畛、祈、请、谒、诬、诰，告也。"《广雅·释诂》卷一下："厮、徒、牧、圉、侍、御、仆、从、扈、养、任、甬、辩、令、保、庸、童、役、谓、命，使也。"

1. 先秦

先秦汉语的"令"字即有表使令、致使的用例，如：

（22）若欲免之，则王**令**三公会其期。（《周礼·秋官·遂士》）

（23）五色**令**人目盲；五音**令**人耳聋；五味**令**人口爽；驰骋畋猎，**令**人心发狂。（《道德经》第十二章）

先秦汉语"令"字表达使令时，NP_1与NP_2之间上下尊卑关系显著，"令"字句表"有意致使"义时，《左传》《国语》中只见于否定句，表示"使得某种结果不要出现"，该结果是NP_1可控的结果。如：

（24）寡君不忍，使群臣请于大国，无**令**舆师淹于君地。（《左传·成公二年》）

2. 汉魏晋南北朝

洪波（2003）指出，在公元1世纪以后，使成式中的使令动词"令"不仅可以是目的性的"让"，也可以是致因性的"致使""导致"。魏晋时期"致使"义"令"字句用例较为普遍，上古用作使动的状态动词"坏""尽""绝""散""折""破""碎""平"等也出现在 VP_2 位置上。如：

（25）如彼愚人，以盐美故，而空食之，致令口爽。（《百喻经·愚人食盐喻》）

（26）摊使冷，著曲汁中，搦黍令散。（《齐民要术》卷七）

（27）气馏周遍，以灰覆之，经宿无令火绝。（《齐民要术》卷八）

3. 唐五代

唐五代以后"令"字的语义逐渐单一化，主要表达"致使"。如：

（28）中丞申节度使，于开元寺新开坛场，牒报街衢，令人知闻。（《入唐求法巡礼行记》卷二）

（29）愿四塞来朝明帝，令戎客休施流浪。（《敦煌曲子词·洞仙歌》）

（30）教有明文："自得度，令他得度；自解脱，令他解脱；自调伏，令他调伏；自寂静，令他寂静；自安隐，令他安隐；自离垢，令他离垢；自清净，令他清净；自涅槃，令他涅槃；自快乐，令他快乐。"（《祖堂集》卷十四）

（31）能令公子百回生，巧使王孙千遍死。（《游仙窟》）

（32）每使和平离爱憎，任持智惠令坚固。（《敦煌变文集·维摩诘经讲经文》）

（33）仍更蹋打，**使令**坠翻？（《敦煌变文集·燕子赋》）

（34）须是**教令**这头重，那头轻，方好。（《朱子语类》卷一百一十八）

在特定的上下文中"令"有"同意""许可""允许"义。如：

（35）节度使李相公牒于开元寺，**许令**画造佛象。（《入唐求法巡礼行记》卷一）

总之，" NP_1 + 令 + NP_2 + V_2 "与" NP_1 + 使 + NP_2 + V_2 "句式演变路径大致相似。只不过现代汉语中"令 + NP_2（人）+ V_2 感受动词"[①]（令人不安、令人遗憾、令人向往）等表抽象的使役用法用例略多于"使 + NP_2（人）+ V_2 感受动词"。

[①] 现代汉语有" V_1 讨 / 招 / 惹 + 人 + V_2 情感动词"（惹 / 招 / 讨人喜欢）中的" V_1 "是具有实义的动词，不同于该结构中已虚化的"使""令"。

（四）遣

1. 中古萌芽期

遣，由派遣、差遣引申指以言语使人行事，令遣即命令。进入使成句式后，引申出"使令"义，汉代已见。如：

（36）故已毕悉**遣**诸善人去。（《太平经·兴善止恶法第四十三》）

刘文正（2015：230-232）指出："遣"字句不是纯粹的使令动词，《太平经》中有33例句子只能表述事件不能描写情状，致使者只能是有生命的人，只能致使某事件的发生。使用范围有限，与使令动词"使"的用法不同。

2. 唐代发展期

唐代"遣"字使役句在功能上有所扩展，可以描写情状。如：

（37）秋禾收了，先耕荞麦地，次耕馀地，务**遣**深细，不得趁多。（《齐民要术·杂说》）

（38）且须调习器械，务令快利；秣饲牛畜，事须肥健；抚恤其人，常**遣**欢悦。（《齐民要术·杂说》）①

（39）十娘咏曰："眼心非一处，心眼旧分离。直令渠眼见，谁**遣**报心知！"（《遊仙窟》）

（40）闷即交伊合曲，闲来即**遣**唱歌；禅堂里莫使寂寥，幽家内莫交冷落。（《敦煌变文集新书·维摩诘经讲经文（五）》）

（41）教你出家，使汝行脚。令汝寻师，**遣**汝体究。遂教你不会，令汝茫然。令汝求觅解会，令汝巧作道理。遂令净妙国土而作土石山河。（《古尊宿语录》卷二十八）

"使令"义虚化出"致使""听凭"义。

（42）苦哉出家，持戒德行无辜枉遣，此是我过，虚令**遣**他至于死处。（唐义净译《根本说一切有部毘奈耶药事》卷十八）

（43）任**遣**嫔妃随后拥，终归难免也无常。（《敦煌变文集新书·维摩诘经讲经文（五）》）

---

① 按：《齐民要术·杂说》的内容非贾思勰原著所有，实为后人搀杂之作。详见柳士镇：《从语言角度看〈齐民要术〉卷前〈杂说〉非贾氏所作》，载《中国语文》，1989（2）。

多用于表禁令的祈使句中。"禁止、阻止"是"听凭"的更进一步发展。如：

（44）还须念念发精勤，莫遣头头行游逸。（《敦煌变文集新书·维摩诘经讲经文（一）》）

（45）所以教学玄旨人，不遣读文字。（《古尊宿语录》卷二）

3. 宋代以后逐渐消失

据李文泽（2001）统计，"遣"在宋代苏轼诗、黄庭坚诗等作品中多用。但宋以后的文献中很少有用例。

"遣"也偶尔用作表被动的。如：

（46）阿你浦（逋）逃落籍，不曾见你膺王役，终遣官人棒脊，流向儋、崖、象、白。（《敦煌变文集·燕子赋》）

（47）无价荆山美玉，未遣卞和知。（《刘知远诸宫调》卷一）

"NP_1 + 遣 + NP_2 + V_2"中"V_2"的动作性、自主性、及物性较强。所以近代汉语中很少有"遣 + NP_2（人）+ V_2 感受动词"（遣人欢悦、遣人遗憾、遣人向往）类表抽象的使役用法。

二、非原型使役动词"教""交""叫"

"教"在唐五代以后又写作"交"（同音而异写。"教"，《广韵》：古肴切；《集韵》："教，令也。居肴切。""交"，《广韵》：古肴切。）但"教""交"在唐宋元明时期文献中的使用情况有差异，故分列说明。"教"与"叫"在语音上也有联系（《广韵》："叫，古吊切。"教，在《广韵》中也还有去声一读："古孝切"。）同时"教""交"和"叫"既可以表达"使令""致使"语义，也可以表达"容许"使役。指令行为的发出和传递离不开言语行为的中介，教、叫、交①都有从言语指令行为引申虚化的轨迹，故放在一组。

（一）教

"教"字在上古即有"教育""教授""指教"。《广雅·释诂》卷一下："教、

---

① 刘文正（2015）指出：在《太平经》中用于"NP_1 + $V_{1致使动词}$ + NP_2 + V_2"使役句的单音节致使动词还有"敕、致、促"。详见刘文正：《〈太平经〉动词及相关句法研究》，238~239页，长沙，湖南大学出版社，2015。

导、指、掯、敕、告、复、白、譔、眠，语也。"宋贾昌朝《群经音辨》卷六"辨字音清浊"条有："教，古肴切，使也。"

1. 先秦两汉魏晋

由"教导、传授知识技能"的意思很容易引申出以言语使人行事的意思，即"命令"。其使役用法便是由动词的"教授"义演变而来。先秦两汉至魏晋用例很少。如：

（48）获一邑而**教**民怠，将焉用邑？《左传·昭公十五年》）

（49）子欲若俗夫小人复相**教**妒天道耶？（《太平经·妒道不传处士助化诀第一百五十四》）

（50）次至杨修，修便啖，曰："公**教**人啖一口也，复何疑？"（《世说新语·捷悟》）

2. 唐宋

唐代"教"才大量使用，并一直至明清。"教"既可以表达"使令"语义，也可以表达"致使"语义。由于使役者与被使役者之间的相互关系（施受关系：命令与服从，允许与听凭，赐予与禁止等）和使役强弱程度不同，产生了意义不同的表达，如致使、祈请、容许、听任等很多派生的意义。

其一，表示让某人开始做某事或致使某人做某事，使某动作或某状态得以实现，致使的语气较重。

唐宋及唐宋以后直至明代，"教"的使役用法得到迅速发展。唐宋用例如：

（51）始是乾坤王室正，却**教**江汉客魂销。（杜甫《承闻河北诸道节度入朝欢喜口号绝句十二首》之三，仇兆鳌《杜诗详注》于教下注云："平声，一作'交'。"）

（52）发言争使我重问，塞耳转**教**人懒听。（《敦煌变文集·双恩记》）

（53）师曰："栽即不障汝栽，莫**教**根生。"曰："既不**教**根生，大众吃甚么？"（《祖堂集》卷四）

（54）九座今日向孤峰绝顶驾一只铁船，截断天下人要津，**教**他挥篙动棹不得。（《五灯会元》卷十六）

（55）大众，急著眼看须弥山，画一画百杂碎，南赡部洲打一棒，东倾西侧，不免且收在开圣手中，**教**伊出气不得。（《五灯会元》卷十六）

表致使义的"教"还出现于"NP$_1$+V$_1$+教+V$_2$"的使成句式。如：

（56）若不得二祖不惜性命，往往转身无路，烦恼**教**死。（《五灯会元》卷二十）

（57）既知了，又须着检点**教**详密子细，节节应拍，方始会不间断。（《朱子语类》卷五十六）

其二，"使令"重在行为，只有生命度高的人或由人组成的团体机构才有可能作出指令。

从这个意义上讲，"使令"行为的确可以看作是一种"间接祈使"，有"请某人做某事，让某人做某事"。句中的使役者通常是有生名词"人"，动作、作用的主体（被使役者）一般也是有生名词多指人，表示某人致使了某种动作。如：

（58）禅曰："向汝道甚么？"师曰："**教**和尚莫乱统。"（《五灯会元》卷十六）

（59）这小鬼你未生时，我已三度霍山庙里退牙了，好**教**你知。（《五灯会元》卷二十）

其三，表示使役者容许被使役者做某动作，或使役者不加妨碍地希望被使役者做某动作。如：

（60）严曰："却请师叔道。"师曰："若**教**某甲道，须还师资礼始得。"（《五灯会元》卷十三）

（61）汝自不识取，影在四大身中，内外扶持，不**教**倾侧。如人负重担，从独木桥上过，亦不**教**失脚。（《五灯会元》卷四）

其四，表示放任他人做某动作或处于某种状态，虽然包含使役者的意识，但并非是积极的行为。

多为"从教""放教""任教"连用，句中的主要动词动作性不强。如：

（62）师曰："灼然一切处，**放教**枯淡去。"（《五灯会元》卷五）

（63）寄语江西老古锥，**从教**日炙与风吹。（《五灯会元》卷六）

（64）白浪起时抛一钓，**任教**鱼鳖竞头争。（《五灯会元》卷二十）

其五，在受事主语句中"教"可理解为表被动意义。

（65）但时中不用挂情，情不挂物，无善可取，无恶可弃。莫**教**他笼罩著，始是学处也。（《五灯会元》卷四）

（66）见藏经梵夹，金字齐整，乃怫然曰："吾孔圣之书，不如胡人之教

人所仰重。"(《五灯会元》卷十八)

"教"字句从使役句发展为被动句,从唐代到清代一直有用例。这是"教"字从使役轻动词进一步虚化的结果,其演变的动机、途径学界多有论述,详见江蓝生(2000)、蒋绍愚(2003)的论证。

3. 元明清

"教"的使役用法至唐宋发展成熟,元明清时期基本沿袭唐宋的用法。值得一提的是,元代由于汉语与蒙古语发生接触,"教"字有特殊的现象:一是不带受使者的"教 V"句,一是句末加语气词"者""着"的"教……者/着"句。

《元典章·刑部》《孝经直解》《古本老乞大》《直说大学要略》中出现"教 V"句式,用例分别为 45(80 例使役)、5(10 例使役)、13(38 例使役)、11(22 例使役),占"教"字使役用法的一半。这与蒙古语的 SOV 语序和使役形态表达为"动词 + 使役后缀"有关,导致汉语使役句中 NP_2 省略或前置形成"教 V"句。如:

(67)都去时,那人家见人多时,不肯**教**宿。(《古本老乞大》)

(68)大德三年七月初二日中书省奏奉圣旨:乐人每根底管民官每的勾当迟悞说,哏**教**生受有。(《元典章·刑部》卷十五 典章五十三 乐人词讼约会)

该类句子在《新编五代史平话》有 5 例,《大宋宣和遗事》有 3 例,《元刊杂剧三十种》有 4 例,相对而言,"教 V"句所占用例较少。

关于"教……着/者"句,在元代白话碑、《元典章·刑部》《孝经直解》等中有用例,使役句常与语气词"著/着"和"者"同现,加强语气,表示使令行为或使令结果。如:

(69)身体头发皮肤从父母生的,好生爱惜者,休**教**伤损者么道。阿的是孝道的为头儿、合行的勾当有。(《孝经直解》第一章)

(70)和尚根底寺,也立乔大师根底胡木刺,先生根底观院,达失蛮根底蜜昔吉,那的每引头儿拜天底人,不得俗人骚扰,不拣甚么差发休交出者。(《一二三八年凤翔长春观公据碑》)

明清时期,以上这两种特殊"教"字式用例较少见。值得注意的是,明清时期动结式进入致使义"教"字句,受到句式限制。到了清代,使役动词"叫""让"

与"教"形成竞争。

（二）交

"交"作动词时有"交付、交纳"的义项，用于言语行为有"交待，命令"的语义特征，从而也转化出"使让"义。太田辰夫（1958/2003）指出"教"有平声和去声二读，唐诗等作品中表示使役时，读平声，后写作"交"。汪维辉（2000）提出，"交"在文献中的出现不晚于三国。如：若不伏首，授我四归，必定交死。（支谦译《撰集百缘经》卷3，4／216c）

1. 唐五代

相对于"教"而言，"交"的使役用法数量要少得多，时间上也要稍晚一些，最早的例子见于唐代，其后开始与"教"并行。如：

（71）南行一里，建碑堂。筑立高垣，不**交**开着。（《入唐求法巡礼行记》卷二）

（72）汉将王陵来斫营，发使**交**人捉他母。（《敦煌变文集·汉将王陵变》）

（73）十娘曰："五嫂咏筝，儿咏尺八：'眼多本自令渠爱，口少元来每被侵；无事风声彻他耳，**交**人气满自填心。'"（《游仙窟》"交"字，安庆本作"教"字。）

（74）进道先须立自身，直**交**行处不生尘。（《祖堂集》卷八）

（75）亦不可如此说。且如有颜子资质底，不成**交**他做子路也！（《朱子语类》卷二十九）

2. 宋元明

"交"字使役的用法基本与"教"字使役平行。既可表示使令，也可表示致使，一定的语境下表示允让、容让等。

在宋代以后用例较少，多见于戏文中。如：

（76）你**交**副末底取员梦先生来员这梦看。（《张协状元》第二出）

（77）似这雪呵，似这雪呵**教**买臣懒负薪，似这雪呵**教**韩信怎乞食。（《元曲选·杀狗劝夫》第二折）

（78）你说与伍伦全，**交**他莫要想娘，尽心报国。（《伍伦全备谚解》卷七）

3. "教"与"交"有雅俗之分

"教"字使役句与"交"字使役句在不同的作品中有不同的使用倾向。

唐代《祖堂集》用"教",《敦煌变文集》多用"交";《刘知远诸宫调》只用"交";元代白话碑、直解体、《元朝秘史》等官方文献多用"教"而少用"交",口语性较强的《元典章·刑部》则多用"交"(209例),少用"教"(80例);张美兰、战浩(2020)指出:《元刊杂剧三十种》用"交",《元曲选》用"教";《水浒传》容与堂本、天启刻本"交"和"教"混用,而贯华堂本基本只用"教"。《金瓶梅》词话本中"交"和"教"混用,而崇祯本多用"教"。《训世评话》《三国演义》《西游记》《红楼梦》《英烈传》等文献只用"教"。《元刊杂剧三十种》和《元曲选》使役句有差异,前者用"交"字句,后者用"教"字句。两者有十三篇相同的剧本,《元曲选》不用"交"字,或换成同义的"教"字句与"着"字句,或减省。如:

(79)见穷家苦怎捱,都交他请钞来。(《元刊杂剧三十种·老生儿》第一折)

——遍着那村城里外,都教他每请钞来。(《元曲选》同上)

(80)看者看者咱征斗,都交死在咱家手。(《元刊杂剧三十种·气英布》第三折)

——看者看者咱争斗,都教死在咱家手。(《元曲选》同上)

(81)怕孩儿成人长后,交与俺子父母报冤仇!(《元刊杂剧三十种·赵氏孤儿》楔子)

——待孩儿他年长后,着与俺这三百口可兀的报冤雠。(《元曲选》同上)

(82)赏了他五钱银子,交他吃了饭,伺候与哥儿剃头。(《金瓶梅》词话本第五十二回)

——赏了他五钱银子,教他吃了饭,伺候与哥儿剃头。(《金瓶梅》崇祯本第十一回)

用"教"字偏雅言正体,而"交"字偏口语俗体。

(三)叫

"叫"一开始表示实实在在的"呼叫、喊叫"义,用于使役句式中,则表示较为抽象的"使令、允让"义。

1. 宋元开始萌芽

在宋金时代文献中"叫"多伴随有"呼唤"的含义，用作单纯的使役还很少能见到。李文泽（2001）对《朱子语类》《刘知远诸宫调》《全宋词》《张协状元》的统计只有9例，且主要集中在语录、戏剧一类口语化特别明显的文献中，宋人诗词作品中极罕见。宋代的"叫"多有"召唤、召请"义，元代始见"叫"真正表使役的用例。

（83）昨日我见老妈，**教**我请秀才饮酒，**叫**月莲相陪，酒筵间用言调泛，必然成事。（无名氏《云窗梦》第一折，白）

（84）（正末云：）不用你！**叫**刘封听吾将令。（《元刊杂剧三十种·博望烧屯》第二折）

2. 明清

明代初中期的"叫"字句的受使者 N_2 基本都为生命度高的指人名词或人称代词。《金瓶梅词话》中的59例"叫"字句和《水浒传》中的152例"叫"字句的使令者/致使者 N_1 和受使者 N_2 都是生命度高的指人名词。这与"叫"字的"叫喊"义有关，动作的发出者和受动者都强制要求是有生命的事物。

明末的《三国演义》《醒世姻缘传》中，"教"字仍在大量使用，而"叫"数量相对较少；明代以表使令义的"叫"字句为主，句中的动词都是动作义强的动作动词或结构。表致使义"叫"字句不多，但"叫"动词谓词 V_2 成分已经呈现出多样性，既有动补式复合词，也有动补结构。如：

（85）分付："若在院里，休要**叫**花子虚看见。"（《金瓶梅词话》第十三回）

（86）大碗斟酒，大块切肉，**叫**众人吃得饱了，再取果子吃酒。（《水浒传》第六回）

到了清代的《红楼梦》《儿女英雄传》《儒林外史》里，"叫"已经是大量使用，《醒世姻缘传》中"叫"字句使用数量是"教"字句的10倍。"叫"与"教"形成了接替之势。如：

（87）这个晁大舍原是挥霍的人，只因做了穷秀才的儿子，**叫**他英雄无用武之地。（《醒世姻缘传》第一回）

（88）这正好，我这里正配丸药呢，**叫**他们多配一料就是了。（《红楼梦》第三回）

（89）给你留个囫囵尸首，给你口药酒儿喝，叫你糊里糊涂的死了，就完了事了。（《儿女英雄传》第五回）

清代的"叫"字句在某些语境中，会发生语义虚化的情况。当"叫"字表使令义时使令者的主观意图很强，是使令者使令或命令受使者实施某一行为，而且这一动作行为一般是使令者希望达成的。当使令义在某些特定的语境中可以转化为一种不干涉的使令，"叫"字句体现为一种不干预的"允许"义，或者说"任凭"义；当事情还未发生，使令者可以有阻止动作行为发生的能力，于是"叫"字体现为一种允让。因使役强弱程度不同，产生了祈请、容许、听任等派生语义。如：

（90）晁大舍说道："没帐！叫他咒去！……"（《醒世姻缘传》第三回）

"叫"字在明代还发展出被动用法。如：

（91）不己个样子，都叫人家掐巴杀了罢！（《醒世姻缘传》第九回）

清代"叫"字句使役句，发展为具有北方官话地域特点的使役句。

三、致使性弱的使役动词"听""著（着）""让""放"

（一）听

"听"最初是指听闻之"听"。它经历了从"听闻→听从→听许→听凭"的语义引申过程，由接受言语发展为接受某种行为，即根据经验或情理，听许他人的行为发生。上古"听"已有"听凭"之义。《庄子·徐无鬼》："郢人垩漫其鼻端，若蝇翼，使匠石斫之。匠石运斤成风，**听而斫之**，尽垩而鼻不伤，郢人立不失容。"

当"听"字用作兼语式的第一个动词："NP_1（有生命的人）+ **听** +NP_2（有生命的人）+VP_2"时，句中的"听"字句从带有允许、听凭的意思，表示"NP_1听凭NP_2做VP_2"发展出新用法（NP_2在上下文中可以省略）。中古汉译佛典中已有"听"字使役句的用例。如：

（92）王大欢喜，与其所愿。即便问言："汝何所求，恣汝所欲。"臣便答言："王剃须时，**愿听我剃**。"王言："此事若适汝意，听汝所愿。"（《百喻经·愿为王剃须喻》）

（93）重白佛言："罪垢所蔽，积罪九年。幸赖慈化，今得开解。唯愿世尊，听为沙门。"（《法句譬喻经》）

（94）此儿所作，过于本望，令得出家必能成道，即听出家。（《众经撰杂譬喻》）

（95）鹰告雀曰："今且放汝，听归本居。观吾力势，为能获汝身不？"（《出曜经》）

一般用在"NP_1"是上级（君主、夫主）或长辈，"NP_2"是下级（臣子、妻妾）或小辈的场合。以上对下的指令行为，发话人（施事）相对于受话人（与事）具有一定的权威性（authority）。这也导致了"NP_1""NP_2"始终没有发展出指事的无生名词或指抽象的事件。而这正是它区别于其他使役句（"使""令""教"字句）用法的地方。因而"听"字也没有从"使役用法"发展出"致使用法"。魏晋时期的汉译佛经使用频率不一，中土文献中更少。相对而言，"听"字容让型使役句使用范围狭窄，多用于否定句，表消极的允让。语用环境比较单一，使用时间短。

（二）著（着）

在中古汉语里，"著"（按：引例均用"着"字）由"附着"义发展出"放置""遭受""使用"等含义，到唐代用于"NP_1+着+NP_2+V"句式中，用于言语行为时，"着"则有"交待，命令"的语义特征。这条路径的大致阶段应该是："放置→安顿/安置→差使"。如：

（96）其弟子等来到[刘]慎言处觅船，慎言与排比一只船，着人发送讫，今年九月发去者。（《入唐求法巡礼行记》卷四）

（97）故人赠我我不违，着令山水含清晖。（李白《酬殷明佐见赠五云裘歌》）

1. 宋代萌芽

到宋代"着"出现在"NP_1+着+NP_2+V"，从而引申出"使让"义；如用于一般动作行为，"着"则有"指使，指令"的语义特征，从而引申出"使让"义。如：

（98）别离滋味浓如酒，着人瘦。（张耒《秋蕊香》）

（99）更是阃门也懒能教得他。及它有失仪，又着弹奏。（《朱子语类》卷一百二十八）

以上各例中的"著（着）"都表示具体的使役，"NP_1（致事者）+著（着）+NP_2+VP"，即VP所表示的动作行为是致事者使（让、派）当事者所发出的。这个阶段的路径大致应该是："差使→使令、致使"。

2. 元明清

"着"字使役句在宋代的用例逐渐增多，但大量使用是在元代，其中在元杂剧中很常见，而且用法呈现出多样化的特点。如：

（100）今日圣人在御园中打金弹丸，着宫娥彩女辈看其所落之处，寻觅金弹。（《元曲选·抱妆盒》第一折）

（101）官人呵这言语休着您爷知。（《元曲选·合汗衫》第三折）

（102）今日承老夫人教旨，着我请一个有德行有文学的先生，教他三位公子。（《伍伦全备谚解》卷一）

（103）我如今着你叔侄两个都回家去走一遭，把你老子祭一祭，祖公都祭一祭便来。（《遇恩录》）

元明以后，"著"（着）字语义基本为使令，而致使使役用例不多。很少用于禁令句。如：

（104）锅子上盖覆了，休着出气，烧动火，一霎儿熟了。（《古本老乞大》）

（105）饭汤休着冷了，等一会儿吃。……过卖，你这饭只要干净，休着冷了。（《朴通事》）

也出现了消极的允让与被动之间的语义关联。如：

（106）〔正末云〕兀那厮，俺嫂嫂呢？〔店小二云〕着人拐的去了。〔正末云〕怎生着人拐将去了也。……着他拐了我浑家去，可怎了也。（《元曲选·黑旋风》第二折）

值得注意的是，《聊斋俚曲集》中两种语义常见，使令义有216例，致使义120例，还可见源自使役的被动句。如：

（107）杨蕃说："还望张老爷作主，不着万岁知道罢。"（《聊斋俚曲集·磨难曲》）

清代以后"著"字使役渐渐衰落，以山东方言为基础的《聊斋俚曲集》中"著"字使役句还大量使用，说明"著"字使役的地域性特征。

在河北献县那一带口语中仍使用。如法国传教士戴遂良编撰的系列汉语教材

《汉语入门》中都是"着"字使役句。如：

（108）你若是不安分、胡作非为的，着你爹孃不松心，这就不算是孝。（戴遂良《汉语入门》第四卷《道德与民间风俗》）①

戴遂良（1894）《汉语入门》中使役和被动均用"着"为句式标记，说明了在北方河北献县地区"着"有经过致使演变为被动的途径。（参见"被动句式"章）

表一　元代"著（着）"字句的使用情况

句式	文献	元刊杂剧三十种	孝经直解	原刊老乞大
"著"字句	总数	15	12	19
	使令	12	7	16
	致使	3	5	0
	允许	0	0	3

表二　明清"著（着）"字句的使用情况②

句式语义	文献	训世评话	平妖传	水浒传	金瓶梅词话	西游记	醒世姻缘传	歧路灯	红楼梦	儒林外史	聊斋俚曲集
"着"字句	使令	8	2	86	10	189	90	17	29	2	69
	指示	2	1	7	4	15	0	0	0	0	216
	致使	0	0	4	0	3	1	0	0	0	120
	允许	0	0	1	1	2	0	0	0	3	10
	用例	10	3	98	15	209	91	17	29	5	415

（三）让

"让"从"谦让"等义转化为使役动词，表示"使让""允让""容让"。"让"字表达使役在明代开始出现，使役的核心语义是表达一种促成性允让，进而发展出"容让"义。"让"的"使令"义产生得比较晚，在清代产生。因此，"让"的语义演变有两条路径，一是从"让请"→"允让"→"容让"，一是从"让请"→"使

---

① 戴遂良《汉语入门》第四卷《道德与民间风俗》（Rudiments de parler chinois. Dialecte du 河间府 par le P.L.W.S.J. 4 volume, Morale et Usages populaires），出版于1894年，共968页。采用中文与法文对照翻译的体例，主要介绍了晚清直隶省民间道德信条与习俗，并且对晦涩难懂的民俗词汇、历史人物与节日名字等文化词进行了批注。1905年再版（Morale et usages, 1905）。

② 按"着"字句可细分为三类：使令、致使、允让，表一、表二均为刘华丽（2022）所统计的数据。

令"→"致使",演变的动因是基于结构组成成分中 N_1 和 N_2 的意图和意愿性凸显度的改变。

1. 明代萌芽并发展

"让"字在明代初期的主导义是通过行为或言语的"礼让、谦让、让请"义。明代中期"让"开始表示言语或行为上的允让。我们可看到"让"字句歧解阶段,如例(109)(110),可理解为礼让,也可理解为使让。如:

(109)妇人**让**玳安吃了一碗,他也吃了一碗,方才梳了头,锁上门,先到后边月娘房里打了卵儿,然后来金莲房里。(《金瓶梅词话》第二十三回)

(110)宋江道:"诸将相**让**马军出战。"(《水浒传》第九十三回)

明代"让"字句的语义演变路径为:让请→促成性允让→一般允让→容让。"让"字句语义上是从消极义演变到积极义再到消极义。礼让是一种促成,由此发展出允让义,由"行让"的"谦让"义演变为"行让"的"允许"义。这是从消极义向积极义发展的演变过程。如例(111)就是消极"让请"义,例(112)为积极的"使让"义,例(113)为消极"容让"义。

(111)那佳人**让**客先行。(《大宋宣和遗事》)

(112)两个交马,斗了多时,史进卖个破绽,**让**陈达把枪望心窝里搠来。(《水浒传》第一回)

(113)闹了这许多天,实在也乏了,且**让**我歇一歇儿,慢慢的再计议罢。(《儿女英雄传》第一回)

"让"字句语义演变过程就是 NP_1 意愿消解——NP_1 不施为(消极施为)到 NP_1 促使阻碍力消失,NP_2 意愿凸显并达成的过程。明代"让"的主要语义就是允让、容让义。

2. 清代发生语义扩展

清代"让"又扩展出使令、致使使役,用例不多,直到清晚期《小额》中"让"字指示、致使使役句才大量出现。如:

(114)只说小饮,且不必言其所以然,直待张铁臂来时,施行出来,好**让**众位都吃一惊。(《儒林外史》第十三回)

清末民初"让"字句指示使役和致使使役用法多见于北方官话中。如:

（115）明儿您让我姐姐给我瞧瞧。(《燕京妇语》)

（116）赶紧自己进去，拿了三吊，让老王给拿出去。(《小额》)

（117）就手儿给他送这个信，让他听着喜欢喜欢。(《小额》)

"让"字指示、致使使役句中 NP$_1$ 的意图性和参与度很高，而 NP$_2$ 在 NP$_1$ 的指令下去完成某事，其意愿性不再凸显。因此，"让"字句呈现多义性特征，既可表达允让与容让，也表示指示和致使使役。到现代汉语中"让"字句是很常见的使役句。

（四）放

"放"作为使役，同"给予指令"的意义有关，给予指令即放任、同意、听从；不给指令即不放任，不同意。从"使令"到"允让"再到"听任"这是一个非常清晰的语义的弱化过程，唐宋时期多用。如：

（118）卿母见在营中，受其苦楚。放卿入楚，救其慈母，卿意者何？(《敦煌变文集·汉将王陵变》)

（119）事须差家人五六人守寺门，辄不得放僧尼出寺。(《入唐求法巡礼行记》卷四)

（120）后因一日辞次，罗山于师身上脱下纳衣，披向绳床坐，云："若要去，取得纳衣，放汝去。"(《祖堂集》卷十二)

（121）逐意习经书，任运行三昧。彼此出家儿，放教肚皮大。(《古尊宿语录》卷二十)

（122）汉人之策，令两旁不立城邑，不置民居，存留些地步与他，不与他争，放教他宽，教他水散漫，或流从这边，或流从那边，不似而今作堤去圩他。(《朱子语类》卷二)

但"放"这个词作为实词，义项较多，用为抽象使役的虚化程度不高。所以没有得到进一步的发展，使用的时间也不长，元代以后较少使用。今天现代汉语有"放任"一词留有"听任"之义，"放轻松点"的"放"使动意义很明显。只在部分地区还有使用。①

---

① 连金发（2004）在《台湾闽南语"放"的多重功能：探索语意和形式的关系》一文中指出"放"表示从束缚的状态进入解放的状态的延伸，即从使客体在具体的空间里位移到使客体产生状态的改变，这种使动用法在今台湾闽南语中仍用。载《汉学研究》22卷，2004（1）。

四、使役性弱的动词"待""等""与""把""给"

（一）待

动词"待"的使役义，是从等待义引申来的，且主要表弱化的使役允让—容让义，较少表达使令与致使义。"待"字使役用法萌芽于魏晋时期，用于连谓结构"（N_1）+ 待 +N_2+V"，此时"待"既可理解为"等待"义，又可理解为"让"义。如：

（123）魏武曰："卿未可言，**待**我思之。"（《世说新语·捷悟》）

（124）一人观瓶而作是言："**待**我看讫。"如是渐冉，乃至日没。观瓶不已，失于衣食。（北魏《百喻经·观作瓶喻》）

"待"字使役句在唐之前并未定型确立。听话者的"等待"行为与说话者的行为之间存在先后顺序，时间上保持连续，两个动作发生时间上有重合。

宋元时期"待"字使役句开始确立。先看宋代的例子。如：

（125）三圣云："若实怎么犹胜临济七步，然虽如此**待**我更验看。"（《景德传灯录》卷十）

（126）师曰："**待**我斫棒。问上上根器人还接否。"（《景德传灯录》卷十二）

宋元南戏中的"待"字已经完全脱离了"请听话者等一等"，N_1 和 N_2 所参与的动作事件不必保持时间上的连续性，动作发生时间没有重合。"待"字只表示说话人"请求允许"义。如：

（127）你去安排些食物，一就与我关了外门，**待**我和官人吃几杯酒。（《小孙屠》第十出）

（二）等

动词"等"在宋元开始有表示等待义，这一义项至今成为"等"的常用语义。常用的句式是"NP_1+ 等 +NP_2"，有时会是"NP_1+ 等 +NP_2（无生名词）+ VP"。之后也可用在小句前表示主要动作发生的时间，相当于时间副词，表示"等到……的时候"或"……的时候"，这是实词虚化的用法。常用的句式是"等 + NP 时（之后），NP+VP……"。而当"等"用在"NP_1+ 等 +NP_2（有生名词）+ VP（+NP_3）"的句子里，"等"充当兼语时，就有了使役的用法。从时间上的等待到主观上的愿望、请求,"等"就发展出"让、允许"的意义,而主观愿望强烈时,"等"就带有使令意义了。当"等"由 N_1 单方面行为的"等候、期待"转化为 N_1 与 N_2 双方关系时,"(N_1)+ 等 +N_2+V", N_1 对 N_2 的主观态度得到了增强。

元杂剧里"等"有用例,N_2 常常为第一人称代词或自指名词,语义表达说话人自己的一种愿望(wish/will),或一种委婉请求。如:

(128)(张千云)大姐,你且休过去。等我遮着,你试看咱。(《元曲选·智宠谢天香》第二折)

(129)(正旦云)姑姑,等我自寻思咱。(《元曲选·望江亭》第一折)

(130)八戒道:"不要扯,等我一家家吃将来。"(《西游记》第八十五回)

明代的"等"字使役句中 N_2 仍旧是第一人称为主,也表达意愿或请求。但 N_2 已见第三人称,"等"字使役表达不受语境限制的"允许"义。如:

(131)鲁智深道:"留下那两个驴头罢,等他去报信。"(《水浒传》第九十三回)

(132)莫嚷,莫嚷!等他抬!抬到西天,也省得走路。(《西游记》第八十四回)

"等"字使役的语义由原来的"祈愿,请求允让,意愿"变成真正的"允让"(permissive)。

"等/待"从"等待"到"允让"与 N_2 的人称有紧密关系。当 N_2 为第一人称,N_1 省略时,"等/待"字使役句表示"自我请求"或"请求允许"义,凸显说话人的意愿;当 N_2 为第三人称时,"等"字句表示不阻止,不打扰的"允让"义,表示不干涉或不阻止受使者 N_2 的行为。"等"字句明显多于"待"字句。"待"字使役句元代只见于南戏,明代以后"等"字句和"待"字句在江淮官话中多见,句式具有地域性特征。明末以后"待"字句不再使用。

"等/待"的语义发展路径为:等待(消极)> 不阻止的允让(non-preventive permissive)> 允让(permissive)。在允让的基础上,发展出使让用法,而"等"这种用法在赣语和小部分湘西方言、粤语等南方方言中使用。石汝杰、宫田一郎(2005:127)指出:"等"在明清吴语中(《型世言》《党人碑》)可用做使役动词,表示"让、使"的意思。如:

(133)月公道:"我徒弟自有,徒孙没有,等他做我徒孙罢。"就留在寺

中。(《型世言》第三十回)

(134) 如此说，相公请坐了，**等**我一头斟酒，一头说便了。(《党人碑》第九出)

(135) 我今日哟勿要开啥牢店哉，且**等**耳朵里静办勾日把介。(《报恩缘》第十五出)

(136) **等**倪散散心看，勿然是坐勒屋里向，倪头脑子也涨格哉。(《九尾龟》第二十四回)

(137) 就来仔末，**等**俚哚亭子间里吃。(《海上花列传》第二十一回)

1871年出版的羊城土话《天路历程》是对1865年出版的北京官话《天路历程》的粤语对译，官话中的"叫""让"字使役句，羊城土话都用"等"字使役句表示。如：

(138) 既系必要经过呢处，因何唔修整好个条路，**等**人易行呢？(羊城土话《天路历程》)

——既然从此经过，为甚么不修好这地方，**叫**人好走？(官话《天路历程》)

(139) 美徒话："既系噉，**等**我先行。"(羊城土话《天路历程》)

——美徒道："这样，**让**我头里走。"(官话《天路历程》)

(140) 尽忠话："你若唔讲，**等**我自己讲。"(羊城土话《天路历程》)

——尽忠道："你不肯说，**且**听我说。"(官话《天路历程》，"且"，情态副词。)

羊城土话《天路历程》16例"等"字使役句有"等"之致使义(见例136)、"等"之容许义(见例137)和"等"之祈愿请求义(见例138)三种用法，其对应的官话表达分别是"叫"字句、"让"字句、副词"且"字句。另外，1895年出版的《粤音指南》是对1881年北京官话《官话指南》的粤语对译，其"等"字使役句的语义也涉及三种用法。如：

(141) 俾佢一个唔注意，**等**佢食唔住，就要捧着走。(《粤音指南》卷一)

——给他一个冷不防，**叫**他吃不了，得兜着走。(《官话指南》卷一)

(142) 若系老爷而家得闲，可以带佢入嚟，**等**老爷睇吓。(《粤音指南》卷三)

——现在您若有工夫儿，可以带他进来，**老爷先看一看他**。(《官话指南》卷三)

可见，粤语"等"字句使役句有：表致使（指示使役）、请求（自发使役）、允让（许可使役）三个方面的语义。这也是"等"字使役句在南方地区存留的现象。①

（三）与

"与"字使役来源于它的"给予"义。冯春田（2000）指出"与"字使役的确立在唐五代。如：

（143）彼王早知如是次第，何妨与他修行？（《祖堂集》卷十四）

（144）若与我此山安乐，即便从伊；若与我此山不安，汝便当时发遣出此山中。（《敦煌变文集·庐山远公话》）

（145）老氏便要常把住这气，不肯与他散，便会长生久视。（《朱子语类》卷十六）

（146）愿君收视观三庭，勿与嘉谷生螟螣。（苏轼《芙蓉城》）

（147）他手里的东西，也不要留下他的，与他拿了出去。（《醒世姻缘传》第三十六回）

冯春田（2000）指出：总的来说，该句式的背景方言以南方方言文献为多。

（四）把

"把"的使役用法，学界比较多的是在介绍致使义处置式时说及（参见"处置句"章）。在近代汉语文献中有少数单独表致使义的"把"字句和被动义的"把"字句，且在汉语方言中尤其是南方地区有"畀""拨"等给予动词都有从"给予动词—使役—被动"的路径。循着这个线索，郑宏（2012）对"把"字句进行了论证。他指出从宋代开始，"把"常与给予动词"与"连用带宾语，在"与"的语义优势下"把"受到"与"的"给予"义影响，词义发生了"组合同化"，即"把"和"与"经常连用、接触频繁，使得"把"逐渐衍生出跟"与"的"给予"

---

① 早期不同粤语文献中"等"字使役句有一些用例。从1872年北京官话《路加福音》与1887年羊城土话的《路加福音》"使"字句与"等"字句比较中可以看出这一点。如：
都以为至好系依住次序写过你知，等你深知所学过嘅道理，系确实嘅。（羊城土话《路加福音》）
也想接着次序记载，达与你知，使你晓得向来所学的道，都是确实的。（北京官话《路加福音》）
而在1874年出版的教授西方人学习汉语粤语口语的初级教材《初学阶》中"等我哋喊嘭唥今日開工。"其英文对译的句子是："**Let us all** commence today."粤英对照，"等"字句与"**Let us …**"也是使役的共同表达。

动词义相同的义项，这是"把"由动词"持拿"义向给予义发展，于是"把"的"给予"动词义产生了。在"把（给予）+N+ VP"结构中，当 VP 是 N 自我发出的行为动作时，受到这种语义关系的制约，"把"由动作方向性强的"给予"义动词向动作性不强的"使役"义动词转化，导致了句法结构和语义结构的重新分析，"把"的给予动词义逐渐淡化，从而引起给予动词的使役化。元明时期有了"把"字使役的用法。如：

（148）这金钗儿教你高耸耸头上顶，这钿盒儿把你另巍巍手中擎。（《全元曲·唐明皇秋夜梧桐雨》）

（149）引姐私下寄衣寄食去看觑他母子，只不把家里知道，惟恐张郎晓得，生出别样毒害来。（《初刻拍案惊奇》卷三十八）

（150）如今我特把尼姑听见，说我们肯与他银子，哄他来。（《型世言》第二十八回）

这种用法在汉语史文献中不常用。郑宏（2012）指出：今天江淮官话、西南官话、吴方言和湘方言中"把"的"给予—使役—被动"三种用法都保留使用。

（五）给

"给"字使役从"给予"义演变而来，"给"字使役的确立在清代。"给"字语义演变是从"给+N$_1$+N$_2$"变为"（V$_1$+N$_1$）+ 给+N$_2$+V$_2$"结构，N$_1$、N$_2$ 是"给予"义"给"的必要论元，但 V$_2$ 与 N$_1$ 的语义关系是动作与受事的关系，N$_2$ 是生命度高的表人名词，与 V$_2$ 是施事与动作关系。"给"字使役句的语义不同于其他如"教""叫"字使役句，侧重的不是主语的使令行为，而是主语使让 N$_2$ 实施某行为，带有主语强烈的意图，这种使让义含轻微允让义。因此，主语对动作 V$_2$ 的控制度和参与度很高，N$_2$ 的自主性低。如：

（151）贾母笑道："你先给你娘瞧瞧去再去。"（《红楼梦》第五十二回）

（152）李薛二人都笑说："这正是大家的规矩，连我们家也没这些杂话给孩子们听见。"（《红楼梦》第五十四回）

"给"字句中 N 常为表人名词，"给"表达轻微的允让义和使让义，也进一步虚化为致使义。"给"还能由允让演变为表达被动，主要用于南方官话和方言中。

上海话使役义"拨"字句，是从其"给予"义引申而来。如：

（153）我讲一件可笑个事体拨侬听。（《土话指南》卷二）

(154) 我寻姓江个，伊避开之勿拨我看见。（《土话指南》卷二）

(155) 受之点气，拨肝气发起来哉。（《土话指南》卷二）

粤语使役义"俾"字句，是从其"给予"义引申而来。如：

(156) 拧出捞印子钱嘅手折俾官睇喇。（《粤音指南》卷二）

(157) 我又讲一件事俾你听吓吖。（《订正粤音指南》卷二）

闽南语使役义"乞"字句，是从其"给予"义引申而来。如：《荔镜记》有29例"乞"字句表"让"。如："不通乞哑公哑妈知。"同时，使役义"乞"字句，今天仍保留在许多闽方言中，如泉州、福州、东山、潮阳、汕头、遂溪。（引自曹茜蕾、贝罗贝2007）

第二节　使役句结构语义特征

由使役动词"俾""使""令""遣""教""交""叫""让""与""给""等""待""放"等构成的使役句的语义类型根据外力的有无，可分为两大类四个小类。详见下表。

表三　使役动词语义类型表

		动词	俾、遣	使、令	教、交、叫	著	让	与、给	等、待	放
有外力	强使役：使令－致使型	使令	+	+	+	+	+			
		致使	+	+	+	+	+			
无外力	弱使役：允让－容让型	允让			+		+	+	+	+
		容让			+		+	+	+	+

"使令－致使"型的"教""叫"字句在特殊的语境下可理解为"允让""容让"义，"让"字句由允让型向使令型语义扩展，成为语义较为全面的使役句，"给"字句是表达弱使役的允让意味的使役句，跟"等""待"字句不同的是，N_1有一定的控制度，而后者N_1控制度很低，一般表达说话人N_2的请求。"著"字句主要表达使令，使令强度不如"使""令""教""叫"字句，很多情况下派遣意味比较浓。由表三可看出，不同使役句的语义表达侧重不同，同中有异。

一、使役度强弱级差

"使/让"等表示使令、致使意义的动词,构成的句式为使役的句法结构。"使令"重在行为,大多是以上对下的指令行为,表示施力者(initiator/ agent)对承受者(patient)的施力影响,"权威性"(authority)的语义特征自然隐含其中。至于使令的最终结果是否得以执行,却不是发出"使令"的一方能够任意控制的,其结果也许成功也可能是失败,"使令"成功了也就产生了致使的结果。因此,"使""教""让""叫"既可以表达"使令"语义,也可以表达"致使"语义。

使令动词,每个使令词的发展进程在不同时代不同语体中的表现不一。从目前已有的文献看,"俾"字句早期的用例就有语体雅的倾向。《诗经》中"俾"字句 49 例,只有 2 例见于《国风·邶风》中,其他主要见于《小雅》《大雅》,部分见于《周颂》《鲁颂》中。偏士大夫正式语体;《诗经》中"使"字句 12 例,8 例见于《国风》中,4 例见于《小雅》和《大雅》中。偏口语语体。《左传》13 例"俾"字句,都是在庄重典雅尊敬的场合,呈书面语的特点。

"使"字句、"令"字句的语义与它们原型动词的语义有关,语法化程度较低、演变进程缓慢。"使"字句倾向于主要表"致使"义,"令"字句倾向于主要表"使令"义。根据李文泽(2001)对宋代语言中的使令词用法的调查发现,在宋人的诗文及《二程集》《朱子语类》中"使""令"用例较多,在宋人的词、语录、宫调较口语化的作品中"教"的用例开始增多,"遣"的用例明显减少。我们也发现使令性动词的语义、语用在不同的情况下同样具有使役强弱的差别,并非所有致使词的抽象化程度都完全一样。概括地说,有主体造成某个事态的积极使役,包括强烈使役,施动对象是被动承受或接受施力行为的,如"俾""使""遣""令"等;以及致使性使役,施动对象所承受或接受的动作行为是由某种情况或条件导致而成的,如"使""令""教""叫"等;也有主体容许某个事态发生的容许、听任等消极使役,即容让使役性,施动对象的动作行为是被容许、允许的,语义上不再带有强制性,如"放""让""与""给""等""待"等。如此可以将使令性动词对于其施动对象的使役力强度具有一定的级差性,即:命令性的强烈使役>致使性使役>容让性使役[1]。从左到右,说话人对于受话人的权威性逐渐减弱。

---

[1] 容让型使役句是使役性最弱,对使役施事的依赖性也最弱,由它们构成的使役句完全可以没有使役施事成分。(详见洪波、赵茗著:《汉语给予动词的使役化及使役动词的被动介词化》,见沈家煊、吴福祥、马贝加主编:《语法化与语法研究》(二),北京,商务印书馆,2005。

另一方面，较"使"和"令"出现时期稍晚的原型使役动词"遣"，由于词义所表达的使役力强硬，所表示的动作行为特征明显，因而多用于使令动词，"遣"因受同类的"使"和"令"的同化，已经发生了词义的弱化而具有了使役义，但是"遣"多表示强烈使令，使令的动词义至今没有发生更进一步的虚化（在受事主语句中有个别用例用作被动意义，主要取决于语境）。"使"和"令"应属于"派"一类的原型使令动词，在发生虚化时要受到语义强度程度上的限制，具有强制使役之意，使役者意志性强，同时因为"教"类的使役动词的大量运用，最终也没有发生进一步的虚化。

非原型使役动词"教""叫""让""给"等由于本身不具有使令本义，而是从"给予指令""以言语使人行事""请行事"等义虚化而来的，因此语义上的制约相对较小。尤其是"教"字句在宋元时期表使令义、表致使义的能力都较强，语义丰富，表义灵活，有祈请、容许、听任等很多派生的意义。"叫"字句、"让""给"类具有容许之意，也就是容许或尊重被使役者的意志。当容让的含义再次发生虚化（受事主语句中），整个句子具有了被动义。

根据上文对四组使令动词的分析，各组的特点大体可归纳如下：

第一组（A组）使用频率及先后出现的时间是：俾使＞令＞遣＞俾，"俾"古雅，"遣"字晚出，但用例少。"令"在魏晋时期口语中发展快。致使性用法方面明显的轨迹是：从具体使令到高度抽象的致使关系或纯粹的"致使"。

第二组（B组）使用频率及先后出现的时间是：教＞交＞叫，"叫"晚出，用例少。"教"高频率的使用，在致使性用法方面的轨迹是：从具体使令到高度抽象的致使关系或纯粹的"致使"，再到允让性役使，在允让性役使的基础上还会发展出表被动关系的用法。

第三组（C组）使用频率及先后出现的时间是：著（着）＞放＞让，"放"只表允让役使，没有得到进一步的发展，"著"在明清以后明显减少，"让"晚出，用例少。"著（着）""让"在允让性役使的基础上也会发展出被动的用法。

第四组（D组）使用频率及先后出现的时间是：待＞与＞等＞给。这类主要表示允让或弱使役。"待"字后来被"等"取代，"等"清代衰落。"等""与"和"给"在允让使役基础上发展出被动。

四组之间所表役使强弱程度大致为：A＞B＞C＞D。

由于"叫""让"产生较晚，所以"教""使"使用较多，就使役范畴而言，近代汉语使役句中表使让和表致使的边界没有现代汉语分得那么清楚[①]，"使/令/遣"字句主要表致使，但也可表使让；"教/交/著（着）/放/让"既表使让，也表致使；"等/待/给"主要表允让，也可表致使。

二、常见句式结构

（一）"NP_1+V_1（使/令）+ NP_2+V_2"句式

世界上存在的方式可包括有状态（state）、状态变化（change of state）造成变化（cause change of State）和变化的结果（result）这几类现象。典型的使役句的成句条件是对使役对象所处的状态或产生的结果作出描述。而"NP_1+V_1（使/令）+ NP_2+V_2"句式是典型的表示"使役"语义的基本句式结构，其中"使"等表示"致使""使令"义，NP_1充当句法主语和语义上的施事成分，V_2必须满足整个"致使"句式的要求，对致使对象NP_2所处的状态或产生的结果作出描述。而非典型的使令句（如表准许、容忍类的使役句），由于使令词在词义上的目的性比较弱，所以整个"V_1（使/令）+ NP_2+V_2"结构倾向于对主体（使役者）"NP_1"的态度进行描述。同时由于对使役施事的依赖性不强，由它们构成的使役句有时完全可以没有使役施事成分。

从构成成分看，使役句的主语NP_1多半是有生名词"人"，因为只有人才具有使役他人、他物的能力。但在语言表达中，造成某种状态的致事者也可以是表事件的"无生名词"甚至是谓词形式的成分。NP_2则多半是有生名词"人"，也可以是"无生名词"。

（二）"（NP1）+V1+V2（使/教/令/交）+CA / V3"类复杂的使役句式

"（NP_1）+V1+V_2（使/教/令/交）+CA / V_3"，是复杂的使役句式（C代

[①] 李大忠（1996）将使役动词分为表使令意义的"叫、让、请、派"，表致使意义的"使"。参见李大忠：《"使"字兼语句偏误分析》，载《世界汉语教学》，1996（1）；郭姝慧（2004）则认为现代汉语整个使役语义范畴中"使令"和"致使"是两个互有联系而又不同的语义类型。"使"字句不能表示"使令"，是一种典型表示"致使"语义的句式。参见郭姝慧：《"使"字句的成句条件》，载《语文研究》，2004（2）。

表补语成分，A为形容词，V为不及物动词或状态动词），即在使役动词前又出现一个及物动词，这个动词是使役句的真正致因。如：

（158）若也不会，大家用心商量**教**会去。幸在其中，莫**令**厌学。（《五灯会元》卷十）

（159）曰："恁么则镬汤炉炭吹**教**灭，剑树刀山喝**使**摧。"（《五灯会元》卷十六）

（160）早言一语说**交**破。（《张协状元》第二十一出）

刘承慧（1999）称这种"V$_1$+V$_2$（使/教/令/交）+C$_{A/V3}$"的结构为使令词组，古屋昭弘（2002）称之为"使成词组"。洪波（2003）指出这种复杂结构中的使令动词实际上是以词汇形式表达了上古早期使动形态成分所表达的语法意义。从古屋昭弘（2002）的用例看，这种句式中使令词在汉、魏、唐多为"使""令"，在宋代的用例中多用"教"，偶尔为"使""交"。

日本香坂顺一（1997）对明代《警世通言》23回、《古今小说》卷三十六中出现的"挤教干"句式用法的明代特性提出了看法，认为它缺少为明代用语的依据，似有沿用宋人用法的嫌疑。古屋昭弘（2002）指出：元明时期几种文献（《饮膳正要》《居家必要》《王氏农书》《本草纲目》等）都有此类用法，最早可追溯到东汉《伤寒论》、魏晋的《齐民要术》同类用法。明代说唱词话里也用。今天个别方言中还有"V$_1$叫V$_2$"的用法，使令词是"叫"字（如河南获嘉方言）。所以，明代作品中虽有此类用法，也不一定就是有沿用宋人用法的嫌疑。

又偶有"NP$_1$+V$_1$+NP$_2$+V$_2$（使/教令）+（NP$_3$）+C$_{V3}$"类复杂的使令句式。如：

（161）以绳急束蒿，斩两头**令**齐。（《齐民要术》卷九）①

（162）师遂以药熏其眼**令**赤，时人号为赤眼归宗和尚焉。（《祖堂集》卷十五）

（163）拥之**令**聚而不聚，拨之**令**散而不散。（《祖堂集》卷十七）

（164）须是先筑**教**基址坚牢。（《朱子语类》卷八）

---

① 梅广（2003）指出："这个'令'字式显然是一个并列结构，用来表达结果，它的出现显然跟使成式（兼语式）的结果用法尚未发展成熟有关。直到后来它也一直和表结果的使成式并行，并没有被后者所取代。"详见梅广：《迎接一个考证学和语言学结合的汉语语法史研究新局面》，载何大安主编：《古今通塞：汉语的历史与发展》，23~48页，台北，"中央研究院"语言研究所，2003。

这种变体实际上是将使成结构中前项动词对后项动词的使成意义词汇化，元代以后基本消亡（参见洪波 2003）。在今天的某些方言中还用，如台湾闽南话，见连金发（1999）。这个句式较为强烈地表示"致使""使令"义，所以句中使用原型使役动词多于非原型使役动词。

（三）"NP_1+ 副词 +V_1 使／令／交／教／遣（+ NP_2）+V_2"禁令致使句的表达式

这是"NP_1+ 副词（表禁令的否定副词）+V_1 使／令／交／教／遣（+NP_2）+V_2"禁令致使句（"间接祈使句"）的表达式。其中表禁令的否定副词多为"勿""莫""休""不"。如：

（165）此生须了却，**莫交**累劫受诸殃。（《祖堂集》卷十）

（166）**莫使**凡情惊怪，**莫教**浅促疑猜，道吾禅定不坚，道我修行退败。（《敦煌变文集新书·维摩诘经讲经文（五）》）

（167）倘若有意嫁潘郎，**休遣**潘郎争断肠。（《云谣集杂曲子·竹枝子》）

（168）专令僧众，亲承宗旨者，严加守护（传法袈裟），**勿令**遗坠。（《五灯会元》卷一）

（169）忽遇汉帝崩后，于内宫**不放**言语漏泄。（《敦煌变文集·前汉刘家太子传》）

（170）须是打扑精神，**莫教**恁地慢。慢底须是矫**教**紧，紧底须是**莫放教**慢。（《朱子语类》卷一百二十）

（171）人境不教车马近，醉乡**莫放**笙歌歇。（吴文英《满江红》）

"NP_1"是发号施令者，常省略，"（NP_2）+V_2"则表示未实现的动作。否定词常用于"V_1"之前，少数在"V_1"后，多为"勿""莫""休"，较少用"不"字（用"不"否定的句子，多表该致使的事件没有发生，不表禁止）。相对而言，句中使用原型使役动词多于非原型使役动词。

也有少数使役句，其否定表达在"V_2"之前，这只是一种中心动词的否定表达："NP_2"不要做（V_2）某事，与表禁令的使役表达："NP_1"施令者"NP_2"不得做（V_2）某事，不是同一种句式，两者句式语义表达各有侧重，应注意。如：

（172）万事今朝聘了，且须遣妻不出，恐怕朋友怪笑。（《敦煌变文集·丑女缘起》）

(173)陈公子又叫他不要吃惊,叫书童与了他工钱去了。(《型世言》第二十七回)

(四)致使性的重动句

部分重动句表示致使义,"V — V_C,VCO"句,如:

(174)广陵妙曲无人弹,若有人能**解**弹得一弹,**弹尽**天下曲。(《祖堂集》卷七)

(175)唾一唾,**唾破**释迦老子面门;踏一步,**踏断**释迦老子背脊骨。(《五灯会元》卷十九)

"到底是句子整体结构所赋予还是后面的述补结构所赋予呢?"我们认为可能是后者。中心动词后表结果程度的补语有:倒、翻、断、尽、破。这类句子还可以有另一种"一+借用量词+VCO"的表现形式,可以作为参照。如:

(176)一拳**拳倒**黄鹤楼,一踏**踏翻**鹦鹉洲。(《五灯会元》卷十四)

(177)一棒**打杀**与狗子吃,却贵图天下太平。(《五灯会元》卷十五)

(178)三世诸佛,被我一口**吞尽**。(《五灯会元》卷二)

(179)龙翔门下直是一棰**棰杀**。(《五灯会元》卷二十)

刘海波(2017)列举了"VOVCO"的用例。如:

(180)在家里**扫**地也**扫出**金屑来,**垦**田也**垦出**银窖来,船上去撒网也牵起珍宝来,剖蚌也剖出明珠来。(《二刻拍案惊奇》卷三十六)

(181)你**打**他**打破**头,浑身上下血交流,我也拿你这降人的,试试你这狗骷髅。(《聊斋俚曲集咒·禳妒咒》第十八回)

(182)宝玉欢喜道:"如此长天,我不在家,正恐你们寂寞,吃了饭**睡**觉**睡出**病来,大家寻件事玩笑消遣甚好。"(《红楼梦》第六十四回)

这三例中心动词后的结果补语C是趋向动词"出"和结果补语"破",致使义是整个句式述补结构赋予的。

(五)"NP_1+V_1 教/叫 $+V_2$"特殊致使句

"NP_1+V_1 教/叫 $+V_2$"特殊致使句,是不加"$N_{受使}$"成分的致使句。这与语言接触有关。例如元代汉语与蒙古语发生接触,出现了不加"$N_{受使}$"成分的"教V"句。张赪(2012)曾专文讨论元代语言接触中这种特殊的使役句式。清代汉语与满语发生接触，出现了不加"N_{受使}"成分的"叫 V"句特殊句式。这与蒙古语、满语的 SOV 语序和使役形态表达为"动词 + 使役后缀"有关，导致汉语对译，形成"教 V"句、"叫 V"句。如：

（183）为那般将札合敢不的百姓，不曾教掳了。（《蒙古秘史》卷七）

满语动词词缀 -bu- 被认为是使动态词缀和被动态词缀。满语用形态手段，即通过使动态词缀来表达使役义，在使动态结构句式中，满语动词 V（-bu-）常常要求受使成分有宾格标记"be"或与位格标记"de"，构成"S_{使事} + N_{受使} +be/de+V（-bu-）"的使役句式，但有时受使成分也可以是主格零形式的"S_{使事}+N_{受使}+[Ø]+V（-bu-）"句式，有时是"N_{受使}"也不出现的"S_{使事}+V（-bu-）"句式。

对于满文句中有使动态词缀"bu"标记的句子，满汉合璧《清文指要》汉文对译表现出显性使役、隐性使役和非使役三种情况。译为"**NP₁+V₁ 教／叫 + V₂**"句子。如：

（184）inje-re　cira　ijishūn　gisun –i　urgunje-**bu**-ci　aca-mbi.
笑 -IPFV　容颜　和顺　话语　INS　喜悦 -CAUS- 假设 .CVB　应该 -PRS
笑　　　颜面　和顺　言语　用　　喜欢　　　　　　应该
和言悦色的叫喜欢。（《清文指要》第三十一课）

（185）urunakū　tanta-**bu**-ha　de　ai　baha-mbi
必定　　　打 -CAUS-PFV　LOC　什么　得到 -PRS
一定　　　使打　　　　在　什么　得到
一定叫打一顿得什么好松的？（《清文指要》第九十三课）

张美兰、李沫（2022）指出："bu"是满语使动态形式表达的强制规定，是句法形态对语用表达的制约，而汉语则不受此限制，语义表达为主。而汉语对译满语选择的结构与动词及物性高低语义特征和致事者与被使者(施事／当事／事件)生命度等级等语义特征相关。这也是汉语与阿尔泰语接触的结果，值得重视。

（六）使役句的地域分布特点

如上文所云，到清代带有北方特色的使役句有："叫"字句、"着"字句、"让"字句。南方特色的使役句有："等"字句、"给"字句、"把"字句、"与"字句、"俾"字句。

参考文献

曹晋：《汉语致使范畴的表现形式从上古到中古的变化》，北京大学博士学位论文，2009。

曹茜蕾、贝罗贝：《近代早期闽南话分析型致使结构的历史探讨》，载《方言》，2007（1）。

冯春田：《近代汉语语法研究》，济南，山东教育出版社，2000。

古屋昭弘：《使成词组 V_1+ 令 +V_2 和 V_1+ 教 +V_2》，论文集编辑委员会主编：《纪念王力先生百年诞辰学术论文集》，北京，商务印书馆，2002。

何亮：《方言中"等"字表被动的成因探析》，载《语言科学》，2005（1）。

洪波：《使动形态的消亡与动结式的语法化》，《语法化与语法研究》（一），北京，商务印书馆，2003。

江蓝生：《近代汉语探源》，北京，商务印书馆，2000。

蒋绍愚：《汉语动结式产生的时代》，载《国学研究》（第 6 卷），北京，北京大学出版社，1999。

李文泽：《宋代语言中的兼语句研究》，载《汉语史研究集刊》（第四辑），成都，巴蜀书社，2001。

连金发：《台湾闽南语使成式的类型研究》，载《清华学报》（台湾），1999（4）。

刘承慧：《试论使成式的来源及其成因》，载《国学研究》（第 6 卷），北京，北京大学出版社，1999。

刘海波：《近代汉语分析型致使结构简论》，载《殷都学刊》，2017（3）。

刘华丽：《"让"字使役句的句法、语义演变分析》，载《历史语言学研究》（第十二辑），2018。

刘华丽：《"著"字使役句的来源与形成》，载《语言科学》，2022（1）

刘文正：《〈太平经〉动词及相关句法研究》，长沙，湖南大学出版社，2015。

（日）香坂顺一著，江蓝生、白维国译：《白话语汇研究》，第 91 页，北京，中华书局，1997。

石汝杰、宫田一郎：《明清吴语词典》，上海，上海辞书出版社，2005。

张赪：《元代语言接触中的汉语使役句式》，载《民族翻译》，2012（2）。

张美兰：《近代汉语使役动词及其相关的句法、语义结构》，载《清华大学学报》，2006（2）。

张美兰：《主观性与"听"字容让型的使役表达》，见北京市语言学会主编：《语言学的理论与运用》（二），北京，商务印书馆，2010。

张美兰、战浩：《明代通俗文献用字趋向的雅俗分化及其原因》，载湖北大学文学院编辑委员会主编《中文论坛》（第13辑），北京，社会科学文献出版社，2020。

张美兰：《清末粤语文献中的"等"字使役句》，载《现代中国语研究》第23期，（日）东京，朝日出版社，2021。

张美兰、李沫：《满汉〈清文指要〉使役结构句式表达比较研究》，载 *Journal of Chinese Linguistics*（《中国语言学报》），Volume 50，2022。

曾志雄：《〈左传〉"俾"字语言风格初探》，见单周尧、陆镜光主编：《语言文字学研究》，北京，中国社会科学出版社，2005。

郑宏：《近代汉语"把"字被动句及其在现代汉语方言中的地域分布》，载《西北大学学报》，2012（3）。

Comrie, B.Language Universals and Linguistic Typology, second Edition.Chicago: University Of Chicago Press, 1989.

Dixon, R.M.W. *A typology of causatives: form, syntax and meaning.*In *Changing Valency: Case Studies in Transitivity*, Dixon, R.M.W. and Alexandra Y. Aikhenvald, eds. New York: Cambridge University Press, 2000.

Dixon, R.M.W. Basic Linguistic Theory（volume 3）. Oxford University Press, 2012.

Hopper & Thomson. Transitivity in grammar and discourseLanguage, 1980.

Shibatani, M., ed. *Syntax and semantics*, Vol Ⅵ, *The grammar of causative constructions*. New York: Academic Press, 1976.

Talmy, L.Semantic causative types. In Masayoshi Shibatani（ed.）. Shibatani. Syntax and Semantics（Vol. 6）: The Grammar of Causative Constructions. New York: Academic Press, 1976.

第九章 汉语祈使句式的历时发展

> 本章主要内容
>
> （一）重点讲述：祈使句各种不同显示标记的历时发展概况
>
> （二）重点讲述：祈使句句式类型与句式结构
>
> （三）简单讲述：指令行为的表达与语力强度级差

祈使句是一种重要而常见的句类。用祈使的语气表示要求（包括命令、希望、恳求、劝阻、禁止）别人做某事或不做某事的句子，叫做祈使句。如：

走开！

请把门关上！

莫随便吐痰！

多保重，不要再哭了！

学界很早就关注到这一句式，给予了不同的名称。马建忠（1898）与之相关的有"**谕禁之句**""命戒之句""禁令之句"："**谕之使然**与**禁其不然**者。"

金兆梓（1922）提到的"布臆句"，"向对面人倾布胸臆的，又可分为命令、祈求、颂祷、陈诉等语吻"。黎锦熙（1924）《新著国语文法》之第十七章明确提出了"祈使句"的名目，并从语气词、助词等角度将句子分为决定句、商榷句、疑问句、惊叹句、祈使句五类。吕叔湘（1942/1982）《中国文法要略》之《行动·感情》一章指出："我们平常说话，多数是为表达事实，可是也时常以支配我们的行为为目的,这就是祈使之类的语气,被支配的以受话人的行为为主,但也有包括言者本人在内的时候。"王力(1943/1985)直接给出了祈使语气的定义:"凡表示命令、劝告、请求、告诫者,叫做祈使语气。"高名凯(1945)将祈使句称作"命令命题",即"把说话人心中所要他人作某种动作的意思用语言的形式表达出来"。命令命题又分权威的命令(包括谕令和禁令)和客气的命令(包括请求和劝告)。

关于祈使句的历史演变研究,学界已有相关的成果,断代研究有:胡颖(2007)对先秦祈使句、朱培培(2007)对两汉至隋祈使句、周晓燕(2007)对唐五代至宋代的祈使句、田爱美(2007)对元明清祈使句、李红霞(2009)对近代汉语祈使句的研究,等等。专书专题研究有:樊德华(2006)对《论语》祈使句、于涛(2008)对《祖堂集》祈使句、王进(2008)对《元曲选》祈使句、王智强(2010)对敦煌变文祈使句、龚峰(2010)对《五灯会元》祈使句、马凤霞(2010)对《歧路灯》祈使句的研究,等等。张美兰(2003)、赵微(2010)从指令行为的语力级差对汉语祈使句特征进行了研究。本章在学界已有研究成果的基础上,侧重从祈使句显性标记形式副词、助动词(can-wish verb)、动词、语气词等角度,分别介绍汉语祈使句的历史发展概貌。以下句式类型的梳理介绍和例句的使用,主要采自各家研究成果。

第一节 祈使句句类标记的历时发展

祈使句从形式上看,有显性祈使句和隐性祈使句之分。隐性祈使句则没有明显的标记特征,主要依据具体的上下文语境和实际语用来辨别,由语调来体现。上古汉语文献中常用。如:

(1)命二拒曰:"旝动而鼓!"(《左传·桓公五年》)

(2)曰:"归!吾聘女。"(《左传·成公二年》)

(3)谓孔子曰:"来!予与尔言。"(《论语·阳货》)

(4)曾子有疾,召门弟子曰:"启予足!启予手!"(《论语·泰伯》)

(5)齐宣王见颜斶,曰:"斶前!"斶亦曰:"王前!"宣王不悦。左右

曰："王,人君也。䑛,人臣也。王曰'䑛前',亦曰'王前',可乎?"(《战国策·齐策四》)

(6) 王曰:"此君子也,近之。"江乙曰:"有人好扬人之恶者,于王何如?"王曰:"此小人也,远之。"(《战国策·楚策一》例引自胡颖2007)

(7) 孟尝君曰:"食之,比门下之客。"(《战国策·齐策四》)

从上古至今,隐性祈使句一直都在使用,尤其在人物对话中表现很丰富。

有关其显性标记,学界早有论述。吕叔湘(1942/1982)《中国文法要略》谈到祈使句中语气词("矣""哉""乎哉""其""幸""唯""吧""啊""呢""呀"),动词("请""愿""乞""求""祈""恳")及其辅助成分("必要类"词语"要""得""须""必",副词("毋""勿""莫""休""不可""不得""不准""不许""别""甭")等。管燮初(1981)在论及金文句式时,就指出其中的副词"勿""毋""隹""其"和助动词"敢"可以表示祈使语气;句首语助词"叡""有"与助动词"敢"连用,"亦"与副词"其"连用,也表示祈使语气。

祈使句往往有一些形式上的标志,这些标志多半位于句尾,也有在句首或句中的。位于主要动词前的有否定副词、助动词、动词和表示祈使语气的语气词等,本节侧重介绍历时祈使句发展过程中,有特定显性标记特征的祈使句的面貌。对具有继承关系的显性标记特征采用前繁后简的写法,对新兴的显性标记特点则略加重笔介绍。为保持章节的匀称,仍按汉语史各阶段分别阐述。

一、先秦两汉祈使句的显示标记

(一)副词

自古及今,副词是一种常用的祈使标记。祈使句中表达祈使语气的副词有否定副词、语气副词、表敬副词等。

否定副词主要表示禁止。先秦两汉时期表祈使成分的**否定副词**有"勿""弗""无(毋)""莫"等。其中,先秦主要用"勿""毋(无)",西汉出现了"莫""休"。

1. 表禁止副词的"勿(无/毋)"字句

(8) 贞:王其入,勿祝于下乙?(《甲骨文合集》1666,引自张玉金

2001）

（9）莒人囚楚公子平。楚人曰："**勿**杀！吾归而俘。"（《左传·成公九年》）

（10）愿王之阴重赵，而**无**使秦之见王之重赵也。（《战国策·赵策四》）

（11）吾令人望其气，皆为龙虎，成五采，此天子气也。急击**勿**失。（《史记·项羽本纪》）

（12）此吉事也，**毋**多言。（《论衡·吉验篇》）

2. 表禁止副词的"莫"字句

"莫"[①] 字句，早期只**单表禁止**。如：

（13）子路曰："吾姑至矣。"子羔曰："不及，**莫**践其难。"（《史记·卫康叔世家》）

（14）秦惠王车裂商君以徇，曰"**莫**如商鞅反者！"（《史记·商君列传》）

3. 语气副词

上古常用于祈使句的副词："唯""其""必""将""幸"等。

"**唯**"用于句首表示说话人的希望、愿望。这种用法在先秦汉语中就已见使用。祈使句中的"唯"皆用在句首，有"希望""请"的意思。如：

（15）先王无流连之乐，荒亡之行。**惟**君所行也。（《孟子·梁惠王下》

（16）阙秦以利晋，**唯**君图之。（《左传·僖公三十年》）

（17）此丹之上愿，而不知所以委命，**唯**荆卿留意焉。（《战国策·燕策三》）

"唯"的这种用法，汉代仍见。如：

（18）**唯**陛下察之。（《史记·张释之列传》）

"**其**"作语气副词早见于甲骨卜辞，表示揣测或询问之意。到了周秦扩大表示反诘或祈使语气。多表示劝勉，或命令的语气。中古开始衰落，退出口语。如：

（19）舜曰："惟兹臣庶，汝**其**于予治。"（《孟子·万章上》）

（20）若兴诸侯，以取大罚，非慎之也。君**其**图之！（《左传·成公二年》）

（21）王**其**为臣约车并币，臣请试之。（《战国策·秦策一》）

[①] 按："莫"表禁止，产生于西汉，《史记》中已使用。近代汉语中"莫"已成为一个很常用的表禁止的否定副词，直到今天在某些方言，如湘方言、赣方言中仍用。

（22）舜曰："女其往视尔事矣。"《史记·夏本纪》

（23）平公曰："寡人好者，音也，子其遂之。"《韩非子·十过》

上古"**必**"用于祈使句，表示说话者对祈使行为的一种强调。中古已经衰落。如：

（24）戒之曰："往之女家，必敬必戒，无违夫子！"（《孟子·滕文公下》

（25）我死，女必速行。无适小国，将不女容焉。（《左传·僖公七年》）

（26）君必施于今之穷士不必且为大人者，故能得欲矣。（《战国策·东周策》）

上古"**将**"多见于《诗经》。如：

（27）将子无怒，秋以为期。（《诗经·卫风·氓》）

（28）戴输尔载，将伯助予。（《诗经·小雅·正月》）

汉代"**幸**"多用于客套的场合，表示敦请。汉代新用。如：

（29）王先生谓户郎曰："幸为我呼吾君至门内遥语。"《史记·滑稽列传》

（30）丞相乃再拜曰："嘉鄙野人，乃不知，将军幸教。"（《史记·袁盎晁错列传》）

4. 表敬副词：请

当说话人向听话人表达自己的意愿，或对听话人表示尊敬和礼貌，并不需要得到听话人的批准和允许时，"请+V"格式中的"请"就是副词。如：

（31）愿夫子辅吾志，明以教我，我虽不敏，请尝试之。（《孟子·梁惠王上》）

（32）愿大王少留意，臣请奏其效。（《战国策·秦策一》）

（33）有新声，愿请奏以示公。（《论衡·纪妖篇》）

（二）助动词

能愿动词是一个很特别的类，一般称为助动词。不同的助动词放在主要动词前分别表示人们对事物的可能、必要、必然、愿望、估价和许可等的主观判断，这类词数量不大，使用频率较高。上古祈使能愿动词有："**合**""**宜**""**当**""**可**""**克**""**得**""**愿**""**欲**"等。

"愿"有"请""希望"的意思，表达说话人心中的愿望，在祈使句中表达说话人希望听话人实施某一动作行为。"愿"字后头通常接一个主谓短语："愿+N_2+V_2"。如：

（34）臣**请**行矣，**愿**足下之无制于群臣也。（《战国策·燕策一》）

（35）四岳曰："等之未有贤于鲧者，**愿**帝试之。"（《史记·夏本纪》）

上古的助动词如"克""可""得""欲""宜"等。如：

（36）子曰："君子**欲**讷于言而敏于行。"（《论语·里仁》）

（37）射中，则**得**为诸侯。射不中，则**不得**为诸侯。（《礼记·射义》）

（38）说缪公曰："晋君无道，百姓不亲，**可**伐也。"（《史记·秦本纪》）

（39）三河太守皆内倚中贵人，与三公有亲属，无所畏惮，**宜**先正三河以警天下奸吏。（《史记·田叔列传》）

（三）动词

祈使句对动词有着比较严格的句法、语义和语用选择限制，表"使令""请求""希望"义的动词是祈使句的构成要件之一。单音动词"请"是主要成员。动词"请"用于两种情况：一是用于说话人（"臣""吾"）请听话人允许说话人做某事，"请"后的动作由说话人发出。如：

（40）子范**请**击之。（《左传·僖公三十年》）

（41）冯谖诚孟尝君曰："愿**请**先王之祭器，立宗庙于薛！。"（《战国策·齐策四》）

一是用于说话人请听话人（先生）做某事，"请"后的动作由听话人发出。如：

（42）其子下车牵马，父子推车，**请**造父助我推车。（《韩非子·外储说右下》）

（43）文奉邑少，而民尚多不以时与其息，客食恐不足，故**请**先生收责之。（《史记·孟尝君列传》）

自先秦两汉开始，历代均有使用。

（四）语气词

祈使句是申明己意，通常有"愿""请""勿"等词，或向提出"命令""请求""劝阻"等意愿的语境中，用于叙述句表申明或决定语气的语气词也可用来帮助表示祈使语气。上古用于祈使句的语气词有"也""焉""矣""来""哉""乎"等。

1. 矣

（44）弟子齐宿而后敢言，夫子卧而不听，**请勿复敢见矣**。（《孟子·公孙丑上》）

（45）孟尝君不说，曰："诺。先生休矣！"（《战国楚·齐策四》）

（46）惠帝曰："善。君休矣！"（《史记·曹相国世家》）

2. 也

（47）世世子孙，无相害也。（《左传·僖公二十六年》）

（48）来，必恶是二人。愿王勿听也。（《战国策·秦策一》）

（49）故大臣因天下之心而欲迎立大王，大王勿疑也。（《史记·孝文本纪》）

（50）愿先生之勿患也。（《论衡·道虚篇》）

3. 哉

（51）帝曰："俞，汝往哉！"（《尚书·舜典》）

（52）敬之哉！无废朕命！（《左传·襄公十四年》）

（53）愿将军观古名将所招选择贤者，勉之哉。（《史记·卫将军骠骑列传》）

4. 焉

（54）忠告而善道之，不可则止，毋自辱焉。（《论语·颜渊》）

（55）子纠，亲也，**请君讨之**。管、召，雠也，**请受而甘心焉**。（《左传·庄公九年》）

（56）愿公详计而审处一焉。（《史记·鲁仲连邹阳列传》）

5. 乎

（57）我之求也。此何罪？请杀我乎！（《左传·桓公十六年》）

6. 来

"来"字祈使句在上古只有单一的语用效能，即专**表命令**，本身有很强的驱使性。如：

（58）盍归乎来！（《孟子·离娄上》）

（59）虽然，若必有以也，尝以语我来！（《庄子·人间世》）

（60）歌曰："长铗归来乎！食无鱼。"（《战国策·齐策四》）

二、中古汉语祈使句的显示标记

（一）副词

1. 否定副词：勿（无）

与上古略有不同，中古开始，"勿"字句多**表劝阻义**。如：

（61）丘之祷久矣，勿复为烦！《世说新语·德行》

（62）谓波羁头菩萨，汝不晓是，勿得说之。（《佛说阿阇世王经》卷上）

（63）玉曰："无忧。今归白王。"（《搜神记》卷十六）

2. 否定副词：莫

"莫"字句原本**单表禁止**，**中古开始**用来表**劝阻**。语义范围扩大了。如：

（64）愿早定大计，莫用众人之议也。（《三国志》卷九）

（65）久久莫相忘。（《孔雀东南飞》）

（66）父曰："勿言，恐辱家门，且莫出入。"（《搜神记》卷十四）

3. "不+助动词"组合

否定副词"不"在实际语境中，必须要与一些助动词连用方能构成禁止句。复合副词"不得""不必""不须""不可""不足"_{不值得}"不要"等基本上都是中古产生的。

（67）不须极哀，会止便止。（《世说新语·贤媛》）

（68）此中人语曰："不足为外人道也。"（《桃花源记》）

（69）今秋取讫，至来年更不须种，自旅生也。唯须锄之。如此，得四年不要种之，皆余根自出矣。（《齐民要术》卷五）

4. 语气副词："必""其""且"

语气副词有"必""其""且"，基本继承了上古的用法。此例略。

5. 表敬副词：请

（70）**请**戮三男，以儿还母。（《搜神记》卷六）

（71）若为乱阶，**请**从我家始。（《世说新语·规箴》）

6. 情态副词：且

"且"字用于祈使句最早见于魏晋南北朝时期，表建议是其主要的语用功能。该用法一直持续到清代。如：

（72）悦子以告宣武，宣武云："**且**为用半。"（《世说新语·赏誉》）

（73）吴季英有知人之明，卿**且**勿言。（《后汉书·吴祐传》）

（二）助动词

1. 助动词："令""乞""愿""望"

中古表"命令""请求"义的词多见，如："令""乞""愿""望"等构成祈使句。如：

（74）**愿**君取吾言，得酒莫苟辞。（《陶渊明诗文选·形赠影》）

（75）**愿**陛下勿以迁都为念。（《世说新语·言语》）

（76）上汝一杯酒，**令**汝寿万春。（《世说新语·排调》）

（77）早**望**汝来！（《搜神后记》卷一）

（78）恐是鬼魅，**乞**更试之。（《搜神记·秦巨伯》）

"令"字句表命令义，"乞"字句、"愿"字句和"望"字句表请求义。

2. 助动词："合""应""当""宜""须"

中古表"应当""须要"义的词多见，如："宜""应""当""合""须"等。其中"宜"在东汉开始衰落，六朝多"宜可""宜当""当宜""宜应""宜须"的连用。"应"表应当，在先秦两汉开始有助动词的用法，东汉时期得到发展，中古开始普遍使用。"合"西汉开始出现，中古时期用例开始增多。"须"在汉代出现须要的语义，中古开始多见。这些词之间有新的组合式，如："当须""当应""应当""宜当""宜须""宜应""必宜""必须""必应""必宜""必当"等。柳士镇（1992/2019）第九章"助动词的发展"相关部分有详细介绍，此略举其用例。如：

（79）路已远，**君宜**还。（《世说新语·贤媛》）

（80）孙回泣向褚曰："**卿当**念我！"（《世说新语·轻诋》）

（81）若有急难，**当**见告语。（《搜神记·董昭之》）

（82）卿亦**合**死。（《洛阳伽蓝记》卷二）

（83）尔日犹云："当今岂**须**烦此。"（《世说新语·规箴》）

（84）若朕言非，卿等**当须**庭论。（《魏书·咸阳王禧传》）

（85）但能作祸，善试道士，道士**须当**以术辟身。（《抱朴子·金丹》）

（86）事人**当应**如此。（《魏书·韩延之传》）

（87）君病根深，**应当**剖破腹。（《后汉书·华佗传》）

（88）今考实未竟，**宜当**尽法！（《后汉书·虞延传》）

（89）布帛为租，则吏多奸盗，诚非明主所**当宜**行。（《后汉书·朱晖传》）

（90）东关易攻，**宜须**先取。（《魏书·南安王桢传》）

（91）**宜应**改旧，以成日新之美。（《魏书·咸阳王禧传》）

（92）君饮太过，非摄生之道，**必宜**断之。（《世说新语·任诞》）

（93）我诗**应须**大材迮之。不尔，飞去。（《南史·南齐书·袁嘏传》）

（94）卿**意当**欲宥此囚死命。（《南史·宋书·吉翰传》）

（95）今律文虽定，**必须**用之。（《南齐书·孔稚珪传》）

（96）翻曰："不出二日，**必当**断头。"果如翻言。（《三国志·蜀书·魏延传》）

（97）而芳一代硕儒，斯文攸属，讨论之日，**必应**考古，深有明证。（《魏书·乐志五》）

（98）君饮太过，非摄生之道，**必宜**断之。（《世说新语·任诞》）

此期"要"主要与"要当""要须""要当""要宜""要欲"组合，受整体意义合用法的影响，"要"与助动词连用时，也沾染上了助动词表达"应当""须要"之义，具备了助动词的初步特征。如：

（99）此酒**要须**用夜，**不得**白日。（《齐民要术》卷七）

（100）我与季虽无素故，士穷相归，**要当**以死任之，卿为何言？（《后汉书·冯鲂传》）

（101）诚是才者，其地可遗，然**要**令我见。（《世说新语·贤媛》）

从意义看，此类祈使句均表要求或建议，祈使性较弱。

（三）动词

使令动词：请

（102）丙辰，群臣表**请**听政，不许。（《宋史·太宗本纪第一》）

（103）孙登见曰："此病龙，雨，安能苏禾稼乎？如弗信，**请**嗅之。"（《搜神记》卷二十）

（四）语气词

中古延续了上古的语气词"也""焉""矣""来"，而"哉"和"乎"则从祈使句中退出。从语用功能看，这些句子以表示请求或建议居多。

1. 也、焉、矣

"也"构成的祈使句多见，"焉""矣"相对少见。如：

（104）勿负言**也**。（《搜神记》卷三）

（105）君其慎**焉**！（《世说新语·文学》）

（106）卿可去**矣**！至洛阳，当相为美谈。（《世说新语·贤媛》）

2. 来

中古语气词"来"字句数量大为增加，用法广泛，可表"命令""请求""建议"等。如：

（107）食粮乏尽若为活？救我**来**，救我**来**！（《乐府诗集·隔谷歌》）

（108）汝止有一手，那得遍笛，我为汝吹**来**！（《古小说钩沉·幽明录》）

（109）时此二人，即佐推车，至于平地，语将车人曰："与我物**来**！"（《百喻经·索无物喻》）

在汉魏六朝佛经中句末语气词"来"多表商量语义。如：

（110）须摩提语修耶舍："大弟，共诣耆阇崛山上，有所论说去**来**！" ①

---

① 句末语气词"来"与趋向动词"去"结合，常在祈使句中配套使用，从中古至近代在祈使句多见。

修耶舍曰："可尔。"（后汉康孟祥译《佛说兴起行经》卷上）

（111）护喜便捉火爨衣，牵曰："共至迦叶佛**去来**！"（同书，卷下）

3. 去来

语气词"去来"用于祈使句，产生于魏晋。如：

（112）旷野中有病比丘，共迎**去来**。（晋佛陀跋陀罗共法显译《摩诃僧祇律》）

（113）至阿脂罗河上洗浴**去来**。（后秦弗若多罗译《十诵律》卷十六）

这种句子一直到元明仍有部分用例。如：

（114）季卿，**疾忙去来**！（《元刊杂剧三十种·竹叶舟》第三折）

（115）**请哥这茶房里吃些茶去来**。（《朴通事谚解》）

（116）且叹他做甚？**快干我们的买卖去来**！（《西游记》第三十八回）

4. 看

尝试态语气词："看"产生于魏晋六朝。如：

（117）时尊者优陀夷见鸟已，即语："长寿，借我弓箭，试我手**看**。"答言："可尔。"（《摩诃僧祇律》卷十九）

（118）数回转使匀，举**看**，有盛水袋子，便是绢熟。（《齐民要术·杂说》）

自此，唐宋以后该用法多见。

三、唐宋祈使句的显示标记

（一）副词

这类副词主要是否定副词、语气副词、表敬副词、情态副词、时间副词等。

1. 否定副词：勿、无、莫、休、少

中古开始，大部分"勿"字句都表劝阻义。这种趋势一直持续到唐宋。如：

（119）殷勤惜玉体，**勿**使外人侵。（《游仙窟》）

（120）魔所变化，**宜无**怖惧。（《大唐西域记》卷九）

（121）并敕阿难："**副贰传化，无令断绝。**"（《五灯会元》卷一）

唐宋以来，表劝阻成为"莫"字句的主流功能。如：

（122）五嫂曰："娘子把酒莫嗔，新妇更亦不敢。"（《游仙窟》）

（123）欲行大道，莫视小径。（《祖堂集》卷十三）

（124）吾曰："莫乱道。"（《五灯会元》卷三）

唐代出现了"休"表示禁止，晚唐五代后[①]，使用渐趋普遍。如：

（125）楚人重鱼不重鸟，汝休枉杀南飞鸿。（杜甫《岁晏行》）

（126）休得看经，不用摊人得也。（《祖堂集》卷四）

（127）休遣信根沉爱网，休令迷性长愚情。（《敦煌变文集·维摩诘经讲经文》）

（128）劝君休莫莽卤，眨上眉毛须荐取。（《五灯会元》卷十四）

（129）孩儿你休要泪涟涟，我与你报仇冤，终不怕它一状元！（《张协状元》第三十二出）

"少"自唐代始可用于禁止词。如：

（130）夜栖少共鸡争树，晓浴先饶凤占池。（白居易《送鹤与裴相临别赠诗》）

（131）诫身心，少嫉妒，逡速时光早已暮。（《敦煌变文集新书·维摩诘经讲经文（三）》）

近现代汉语中，"少"字祈使句仍较常用。

"不+助动词"组合式，如"**不用**"唐开始使用，"**不要**""**休要**"唐代开始多见。主要表禁止。否定**复合式**还有"不可""未可""不须""不得""不用""不足_{不值得}"等。见下文"助动词"部分。

2. 语气副词：切、千万

"切"作为语气副词产生于唐代，主要用在能愿动词、否定副词以及请求动词等祈使标记之前，用来加强语气，有"务必""一定要"的强调语气，有"切须""切禁""切忌""切不可""切不得"等组合表达。如：

[①] 参见蒋绍愚、曹广顺主编：《近代汉语语法史研究综述》，132页，北京，商务印书馆，2005。按：在元明时期的北方话中，"休"已逐渐取代了"莫"。在明清时期的北方话中"休"逐渐被"别"所取代。而通语中"不要"也越来越多见。

（132）禅德！**切**须自看，无人替代。（《祖堂集》卷十五）

（133）答曰："莫踏佛阶级，**切**忌随他悟。"（《祖堂集》卷十七）

（134）乞师慈悲摄受，度得一个众生，某甲**切**要投禅出家。（《祖堂集》卷三）

（135）圆曰："子虽得入，未至当也，**切**宜著鞭。"（《五灯会元》卷二十）

现代汉语除了"切忌"还用外，**"切"在口语里已经基本消失。**

"千万"表达敦促、劝勉之意。唐代出现。如：

（136）**千万，千万，速归，速归**！（《敦煌变文集·维摩诘经讲经文》）

（137）莫久住，**速**须回，**千万**今朝察我怀。（《敦煌变文集·维摩诘经讲经文》）

（138）师兄在彼中堕根作什摩？**千万！千万！速来！速来！**（《祖堂集》卷四）

3. 表敬副词：请（希望）

（139）今还所止，**请**俟嘉辰。（《大唐西域记》卷五）

（140）今日因何端正相，**请**君与我说来由。（《敦煌变文集·丑女缘起》）

（141）某甲不识文字，**请**兄与吾念看，我闻愿生佛会。（《祖堂集》卷二）

4. 情态副词：且

"且"，继续保持魏晋南北朝时期表建议的语用功能。直到元明清这种功能没变。如：

（142）汝**且**近前，听孃一句之语。（《敦煌变文集·秋胡变文》）

（143）师云："长老房内有客，**且**归去好。"（《祖堂集》卷十四）

5. 时间副词：快/速

（144）师云："什摩处是陈老师拨汝话？**快道！快道！**"（《祖堂集》卷九）

（145）**速**去，**速**来。你若迟晚些子，不见吾。（《祖堂集》卷四）

（146）那个魔魅教你出家？那个魔魅教你受戒？那个魔魅教你行脚？道得亦杖下死，道不得亦杖下死。**速道！速道！**（《祖堂集》卷十五）

6. "好X"

"好X"用于送别、安慰、叮咛等语境之中,大约相当于"愿……""善……"。如:

(147)**好住**!不须啼哭泪千行。(《敦煌变文集·伍子胥变文》)

(148)过江了,向行者云:"你**好去**。"(《祖堂集》卷二)

(二)助动词

1. 助动词:愿、望、乞

这组词一直使用,与前代用法基本相同,表示祈愿。如:

(149)寻往白王:"**唯愿**垂许,与彼居士较论剧谈。"(《大唐西域记》卷八)

(150)**伏望**尊师,特收薄礼!(《敦煌变文集·叶净能诗》)

(151)进曰:"时不待人,**乞**师指示。"(《祖堂集》卷十)

2. 表应当:宜、当、合、应、好

唐宋时期"宜"的使用衰落,《入唐求法巡礼行记》中"宜"多出现在敕文或书信。"当"也不及"合""应"常用。吴福祥主编(2015)《近代汉语语法》第三章"助动词"相关部分有详细论述。如:

(152)一日,师谓曰:"汝**当**分化一方,无令断绝。"(《六祖坛经》)

(153)大臣曰:"吾为尔守,**宜**先白王。"(《大唐西域记》卷一)

(154)苦哉!苦哉!**应当**疾往至如来所,恐已荼毗,不得见佛。(《祖堂集》卷一)

(155)渠今正是我,我今不是渠。**应须**与摩会,方得契如如。(《祖堂集》卷五)

(156)如礼乐射书数,也是**合当**理会底,皆是切用。(《朱子语类》卷七)

"好"[①]在宋代有了"应当"之义,是从其"可以、能够"之义引申来的。如:

[①] 其否定式是"不好"。"不好"多表劝诫,如:
你且回避回避,莫在我这眼前,倘他来时,不好动手脚。(《西游记》第三十一回)

（157）**好理会处不理会**，不当理会处却支离去说，说得全无意思。（《朱子语类》卷一百二十一）

3.表必要和要求："须、要、索、得"

"须"，仍延续六朝用法，开始常用。如：

（158）径**须**刚捉著，遮莫造精神。（《游仙窟》）

（159）承言**须**会宗，勿自立规矩。（《祖堂集》卷四）

"不须"表示"不必"或"不要"。

（160）五嫂曰："但道！**不须**避讳。"（《游仙窟》）

"要"，在唐代已经独立成为助动词，是表示要求或劝告。如：

（161）我适来，只闻汝声，不见汝身。**出来**！我**要**见汝。（《祖堂集》卷五）

（162）**休**爱美，**莫**疑猜，却**要**分明自拚才。（《敦煌变文集·维摩诘经讲经文》）

否定式"不要"表示"阻止"或"劝诫"。如：

（163）**不要**你把棒勾当，须自担土。（《入唐求法巡礼行记》卷四）

（164）师云："已相见了，**不要**上来！"（《祖堂集》卷七）

（165）随缘放旷，**不要**安禅习定；性本无拘，**不要**塞耳藏睛。（《祖堂集》卷五）

（166）大呼曰："**不要**放箭，是来讲和。"（《三朝北盟会编·绍兴甲寅通和录》）

"索"，在宋代才见，以"须索"连用者多。如：

（167）儿子弟兄因为县中税赋未了，**须索**理会去。（《刘知远诸宫调》卷一）

（168）西京地本不要，止为去挈阿适**须索**一到。（《三朝北盟会编·燕云奉使录》）

"得"，可以。如：

（169）自今之后，**不得**居止沙门异道。递相宣告，**勿**有犯违。（《大唐西域记》卷八）

（170）汝向后**不得**怪着我。（《祖堂集》卷六）

（171）德明起禀："数日侍行，极蒙教诲。若得师友常提撕警省，自见有益。"曰："如今日议论，某亦**得**温起一遍。"（《朱子语类》卷一百一十三）

（三）动词

1. 使令动词：请、教

"**请**"仍是常用词。如：

（172）灌婴谓王陵曰："**请**大夫说其此计！"（《敦煌变文集·王陵变文》）

（173）（末）诸般仗都搬发了，**请**早乘香车宝马。（《张协状元》第四十二出）

"**教**"（唐代民间也写作"交"）在唐代开始大量使用。如：

（174）到南朝日再三附奏，乞善保圣体，好理国家，所有燕京等事，已专遣人赍国书计议，且望**教**速来回，早了大事。（《三朝北盟会编·燕云奉使录》）

（175）（丑）你休得误人呵，莫**教**我女青春过。（《张协状元》第二十一出）

2. "与我 VP"

"与我+V"句这一类祈使句，袁毓林（1993）称它为强调式祈使句。如：

（176）我缘不会，**与我**子细说看，我便舍邪归政（正）。（《敦煌变文集·庐山远公话》）

（177）子曰："投什摩人出家？禅师**与**某甲指示宗师。"（《祖堂集》卷三）

（178）师顾视左右云："这里还有祖师么？"自云："有，唤来**与**老僧洗脚。"（《碧岩录》卷一）

3. 动词连用

动词连用，有两种形式。一种是动词重叠使用。一般用于人物对话，语气急促。如：

（179）雪峰见一条蛇，以杖撩起，召众云："**看！看！**"（《祖堂集》卷十）

（180）师拈得把草，拦面与一掷，云："**勿处，勿处**。"（《祖堂集》卷七）

（181）师曰："**止！止！**不须说，我法妙难思。"（《五灯会元》卷四）

（182）其僧礼谢。师曰："**住！住！**你见什么便礼拜？"（《五灯会元》卷四）

另一种形式是在宋代已经出现了"V—V"式。早期表示动作的次数。元代开始有尝试态和短时态。如：

（183）师欣然出众曰："和尚试辊一辊看！"（《五灯会元》卷十九）

（184）试定精神**看一看**，许多暗昧魍魉各自冰散瓦解。(《朱子语类》卷十二)

张美兰（1996）曾专题论述同形借用动量词时的来源时，对这种现象进行了专门论述。详见《论〈五灯会元〉中同形动量词》，载《南京师范大学学报》，1996（1）。

（四）语气词

唐宋用于祈使句的语气词："着""者""则个""好"。

1. 著/着、者、则个

罗骥（2003）认为句末语气词"者""著（着）""则""着者""则个"可帮助表祈求、希望和使令等语气，并考证了它们之间的同源关系，认为可以将其看作一个系统，而其差别则是由时间因素或地域因素造成的。

"著"表示命令、劝勉语气词的始见于唐代。[①]如：

（185）汝缘不会，听我说**著**。(《敦煌变文集·庐山远公话》)

（186）僧东话西话，师唤沙弥："拽出这个死尸**著**。"(《祖堂集》卷十六)

（187）师曰："那边师僧过这边**著**。"(《五灯会元》卷七《大钱从袭禅师》)

吕叔湘（1948）在《释景德传灯录中在、著二助词》一文中，指出："今所论者为殿句之著，其用在助全句之语气者。……著者祈使之辞，今语遇此等处，率不用助词。""'著'字从'者'得声，二者之音当相近，而舒促有间，官府文移，有所晓告，率用'者'字，唐代之例。"

孙锡信（1999）将"着"看做语气助词；袁毓林（1993）指出现代汉语的"着"用于句末，表示动作马上、将要进行、持续等。

语气词"**者**"出现于句末，表命令或请求。唐代已经非常流行。如：

（188）有人入来，急下帘**者**。(蒋防《霍小玉传》)

[①] 乔全生（2000）指出：在山西洪洞话（处于西北方言的东北边缘）中"着"。用于提醒、嘱托的祈使句。如：走的快着。早些儿；用于命令、告诫的祈使句。如：别慌，吃饱了着。等一会儿着。详见乔全生：《晋方言语法研究》，185页，北京，商务印书馆，2000。

（189）未有准帖，牒勾当新罗张押衙处请处分者。(《入唐求法巡礼行记》卷二)

（190）井中水满钱尽，遣我出着，与饭盘食者，不是阿娘能德。(《敦煌变文集·舜子变》)

宋代新出现了语气词"则个"，它是"著"演变的产物。如：

（191）且待提兵去与李宣抚决胜负则个。(《三朝北盟会编·靖康大金山西军前和议录》)

（192）（外）孩儿，你且放下心，依妈妈劝则个。(《张协状元》第三十一出)

（193）问道："客长用点心？"赵正道："少待则个。"(《宋四公大闹禁魂张》)

2. 好

语气词"好"始见于《祖堂集》，表劝诫和希望的祈使句中，常和"须""莫"搭配使用，构成"须/莫……好"的句子。如：

（194）悟入且是阿谁分上事？亦须著精神好！(《祖堂集》卷七)

（195）师云："长老房内有客，且归去好。"(《祖堂集》卷十四)

唐五代"好"偶有出现，后它仍多用于禅宗语录，如《景德传灯录》《五灯会元》《碧岩录》《虚堂和尚语录》等，宋词中有少数例子。元代以后就消失了。如：

（196）且莫作盲聋瘖哑会好。(《碧岩录》卷九)

宋代新见"则好"用于祈使语句的句末，相当于"才好""就好"。如：

（197）伯淳言："虽自然，且欲凡事皆不恤以恬养则好。"(《二程集》卷十)

（198）计议底公事已了也，不要别做则好。(《三朝北盟会编·燕云奉使录》)

（199）更望皇帝自奋英断，早指挥了绝则好。(《乙卯入国奏请》)

3. 休

宋代以后用来表示语气，带有无奈、忍让、不满的语气。如：

（200）解元，你去西廊，胡乱吃些子饭了，睡休。(《张协状元》第十二出)

（201）我不要他的，送还他老婆休！(《宋四公大闹禁魂张》)

（202）如今不欲送你去官司，你且闲休！（《万秀娘报仇山亭儿》）

4. 看

"看"这种尝试态语气词用法在唐宋以后更加多见，至今仍使用。如：

（203）至甚不多，略说身上伎艺看！（《敦煌变文集·庐山远公话》）

（204）师云："汝疑那个不是指出看。"（《景德传灯录》卷十）

（五）元明清祈使句的显示标记

（一）副词

1. 否定副词："勿""莫""休""别"

进入元代，"勿"字句逐渐从口语中退出，尤其有**"切""且""万""慎"**等词修饰，更显书面语的味道。如：

（205）先锋且勿烦恼，有误大事。（《水浒传》第一百一十八回）

（206）明日备个菲酌送到尊寓，**万勿见却**。（《儒林外史》第四十六回）

唐宋以来，表劝阻成为"莫"字句的主流功能。一直延续到明代。如：

（207）谨言！莫要不识高低冲撞人。（《西游记》第十六回）

（208）你只依我画，莫要管。（《醒世姻缘传》第十八回）

到了清代，"莫"已演变为专表劝阻的否定副词。"莫"前多加"切""且"等词，使语气更加委婉。如：

（209）你且莫问，日后自然明白的。（《红楼梦》第一回）

（210）你可莫怪我卤莽，这是天生的一件成得破不得的事。（《儿女英雄传》第十回）

（211）你且莫慌。（《儒林外史》第十三回）

而"休"沿袭前代用法，说话语气强烈，常用来表禁止。如：

（212）你这般皂隶听着，我与蓝大人商量一件大勾当，你出入休要泄机。（《逆臣录》卷一）

从元代开始"休"字句有表示劝阻的新用法，说话语气较委婉。如：

（213）路上小心在意，**休要惹事**。（《水浒传》第五十三回）

（214）贤公抱负不凡，雅望素著，**休**得自谦。（《金瓶梅》第三十六回）

副词"别"，元代新出现的副词。可用来表禁止、劝止或劝诫的祈使意义。在当下的语境中表禁止，在未然的语境则表劝诫。**"别"字句从明末开始用以表劝阻**，但用例不多，清代则较为普遍。

"别"与"要"连用则主要表劝阻，这一现象大致始于明代。如：

（215）贼小奴才儿，你**别要**慌！（《金瓶梅》第八十六回）

（216）咱**别要**吃了他的亏！（《醒世姻缘传》第六回）

（217）你今儿也**别要**过去臊着他。（《红楼梦》第四十四回）

"别"表禁止。如：

（218）**别**胡缠！快去收拾。（《歧路灯》第三十二回）

此期新出现了否定副词"别"，到明代"莫""休"在北方逐渐被"别"取代，在南方多保留，形成南北地域分布。

在元明清时期比较多的还常用"不（否定词）+助动词"的形式。"不"与助动词的连用形式如"不可""不索""不必""不要""不宜""不须"及"不用""不许""不好"等，在元明清时期则主要表劝阻。见下文"助动词"部分。

2. 语气副词：切、千万、万万、是必

副词"切""千万""万万"带有表达敦促、劝勉之意。如：

（219）（申包胥云）主公，若子胥领兵前来，**切**不可与他交战。（《元曲选·楚昭公》第一折）

（220）待本院廉访得实，当有移文至彼知会，关取尔等到此明冤。**万万**不可泄漏！（《二刻拍案惊奇》卷四）

（221）你们要不认得，宁可再到店里柜上问问，**千万**不要误事！（《儿女英雄传》第四回）

副词"是必"强调事理上和情理上的必要、必须。往往加强命令语气。如：

（222）父亲，你**是必**早些儿回来。（《元曲选·鸳鸯被》楔子）

（223）今生今世还不的他，来生来世**是必**填还他则个。（《初刻拍案惊奇》卷三十五）

3. 表敬副词：请

表敬副词"请"一直使用。如：

（224）施主**请**里面坐，待我看茶。(《醒世姻缘传》第二十二回)

4. 情态副词：且

"且"字祈使句在元明清时期，尤其明清小说中常见。如：

（225）（做寻思科）你休铺藤簟，**且**掩柴扉。(《元刊杂剧三十种·博望烧屯》第一折)

（226）你**且**吃锺酒着。(《金瓶梅》第二十七回)

（227）你**且**上楼去，和你说话。(《水浒传》第七回)

（228）你**且**莫问，日后自然明白的。(《红楼梦》第一回)

卢惠惠、王凯萌（2020）指出：明清"且"字祈使句主要表达建议、商量、劝诫、请求以及禁止等语用功能，这五种语用功能之间的语力级差强弱程度不等。通常"且"字祈使句多表建议和劝诫，符合礼貌原则，"且"字在句中能缓和语气，使得句子语力较无"且"时更弱。因此，同一祈使句，带有"且"字标记的语力更弱。

（二）助动词

1. 表意愿的能愿助动词：愿、望、乞

能愿动词"愿""望""乞"这一组基本延续了唐宋的用法，此例略。

2. 表应当的助动词：宜、当、合、应、该

在"宜""当""合""应""该"这一组能愿动词中，"合""该"用的最多，而能愿动词"该"为此期出现的新用法。如：

（229）且莫要说起圣旨，便是我谢衙内现做的朝中臣宰，你也**不该**挺撞我。(《元曲选·谢金吾》第一折)

（230）你先**合该**答四十批头棍。(《元曲选·勘头巾》第一折)

3. 表必须的助动词：要、用（不用）、必、须、索、得

能愿动词"索"在元代多见，明戏曲仍可见，明代逐渐退出。如：

（231）虽然你岸边头藏了战船，**却索**与他水面上搭起浮桥。（《元刊杂剧三十种·单刀会》第一折）

（232）有几桩事，陛下**索**从微臣奏咱！（《元刊杂剧三十种·霍光鬼谏》第三折）

（233）你心间**索**记当，我言词更无妄，不须伊再审详。（《元刊杂剧三十种·拜月亭》第二折）

能愿助动词"须"与"要""得"组合，"须要""须得"早见于元代。但在清以后少见。如：

（234）你待渡关河，我**须索**问根由：你是做买卖经商？是探故人亲旧？（《元刊杂剧三十种·竹叶舟》第三折）

（235）凡为将者，**须要**深习兵书，广看战策。（《元曲选·百花亭》第四折）

（236）何**须得**母亲劳困，有多少远路风尘。（《元刊杂剧三十种·范张鸡黍》第一折）

（237）愿以一箱为谢，**必须**速往，万一贼徒回转，不惟无及于事，且有祸患。（《警世通言》第二十二回）

能愿助动词"要"常用。如：

（238）你们不可迟滞，**须要**早作长便。（《金瓶梅》第八回）

（239）里儿都全，**要**染的好着。（《朴通事谚解》）

（240）你随此旋风，**务要**跟寻个下落。（《金瓶梅》第四十八回）

（241）你爬那头儿睡你哩，**不要**搅人！（《歧路灯》第六十七回）

能愿助动词"用"常见的形式是否定的"不用"，在口语里多用。如：

（242）别哄我了，茄子跑出这个味儿来了，我们也**不用**种粮食，只种茄子了。（《红楼梦》第四十一回）

（243）贤侄，前话儿**不用**提起，只说当下的话。（《歧路灯》第八十三回）

能愿助动词"得"（děi）在清末北方口语里常用。如：

（244）都是你闹的，还**得**你来治。（《红楼梦》第五十七回）

4. 表准许的助动词：许、准

助动词"许"在元代已见。如：

（245）一池绿水浑都占，却怎不放旁人下钓钩？**不许**根求！（《元刊杂剧

三十种·气英布》第三折）

（246）李氏也我有句话苦劝你，则咱这家务事**不许**外人知。（《元曲选·儿女两团圆》第一折）

（247）从此养好了，可要安分守己，再**不许**胡行乱作了。（《红楼梦》第七十二回）

助动词"准"清代已见。如：

（248）姑娘一把拉住他道："你不准走。"（《儿女英雄传》第二十八回）

（三）动词

1. 主要的使令动词：请、教、告、着

"请""教"用法与前期基本相同，此略。但这一时期，"告"比较特殊。张相在《诗词曲语词汇释》中指出**"告：求也；请也"**。《元曲选》有其例。如：

（249）**请**先生别勘问，**告**大人再寻思，这厮每其中敢有暗昧跷蹊事。（《元曲选·勘头巾》第二折）

（250）在俺相公臂膊上砍了一刀，现有伤痕。**告**大人与俺相公做主咱。（《元曲选·争报恩》第四折）

（251）**告**哥哥——言分诉，那官人是我的丈夫。（《元曲选·秋夜雨》第三折）

使令动词"着"，也用于祈使句。如：

（252）不拣怎生，**着**我宿一夜。（《古本老乞大》）

（253）怕你不信时，**着**别人看，便知真假。（《朴通事谚解》）

明清时期，使令动词"叫"多用，多在北方话中。如：

（254）**叫**那木匠来，买给他木料、席子整理。（《朴通事谚解》）

2. "与/给我 VP"

"与我 VP"句，清代有"给"对"与"的替换，"给我 +VP"句。如：

（255）你**与我**把这奴才脸上，把与他四个嘴巴！（《金瓶梅词话》第九十四回）

（256）先去**给我**把兴儿那个忘八崽子叫了来，你也不许走。（《红楼梦》

第六十七回）

（257）今年不宜迁挪，暂且挨过今年，明年一并给我仍旧搬出去心净。（《红楼梦》第七十七回）

（258）给我平平那包银子，是十两不是？（《官话指南》卷二）

3. 动词重叠式

与唐宋以来的 VV 式、V 一 V 式、VV 连用式，使用情况基本一致，略举数例。如：

（259）偌大的风雪，到俺店肆中**避避**。（《元曲选·看钱奴》第二折）

（260）谭贤弟，**醒醒儿，醒醒儿**。（《歧路灯》第五十二回）

（261）是必求两位大娘同来**光辉一光辉**。（《初刻拍案惊奇》卷十六）

（262）林妹妹，你先略**站一站**，我说一句话。（《红楼梦》第二十五回）

（263）水淹了船也。**救人！救人！**（《元曲选·潇湘雨》楔子）

（264）**休赶！休赶！**且喜离驿亭相去已远。《元曲选·伍员吹箫》第二折）

（四）语气词

沿用唐宋时期的语气词："着""者""则个""好""休"，新出现的有："咱""是""是的""不是"以及"罢""波"。

1. "者""则个""休""著/着""咱"

"者""则个""休"三者基本用法与唐宋一致，故略。但"着"用法有进展，元代开始，"着"字句成为常见的祈使句表现形式。与唐宋有所不同的是"着"字句在祈使语气上，多表请求和建议。不仅用于动词后，还可附在形容词之后。如：

（265）我待做，你安排著。（《王俊首岳侯传》）

（266）众孩儿曹听我教著。（《西厢记诸宫调》卷二）

（267）你剃的干净着，不要只管的刮。（《朴通事谚解》）

（268）徐大你收拾下这一百军整齐着，听候我用。（《逆臣录》卷一）

（269）姑娘，你坐稳着。（《儿女英雄传》第十八回）

在金元之际新出现了"咱",由"者"发展而来,用法相近,元杂剧中运用广泛。如:

(270)风浪起怎生奈何?救人咱!(《元刊杂剧三十种·竹叶舟》第三折)

(271)请父亲母亲赏雪咱。(《元曲选·合汗衫》第一折)

(272)我却不知姐姐,试说一遍与我听咱。(《元曲选·秋胡戏妻》第一折)

2. "罢/波/吧"

"罢"从金元到明清,主要表示建议,有时还带有命令的意味。也用作"波"。如:

(273)贾政喝道:"去罢!明日问你!"(《红楼梦》第一百一十一回)

(274)咱们到厢房说话罢。(《歧路灯》第三回)

(275)你卖弄,你且休波。(《元刊杂剧三十种·紫云亭》第三折)

(276)小子,拿了去给你妈妈换凉凉簪儿去波!(《儿女英雄传》第三十一回)

清代中后期,"罢"又写作"吧"。如:

(277)唤她干娘来领去,就赏他外头自寻个女婿去吧。(《红楼梦》第七十七回)

(278)大爷们,老爷们,大太爷,让开点儿吧,我们要赶道呢。歇着吧,这么大条道,你单拣这里走,闪开些吧。(《正音撮要》)

3. "是""是的"

(279)我自有誓书铁券护身,你便去是。事不宜迟!(《水浒传》第五十一回)

(280)悟空,你回去罢。好生伏侍唐僧是,以后再休懈惰生事。(《西游记》第十七回)

(281)姥姥,你慌去怎的,再消住一日儿是的。(《金瓶梅》第七十八回)

"者""着""咱""则""着者""则个",是一个系统。"好""是""是的""不是""罢""波"和"休"等表祈使的用法是近代汉语时期的一大特色,而现代汉语中已不见这些用法。

第二节　祈使句句式类型与语用效能

本质上说，汉语的祈使句与陈述句、疑问句的根本区别在于语用，而不是语法结构。句中施为动词大都是暗含、隐现，而说话者、听话者两者的关系、各自意愿大小、指令行为施行力度等直接影响他们间的交流活动，这些在句法结构本身反映得并不明显。

马建忠（1898/2005）论及祈使句的句法特点时指出，不用语气词："有谕禁之句无助字殿者。"主语可省："命戒之句，起词可省。"（"起词"，句中的主语）他在论及祈使句式的显性标记时，涉及否定副词的有："至**禁令之句**，必以'毋''勿''无'诸字先之。"涉及语气副词的有状字"其"："先以'其'字，以状其属望之辞气。"吕叔湘（1942—1982）在《中国文法要略》中，将**与行动有关的语气归为两种：祈使和商量**。祈使又分为肯定性的祈请和否定性的禁止，因刚、柔、缓、急之异，又分命令、请求、敦促、劝说等。商量语气介于祈使和疑问之间，语气坚决则趋向祈使，弱而不定则趋向疑问。

柳士镇（1992）论述了魏晋南北朝时期祈使句的意义类型。从表达的意思上看，这一时期的祈使句可以分为请求句、命令句、劝止句三种，并简要介绍了这三种类型的祈使句。

一、祈使句句式类型

祈使句的深层语义结构包含主使者、祈使语、受使者和祈使行为四个要素，其语义模式可表示为公式："主使者 + 祈使语 + 受使者 + 祈使行为"。在句法结构上的特点，主要涉及主语、谓语。从表意功能出发，祈使句又可分为命令句和禁止句、建议句和劝阻句、请求句和乞免句等。张美兰（2003）专题讨论了《祖堂集》中的祈使句的语境及其指令行为的语力级差，这对认识各种不同句类标记祈使句的特点很有帮助，因对话者对象的不同，说话人的心理和主观愿望的不同，要对方做或不做某事要求的不同，以及表达时使用的语词和实际语气的不同等等，所呈现的祈使句表现出不同的特点：有命令性、禁止性、请求性、劝诫性、希望性、商量性，等等。它们包含肯定式和否定式两大类，命令、建议、请求、希望、商量等是表示肯定的祈使，而禁止、劝阻等，其语义功能与肯定式相对。

塞尔（John R. Searle，1969）把言语行为（total speech act）分为四大类：发

话行为、命题行为、施事行为、成事行为，并进而将其中的"施事行为"（illocutionary act）再分为五类。根据分类，祈使句所表达的行为当属"施事行为"中的"指令行为"这一类。"指令行为"（directives）的施事行为目的是说话人试图要听话人做某件事，这个试图可以是谦恭的（我请你／我建议你……），也可以是强烈的（我命令／坚决要求你……）。指令类的动词包括：ask, order, command, request, beg, plead, pray, entreat, invite, permit, advice。（见索振羽，2000：172）命题内容是要听话人实施某个未来的行为，真诚条件是愿望。

但是不同的指令行为有不同预定条件、真诚条件、本质条件。命令（giving an order）的预定条件是说话人（speaker）的权威高于听话人（hearer），其真诚条件是说话人想使命令行为得以实施，其本质条件是说话人通过发出话语试图使听话人实施一个特定的行为；请求（request）：其命题内容是听话人（H）将来的行为（A），其预定条件是（1）说话人（S）相信听话人（H）能做A；（2）S和H都不认为在正常事态的进程中H会做A。其真诚条件是S想要H做A，其本质条件是S试图要H做A；警告（warn）：其命题内容是将来的事件E（event），其预定条件是（1）S认为E将要发生，并对H不利；（2）S认为H不清楚E将要发生。其真诚条件是S相信E对H不利，其本质条件是S保证E对H不利。（见索振羽，2000：167-168）这些因素可作为我们划分各种祈使句句类的依据。

语言交流是说话人和听话人之间互相合作的一项活动，格赖斯（H.P.Grice, 1967）曾认为：人们的正常语言交流不是一系列毫无关系的话语的组合，会话是要受到一定条件的制约的，对话双方（或各方）有着共同的目的，最起码有着互相接受的方向，为了达到这一目的，就要求交谈参与者共同遵守的一般原则"合作原则"（cooperative-principle）以保证会话的正常进行的。Grice 就"合作原则"还提出了四条下属准则：数量准则（maxim of quantity）、质量准则（maxim of quality）、关系准则（maxim of relation）、方式准则（maxim of manner）。除此之外还得遵守一个"得体原则"（见索振羽，2000：91）在言语交际中遵守"合作原则"与"得体原则"，说话者就能根据不同的交际意图、对象、情景选用恰当的句子或词语来达到最佳的交际效果。要用祈使句来传达指令行为，正常地进行交际，说话者在言语交际过程中，只有根据不同的交际意图、交际对象、交际场合，选用最恰当的句子或话语才能传达言语行为，得到最佳交际效果。为此对汉语祈使句进行考察时，我们也得注意句式所隐含的交际意图、交际对象、交际场合等语用因素。

从语用学的角度，根据（1）说话者（S）与听话者（H）身份地位不同关系、S强制程度的强弱以及是否考虑到H意愿的差别；（2）祈使句中施为指令行为强烈程度的差异所显示的语力差别；（3）语言交流活动正常进行须遵循的"合作原则"与"得体原则"两方面为切入点，根据汉语祈使句使用的情况，我们可以将祈使句大致分成以下几类。

（一）表示命令的祈使句

表示命令的祈使句，说话者 S（speaker）具有绝对的权威并有必要显示自己的权威，要求听话者 H（hearer）必须服从，说话者 S 往往采用直接、强硬的命令语气来传达指令行为，所以言词急促，态度坚决，句子简短。一般不用敬辞，不使用语气词，有时主语也不出现。我们可以从对话交际中觉察出说话人与听话人双方的关系。在表示命令的祈使句中还有一种含催促命令的祈使句。说话人威望高、权力大、辈份长、情势急等因素，导致了说话人要求听话人立刻或尽量、尽快地去做某事，句中常用"快、速"等词语。如：

（282）卿言不当，**宜速起出**。（《三国志·蜀志·庞统传》）

（283）问："如何是菩提？"师便咄云："**出去**！莫向这里屙。"（《祖堂集》卷五）

（284）这六个汉，为复野干鸣？为复师子吼？**道！道！**（《古尊宿语录》卷十）

上文介绍助动词、动词特点时，很多句式属于这一类。

（二）表示禁止的祈使句

表示禁止的祈使句，是与命令句相对应的否定式。（命令句从正面下令，表禁止句从否定、反面下令。）S 具有并有必要显示绝对权威，明确表示 H 不要、不能做某事，语气比较坚决，要求 H 必须遵循，所以语气直率，一般不用敬辞，也没有主语。句中常用表否定的词语"勿""毋""莫""无令""切忌""不要""休得""不许""别"等，多用于这类句子。如：

（285）**无使**滋蔓。蔓，难图也。（《左传·隐公元年》）

（286）若欲姻娉，**莫**婚他族，宜亲内姓，**无令**种姓断绝。（《祖堂集》卷一）

（287）此去表兄必有美事于我，**切勿**多言！（《金瓶梅》第四十七回）

（三）表示请求的祈使句

当 S 与 H 相比，H 具有绝对权威性时，S 用尊敬、客气的请求语气来传达指令行为是所用的祈使句。大都为 S 有求于 H，或 H 是长者，或有威望者。

（288）**伏请**寄住城中寺舍，寻师听学。（《入唐求法巡礼行记》卷三）

（289）**试请**那大夫来，交觑咱。（《元刊杂剧三十种·拜月亭》第二折）

表示请求的祈使句语调要比表示命令的祈使句、禁止句缓慢一些，不那么急促。句子的主语可以出现，也可以不出现。一般说来，如果祈使对象是说话人所尊敬的人，或出于礼貌的原因在言语表达上应该表敬的人，句中的主语一般不省略。与此相反，如果对祈使对象无尊敬之意，主语往往省略；如果祈使的语气强烈一些时主语也常常省略；听话人对象比较明确时主语可省略，句里常常出现敬词、敬称。

（四）表示劝诫的祈使句

此类祈使句较多。在语调上较禁止类语气稍委婉和缓一些。S 客观上具有绝对权威性，但在言语交际中，S 自降绝对权威性又相当得体地不失相对优势，使用直接但不强硬的劝诫语气来传达指令行为，因而语调较命令类、禁止类句式平缓，语气稍委婉。但 S 要传达的指令行为实际上仍是具有不可违抗性，希望 H 能认真执行。兼有建议和劝阻两种语气。否定式用否定词"莫""休""不可"。肯定句多用"需""宜"，同时有帮助表达规劝语义的句末语气词出现。如：

（290）师云："会取好，**莫**傍家取人处分。"（《祖堂集》卷十一）

（291）你们**不可**迟滞，须要早作长便。（《金瓶梅词话》第八回）

关于该类句中的动词的语义特征，袁毓林（1993）指出：在表示劝阻的祈使句中的动词必须有 [+ 自主] 这一语义特征。因为"莫""不可"表示客观上不必做某事，其预设是以听话人将或正有意识地做某事。

（五）表示希望的祈使句

当 S 考虑到 H 的利益，S 向 H 委婉地提出某种希望或提醒 H 注意、留心某事。S 可为自降绝对权威性但与 H 关系较亲密者，也可为与 H 关系平等者。句中多用"愿……""善……""须……""好去""千万"等词。如：

（292）**望**卿摆拨常务，应对玄言。（《世说新语·政事》）

（293）伏愿和尚指受心要，传奏圣人及京城学道者。（《祖堂集》卷二）

（六）带有商量尝试语气的祈使句

当S与H关系平等，S用商量的语气来对H传达指令行为。如：

（294）不须隐匿，具实说看。（《敦煌变文集·降魔变文》）

（295）且回去歇歇再谈罢。（《儿女英雄传》第一回）

二、不同类型祈使句组成结构之间的差异

从结构上看，祈使句的句式结构由三部分组成：**说话人**（祈使主体S）、**听话人**（受祈使的对象H）、听话人**须执行的动作行为**（祈使内容）。句式模型："主使者 + 祈使语 + 受使者 + 祈使行为 +（语气词）"。如果受使者成分出现，往往是以"**主谓句**"形式出现，如果省略主语，一般以"**非主谓句**"形式出现。祈使句的主语、祈使句的谓语及语义重心、句中的语气词是祈使句构成的三个主要方面，为此，我们将分别论述祈使句的结构特点。

（一）句中的主语

祈使句一般用于对话体口语中，大都是说话人S与听话人H面对面说的，当祈使句的主语指听话人（受话者和祈使对象）时，一般是可以省略主语。往往是以非主谓句出现的频率更高些。当对话的双方是较特定的对象时，主语一般不省略，对尊者用尊称，对卑者多为第二人称代词。省略主语的祈使句语气强烈一些，语调急促一些；不省略主语的祈使句语气相对弱一些，语调相对和缓一些。一般说来祈使句表敬尊卑程度不同、祈使语气的强弱等语用色彩均影响着句子主语的有无及主语的用词。

（二）句中的能愿动词、副词

能愿动词表示应该、必然、能力、愿望、可能、许可等意义，所以这些成分在不同的句式中使用，也存在帮助表示不同的语法意义，也有了从必然性到期待性："**必须**"性：当 / 应当 > **必要性**：合 / 宜 / 应该 > **可能性**：可 / 能 > **或然性**：可 / 可以 > **期待**性：愿 / 望 / 请"，这样一条从强到弱的等级区分。

而不同的否定副词"勿""无""毋""莫""休""别""不要""不得""不

能""不用""不"在不同的句式中使用,增强了各种类型祈使句的语义色彩及其语气的强弱区别。从语用效能看,此期"勿""莫""休""别"字句的祈使性最强。

(三) 祈使句表达的语义重心一般在谓词性词语上

一般说来,祈使句对动词有比较严格的句法、语义、语用选择限制。袁毓林 (1993:25)指出,从语义上看能够表示人的动作、行为、状态、变化等的"述人动词可以进入祈使句,因为祈使句的主语往往是第二人称代词或第一人称代词,所以要求作谓语的动词必须是 V[+ 人],以保证主谓搭配得当。这可以看作是祈使句的句法对动词类型的选择限制。""因为祈使句的句式义是:说话人要求听话人做或不做某件事,所以要求作谓语的动词必须是 V[+ 可控] 以满足祈使句的这种语义要求。"

从信息传播的角度看,通常句子结构中的两部分:主语部分表达的是听话者已经知道的信息,即"已知信息"或"旧信息",谓语部分表达的是听者不知道的信息,即"未知信息"或"新信息"。一般来说,祈使句所反映的说话人在言语交际中的语义重心正是在谓语部分这个"新信息"上。

在上古到唐宋的祈使句中只有动词性短语作谓语,在元明开始能见到形容词性短语构成的祈使句。动词性的短语有:单个动词,重叠式动词 VV、V 一 V 或动词连用等形式(参见上文第一节),动词性短语有:动补短语、兼语短语、连谓短语、状动短语等。如:

(296)师云:"**止!止!不须说,我法妙难思**。"(《祖堂集》卷十八)

(297)**不得安下面生歹人**。(《古本老乞大》)

(298)行者道:"**且莫言语,等我把这风抓一把来闻一闻看**。"(《西游记》第二十回)

(299)武大道:"**好兄弟,你且说与我则个**。"(《水浒传》第二十四回)

(300)张类村站住道:"**该请出尊堂,见个寿礼!**"绍闻恭身道:"**不敢当老伯们为礼,况且内边也着实不便宜,请看戏罢**。"(《歧路灯》第七十九回)

(四) 句中的语气词

一般说来,用语气词的祈使句语气比不用语气词的祈使句显得轻一些,弱一些，语调显得委婉些。S 强制程度、H 意愿强度的强弱级差与祈使语气的表达密切相关，因此语气词的使用与否也表现出句式的特征。命令句语气坚决，毋庸置疑，语调短促，则不出现语气词。禁止句大致相同。

通过对祈使句句式结构的分析，可以看到不同类型祈使句的句式结构组成成分之间的差异。命令句、禁止句可只出现动词或副词+动词，以传达"未知信息"即"新信息"为主。请求句/劝诫句从开始只出现表示"旧信息"的成分，如祈使人称指代同一些助动词、副词成分发展到由"已知信息"+"未知信息"构成，甚至加语气词。表示吩咐和叮嘱和提醒等语气的希望句/商量句，信息结构表示最为完整，由"已知信息+未知信息"构成，句式也最长，语气词的使用也非常丰富。

从信息传达看，句式信息也随句子成分的添加而丰富。句式结构成分的完整与否，句式结构长短构成上均有体现。也反映出句式祈使度的强烈等级。从命令句/禁止句→请求句/劝诫句→希望句/商量句，句式结构依次趋于完整，语句长度也依次趋长。

三、指令行为的表达与语力强度级差

祈使句表达的行为类型属于指令行为。这种指令行为表达的是一种语力强度。塞尔（1969）曾提出"语力（illocutionary force）显示手段的使用规则"即：施事行为的构成规则看说话人和听话人身份和地位不同，使话语具有的语力有差异。说话人与受话人的相对关系，也影响了说话人意志的强弱以及语势的轻重。祈使句的功能是传达指令行为的，而传达指令行为直接体现在指令词语和指令语气上。那么各种不同类型祈使句语气的强弱，还表现为谓语部分指令动词语义之间的差异。

我们发现，汉语祈使句中谓语部分指令行为动词的语义、语用在不同类型的祈使句所反映的语力强度是不同的，它们之间有强—中—弱的等级级差。S 强制程度和 H 意愿程度结合起来看是有差别的，根据 S 强制程度的差别，S 是否考虑 H 的意愿及所施意愿的强弱，这些也制约着祈使句所选用的词语处于强、中、弱不同的强度等级上。

S 强制程度强的有命令句（肯定的强制命令：肯定实施某行为的好处）和禁止句（否定的强制命令：否定实施某行为的好处）；处于中间状态的为请求句（多为肯定请求）；还有希望句（肯定指令）和劝诫句（否定指令）；较为和缓的是商量句。由此，汉语祈使句表达话语的语力有级差，祈使的语气也有强弱等级之分，由强、中、弱依次降级大致为：命令句/禁止句＞请求句＞希望句/劝诫说＞商量句，呈现出由直率到委婉这样一个语势逐渐减弱的趋势。

以上六类祈使句都来自一定的语境。语境（context of situation）对祈使句的结构形式及可接受性影响很大。"语境是由一系列离散的要素复合成的整体，它至少包含交际的时间、地点、话题、说话人、听话人等语境要素。对于祈使句来说，是否有明确的听话人、听话人是否在交际现场（即是否与说话人面对面）尤其重要。""听话人的两种语境特征 [明确]、[在场] 有四种组合：一、[+ 明确]、[+ 在场]；二、[+ 明确]、[- 在场]；三、[- 明确]、[+ 在场]；四、[- 明确]、[- 在场]。"（引自袁毓林 1993：10）祈使句产生的典型语境：听话人 [+ 明确]、[+ 在场]。少数为非典型的：[- 明确]、[+/- 在场]，即如果听话人的范围是明确的一群人，但具体由谁来执行说话人的指令是不确定时产生的。即 H 与 S 可以是实双方，也可以是虚双方；在指令行为的时间特征上，又可分为即时时间特征与将来时间特征。这些语用因素也会影响不同类型祈使句的语力级差，可以发现命令/禁止＞劝诫＞请求/希望＞商量，这样一个语力级差，呈现出执行力时效性有强到弱的不确定性趋势。

六种句式指令行为及其语力级差列表如下：

类别	强制程度 S：H^2	肯定 +/ 否定 -	语气强弱	For S or H
命令	2：0	+	强硬	
禁止	2：0	-	强硬	
请求	1：1	+（-）	一般	S
希望	1：1	+	一般	H
劝诫	1：1	-	一般	H
商量	1：2	+	缓和	

通过对汉语祈使句的语用、语境、分类等方面的分析，我们发现，说话者与听话者身份和地位的不同，影响到说话者与听话者意愿强度的不同，也会给祈使句的祈使语气带来差异，即从 S 强制、意愿强度的强弱的不同等级，不同表达形式的祈使句所用的词语、语气也表现出差异。

参考文献

樊德华：《〈论语〉祈使句研究》，载《大庆师范学院学报》，2006（1）。

龚峰：《〈五灯会元〉祈使句研究》，苏州大学硕士学位论文，2010。

胡颖：《先秦祈使句研究》，华中科技大学硕士学位论文，2007。

李红霞：《近代汉语祈使句研究》，苏州大学硕士学位论文，2009。

黎锦熙：《新著国语文法》，北京，商务印书馆，1992/1924。

柳士镇：《魏晋南北朝历史语法》，南京，南京大学出版社，1992。

卢惠惠、王凯萌：《明清时期"且"字祈使句研究》，载《福建江夏学院学报》，2020（5）。

吕叔湘：《释景德传灯录中在、著二助词》（1948），收入《汉语语法论文集》，北京，商务印书馆，1984。

吕叔湘：《中国文法要略》，北京，商务印书馆，1982。

马凤霞：《〈歧路灯〉祈使句研究》，苏州大学硕士学位论文，2010。

马清华：《论汉语祈使句的特征问题》，载《语言研究》，1995（1）。

邵霭吉：《〈马氏文通〉的"祈使句"研究》，载《徐州教育学院学报》，2003（6）。

宋红晶：《现代汉语祈使句语力研究》，苏州大学硕士学位论文，2010。

田爱美：《元明清祈使句研究》，华中科技大学硕士学位论文，2007。

王建军：《中古祈使句的时代特征和历史地位》，载《合肥师范学院学报》，2008（5）。

王建军：《汉语句类史概要》，南京，南京大学出版社，2017。

王进：《〈元曲选〉祈使句研究》，华中科技大学硕士学位论文，2008。

王力：《中国现代语法》，北京，中华书局，1943。

王智强：《敦煌变文祈使句研究》，苏州大学硕士学位论文，2010。

吴福祥：《敦煌变文语法研究》，长沙，岳麓书社，1996。

吴福祥：《近代汉语语法》，北京，中国社会科学出版社，2015。

于涛：《〈祖堂集〉中的祈使语气词及其语法化》，载《云南师范大学学报》，2005（5）。

于涛：《〈祖堂集〉祈使句研究》，北京，中国国际文化出版社，2008。

袁毓林：《现代汉语祈使句研究》，北京，北京大学出版社，1993。

张美兰：《〈祖堂集〉祈使句及其指令行为的语力级差》，载《清华大学学报》，2003（2）。

张玉金：《甲骨文语法学》，上海，学林出版社，2001。

赵微：《指令行为与汉语祈使句研究》上海，上海社会科学院出版社，2010。

周晓燕：《唐五代至宋代的祈使句研究》，华中科技大学硕士论文，2007。

周晓燕：《浅析唐宋祈使句的辅助语和强调标志》，载《佳木斯大学学报》，2010（2）。

朱培培：《两汉至隋祈使句研究》，华中科技大学硕士论文，2007。

第十章 汉语比较句式的历时发展

> 本章主要内容
>
> （一）重点讲述：比较句各种类型的历时发展状况及其标记特征
>
> （二）重点讲述："比"字比较句的发展历史
>
> （三）简单讲述：平比句的历时发展
>
> （四）简单讲述：差比句与平比句之间的异同

比较是人类认知世界的重要手段，因此在汉语发展过程中比较句成为极常见的句式。

所谓比较句，主要用于比较两个或多个事物之间在性状、程度上的高下异同。典型的比较句往往包含四个要素：比较本体（A）、比较标记、比较基准（B）和比较结果（dimension）。比较标记（comparative）丰富多样，主要由引介比较对象的比较介词"比""于""过""若""如""似""像"等充当。吕叔湘(1942/1982)将比较句分得更细更宽泛，有："类同""比拟""近似""高下""不及""胜过""尤最""得失""不如""倚变"等。在此，我们把其中的"类同""近似"归入"平比句"，把"比拟"归入"比拟句"，把"高下""不及""胜过""尤最""得失""不如""倚变"归入"差比句"（其中"尤最"归入"极比"句）。

马建忠（1898）在《马氏文通》中将汉语比较句分为三类：差比、平比和极比，这一分类方法得到学界的广泛认可。这三种类型中，极比句的古今变化最小，因此本章不做重点，而差比和平比古今差异较大，故分节论述。

关于不同时期不同结构的比较句研究，学界已有很多研究成果，如贝罗贝（Peyraube1989）、黄晓惠（1992）、史佩信等（1993）、魏培泉（2001）、谢仁友（2003）、李焱（2003）、张赪（2004/2005）、蒋绍愚、曹广顺（2005）、史佩信等（2006）等，其中黄晓惠（1992）对现代汉语差比格式的来源及演变、史佩信（1993）对"比"字句的形成、张赪（2005）对比较句的共时地域分布等做了专题研究。

在平比句和差比句中，都会用"A+ 比较结果 + 如／似 +B"句式，那么，表平比和表差比有没有形式上的区别？叶建军（2013）在总结贝罗贝（1989）、太田辰夫（1958/2003）、张赪（2010）等学者研究成果的基础上，从语义范畴方面提出了一个区分二者的方法。叶建军用"X、A、Y"分别代表比较本体、比较结果和比较基准，他指出：当比较项 X 与 Y 为不同的语义范畴时，关注的显然是二者之间的相似性，"XA 似／如 Y"中的"似／如"应理解为表示平比的动词。平比句式"X 似／如 Y"表示 X 与 Y 在某个比较点上具有相似性，这个比较点可以是事物，当然也可以是性质，只不过这个事物或性质省略罢了。所以当 X 与 Y 为不同的语义范畴时，"XA 似／如 Y"，可以理解为表示 X 与 Y 在性质 A 这个比较点上具有相似性的平比句式"X 似／如 Y"的全式。因此，太田辰夫（2003）所列举的例证"新诗高似云"（姚合《赠供奉僧次融》）、"虽然诗胆大如斗"（陆龟蒙《早秋吴体寄袭美》），其中的"新诗"与"云""诗胆"与"斗"等均属于不同的语义范畴，该"XA 似／如 Y"式，其中的"似／如"应是表示平比，而非表示差比。如果 X 与 Y 为同一语义范畴，且要凸显 X 在性质 A 上比 Y 优越，那么"XA 似／如 Y"才是典型的差比句式，"似／如"才表示差比。所以"有力强如鹘，有爪利如锥。"（元稹，《大觜乌》，《全唐诗》卷三百九十六）该句也属于平比句。

本章重点在谢仁友（2003）、魏红（2007）、李焱、孟繁杰（2010/2012）、刘建国（2011）、李永娜（2012）、池爱平（2013）、高育花（2016/2019）、常志伟（2019）等人的研究基础上，对不同类型的比较句发展轨迹进行一个历时的描述介绍，以下句式类型的梳理介绍和例句的使用，主要采自各家研究成果。

第一节　差比句的句式语序及其变化

差比句多用来表示人或物现在与过去、当下与平时状态、性质、数量、程度等方面的比较，或是表示同类不同事物间的比较。从差比句的历史发展和句式语序来看，汉语中带有比较标记的差比句式主要有两种形式：

（1）"**比较本体 A+ 比较结果 + 比较标记 + 比较基准 B**"式。其中，比较结果多为形容词，也会有动词短语。比较结果前时常会出现加副词的情况，比较标记是介词"于、如、似、过、得、起（其）、比、若、及"，有时比较基准后加补语。

（2）"**比较本体 A + 比较标记 + 比较基准 B+ 比较结果**"式。此句式大多数以"比"为比较标记的"比"字句式，故又称"A+ **比**_{比较标记}+B+ 比较结果"的形式出现。

按照其肯定与否定的两类用法，又分为"正差比句"和"负差比句"两种，也有研究者称之为"**胜过**"句和"**不及**"句。我们采用"正差比句"和"负差比句"的说法。

下面，我们利用学界已有的研究成果，根据"比较本体 A+ 比较结果 + 比较标记 + 比较基准 B"式、"比较本体 A + 比较标记 + 比较基准 B+ 比较结果"式两种语序排列，比较具体展现这两种语序所表现的句式不同成员间的使用情况，比较句式兴替发展的状况。

一、"比较本体 A+ 比较结果 + 比较标记 + 比较基准 B"式

（一）"于（於）/乎"字

1."于"字正差比句

（1）先秦至西汉

先秦至西汉，介词"于"字式在比较句中占主导地位，主要使用"**A+ 比较**

结果+于+B"的基本句式，其中比较本体（A）和比较基准（B）分别可以是名词短语或动词短语，其比较结果多为形容词，介词有时用"乎"。如：

（1）季氏**富**于周公，而求也为之聚敛，而附益之。（《论语·先进》）

（2）故君子**莫大**乎与人为善。（《孟子·公孙丑上》）

（3）青**出**于蓝而**胜**于蓝，冰水为之而**寒**于水。（《荀子·劝学》）

比较结果如"甚""贤""过""愈"等，其词义均有"超过"的意思（$V_{超}$）。如：

（4）防民之口，**甚**于防川。（《国语·周语上》）

（5）臣死而秦治，是臣死**贤**于生。（《史记·范雎蔡泽列传》）

句式中还可添加其他成分。如：

（6）乡人**长**于伯兄一岁，则谁敬？（《孟子·告子上》加数量补语"一岁"）

（7）臣师射稽之讴**又贤**于癸。（《韩非子·外储说左上》加副词"又"修饰程度）

总体来说，"于"字式比较句的使用在先秦时期居主导地位。

（2）东汉魏晋南北朝

到了东汉魏晋南北朝时期，差比句承袭了"A+比较结果+于+B"的句式。其中，$V_{超}$作比较结果的情况明显变多，且动词的种类也更丰富多样，如"胜""倍""过愈"等词。如：

（8）郡县逼迫，催臣上道，州司临门，**急**于星火。（《陈情表》）

（9）后有一人自谓，胆勇**胜**于前人。（《百喻经·人谓故屋中有恶鬼喻》）

（10）皮毛粗强，**剧**于畜生。（《撰集百缘经》卷八）

（11）寻共来看，见弟福业**逾**于国王。（《杂宝藏经》卷四）

此时，先秦时添加数量补语以及比较结果前加程度副词的变式也得到承袭和发展，主要使用的程度副词有"甚""殊"表示"还"，"倍"表示"更加"，等等。如：

（12）受持**过逾**于彼百千万倍，不可为比。（《撰集百缘经》卷六）

（13）更有羸瘦**甚剧**于汝。（《贤愚经》卷一）

（14）恭敬孝顺**倍胜**于常。（《杂宝藏经》卷一）

从汉代至魏晋"于"字比较句形式不断丰富，但使用频率则明显下降，甚至出现"于"字脱落的情况。

(3) 唐宋至明清

唐宋时期,"于"字差比句仍是主要的句式,句式特征与前代没有太大变化。如:

(15) 今时作这个相貌中失却人身最苦,无苦过于此苦。(《祖堂集》卷五)

(16) 我亦**聪明正直于**余神,知师有广大之智辩乎?(《五灯会元》卷二)

而唐代"如/似"字差比句的产生,在宋代得到发展,尤其是"似"字句发展更快,与"于"字句产生竞争,到元代"于"字句走向衰落。如:

(17) 如今三四月的光景,竟一日一日**赌胜于**射了,公然斗叶掷骰,放头开局。(《红楼梦》第七十五回)

同时,元明清期间,"A+比+B+比较结果"等句式的大量使用,这也是"A+比较结果+于+B"型句式走向衰落的影响因素。

2. "于"字负差比句

负差比句是对正差比句的否定,秦汉时期"于"字负差比句的主要句式为"A+不+比较结果+于+B",其中比较结果多为形容词。如:

(18) 军吏虽贱,**不卑于**守闾妪。(《战国策·秦策三》)

(19) 魏氏之名族**不高于**我,土地之实**不厚于**我。(《战国策·魏策二》)

从例句可以看出,负差比句所比事物双方在比较结果上可能存在一定差距,却也可能程度相当,不分伯仲,使用负差比句可使语气显得委婉。

有时,否定词"不"有时也可以用"非""不能""不得""非能"等替代。如:

(20) 卫**非强于**赵也,譬之卫矢而魏弦机也。(《战国策·齐策五》)

(21) 仁义之**不能大于**道德也,仁义在道德之包。(《淮南子·说山训》)

(22) 故枝**不得大于**干,末不强于本,则轻重大小,有以相制也。(《淮南子·主术训》)

3. "A+$V_{超}$(+于)+B"

正如上文所说,到了东汉魏晋南北朝时期,差比句"A+比较结果+于+B"中,$V_{超}$作比较结果的情况明显变多,如"胜""逾""倍""过"等词。该句式"于"字的脱落或省略,就有比较结果为"超过"义动词($V_{超}$)。如:

（23）专趋人之利,**甚**己之私。(《史记·游侠列传》)

据谢仁友（2003）统计,魏晋时期以"**超过**"义动词作比较结果的,不带比较标记"于"的已高于带"于"句式的使用,这在《道行般若经》和《世说新语》中表现得尤其显著。如：

（24）道人言："令卿得慧**胜**我。"① (《旧杂譬喻经》卷下)

（25）绝有大力,**殊倍胜**王百千万倍。(《撰集百缘经》卷九)

（26）虽为小物,耿介**过**人。② (《世说新语·规箴》)

"于"字的脱落现象在负差比句中也有所体现。如：

（27）今蜀汉之卒,**不少**燕军,君臣之接,信于乐毅。(《三国志》裴注卷三十五)

（28）若使殷仲文读书半袁豹,才**不减**班固。(《世说新语·文学》)

到了唐五代,不少魏晋时期出现作比较结果的动词已经消失。根据谢仁友（2003）对敦煌变文和《全唐诗》的统计,动词"胜"在使用中占据了绝对优势。如：

（29）日出江花红**胜**火,春来江水绿如蓝。(白居易,忆江南词三首,《全唐诗》卷四百五十七)

（30）味甘资曲蘖,香好**胜**兰荪。(李建勋,采菊,《全唐诗》卷七百三十九)

（31）晴湖**胜**镜碧,寒柳似金黄。(贾岛,送人适越,《全唐诗》卷五百七十二)

以"强""胜""过"等 $V_{超}$ 为比较结果的比较句式在明代已明显衰落。按理说,由"超过"义动词句发展而来的差比句,在世界语言中也是一种比较常见的差比句。唐代"过"字句、"胜"字句的情况也显示汉语中"超过"义动词句曾向差比句方向有过一定程度的发展,但最终并没有成熟起来。而是在新的"A+$V_{超}$+如/似+B"的句式中使用,比较标记词从"于"变成了"如/似"。这一点也说明了汉语比较句式的比较标记特点。

---

① "胜"：本义是胜任。引申为胜利。还引申指胜过、超过。"A 胜 B"是一种差比句。如：
（1）质胜文则野,文胜质则史。(《论语·雍也》)
（2）右军胜林公,林公在司州前亦贵彻。(《世说新语·品藻》,引自叶建军 2013)

② 动词"过",同"胜"一样,也引申指胜过、超过。"A+过+B"是一种差比句。如：
由也好勇过我,无所取材。(《论语·公冶长》)
这种用法在福建泉州地区至今还用。

（二）"如"字比较句

1. 正差比句

（1）先秦至魏晋

这一时期"如"字的差比句极其少见，皆使用"A+ 比较结果 + 如 +B"的结构，此处多以 $V_超$ 表比较结果，主要的 $V_超$ 有："甚""剧"，但使用数量较少。如：

（32）人之困穷，**甚如**饥寒，必哀人之穷也。（《吕氏春秋·仲秋纪》）

（33）家有含毒蝎，**剧如**蛇以龙。（西晋法炬译《佛说优填王经》，《大藏经》第十二册）

（2）唐代

唐代以"如"字作比较标记的差比句开始出现，仍在"A+$V_超$+ 如 +B"句中，$V_超$ 以"胜、过、强"为主作比较结果，构成"胜如、强如、过如"等。如：

（34）叶翠本羞眉，花红**强如**颊。（王勃《相和歌辞·采莲归》）

（35）传者不足信，见景**胜如**闻。（李翱，《广庆寺》，《全唐诗》卷三百六十九）

（36）屈指百万世，**过如**霹雳忙。（杜牧，《郡斋独酌（黄州作）》，《全唐诗》卷五百二十）

叶建军（2013）对《全唐五代词》《唐五代笔记小说大观》《全唐文》等进行检索，未发现一例可靠的表示差比的"似/如"句。所以，学界把该句式的产生时间认定在宋代。Peyraube（1989）认为表示差比的"XA 似/如 Y"，始见于宋代。冯春田（2000：653）指出："大约自宋代开始，汉语出现了一种新的差比句式，即在古代汉语'（S）A 于 Y'式的基础上，由'如'或者'似'引进比较的对象。"魏培泉（2007）认为，"似/如"字平比句式是宋代以后才发展为差比句式的。

（3）宋元

到了宋代，"如"字式的比较句发展更加快速，"A+$V_超$+ 如 +B"句式使用频率更高，范围更广，形式也更加多样。"胜如、强如、过如"前可以加上"煞、赛、索"等加强程度；可以加"不"加强语气；可以加"也"强调比较主体；还可以加"更、犹"等副词修饰。如：

（37）此等事教他们自做，**未必不胜如吾曹**。（《二程集》卷七）

（38）比之一日，**犹胜如一月之远**。（《朱子语类》卷三十一）

（39）但得个生分子带孝引魂驾攀车，**煞强如孝顺女罗裙包土筑坟台**。（《元刊杂剧三十种·老生儿》第一折）

（40）到如今四方军民都赞扬，他**德过如禹舜尧汤**。（《元刊杂剧三十种·霍光鬼谏》第一折）

（41）宁可身卧糟丘，**赛强如命悬君手**。（不忽木《辞朝》，《全元散曲》）

（42）则你那修道的玉清庵，**索强如题笔的金山寺**。（《元曲选·鸳鸯被》第一折）

据统计，宋代"胜如"的使用占据绝对优势，而元代"强如"的用例超过"胜如"。在继承了前代"强如""过如""胜如"用法的同时，"A+形+如+B"句式也出现。如：

（43）正如仲尼**贤如盗跖**，这般说话，岂不是骇！（《朱子语类》卷四十四）

（44）**志高如鲁连，德过如闵骞**。（《朝天子·志感》，《全元散曲》）

（45）枕边泪**倒多如**窗外雨。（《满庭芳》，《全元散曲》）

（4）明清

"A+V超+如+B"和"A+形+如+B"两种句式的使用一直延续到明清时期，并在《金瓶梅》《聊斋志异》等重要文献中均有用例。如：

（46）守着主子，**强如守着奴才**。（《金瓶梅》第二十六回）

（47）你老人家就是个都根主儿，再有谁**大如你老人家**的。（《金瓶梅》第七十九回）

（48）脚也不是那十分大脚，还**小如我**的好些。（《醒世姻缘传》第五十五回）

（49）我就在这里过一生，纵然失了家也愿意，**强如天天被父母师傅打**呢。（《红楼梦》第五回）

（50）过了一日，**胜如三朝**。（《聊斋俚曲》第三十三回）

在明清发展过程中，"如"字比较句逐渐衰亡。通过魏红（2007：196）的数据统计显示，"如"字差比句在《金瓶梅词话》《醒世姻缘传》《聊斋俚曲》中的出现次数分别为24例、22例、9例，也印证了这一观点。

2. 负差比句

（1）先秦至汉代

秦汉时期，以"如"为比较标记的负差比句主要句式有"A+不如B+比较结果""A+比较结果+不如B"两种形式。

"A+不如B+比较结果"式。如：

（51）岂曰无衣七兮？**不如**子之衣安且吉兮！（《诗经·唐风·无衣》）

（52）因众以宁所闻，**不如**众技众矣。（《庄子·外篇》）

（53）子之为鹊也，**不如**匠之为车辖。（《墨子·鲁问》）

否定词也有"勿如"。如：

（54）上察宗室诸窦，**毋如**窦婴贤。乃召婴。（《史记·魏其武安侯列传》）

"A+比较结果+不如B"式。如：

（55）后世之君，明**不及**二公；后世之臣，贤**不如**二子。（《韩非子·难三》）

（56）然而山东不致相索，智固**不如**车士矣。（《战国策·燕策二》）

（2）魏晋南北朝

魏晋南北朝以后，"如"字的负差比句发生了较大变化，"A不如B+比较结果"使用频率大大提高，其中比较结果多为形容词，而"A+比较结果+不如B"结构在口语中消失。如：

（57）热、香、美，乃胜豆豉。打破，汤浸，研用亦得，然汁浊，**不如**全煮汁清也。（《齐民要术》卷八）

（58）此二人福，虽复无量，犹亦**不如**听人出家及自出家其福弘大。（《贤愚经》卷四）

"如"字负差比句式主要使用"A不如B+比较结果"的结构。这种句式东汉魏晋南北朝时期就已普遍使用，唐宋以后一直使用至今。如：

（59）犹觉醉吟多放逸，**不如**禅定更清虚。（白居易《改业》）

（60）《易》中取象，**不如**卦德上命字较亲切。(《朱子语类》第六十六卷)①

（61）濯足而待宾，我**不如**你脚上粪草！(《元刊杂剧三十种·气英布》第二折)

（62）这里定规有现成的兵器，我待下去买他几件，还**不如**使个神通觅他几件倒好。(《西游记》第三回)

（63）你这个不大好看，**不如**三姐姐的那一个软翅子大凤凰好。(《红楼梦》第七十回)

同时，句中的否定词"不"有时也可以用"未"替代。如：

（64）故山有深霞，**未如**旌旗红。(贯休，《拟齐梁体寄冯使君三首》，《全唐诗》卷八百二十七)

3. 递进式差比句

"如"字的递进式差比句从宋代开始出现，表示程度逐渐增加或递减。其使用的句式主要为"一A+形+如+一A"。如：

（65）设使不即位，只以大元帅讨贼，徽庙升遐，率六军缟素，是甚么模样气势！后来一番难**如**一番。(《朱子语类》卷一百零一)

（66）你常选官，只是一步高**如**一步除将去。(《朴通事谚解》)

（67）二来也是死期将到，作的恶一日狠**如**一日。(《醒世姻缘传》第十二回)

（三）"似"字比较句

1. 正差比句

"似"作比较标记的情况大约从唐代开始出现，宋代开始快速发展。其用法与来源都和"如"字非常相似，主要句式有"A+V$_{超}$+似+B"和"A+形+似+B"两种。比较项多为名词或名词性短语，少数使用动词。

---

① 叶建军（2020）指出："X不如Y较A"类差比句唐代开始出现，由"X不如Y（A）"类不及义差比句与"Y较A"类胜过义差比句糅合而成。从X与Y两个不同的视角将反面与正面结合起来，以便更加清晰、完整地表达一个差比事件。该句式从清代中期开始出现了兼表胜过义与建议义的略式"不如Y较A"类。见叶建军：《近代汉语"X不如Y较A"类差比句式的语义、形成与演变》，载《语文研究》，2020（1）。

（1）A+V$_{超}$+似+B

在这一句式中，V$_{超}$主要有"胜""强""过"三种，即"A+胜/强/过+似+B"句，① 唐代偶见，宋至明清均有出现。有时"强似"前可以加上副词"还""也""更""犹""又"等，表达强调或委婉语气；后面也可带不定量词"些"，作补语。如：

（68）文树面孔不似猢狲，猢狲面孔**强似**文树。（黄幡绰《嘲刘文树》）

（69）此雪应须还得下，果然**胜似**岳阳金。（《张协状元》第十一出）

（70）则这二攒司**过似**蛇吞象，再差十大户犹如插翅虎。（刘时中《上高监司》散曲）

（71）我是读书识理的人，你若与我呵，**强似**与客人。（《训世评话》第二十九则）

（72）天上将不如老孙者多，**胜似**老孙者少。（《西游记》第五十三回）

（73）只受那千年香火，**胜强似**一世荣华。（《聊斋俚曲·寒森曲》第七回）

（2）A+形+似+B

该用法在宋元时期比较常见，形容词的种类也较繁多。但至明清已逐渐衰落。如：

（74）似着春衫羞自看，**窄似**年时一半。（赵长卿《清平乐》）

（75）况限田之法虽举于今，明年便**淡似**今年，后年又**淡似**明年，一年淡一年，便寝矣。（《朱子语类》卷九十八）

（76）不想他两口儿患病。一日**重似**一日。（《元曲选·合同文字》第一折）

（77）这个是晋朝高才名士陶潜漉酒的头巾，却**高似**吕蒙正褡儿。（《训世评话》第五十一则）

（78）幸得素姐**狠似**响马的人，那里还怕甚么响马，一心只是回家。（《醒世姻缘传》第八十八回）

（79）这点小事就上吊，若**大似**这个着呢，就该怎么着呢。（《聊斋俚曲·增补幸云曲》第十一回）

随着"比"字差比句盛行，"似"字句逐渐退出口语。

---

① 按：叶建军（2013）指出："X胜似Y"最早见于宋代，是由差比句式"X胜Y"与平比句式"X似Y"糅合而成的，用以表达递进。同时，对"X胜如Y"句式，他也如此看作是糅合句式。

2. 负差比句

"似"字的负差比句主要使用"A 不似 B+ 比较结果"的句式,可细分为"A+ 不似 B+ 形"和"A 不似 B+V 得 + 形"两种。

(1) A+ 不似 B+ 形

这种句式产生于唐代,在宋代得到了普遍使用,但元代以后也渐趋衰微了。如:

(80) 宜男漫作后庭草,**不似樱桃千子红**。(温庭筠《生禄屏风歌》,《全唐诗》卷五百七十五)

(81) 柳文是较古,但易学,学便似他,**不似韩文规模阔**。(《朱子语类》卷一百三十九)

(82) 泪珠儿滴尽愁难尽,瘦庞儿**不似当时俊**。(贯云石《闺愁》,《全元散曲》)

(83) 常想赵盾捧车轮,也**不似你个当今帝主狠**!(《元刊杂剧三十种·介子推》第四折)

(2) A 不似 B+V 得 + 形

这种句式产生于宋代,并且通过语料调查发现《朱子语类》中使用最多。如:

(84) 伊川先生说神化等,**不似横渠较说得分明**。(《朱子语类》卷九十八)

(85) 诸先生说这道理,**不似邵子说得最著实**。(《朱子语类》卷一百)

(86) 如东莱便是如何云云,**不似他见得恁地直拔俊伟**。(《朱子语类》卷一百二十四)

以上两种以"似"为比较标记的负差比句的句式主要活跃于宋朝,元代以后逐渐消失。

以上"于"字句、"如"字句、"似"字句有"正差比"和"负差比"两种类型。

(四)"及"字比较句("不及"差比句)

这不是很常用的句子,作为比较标记不是特别典型的一类,从系统性考虑,收入本节。

1. 负差比句

"及"字的负差比句出现比正差比句早,且使用频率更高。其常见的否定副词是"不",又称"不及"差比句。

"不及"差比句在先秦时期较为常用。如:

(87)有虞氏不及泰氏。(《庄子·内篇·应帝王》)

此时,负差比句的句式结构主要为"A不及B",没有比较结果。

汉代出现了"A+比较点NP+不及+B"的形式。如:

(88)(庞涓)而自以为能不及孙膑,乃阴使召孙膑。(《史记·孙子吴起列传》)

(89)今吾智不及三子,而二世之无道过于桀、纣、夫差,吾以忠死,宜矣。(《史记·李斯列传》)

唐代"A**不及**B""A+比较点**NP**+不及+B""A不及B+比较结果"的形式都用。如:

(90)今吾陋**不及**贾(贾大夫),而文艺非徒射雉也,而竟不言。(《玄怪录》卷一)

(91)当时天下**工巧**,总**不及**沈隐侯家老苍头孝忠也。(《玄怪录》卷二)

(92)心空**不及**道空安,道与心空状一般。(《祖堂集》卷二十)

此后,这几种形式都会出现,多见"A+NP+不及+B"的句式。比较项A、B多为名词。如:

(93)陛下不知霸王却有几桩儿**不及**我王处。(《元刊杂剧三十种·萧何追韩信》第三折)

(94)臣武**不及**伍子青,文**不及**周公旦,可惜了六合乾坤,万里江山。(《元刊杂剧三十种·霍光鬼谏》第四折)

(95)宝玉读书不如你两个,论题联和诗这种聪明,你们皆**不及**他。(《红楼梦》第七十七回)

2. 正差比句

"及"作比较标记的情况较为罕见,仅在明清文献《聊斋俚曲》中找到4例。如:

(96)福、禄、寿三星献了一盘枣,都大及瓜,一盘梨大及胡芦,这都是

仙家的宝物，吃一口就长生不老。(《聊斋俚曲》第一回）

在"A+ 比较结果 + 及 +B"的句式中，比较项均为名词，作比较结果的形容词多由"强、大"充当。其使用情况与"起"相似，并且也曾在山东少数地区的方言中出现，有学者推测它是受比较标记词"起"的影响产生的，但因其使用范围小、频率低而很快被淘汰。

（五）"过"字比较句

"过"字比较句比较特殊，只有肯定表达，即只有"正差比"句式。这种句式比较早见的是在唐代，到宋元就比较少，明清在少数作品中使用。

1. 唐

"过"作"超过"义动词，古已有之。从唐代开始虚化成为介词，并用作差比句的标记词，形成"A+ 比较结果 + 过 +B"的结构。如：

（97）贫**于**杨子两三倍，老**过**荣公六七年。(白居易《送刘五司马赴任陕州兼寄崔使君》)

（98）贼是小人，智**过**君子。(《五灯会元》卷十一)

2. 宋元

"过"字式的差比句在宋元时期的文献中并不多见。如：

（99）清**过**炎天梅蕊，淡欺雪里芭蕉。(张炎《风入松·溪山堂竹》)

（100）俺那七里滩，好**过**这景致。(《元刊杂剧三十种·严子陵垂钓七里滩》第四折)

3. 明清

明清时期，《醒世姻缘传》等少数文献中也出现了"A+ 比较结果 + 过 +B"的比较句。如：

（101）又道这是狠**过**阎罗王的和尚，凶似夜叉的妇人。(《型世言》第二十九回)

（102）恶疾还有利害**过**天疱疮的么？(《醒世姻缘传》第九十五回)

（103）从古至今凶恶的妇人也多，从没有似你这般恶**过**狼虎的。(《醒世

姻缘传》第九十八回）

虽然这一句式在各个阶段的例证都不多，但"过"作为比较句的标记词被保留下来。

"过"字式差比句具有明显的地域特点，在清末的粤语材料中也时有出现。如：

（104）噉样如果你包呢分工夫，自然总平啲过别人嘅喇。（那么若是你包那个活，自然总比别人便宜点儿啊。）（《粤音指南》[①]第二卷第十章）

（105）初初重吃有几多烟，后来就一日吃多过一日。（先吃的还不多，后来是一天比一天吃的多。）（《粤音指南》第二卷第二十五章）

今天粤语地区口语中仍有使用。

（六）"得（的）"字比较句

"得"字比较句比较特殊，只有肯定表达，即只有"正差比"句式。这种句式早见于宋代。结构形式是"A+比较结果+得+B"，其中比较结果多为形容词。《朱子语类》中偶有用例。如：

（106）温公《礼》有疏漏处，高氏《送终礼》胖得温公《礼》。（《朱子语类》卷八十五）

（107）如左丞相大得右丞相不多。（《朱子语类》卷九十九）

明清时期也仅《聊斋俚曲》中出现了这种用法，有时"得"字也会被"的"替代。如：

（108）他爹听说泪两行，你跟着您姑强的您娘。（《聊斋俚曲·慈悲曲》第二回）

（109）我只说天下就没有大的卢龙知县的，谁想到了这等。（《聊斋俚曲·磨难曲》第十四回）

由于只有一本文献材料存有这种用法，因此魏红（2007：202）曾推断"得（的）"字比较句的使用存在较强的区域性，并且使用范围很小。同时她还考证了这一句式在现代山东部分地区方言中的使用情况，认为存在对明清时期"得（的）"用法的继承。

[①] 《粤音指南》四卷本用例，依据的是宣统二年（1910）香港别字馆第二版。

（七）"起（其）"字比较句

"起（其）"字比较句是指以"起（其）"作比较标记的比较句。出现在"A+形+起（其）+B"的句式中，该句式只有肯定表达，即只有"正差比"句式。大约在明末清初的文献中才能见到，比较项多为名词短语，比较结果多为形容程度高或形状大的形容词"强、大"。如：

（110）这是姐姐的喜事，还有甚么**大起**这个的哩。（《醒世姻缘传》第五十九回）

（111）怎么说王龙家小厮**强起**我？（《聊斋俚曲·增补幸云曲》第十四回）

偶有句末添加数量补语的情况。如：

（112）我合狄大哥父来子往，我**长起**狄大哥好几岁，我还是大伯人家哩。（《醒世姻缘传》第八十九回）

比较标记"其"是"起"的方言音近字，"其"字比较句仅出现在《聊斋俚曲》中。如：

（113）休愁那亲事难成，情管找一个极俊的媳妇，还**强其**江城，还**强其**江城。（《聊斋俚曲·禳妒咒》第七回）

"起（其）"字比较句在当今山东方言中颇为常见。魏红（2007：206）指出：现代山东方言中比较标记"起"不仅使用范围广泛，"起"所在的句式也比明清时期要复杂，并且句式中所使用的形容词范围更大，双音节形容词更为常用，也常使用不含有程度义的形容词，如"暖和""干静""热闹"等；弱势意义的词也可以使用，如"矮""小"等词。除肯定句式外，否定形式使用也非常广泛。由此可见，山东方言"起（其）"字比较句不仅是对明清"起（其）"字式差比句的继承，同时还发展出新的用法。

以上"过"字句、"得（的）"字句、"起（其）"字句类只有"正差比"句式。

二、"比较本体A+比较标记+比较基准B+比较结果"式

这一类语序的比较句，比较标记是"比"，也是差比句中用得最多的句式。而"比"字句包含早期的"比"字比动句和唐代以后虚化出介词"比"的"比"字差比句。

贝罗贝（1989）从句子本身的语义和结构出发，认为春秋战国到魏晋南北朝的"比"是动词，表"相比"或"比并"的意思，唐代时虚化为表比较的介词，

宋元时期"比"字句成为汉语差比句的主要形式。并指出现代汉语的差比句在唐代即已出现（参见蒋绍愚、曹广顺2005）。冯春田（2000）认为比字差比句大约始见于南宋时期。本节采用宋代说。"比"字比较句的产生不仅关乎汉语比较句的格式语序的变化，还与"比"字自身语义虚化有关。所以"比"字比较句有动词"比"字比动差比句与介词"比"字差比句两类。而比较句又分正差比（肯定）和负差比（否定），下面分开阐述。

（一）"比"字句

1. 正差比动词"比"字句

（1）先秦至西汉动词"比"字句

从先秦至西汉，"比"字式的比较句数量很少，"比"是动词，表示相比。又称之为"比"字比动句。常用结构为"A比于B+比较结果"如：

（114）故厉虽痈肿疕疡，上比于《春秋》，未至于绞颈射股也；下比于近世，未至饿死擢筋也。（《韩非子·奸劫弑臣》）

（115）五伯者比于他诸侯为贤者，比于仁贤，何贤之有？譬犹珷玞比于美玉也。（《春秋繁露》卷九）

也可在主语和谓语之间插入连词"之"，构成"A之比于B"的结构。如：

（116）鲁仲连曰："呜呼！梁之比于秦若仆邪？"（《史记·鲁仲连邹阳列传》）

西汉时期还出现了"A比B+最+形"的句式。如：

（117）哙以吕后女弟吕须为妇，生子伉，故其比诸将最亲。（《史记·樊郦滕灌列传》）

（2）东汉至魏晋南北朝动词"比"字句

东汉至魏晋南北朝时期，比较句已成为汉语中很常见的句式。"A（之）比于B+比较结果"的句式仍有遗留。如：

（118）今康居国强于大宛，郅支之号重于宛王，杀使者罪甚于留马，而延寿、汤不烦汉士，不费斗粮，比于贰师，功德百之。（《汉书》卷七十）

（119）夫教化之比于刑法，刑法轻。（《汉书》卷二十二）

在汉代介词"于"开始松动，逐渐从比较标记中脱落，到魏晋南北朝时期已完全失落，构成了"A比B+句子"和"A比B+为+形"两种比较句结构，这是对先秦比较句型的继承和发展。如：

（120）方陈思不足，**比**魏文**有余**。（《诗品·魏侍中王粲》）

（121）方任虽重，**比**此**为轻**。（山涛《启事》，《全晋文》卷三十四）

（122）臣辄复重难衡、兴，以为五纪论推步行度，当时**比**诸术**为近**，然犹未稽于古。（《后汉书·律历志》）

同时，该时期又新增了"A比B+AP/VP"的结构。如：

（123）周顗**比**臣**有国士门风**。（《世说新语·品藻》）

（124）阿奴**比**丞相**条达清长**。（《世说新语·品藻》）

"A比B+AP/VP"句式的产生，标志着严格意义上的"比"字式比较句的出现，此时的"比"字已开始从动词向介词过渡。冯春田（2000：668）认为："由古代汉语以来的比动单句变化为介词'比'字比较句。作这种变化的关键就是由动词'比'虚化为介词'比'。"而比动句的"比之（于）Y"或"比Y"处于状语位置，正为"比"虚化为介词从而形成"比Y"的介词结构提供了条件。

（3）唐代动词"比"字句

在唐代，敦煌变文和《祖堂集》中都没有出现"比"字式比动句，《五灯会元》中有少量用例，而在《全唐诗》中有很多，句式主要有"A比B+比较结果"。如：

（125）年方伯玉早，恨**比**四愁多。（刘禹锡《答柳子厚》，《全唐诗》第364卷）

（126）能就江楼消暑否，**比**君茅舍**较**清凉。（白居易《江楼夕望招客》，《全唐诗》第443卷）

（127）色**比**琼浆**犹**嫩，香同甘露仍春。（郎士元《寄李袁州桑落酒》，《全唐诗》第248卷）

（128）老大**比**他年**少**少，每逢佳节更悲凉。（司空图《重阳四首》，《全唐诗》第634卷，以上4例引自谢仁友2003）

如上，当形容词作比较结果时,形容词前可加副词,主要有"较/校""犹""少"，偶使用"更"。这种用法在广东丰顺客家话还用。如：梅县比汤坑较冷。（引自

张赪2005：45）

同时，有"A比B+形+补语"的句式。如：

（129）性灵**比**鹤争多少，气力登山较几分。（曹松《拜访陆处士》，《全唐诗》第717卷）

太田辰夫（2003：167-168）在《中国语历史文法》中举了两个比动句的例子，然后说："这些例子还不能说是差比。但把下面这些看作差比也并非绝对不可以。如：

色**比**琼浆犹嫩，香同甘露仍春。（郎士元《寄李袁州桑落酒》）

当时心**比**金石坚，今日为君坚不得。（《谢王轩》，《全唐诗》第866卷）

这也是唐代"比"字比动句的实际状况。

2. 正差比介词"比"字句

（1）宋代"比"字差比句

介词"比"字**差比**句在唐代开始出现，到了宋代，介词"比"字**差比**句的形式更加多样，使用频率也明显增加。"A比B+副+形"和"A比B+形/动+补语"的使用更加盛行。

首先，"A比B+副+形"类句（副词有："又""稍""煞""愈""分外"等）式。如：

（130）离愁万种，提起心头切。**比**霜风**更**烈。瘦似枯枝，待何人与分说。（张淑芳《满路花·冬》）

（131）这回**比**旧时**煞**长进。（《二程遗书》第二十五卷）

（132）司马公**比**范公**又**低。（《朱子语类》卷九十二）

（133）"游于艺"一句，**比**上三句**稍**轻。（《朱子语类》卷三十四）

（134）直待秋风，香**比**余花**分外**浓。（李纲《丑奴儿·木犀》）

其次，"A比B+形/动+**补语**"句（补语也用"多少""些""几分"等不定量词）。如：

（135）一夜无眠连晓角，人瘦也，**比**梅花，瘦几分。（程垓《摊破江城子》）

（136）冷淡是秋花，更**比**秋花**冷淡些**。到处芙蓉供醉赏，从他。自有幽人处士夸。（蒋捷《南乡子·黄葵》）

（137）寿**比**太公欠一，年并楚丘逾九，益壮异常人。（无名氏《水调歌头·寿隐士·十月十八》）

（138）饶你雄信解拈鎗，**比**逐秦王较百步。（《五灯会元》卷十三）

同时，宋代产生了"A比B+V得+补语""A+副+比B+形""A比B+形+VP"等更多新句式。比较标记"**比似**"也随之出现。如：

（139）孟子**比**论语易看，但其间数段极难晓。（《朱子语类》卷十九）

（140）胜如西子妖绕，更**比**太真澹泞。（吴文英《东风第一枝·黄钟商》）

（141）五峰说得牵强，看来只是**比似**孔子较小。《朱子语类》卷二十四）

（142）又说新来，**比似**旧时瘦。（王嵎《祝英台近》）

此外，《朱子语类》中偶有"A比B+为+动+数量补语"的句式出现。如：

（143）月行迟，一日一夜三百六十五度四分度之一行不尽，**比**天为退了十三度有奇。（《朱子语类》卷二）

（2）元明"比"字差比句

元明时期"A比B+**形**"结构更加活跃，使用数量大幅增加，尤其到了明代，出现的句式也更加多样，有丰富的句式变化。形容词前的程度副词种类增加，出现了"还""更加""越发"等，表示程度的加深。如：

（144）瘦即瘦，**比**旧时越模样儿好否？（《董解元西厢记》卷三）

（145）行者不敢推辞，舍命往上跳。果然先见轻小，到上面**比**海船还大三分。（《西游记》第四十二回）

（146）再复清汤浴过一番，身体莹然如玉，**比**前日更加嫩相。（《二刻拍案惊奇》卷二十九）

（147）这西门庆仔细端详那妇人，**比**初见时越发标致。（《金瓶梅》第四回）

比较项除名词性以外，可以是代词、动词。如：

（148）好奶奶你**比**那个不聪明？（《金瓶梅词话》第七十六回）

（149）我**比**别的商人早掣取你盐一个月。（《金瓶梅词话》第四十九回）

"A比B+V得+补语"可以在比较本体A后，也可以在比较基准B后。

（150）我**比**你吊得高，所以看得明也。（《西游记》第三十四回）

（151）巴巴寻那肥皂来洗脸，怪不的你的脸洗的**比**人家屁股还白！（《金瓶梅词话》第二十七回）

比较结果成分由 VP 充当，新句式"A 比 B+VP"产生了。如：

（152）他**比我会杀狗**，托赖着帝王亲旧，统领着百万貔貅。（《元刊杂剧三十种·气英布》第三折）

（153）也好，你**比悟净还有些膂力**。（《西游记》第四十九回）

（154）我见他**比众丫鬟行事儿正大**，说话儿沉稳，就是个才料儿。（《金瓶梅词话》第九十回）

（3）清代"比"字差比句

元明时期"比"字差比句得到了快速发展，到了清代，"比"字句式在正差比句中已占据主导地位。它以其更加清晰的表达，战胜了以"超过"义动词为比较结果的差比句，也打败了以"如""似"为比较标记的差比句，同时产生了若干新的句式，形容词前的副词也更加丰富。

第一，介词"比"字对介词"如""似"的取代。

清代"比"字句最大的特点是产生"比"字新句式："A+ 比 +B+V$_{超}$"，取代了宋元时期常用的"A+V$_{超}$+ 似 / 如 +B"句式，导致"似""如"在差比句中逐渐衰落。宋元时期"胜 / 强 + 如 / 似"后一般不能加补语，而"比"字句却可以，常用的补语有"些""几分""十倍""百倍""远"等。如：

（155）可是现放着奶哥哥，那一个**不比人强**？（《红楼梦》第十六回）

（156）不想你竟也巴结到个二品大员，赶上你爷爷了，**比我强**。（《儿女英雄传》第四十回）

（157）我虽有个哥哥，你也是知道的，只有个母亲**比你略强些**。（《红楼梦》第四十五回）

（158）只有你娘**比如今赵姨娘强十倍**的，你该比探丫头强才是。（《红楼梦》第七十三回）

（159）我觉得**比入阁登坛、金闺紫诰还胜几分**！（《儿女英雄传》第二十四回）

第二，"连 A 都比 B+ 比较结果$_{形容词}$"新句式产生。

此前，"比"字比较句主要的句式结构为"A 比 B+ 比较结果"。而到了清代，"比"字比较句出现了许多不具有典型特征的结构。有"**连 A 都比 B+ 形**"强调式（"连"表示强调的介词）。如：

（160）别说妹妹呀，连哥哥比你两个多来着不差甚么二十年，今日还是头一遭儿见呢！"（《儿女英雄传》第三十七回）

"比"字式跟"……的"结合式，在明代偶见，到了清代则使用更加普遍。如：

（161）妈明儿和老太太求了他作媳妇，岂不比外头寻的好？（《红楼梦》第五十七回）

（162）明儿比这个更叫你不好意思的还有呢。（《红楼梦》第三十五回）

第三，副词修饰的多样化。

谢仁友（2003）统计，《金瓶梅词话》的"比"字式差比句中共有副词11个，而《红楼梦》中的"比"字式差比句中共有副词41个，可见这一时期副词种类的繁多。其中有"自然""原来""果真""果然""只怕"等新出现的副词，也有唐宋时期就有的"犹""自""较""皆"等。从使用频率上看，《红楼梦》"比"字句副词中，"还""更""不""又"使用最为频繁。

到了明清代，副词不仅种类多、使用频率高，在句式中出现的位置也很灵活。既有"A比B+副词（+结果）"。如：

（163）大圣当年若存正，不闹天宫，比我们还自在哩。（《西游记》第二十六回）

（164）这西门庆仔细端详那妇人，比初见时越发标致。（《金瓶梅词话》第四回）

（165）这位凤姑娘年纪虽小，行事却比世人都大呢。（《红楼梦》第六回）

也有"A+副词+比+B（+结果）"。如：

（166）精神还比未病时更好些。（《型世言》第九回）

（167）我家里下三等奴才也比你高贵些的，你都会看人下菜碟儿。（《红楼梦》第六十回）

3. 负差比"比"字句

（1）东汉魏晋南北朝

以"比"为标记的负差比句从东汉魏晋时期开始出现，使用的句式主要为"A不比B+比较结果"，其中比较结果有时可省略。如：

（168）谚曰："顷不比亩善。"谓多恶不如少善也。（《齐民要术》卷一）

（169）青松未胜其洁，白玉**不比**其珍。(《洛阳伽蓝记》卷二)

（2）唐

到了唐代，"A比B不+比较结果"依然存在，只是仍较少表述。如：

（170）曲江僧向松江见，又到天台看石桥。鹤恋故巢云恋岫，**比**君犹自**不逍遥**。(刘禹锡《送霄韵上人游天台》,《全唐诗》卷三百六十五)

这种用法，清代也有使用。如：

（171）况且是他亲舅爷爷和他亲舅舅打听的，难道倒**比**别人**不真**么！(《红楼梦》第一百一十八回)

（172）做良民**比**为匪**不强**么？(《语言自迩集·散语篇》)

唐代以后，"A不比B+比较结果"的句式在这一时期得到了继承和发展。如：

（173）窃以为开洛之役，其功甚小，**不比**大河之上，但辟百余步，即可以通水三分，即永为京师之福，又减河北屡决之害。(《宋史》卷九十四)

（174）"变化"字，且只大概恁地说，**不比**系辞所说底子细。(《朱子语类》卷六十八)

（3）宋元

宋元时期，除了原有的两种句式，还出现了"比不得""怎比得"新的负差比句。如：

（175）把天下美收拾聚，**比不得**知远今夜做女婿。(《刘知远诸宫调》卷三)

（176）江淹闷，韩生忿，**怎比得**咱家闷。(无名氏《十样锦》,见《全元散曲》)

时至宋元，"比"字负差比句的句式基本都已出现。明清时期，以上的句式均被保留下来，并在一定程度上得到发展，使用频率也有所增加。如：

（177）我的面儿虽**比不得**潘安，也充得过。(《水浒传》第二十四回)

4."比"字递进式差比句

"比"字的递进式差比句主要用于表示随着时间推移而逐渐增加或减少，把时间量词作为比较项，即采用"一+时间量词+比+一+时间量词+形容词"的结构。如：

（178）到了二十后，一日**比**一日觉懒，也懒待吃东西，这将近有半个多月了。（《红楼梦》第十一回）

（179）你们一家子只管在外头各人受了一场颠险，回到家来，倒一天比一天顺当起来了。（《儿女英雄传》第三十六回）

5. 各类"比"字句小结

自先秦至明清时期，从比动句发展到"比"字句，以"比"为差比标记的句式已占据绝对优势，成为差比句的典型格式，而"A+ 比较结果 + 比较标记 +B"式的差比句则逐渐走向没落，到现代汉语里已基本不再使用。

（二）"如"字句

这类比较句式，比较标记是"如"，这个标记一般以否定为主，构成"A不如B"，常见的否定副词是"不"，又称"不如"差比句。上文已有介绍。参见上文负差比句中"A + 不如 +B+ 比较结果"式部分，此略。

（三）"若"字句

这类句子比较标记是"若"。"若"字比较句比较特殊，只有否定表达，即只有"负差比"句式。常见的否定副词是"不"，又称"不若"差比句。

先秦时期，以"若"为比较标记的负差比句主要以"A 不若 B+ 比较结果"的形式出现，其中比较对象 A、B 双方既可以是名词短语也可以是动词短语。如：

（180）人也，忧忘其身，内忘其亲，上忘其君，则是人也，而曾狗彘之**不若**也。（《荀子·荣辱篇》）

（181）至于身，而不知所以养之者，岂爱身**不若**桐梓哉？（《孟子·告子上》）

（182）客曰："徐公**不若**君之美也。"（《战国策·齐策一》）

（183）今寡人虽愚，**不若**纣之暴也；燕民虽乱，**不若**殷民之甚也。（《史记·乐毅列传》）

魏晋以后，偶尔也出现了否定词用"未"的用法。如：

（184）长辕耕平地尚可，于山涧之间则不任用，且回转至难，费力，**未若**齐人蔚犁之柔便也。（《齐民要术》卷一）

（185）若人生百岁，不会诸佛机，**未若**生一日，而得决了之。（《五灯会元》卷一）

（186）素衣匹马单刀会，觑敌军如儿戏，**不若**土和泥。（《元刊杂剧三十种·西蜀梦》第一折）

（187）望菩萨养生**不若**放生，放我和尚出去罢。（《西游记》第七十二回）

"不若"差比句由于其较浓的文言色彩而逐渐被淘汰，元明以后很少见了。

（四）"没/没有"差比句

这一类比较句，比较标记是"没/没有"。"A没/没有B+比较结果"，属于"负差比"句式，又称"没有"差比句。从否定的角度对客观量进行比较的句式。许国萍（2007）指出：单纯地从量级关系看，"没有"句与"不如"句是相同的。"不如"句表取舍、主观比较，"没有"句表客观的量的比较。二者有着明确的分工，相互无法无条件替换。明清使用频率不高。如：

（188）只为自家要说那《三孝廉让产立高名》，这段话文不比曹丕忌刻，也**没**子建风流，胜如紫荆花下三田，花萼楼中诸李。（《三孝廉让产立高名》，见冯梦龙编《醒世恒言》第二卷）

（189）探春道："……你看他那小园子，比咱们这个如何？"平儿笑道："还**没有**咱们这一半大，树木花草也少多着呢。"（《红楼梦》第五十六回）

（190）苟才那厮，说起话来，**没有**从前那么乱了。（《二十年目睹之怪现状》第九十六回）

用"没有"来否定"比"的"A没有+比B+比较结果_{形容词}"句式在清代后期才出现，表示比较级的语义，如：

（191）掌柜的说："这就是顶好的了，这个刀能斩钉削铁，再**没有比**这个好的了。（清《济公全传》第一百七十一回）

（192）自来修仙了道之人，大概再**没有比**你惬意的了。（清《八仙得道传》第九十七回）

（193）再**没有比**这个明白了。（《语言自迩集·续散语》）

（五）差比句的历时演变与地域分布

桥本万太郎（1985）在《语言地理类型学》说到"句法结构的逆行与顺行"时，

在"2.4 '横'的推移和'纵'的演变"一节中，比较了"霜叶红似二月花"和"霜叶比二月花更红一点"，认为这既有历史演变，又有地域差异，而且地域差异是历史演变的投影。

这一观点很值得深思。我们在进行差比句地域分布分析时，一般都会与各地方言结合起来，而对文献的比较关注较少。根据这样的线索，我们对明代小说集《今古奇观》及其北京官话《今古奇观》改写本比较句式进行了对比，发现明小说用"A+ 比较结果 +B"或者"A+ 比较结果 + 如／于 +B"，清代北京官话都用"A 比 B+ 比较结果"。如：

（194）a. 贾石小沈炼五岁，就拜沈炼为兄。（明《今古奇观·沈小霞相会出师表》）

—— b. 那贾石比沈炼小五岁，就拜沈炼为哥哥。（北京官话《今古奇观》同上）

（195）a. 危宗几绝，受祸之惨，**莫如臣家**！（明《今古奇观·沈小霞相会出师表》）

—— b. 宗祀差一点儿绝了，臣家遭的祸再没比那么惨的了。（北京官话《今古奇观》同上）

（196）a. 便吃刀吃剐，亦所甘心，也强如担饥受冻，一生做个饿莩！（明《今古奇观·李汧公穷邸遇侠客》）

—— b. 就是挨杀挨剐也甘心情愿，总比冻死饿死强啊。（北京官话《今古奇观》同上）

（197）a. 顷刻摆下筵席，丰富胜于王侯。（明《今古奇观·李汧公穷邸遇侠客》）

—— b. 不大的工夫儿就摆上酒席了，很丰富的，**直比王侯家还阔**。（北京官话《今古奇观》同上）

（198）a. 京都富家，**无过是**延平门王元宝这老儿**为最**。（明《今古奇观·李汧公穷邸遇侠客》）

—— b. 所有京里的财主，再没有比延平门王元宝家阔的了。（北京官话《今古奇观》同上）

两相对比，不仅说明了明清差比句式的历时变化，同时也说明了南北不同地域差比句的句式分布。南京官话差比句用"A+ 比较结果 +B"或者"A+ 比较结果 + 如／于 +B"，清代北京官话用"A 比 B+ 比较结果"句，这个问题值得关注。

第二节 平比句的句式语序及其变化

平比句（comparative construction of equality）又称"等比句"。学界有多种称说。如：吕叔湘（1942/1982）所说的是"类同"、赵元任（1979）所说为"等同"、杨伯峻、何乐士（2001）所说为"同比"。但是，关于平比句式的界定，在以往的研究中常常比较模糊。李炎、孟繁杰曾专书研究汉语平比句。李炎、孟繁杰（2010：14）认为：从语义上看，平比句是表示比较双方相同或相似的一种句式。并将其细分为三类：等比、相似和比拟。李炎、孟繁杰（2012：266）在讨论《朱子语类》平比句时仍然贯彻了这个观点，所述"平比句"范围太大，其中包含了"比拟句"，他们这是对平比句的一种广义解读。高育花（2016：95）认为，平比和比拟的语义、句法形式并非泾渭分明，但在某些历史时期，有些平比句与比拟句的演变路径确实并不相同。因此为了更好地区分，对平比句作了比较具体的限定：作为独立的句子，如果表示属性的词语（即比较结果）出现了，而且比较本体和比较基准确定属于同一属概念。但是分属同一层级的不同种概念，则是平比句。这一点很重要。

早在《马氏文通》（1898/2005：186-187）中，马建忠对"平比"概念作出说明："平比者，凡象静字以比两端，无轩轾而适相等者也。等之之字，为'如''若''犹''由'诸字，参之所比两端以准其平。"从《马氏文通》说明可见，平比句比较的基础是建构在两个比较对象的共有属性上，强调的是两者的相等。故在早期的双标记平比句中有"A 与／如／似 B 等／同／不异"的句式。姜南（2012）运用梵汉对勘材料，探讨等比标记"如……等许"的来源，指出框式等比标记"如……等／许"是前置词"如"和后置词"等／许"在仿译原文同型等比结构的基础上，临时搭配而成的句法格式。龙国富（2007）认为诱发"如……许"格式产生的因素主要有："如……然"句式的发展、"于"字比较句与名词标志"之"的脱落、方言地域等因素的影响。

魏培泉（2001）认为中古时期新产生的平比句式乙式" X+ 如 +Y+A"出现于六朝之前，并从南方发展到北方，中古乙式取代甲式"X+A+ 如 +Y"的原因主要是中古汉语名语化标记（"Y 之 A"中"之"这个名语化助词）的消失和反义并列复合词的大量发展。

从语义上看，平比句用于表达"等同"的意思，句式表达多样。有只用"比较标记"的基本式："比较本体 A+ 比较标记 + 比较基准 B"，有强调"比较结果"的"比较本体 A+ 比较标记 + 比较基准 B+ 比较结果"和"比较本体 A+ 比较结果 + 比较标记（于）+ 比较基准 B"形式。我们重点介绍带有"比较结果"的"比较本体 A+ 比较标记 + 比较基准 B+ 比较结果"和"比较本体 A+ 比较结果 + 比较标记（于）+ 比较基准 B"。二者之间存在明显的语序差异。

（1）"比较本体 A+ 比较标记 + 比较基准 B+ 比较结果"式的比较标记多为"与、同、像、和"。其中"与"字式的比较标记多为"异同"义形容词"同、等、不异"，而中古以后出现的介词"同、像、和"作比较词时，比较结果则为唐宋时期新出现的比拟助词"一样、相似、一般"等助词。

（2）"比较本体 A+ 比较结果 + 比较标记(如、似、若) + 比较基准 B"式常有"于"字作比较标记。其比较结果与"与"字式相似，皆为"异同"义的形容词。而"如、若、似、比"四种标记词出现在平比句式中时，则以上两种句式皆有出现。因此以下按照语序的区别进行分类叙述。因此本节所述的平比句指的是比较本体（A）和比较基准（B）属于同一级别的句子，是狭义的平比句。而对比拟句，将另章详论。

一、比较本体 A+ 比较标记 (与/如/似/若/比/同/共/和/像/同/像/和) + 比较基准 B+ 比较结果

（一）"与"字平比句

"与"字平比句早在先秦就已出现，主要句式为"A 与 B+ 比较结果"，其比较结果通常是由表示异同的形容词"同""异""别""等""相似"等构成，在语义上表示比较本体与比较基准在某一方面相同或相异关系。其中"相似"，早期是副词"相"加动词"似"构成的短语，直到唐宋才有比拟助词"相似"。

1. 秦汉

早期出现的"与"字平比句式主要有"A 与 B+ 同/异/殊"等。如：

（199）何以异于人哉？尧舜与人同耳。（《孟子·离娄下》）

（200）瞽师有以言白黑，无以知白黑，故言白黑与人同，其别白黑与人异。（《淮南子·主术训》）

这一句式大多以肯定形式出现，但也有一些否定形式。在否定形式中，否定词既可以出现在比较标记前，也可以出现在比较结果前。如：

（201）夫断死与断生者不同，而民为之者，是贵奋死也。（《韩非子·初见秦》）

（202）秦之欲并天下而王之也，不与古同。（《战国策·韩策三》）

2. 魏晋南北朝

魏晋时期"与"字平比句的句式较前代没有发生太大变化。但否定形式的用例增多，否定词"不"依然最为常用，但"无""未"的使用频率也有所增加。同时，动词或动词短语作比较项 A、B 的情况增加。如：

（203）荧惑大而赤色；光不明，赤而小，与小星无别。（《宋书·志第一七·符瑞上》）

（204）竣自谓任遇隆密，宜居重大，而位次与偃等未殊。（《宋书·何偃传》）

（205）皇太子纳妃，六礼文与纳后不异。（《宋书·志第四·礼一》）

（206）既立为帝，后皆免为诸侯，与师服言相似也。（《三国志·蜀志·杜琼传》）

（207）栟生肥嫩，比至收时，高与人膝等。（《齐民要术》卷三）

（208）凡国有大造大疑，谏争，与太尉同。（《后汉书·百官一》）

3. 唐宋

唐宋时期，前代的平比句式被保留下来。"异同类"比较结果的用词更加丰富，单音词"同""等""齐""并""合"等表示相同义，"异""差""别""殊""乖"等表示不同义。如：

（209）此人却体得祖佛意，方与向上人同。（《祖堂集》卷八）

（210）无瑕疵似童子一般，有行解与维摩无异。（《敦煌变文集·维摩诘经讲经文》）

（211）良久曰："世事但将公道断，人心难与月轮齐。"（《五灯会元》卷十九）

也可用表示相同相似或不同语义的动词性结构承担比较结果，充当相同相似义比较结果的动词性结构有"相同""相似""相应"等。如：

（212）学佛止言真不立，参禅多与道**相违**。（《五灯会元》卷二十）

（213）据某看来，季友之罪与庆文也**不争多**。（《朱子语类》卷八十三）

（214）至如真味发溢，又却与寻常好吟者**不同**。（《朱子语类》卷一百四十）

新兴的平比句式"A 与 B+ 一般／相似／一样$_{助词}$"起于唐五代时期。如：

（215）到曾子便过于刚，**与孟子相似**。（《朱子语类》卷九十三）

（216）王吏部的夫人也有些病症，看来却**与夫人相似**。（《金瓶梅词话》第五十四回）

新兴的平比句式"A **与** B+ **一般／一样**$_{助词}$+ **比较结果**"起于宋代。如：

（217）心与秋空**一样清**，万象森如影。（向子諲《卜算子·雨意挟风回》词）

（218）"广大配天地时"，这个理与他**一般广大**。（《朱子语类》卷七十四）

（二）"如"字平比句

1. 秦汉

秦汉时期，在"A 如 B+ 比较结果"的句式中，比较结果多为形容词，偶有助词作比较结果。如：

（219）君子之过也，**如**日月之食**焉**。（《论语·子张》）

（220）夫人臣之侵其主也，**如**地形**焉**。即渐以往，使人主失端、东西易面而不自知。（《韩非子·有度》）

（221）尉计及尉官吏即有劾，其令、丞坐之，**如**它官**然**。（《睡虎地秦墓竹简·效律》）

先秦时期，句式"A 如 B+ 助词"中的助词多为"然"。江蓝生（1999）认为，先秦时期"D$_{如/若}$+X$_{比较基准}$+然"的句式主要表示比喻和比拟，有时也表疑似判断语气。高育花（2019：25）则在《睡虎地秦墓竹简》中找到作平比句式的"如……然"，但这种情况十分少见，在先秦文献中仅《睡虎地秦墓竹简》有此用例。

2. 魏晋

中古时期，平比句比较结果多以词汇表达。如：

（222）虽久在山中，亦如树木无异。（《太子须大挐经》）

（223）变舞女身如前无异。（《撰集百缘经》）

（224）人民供养我，如天神无异。（《旧杂譬喻经》）

3. 唐宋

这一时期，"A 如 B+ 比较结果"的句式发生了变化。以助词为比较结果的句式"A 如 B+ 助词"蓬勃发展，助词主要增加了"等、无异、相似、一般（一样）、样"等。如：

（225）一旦临小利害，仅如毛发比，反眼若不相识。（韩愈《柳子厚墓志铭》）

（226）十方僧如普贤观音菩萨等。（《法苑珠林》卷三十五）

（227）暂得身居天上，还如花下一般。（《敦煌变文集·妙法莲华经讲经文》）

（228）如吾在云岩时只对无异。（《祖堂集》卷八）

（229）如《语》《孟》《六经》，亦须就自家身上看，便如自家与人对说一般，如何不长进！（《朱子语类》卷十四）

"A 如 B 相似"的句式最早在六朝出现，唐宋时期被普遍使用。"A 如 B 一般"最初出现在《祖堂集》中，宋元以后才普遍使用。

4. 元明

（230）人于恶恶，必如恶那恶臭一般，惟恐有些染著于身；好善，必如好那好色一般，务要得之于己。（《直说大学要略》）

（231）布价如往年的价钱一般。（《古本老乞大》）

元明时期，"如同"一词开始在平比句中出现，形成"A **如同** B 一般"的句式，

这一句式最早出现在元代,到了明代开始普遍使用。如:

(232)三官常不在家,他如同守寡一般,好不气生气死,为他也上了两三遭吊,救下来了。(《金瓶梅词话》第六十八回)

而在此时,"A 如 B+ 比较结果"的句式已经十分罕见了。

(三)"似"字平比句

1. 唐宋

唐代以"似"为比较标记的句式得到了发展,产生了"A 似 B+ 比较结果"的句式,比较结果可以是表异同义的词。如:

(233)其形貌体气,一似本州所现体色同。(《入唐求法巡礼行记》卷三)

(234)喻如入海无珠,恰似求珠不异。(《敦煌变文集·维摩诘经讲经文》)

(235)无瑕疵似童子一般,有行解与维摩无异。(《敦煌变文集·维摩诘经讲经文》)

也可以是形容词。如:

(236)问:"尽十方世界是解脱门,更有疑者如何得入?"师云:"我不似汝巧恶。"(《祖堂集》卷十二)

(237)昨夜云随风雨去,到头不似老僧闲。(《五灯会元》卷十七)

(238)向后看时,更不似初间难,亦可类推也。(《朱子语类》卷一百一十八)

也可以是助词"相似""一般""一等"等,表示比较双方性状相同或近似。用副词"又""正""只""皆""恰""一"等用于比较标记"似"前。如:

(239)人心与道心为一,恰似无了那人心相似。(《朱子语类》卷七十八)

(240)某见今之学者皆似个无所作为、无图底人相似。(《朱子语类》卷一百二十一)

在宋代,比较词"似"已经超过了"如"的使用频率,也是该式在宋代发展的新特点。据刘建国(2011)的统计,在《朱子语类》后四册中,"A 如 B+ 比较结果"式共有 27 例,"A 似 B+ 比较结果"式共有 73 例。"似"字句的用例远远超过"如"字句,说明"似"已成为这一式中的主要比较词。

2. 元明清

元明时期,"似"字的平比句基本继承了前代的句式特征,没有太大变化。如:

(241)百姓每恰似酸馅一般,都一肚皮衙包着气。(《元刊杂剧三十种·东窗事犯》第二折)

(242)父母的恩便似官里的恩一般重。(《孝经直解》)

(243)又因这两日凤姐儿声色怠惰了些,不似往日一样,因顺路也来望候。(《红楼梦》第七十二回)

在明代教科书《训世评话》中也写作"是(似)……一般"。如:

(244)看那颜色和身子,却是在生时一般。(《训世评话》第四十七则)

(245)你是我的女儿一般,我怎么敢下手!(《训世评话》第四十八则)

(四)"若"字平比句

"若"字平比句式与"如"字平比句式类似,但用例明显少于"如"。"A 若 B+ 比较结果"是其主要使用的句式。

(246)所谓随时所宜,净心而施;若寒时施温室、毡被、薪火、暖食等,若热时施凉室、轻衣、水扇、冷物等。(《法苑珠林》卷八十一)

(247)今幸赖天子每岁诏公卿大夫贡士,若某等比,咸得以荐闻。(韩愈《为人求荐书》)

在该句式中,助词"然"作为主要的比较结果出现。江蓝生(1999)曾指出:先秦常见的比拟助词为"然"和"者",与"然"搭配的比较动词有"若"和"如"。直到唐宋,"A 若 B 然"的用例仍然存在。如:

(248)天下自有一个道理在,若大路然。(《朱子语类》卷一百一十四)

用来表示比较结果的是"同/等"相同义的词汇。

(五)"比"字平比句

1. 唐宋元明

受"A 如 B 相似"的影响,"A 比 B+ 比较结果"的句式在唐代产生,此时比较结果多为"相似、不同"等异同类词语。虽然宋代时"A+ 比较结果 + 比 + B"式已经基本消失,而"A 比 B+ 比较结果"在宋元时期却得到了继承。如:

（249）伯恭动劝人看左传迁史，令子约诸人抬得司马迁不知大小，恰比孔子相似。（《朱子语类》卷一百二十二）

（250）叔孙通为绵蕞之仪，其效至于群臣震恐，无敢喧哗失礼者。比之三代燕享群臣气象，便大不同，盖只是秦人尊君卑臣之法。（《朱子语类》卷一百三十五）

（251）然王通比荀扬又夐别。（《朱子语类》卷一百三十七）

该句式直至明代以后才很少使用。

当然，在句式变化的过程中，"A比B"型是一直存在且使用频繁的。如：

（252）荣比成功后，恩同造化初。（卢纶，《送浑炼归觐却赴阙庭》，《全唐诗》卷二百七十六）

（253）当日湘妃别姚虞，眼儿里泪珠、泪珠如秋雨，点点都画成斑，比我别离来苦。（《董解元西厢记》卷七）

（254）老年不比少年时，满脸都是荷叶折。（《西游记》第二十七回）

（255）酒家道："俺家的酒，虽是村酒，却比老酒的滋味。"（《水浒传》第二十三回）

2. 清代

清代，"A比B+比较结果"①的"比"字式的平比句依然存在，主要出现了"A比B一样/一般/差不多"等的句式，在《红楼梦》中多有用例。如：

（256）要是别的丫头，赏他几两银子也就完了，只是金钏儿虽然是个丫头，素日在我跟前比我的女孩儿也差不多。（《红楼梦》第三十二回）

（257）留下他伏侍我几年，就比他日夜伏侍我尽了孝的一般。（《红楼梦》第四十七回）

（258）那四个人都是四十往上年纪，穿戴之物，皆比主子不甚差别。（《红楼梦》第五十六回）

（六）"同"字平比句

介词"同"产生后，"同"字平比句在唐代已有用例。如：

---

① 清代也有"A较B+比较结果"的句子，如：
（1）如今虽说不及先年那样兴盛，较之平常仕宦之间，到底气象不同。（《红楼梦》第二回）

（259）同释迦牟尼佛授弥勒记更无差别。（《神会语录》）

（260）菩萨每观于我辈，恰同病患之无殊；圣人常见十凡流，一似缠疴之不异。（《敦煌变文集·维摩诘经讲经文》）

（261）若拨无因果，便同谤于般若、出佛身血一般。（《祖堂集》卷十二）

清代，"A+同+B+一样"句式在《红楼梦》中多有出现。如：

（262）你的同宝姑娘的一样。（《红楼梦》第二十八回）

（263）这个人果然同我的心一样的。（《红楼梦》第一百一十五回）

（七）"共"字平比句

六朝介词"共"产生，"共"字平比句在唐代已有用例。如：

（264）今日看沙钵略，共儿子不异。（《北史·突厥传》）

（265）所得身中功德，便共前人一般。（《敦煌变文集·妙法莲华经讲经文》）

（266）如今四十余年也，还共当时恰一般。（贯休《再逢虚中道士三首》）

（267）知君有意凌寒色，羞共千花一样春。（陆希声《阳羡杂咏十九首·梅花坞》）

（八）"和"字平比句

"和"字比较句从元代开始产生，构成"A和B一般"的结构，明代又产生了"A和B一样"，但用例都很少。如：

（268）我则道是和俺这里一般打水有。（《古本老乞大》）

（269）每除官职的日月和占书一般。（《训世评话》第三十一则）

（270）二哥，你和我一般，拙口钝腮，不要惹大哥热擦。且只捱肩磨担，终须有日成功也。（《西游记》第四十三回）

（271）抱在我怀中定了定子弦。弹了个孤恓调泪似涌泉。有我那冤家何等的欢喜，冤家去撇的我和琵琶一样。（《金瓶梅词话》第五十回）

（272）没甚说的便罢，若有话，只管回二奶奶，是和太太一样的。（《红楼梦》第六回）

（九）"像"字平比句

1. 明代

明代又产生了"A 像 B 一般"的"像"字平比句，在《金瓶梅词话》和《西游记》等文献中均有例句。如：

（273）你是我的切邻，就如东副东一样，三姑、四姑跟前酒，你也替我劝劝儿，怎的单板着，像客一般？（《金瓶梅词话》第四十六回）

（274）三个小妖移过灯来，拿柳棍又打行者脑盖，就像敲梆子一般。（《西游记》第九十回）

2. 清代

"像"字式到清代成为了最主要的平比句类型，均使用"A 像 B + 比较结果"的句式，其中比较结果多为"似的""一般""一样"等助词。该句式在句中可以作谓语、状语和补语，有时还能作主语、宾语和定语，在《红楼梦》《儿女英雄传》等文献中多有出现。如：

（275）他拿着女孩儿们也像我们一样的治，如何使得！（《红楼梦》第五十一回）

（276）他比玉格儿大着好两岁呢，要开了脸，显着像个嬷嬷嫂子似的！（《儿女英雄传》第四十回）

（277）他那形容合自己生的一模一样，倒像照着了镜子一般。（《儿女英雄传》第七回）

二、比较本体 A + 比较结果 + 比较标记（于/如/似/若/比/）+ 比较基准 B

（一）"于"字平比句

"于"字比较句在先秦时期就已出现，其基本格式是"A + 比较结果 + 于 + B"，其中的比较结果基本上由形容词"同"或"异"构成。它和"与"字平比句同属于异同类平比句，表示两个比较项 A 和 B 之间具有相同或不同的关系。

但在数量上,该句式远远少于"与"字平比句。如:

(278)以一服八,何以**异于**邹敌楚哉?(《孟子·梁惠王上》)

(279)光又甚文,将自**同于**先王。(《左传·昭公三十年》)

(280)**齐于**众而**同于**俗。(《淮南子·修务训》)

(281)某之讲学所以**异于**科举之文,正是要切己行之。(《朱子语类》卷六十九)

在这一句式中,比较结果前可加否定副词或疑问代词,用以表示否定或疑问。如:

(282)自今大山广长不与人同,而其精神**不异于**人。(《论衡·纪妖篇》)

(283)意色举止,**不异于**常。(《世说新语·雅量》第六)

(284)在乡,若**不异于**常人,乡曲以上底人只道他是个善人。(《朱子语类》卷一百三)

(285)同父亦是于汉唐事迹上寻讨个仁义出来,便以为此即王者事,**何异于**此?(《朱子语类》卷一百二十三)

该句式用法到唐代还有用例,之后逐渐没落。

(二)"如"字平比句

1. 秦汉

秦汉时期,出现"A+ 比较结果 + 如 +B"的"如"字平比句式,其中比较结果多为形容词。如:

(286)使臣信**如**尾生,廉**如**伯夷,孝**如**曾参,三者天下之高性,而以事足下,不可乎?(《战国策·燕策一》)

2. 魏晋南北朝

魏晋时期,先秦的"如"字平比句式被保留下来,并且使用更加广泛,同时多音节比较标记"犹如"等产生,形成"A+ 比较结果 + 犹如/若如 +B"的结构。此为对先秦句式"A+ 比较结果 + 如 +B"的继承发展。其中,比较本体(A)可承前省略,形容词多作平比句的比较结果。如:

(287)摩利夫人,生一女儿面貌极丑,身体粗涩,**犹如**蛇皮,头发粗强,

犹如马尾。(《撰集百缘经》卷八)

（288）《南方草物状》曰："刘树，子**大如**李实。(《齐民要术》卷十)

3. 唐宋

这一时期，"A+ 比较结果 + 如 +B"使用普遍，魏培泉（2001）指出：到了唐代，句式"A+ 比较标记 +B+ 比较结果"的使用已经非常普遍，进入其中的比较词包括了"如"和"似"，充当比较结果的形容词也多起来。如：

（289）尔时世尊手捉团土**大如**梨果。(《法苑珠林》卷五十二)

（290）见道中有物**大如**兔。(《法苑珠林》卷六)

到了宋代，该式又有了新的发展。受句式结构的限制，唐宋以来"A+ 比较结果 + 如 +B"的用例都不多，没有被广泛使用。

（三）"似"字平比句

先秦时期，"似"字平比句主要使用"A+ 比较结果 + 似 +B"结构，但还非常少见。如：

（291）诸大夫皆谓我**智似**阳子。(《国语·晋语五》)

魏晋时期以后"似"为比较标记的句式得到了发展，"A+ 比较结果 + 似 +B"得以继承。如：

（292）晋悼公幼年**聪慧似**周世宗。(《朱子语类》卷一百三十六)

受句式结构的限制，"A+ 比较结果 + 似 +B"句式没有被广泛使用。

（四）"若"字平比句

"若"字平比句式与"如"字平比句式类似，但用例明显少于"如"。"A+ 比较结果 + 若 +B"为其中的主要句式。如：

（293）众人之轻弃道理而易妄举动者，不知其祸福之深大，而道阔远**若**是也。(《韩非子·解老》)

（294）世之为丘垄也，其**高大若**山。(《吕氏春秋·孟冬纪》)

（295）华歆遇子弟甚整，虽闲室之内，**严若**朝典。(《世说新语·德行》)

（296）邑人闻之，如其宿戒以出，师徒见其戈矛森列，不虞其有备若此也，相顾失色，遂整师以过，秋毫无犯，邑人德之。(《朱子语类》卷一百三十二)

中古时期，该句式以"若"字作比较标记的用例逐渐减少。据刘建国（2011）统计，《朱子语类》中该类句式仅存 6 例，时至宋代已非常少见。

（五）"比"字平比句

1. 先秦至魏晋

先秦时期有"A+ 比较结果 + 比 + 于 / 之 / 乎 +B"句式的出现，到了汉代，由于"于"的逐渐脱落，形成了"A+ 比较结果 + 比 B"的结构，其中比较结果多为形容词，也有比较结果省略，形成"A 比 B"的情况。如：

（297）畜怨积雠**比于丘山**。（《史记·商君列传》卷六十八）

（298）子贡善居积，意贵贱之期，数得其时，故货殖多，**富比陶朱**。（《论衡·知实篇》）

（299）角生姑洗，姑洗生应钟，**比于正音**，故为和。（《淮南子·天文训》）

（300）世祖孝建三年，省夫人、修华、修容，置贵妃，**位比相国**，进贵嫔，**位比丞相**，贵人**位比三司**，以为三夫人。（《宋书·后妃传》）

2. 唐宋

唐代继承了"A+ 比较结果 + 比 +B"的旧有句式，在《全唐诗》中有很多。如：

（301）根稀比黍苗，梢细同钗股。（白居易《和祝苍华》，《全唐诗》卷四百四十五）

（302）荣同伊陟传朱户，秀比王商入画图。（赵嘏《献令狐相公，时相公郊坛行事回》，《全唐诗》卷五百四十九）

但该时期，这种平比句式已逐渐衰落，到了元明更是罕见。而"如""似"字平比句则相对发展更加迅速，占领主导地位。

总之，这一类"比较本体 A+ 比较结果 + 比较标记（于）+ 比较基准 B"语序的"于"字句、"如"字句、"若"字句、"似"字句、"比"字句，随着介宾短语前移到动词短语之前，受句式语序的限制，该类句子在平比句中不占优势，必定被取代。

第三节 结 语

历时差比句和平比句各有各的发展历程，具体到每一个小类的句式产生都有自己的途径。从形式上看，差比句和平比句往往具有两个成分：比较对象和比较标记，尤其是比较标记的不同，使得句式之间历时变化的差异大。从比较指数看，差比句比较的是属性，强调数量关系的差异性；平比句比较的是状态，强调同一属概念的相似性。在句式表达上，差比句的比较指数，依靠位于比较参项前的修饰性副词充当和位于比较参项后的补充性数量词语充当；平比句的比较指数有"般""样""一般""一样"几个，一般紧跟在比较标准之后。

一、差比句

我们将差比句的句式语序、比较词、正差比与负差比的类型，总结如下表。

差比句表格

I. 本体$_A$+ 结果$_形$ + 标记$_介$+ 基准$_B$	II. 本体$_A$ + 标记$_介$+ 基准$_B$+ 结果$_形$
"于"字句（正差比　负差比）	"比"字句（正差比　负差比）
"如"字句（正差比　负差比） A+ **比较结果** + 不如 B	"如"字句　（负差比） A 不如 B+ **比较结果**
"似"字句（正差比　负差比）	"若"字句（——$_无$　负差比）
"及"字句（正差比　负差比）	"没有"句（——$_无$　负差比）
"过"字句（正差比　——$_无$）粤语	
"得/的"字句（正差比　——$_无$）	
"起/其"字句（正差比　——$_无$）山东	

（一）句式（I）与句式（II）之间的差异

从表可见，句式（I）"本体$_A$+ 结果$_形$ + 标记$_介$+ 基准$_B$"式是古代常用句式，句式（II）"本体$_A$ + 标记$_介$+ 基准$_B$+ 结果$_形$"是后期发展的句式，其中主要是**"比"字句**，在现代汉语一直使用。句式（I）中**"于"字句是最常见的句式**，随着时间的推移，"于"字句这个上古主要的差比句式，从魏晋南北朝时期走向衰落，逐渐退出历史舞台。它的衰落也就必然会引起一系列较大的变化。而"本体$_A$ +

标记$_介$ + 基准$_B$ + 结果$_形$"中的"**比**"**字句**随着时间的推移，占有重要地位。

　　Greenberg（1963）基于30种取样语言的考察，提出了45条主要和语序有关的语法普遍现象，其中第22条和形容词的比较结构有关：在形容词比较级结构中，如果唯一的或许可能交替的语序之一是"**基准 – 比较标记 – 形容词**"的话，那么，这种语言是后置词语言。如果唯一的语序是"**形容词 – 比较标记 – 基准**"，那么，这种语言除了偶然出现的情况外，绝大多数是前置词语言。Dryer（1992）基于625种语言的经验研究，在考察形容词和基准这一动词和宾语语序的相关配对（correlation pair）时，忽略标记位置，只关注形容词和基准的位置，得出 VO & Adj St（按：VO 型语言是形容词 – 基准 Adjst）是个强势倾向，而汉语是唯一的例外。（转引自许国萍 2007：25–26）

　　也就是说，在人类语言里，如果是"VO"语序的语言，其差比式是"**形容词 – 比较标记 – 基准**"语序。动词和宾语的 VO 语序，蕴含差比式的 Adj-St 语序。按理说，汉语是 SVO 的语序，汉语的差比句就是"形容词 – 比较标记 – 基准"语序。我们从先秦两汉开始的差比句的语序正是"本体$_A$ + 结果$_形$ + 标记$_介$ + 基准$_B$"，上文表中"结果$_形$ + 标记$_介$: 于/如/似/过/起/得 + 基准$_B$"正是这种语序形式。宋代以后，汉语出现了"本体$_A$ + 标记**比**$_介$ + 基准$_B$ + 结果$_形$"中的"**比**"**字句**是违反普通类型学的一种语序，这是值得思考的话题。

　　然而，透过对汉语句式的发展历史，我们不难发现，"比"字差比句的语序，它切合了汉语"PP-VO"语序模式，也切合汉语"PP-VC"语序模式，也就是说，"小张比小李高"这种"比"字差比句的语序符合汉语的基本语序。汉语中一般介词都在谓语前充当修饰语，如"小张对小李好""小张同小李说了这件事""小张为这件事操办得辛苦"。如果拿去"比"字介宾短语"比小李"，"小张高"就是一个形容词谓语句，这也是可以成立的句子。

　　同时，透过"比"字差比句的发展历史，我们不难发现，"比"字差比句在句式上有着很强的优势。在"A+ **比** +B+ 结果$_形$"这种句式中，"**结果**$_形$"位于句末，有了更大的发展空间地位。首先，副词"倍/倍加""分外""更/更加""还""较""越/越发""尤/尤其""益/益发""略""有些""甚""愈""又""也""再"等常常作为修饰语修饰"**结果**$_形$"，句式给了修饰语空间位置。"些""一点儿""多""多少"等表数量结构短语或词，常常后附在"**结果**$_形$"后充当补语，同时也给了"**结果**$_形$"成分以更大的空间，尤其是"比"字差比句发展出表达具

体比较结果的数量成分和程度的用法,这是差比句有别于平比句和极比句的最大差异。如:

(303)贾母、王夫人、贾琏、平儿、袭人这几个人更**比**诸人哭的忘餐废寝,觅死寻活。(《红楼梦》第二十五回)

(304)此时大观园中**比**先更热闹了多少。(《红楼梦》第四十九回)

(305)这些姑娘们都**比**咱们家姑娘见过好戏,听过好曲子。(《红楼梦》第五十四回)

这正是"比"字差比句在句式表达上更加丰富的原因所在。这也许是汉语"本体$_A$+标记**比**$_介$+基准$_B$+结果$_形$"中的**"比"字**差比句的语序模式在明清以来成为主导的主要原因。

(二)"比"字句取代了"于"字句

另一方面,"比"字句替代"于"字句的原因,也许与介词"于"的多功能性有关。"于"字比较句中介词"于"引进比较对象,但是"于"是一个语义虚化的功能词,这种用法只是介词"于"的一种用法。而早在上古时期"于"就是一个泛用介词,是引介处所、时间、对象等多种语义格式的功能词,同时,也可用在"……等于/(不)同于……"中表平比,"于"也不是差比句的一个专用标记词。

(三)"负差比"比较句发展不平衡

从上表可以看出,"负差比"比较句——"不+形容词+于",如"不如""不似""不若""不及""不比",都曾经在先秦至元明不同时期出现过,然而随着时间的流逝,这些句子大都退出历史舞台,只有"不如"得以保留至今,变式"比不上""比不得""怎比得"也还在使用。相对而言,"不如"的语法化程度略高,从先秦开始"不如"式能满足语言表达的需要,更主要的是"**A**$_{本体}$+**不如**$_{标记介}$+**B**$_{基准}$+**形**$_{结果}$"的语序是接近肯定形式差比句的否定式。

二、平比句

汉语平比句的发展跟介词结构的发展有关。我们将平比句的句式语序、比较词的类型,总结如下表。

平比句总结表

（后期）II. 本体$_A$＋标记$_介$＋基准$_B$＋结果$_形$	（早期）I. 本体$_A$＋结果$_形$＋标记$_介$＋基准$_B$
"与"字句	"于"字句
"如"字句	"如"字句
"似"字句	"似"字句
"若"字句	"若"字句
"比"字句	"比"字句
"同"字句	
"共"字句	
"和"字句	
"像"字句	

从上表可见，汉语的平比结构是一种多功能的结构，不同的功能结构在历史发展中也不是完全同步。早期Ⅰ."本体$_A$＋结果$_形$＋标记$_介$＋基准$_B$"平比句虽有5种标记，但这是早期用法，逐渐让位给了后期Ⅱ."本体$_A$＋标记$_介$＋基准$_B$＋结果$_形$"。这种语序的让位，再次说明了"**本体$_A$＋与／如／似／若／比／同／共／和／像$_介$＋基准$_B$＋结果$_形$**"的平比句语序同"比"字差比句一样，是符合汉语发展的基本语序。这是汉语比较句从近代汉语发展到现代汉语的基本语序。

平比句的比较功能与比较词关系密切。比较词中"相似""相同""不同""一般""一样""异""等""同""不异""无殊""相违"等能直接表示比较结果。平比句中充当标记的介词，也随着新旧的变化而变化。"与""同""共""和"等来源于与同伴随义动词的虚化，"如""似""若""像"等来源于等同相似义动词的虚化，"比"来源于并列依从义动词的虚化。

参考文献

常志伟：《近代新兴差比介词"如／似"的历史来源与形成机制》，载《南京师范大学文学院学报》，2019（1）。

池爱平：《〈元刊杂剧三十种〉比较句研究》，温州大学硕士学位论文，2013。

冯春田：《近代汉语语法研究》，济南，山东教育出版社，2000。

高育花：《试论汉语的平比句和比拟句》，载《励耘语言学刊》，2016（2）。

高育花：《元代汉语中的平比句和比拟句》，载《长江学术》，2016（3）。

高育花：《先秦至西汉时期汉语平比句与比拟句研究》，载《人文丛刊》（第十二辑），

2019。

江蓝生：《从语言渗透看汉语比拟式的发展》，载《中国社会科学》，1999（4）。

黄晓惠：《现代汉语差比格式的来源及演变》，载《中国语文》，1992（3）。

姜南：《汉译佛经等比标记"如……等/许"探源》，载《语言研究》，2012（1）。

蒋绍愚、曹广顺：《近代汉语语法史研究综述》，北京，商务印书馆，2005。

李焱：《〈醒世姻缘传〉语法研究》，厦门大学博士学位论文，2003。

李焱、孟繁杰：《汉语平比句的语法化研究》，南京，南京大学出版社，2010。

李焱、孟繁杰：《〈朱子语类〉语法研究》，厦门，厦门大学出版社，2012。

李永娜：《〈宋书〉比较句研究》，南京师范大学硕士学位论文，2012。

刘建国：《〈朱子语类〉比较句研究》，北京大学硕士学位论文，2011。

龙国富：《汉语处所指代词和平比句的一个早期形式及产生的原因》，载《语言科学》，2007（4）。

陆丙甫、陆致极：《某些主要跟语序有关的语法普遍现象》，载《国外语言学》，1984（2）。

吕叔湘：《中国文法要略》，北京，商务印书馆，1982。

马建忠、吕叔湘、王海棻：《〈马氏文通〉读本》，上海，上海教育出版社，1898/2005。

桥本万太郎：《语言地理类型学》，余志鸿译，北京，北京大学出版社，1985。

史佩信、杨玉玲、韩永利：《试论比字句的形成及其与先秦两汉有关句式的渊源关系》，载《中国语文》，2006（2）。

王建军、汤洪丽：《汉语句类史概要》，南京，南京大学出版社，2017。

魏红：《明清山东方言特殊语法词研究》，山东大学博士学位论文，2007。

魏培泉：《中古汉语新兴的一种平比句》，载《台大文史哲学报》，2001（54）。

魏培泉：《中古汉语时期汉文佛典的比拟式》，载《台大文史哲学报》，2009（70）。

谢仁友：《汉语比较句研究》，北京大学博士学位论文，2003。

许国萍：《现代汉语差比范畴研究》，上海，学林出版社，2007。

杨伯峻、何乐士：《古汉语语法及其发展》，北京，语文出版社，2001。

叶建军：《"X胜似Y"的来源、"胜似"的词汇化及相关问题》，载《语言科学》，2013（3）。

叶建军：《近代汉语"X不如Y较A"类差比句式的语义、形成与演变》，载《语文研究》，2020（1）。

张赪：《从汉语比较句看历时演变与共时地理分布的关系》，载《语文研究》，2005（1）。

张赪：《汉语语序的历史发展》，北京，北京语言大学出版社，2010。

赵元任：《汉语口语语法》，北京，商务印书馆，1979。

Dryer, MatthewS.*The Greenbergian word order correlations*. Language, 1992.

Greenberg, Joseph H. *Some universals of grammar with particular reference to the order of meaningful elements*. In Joseph Greenberg（ed.）, Universals of Language, Cambridge, Mass: MIT Press, 1963.

第十一章 汉语比拟句式的历时发展

> **本章主要内容**
>
> （一）重点讲述：双标记"（本体+）像义动词+喻体+助词"比拟句各种类型的历时发展
>
> （二）重点讲述：金元时期新产生的"（本体+）喻体+比拟助词"结构
>
> （三）简单讲述：比拟句式的语用和地域分布特点
>
> （四）重点讲述：各种新的比拟助词的产生和发展

第一节 汉语比拟句式的历时发展概貌

相似性是世间万物发生关联的重要形式之一，凭借"相似性"认识并且表述客观对象，比拟是必不可少的心理机制，因而语言表达中比拟句成为一种常见的表达方式。比拟句是表示两事物之间具有某种相似关系的结构，它是世间万物相似性在语言中的映射。也有人称之为"比况结构"句。

"比拟句"与"平比句"有交互关联，所以，学界在研究平比句时，将比拟句包含其中。但是，我们认为它们之间还是有比较明显的区别，平比句强调的是人与事物之间的等同差异，是对客观事物的陈述和评价的一种呈现。比拟句比拟的基准和比拟的主体不是同类，通过产生比喻，达到新奇的表达效果。强调的是人与事物之间的相似关联，侧重对抽象概念或事物之间相似度的一种主观判断，是比喻句的一种呈现。它们的句式形式也有异同，平比句的句式表示比较的标记是介词"与""同""和"为主，另一个标记是词汇义的"同""等""不异"等。而比拟句表比拟的标记是比拟动词"如""若""似"为主，另一个标记是助词，上古中古是"然""焉""尔""馨"等，唐宋以后是比拟助词"相似（似的）""一般（般）""一样（样）"。从句式形式和句法语义两方面看，前者语义实在，意象具体。后者语义空灵，意象建筑在相似度上，甚至夸张的程度大。马建忠在《马氏文通》（1898/2005）中有一段说明很好地解释了这种特点："有'若''如''犹'诸字以等两端，而无象静以此者，则所比之情，必隐寓于两端矣。如下端为豆，则此事理者，助以'也'字，比人者，助以'者'字，比容者，助以'然'字，此大较也。"

李崇兴、丁勇（2008）指出了比较和比拟的区别：（1）比较在同类事物之间进行，比拟在不同类事物之间进行；（2）比较是在参与比较的两项中作出异同高下的权衡和仲裁，比拟是以甲喻乙；比较主要是述实，比拟主要是想象；当一个比较结构被组织进入一个更大的语言单位时，说话人的着眼点一般就不再是比较；当比拟被组织进入一个更大的语言组织单位时，比拟仍不失为比拟。

戚晓杰（2006）对比拟与平比（等比）之间的区别提了四点：（1）比拟带有描写性，意在使之生动形象；等比则带有抽象性，它重在说理，表明甲乙两事物在某一方面是否相同。（2）比拟句重音在比拟基准 Y 上；等比句重音则在"一样"上，两者所强调的对象有别。（3）比拟句像义动词前一般不出现否定词语，而等比则可以加用否定词语表示否定。（4）比拟句比拟基准 Y 由谓词性成分充任，比拟助词"一样"前可加用语气词"的"；而等比则无此特性，比拟基准 Y 均由名词性成分充任。我们认为讲得很有道理，尤其是第一点和第三点。所以，我们将平比句和比拟句两者分开陈述，分别单立一章。

汉语的比拟句式是表示两物或两事之间有相似关系的结构，比拟句侧重比喻和摹状，句中有表事物相似关系的本体；其后一般有像义动词，如"如""似""若""相似"等；像义动词后的成分是喻体，喻体部分可以是名词、动词、短语、句子等；其后附有助词"然""者""相似""一般""似""也似（的）"等。在汉语不同时期的使用过程中，比拟句式有三种表现形式：

（A）基本式一：I（本体＋）像义动词＋喻体，[单标记]。从古至今一直使用。

（B）基本式二：II（本体＋）像义动词＋喻体＋助词（语气词／比拟助词），[双标记]，本章行文称之为全式。先秦至南北朝助词以语气助词为主，唐代开始，新产生了比拟助词。

（C）简式一：为[II]式：像义动词之省略式：（本体＋）喻体＋比拟助词，[省标记]。

（D）简式二：（本体＋）喻体＋比拟助词，这是从金元新产生的结构形式。

（A）式单标记句从古至今都用，（C）式像义动词的省略式古今多见，故本章不做重点。因（B）式双标记句存在古今历时助词变化，（D）式金元时期新产生的比拟短语结构，故将重点介绍。

一、上古

上古汉语比拟句中，像义动词有"如""若"，而"似""相似"较少。早期常用的比拟句式是以完整式 A 式："A 如／若／似……B 然／者／焉"等形式来表达，是本体在前，喻体在后，在句中作谓语；也可以是省略式 B 式：喻体在前（作状语），本体在后。

（一）单标记式"A 如……B""A 若……B""A 似……B"

（1）善之生如春，恶之死如秋。（《韩非子·守道》）

（2）治大国若烹小鲜。（《道德经》第六十章）

（3）鸡虽有鸣者，已无变矣，望之似木鸡矣。（《庄子·达生》）

（二）双标记式"A 如……B 然／者／尔""A 若……B 然／者／焉""A 似……B 然／者"

关于"A 如／若……B 然"句式，《马氏文通》（1898/2005）曰："以状一相似之情者，则先以'若''如'等字，而复殿以'然'字者为常，且必置于所状之后，此变例也。"关于"A 如／若……B 焉"，梅广（2018）指出，"如……焉"句式中之"焉"为状语词尾，犹"然"。如：

（4）人之视己，如见其肺肝然。（《礼记·大学》）

（5）道则高矣，美矣，宜若登天然。（《孟子·尽心上》）

（6）人性之善也，犹水之就下也。（《孟子·告子上》）

（7）众怒如水火焉，不可为谋。（《左传·昭公十三年》）

（8）叶公子高入据楚，诛白公，定楚国，如反手尔。（《荀子·非相》）

（9）两人相为引重，其游如父子然。（《史记·魏其武安侯列传》）

（10）陛下用群臣，如积薪耳。（《史记·汲黯列传》）

（11）使人暗行，若有严刑在其侧者。（《淮南子·道应训》）

二、中古

（一）单标记式："A 如 / 若 / 似……B"

沿用上古汉语比拟句，但中古汉语比拟句中，像义动词有"如""若"，而"似"较少。如：

（12）而其人逾坑越谷，有如飞腾，不可逮及。（《抱朴子·内篇》卷十一）

从上古名词用作状语表示比拟结构，东汉注语用"A 如 B"，可以内证。如：

（13）龙从鸟集，搏援攫肆。（《淮南子·修务训》，高诱注："言其舞伴如龙附云，如鸟集山。"）

（二）双标记式

1. 承传上古汉语"A 如 / 若 / 似……B 然 / 者""似……尔"格式

（14）争锥刀之利，杀人若刘草然。（《后汉书·舆服上》）

从上古名词用作状语表示比拟结构，东汉注语用"A 似 B 然"，可以内证。如：

（15）头会箕赋，输于少府。（《淮南子·氾论训》，高诱注："箕赋，似箕然敛民财，多取意也。"）

从上古"A 如 B"结构，东汉注语用"A 似 B 尔"，可以内证。如：

（16）夏，四月，辛卯夜，恒星不见，夜中星霣如雨。……如雨者何？非雨也。（《公羊传·庄公七年》，何休《公羊传解诂》曰："明其状似雨尔。"）

2. 新比拟句式"A 如……B 馨 / 许"

"如……馨 / 许"进入比拟句系中，是上古汉语助词的一次词汇兴替。如：

（17）顾看两王掾，辄翼如生母狗馨。（《世说新语·文学》）

（18）冷如鬼手馨，强来捉人臂。（《世说新语·忿狷》）

（19）言少利者，犹如大海取其一渧，减须弥山如芥子许，损大地土如米许，复损虚空如蚊许。（竺佛念译《出曜经》卷十）

（20）取芥子，熟捣，如鸡子黄许。（《齐民要术》卷十）

龙国富（2004）认为"许"先从处所名词发展为指示词，再语法化为等同助词。龙国富（2004）认为：魏晋时期"如……许"句，是平比句，且具有南方方言特色。根据语义特点界定，在此，我们归入比拟句。

3. 新比拟句式"A 如……B 相似"产生

目前所见到的较早文献，是在中古北朝汉文佛典中出现了"（本体）NP$_1$+像义 V+（喻体）NP$_2$+ 相似"（A 如……B 相似）的新比拟句。如：

（21）彼人如是苦恼无边，身心苦恼，心更起乱，如梦相似。（元魏般若流支译《正法念处经》卷十三）

（22）饥渴烧身，一切身燃，如灯相似。（元魏般若流支译《正法念处经》卷十四）

三、唐宋

（一）单标记式"A 如/若/似……B"

这一部分用例不多，是上古用法的沿用。故用例略。

（二）双标记式

1."A 如/若/似……B 者/尔/焉"句式

这一类在文言小说中，是上古汉语的沿用。唐五代39部笔记小说，除偶尔出现用助词"许""相似""一般"外，多保留了上古先秦两汉汉语"若……者""如……尔""如/若……焉"比拟句式的用法。以全式为主，偶尔见简式。如：

（23）于是挈之而归，然兀若沉醉者。（《宣室志》卷五）

（24）舍有秣马伺仆如自远来者，试命询之，乃贡士。（《唐阙史》卷上）

（25）又日为樵牧者欺侮，里中人视我**如**一坏土尔。（《宣室志》卷二）

（26）是吾事也。去之**若**以爪压蚁尔。（《宣室志》卷六）

（27）有光，视之洁彻，**若**轻冰焉。（《宣室志》卷六）

（28）袁氏遂搜得其剑，寸折之，**若**断轻藕耳。（《全唐五代小说》卷三《传奇》）

（29）（岘阳峰）峰上有池，**若**雨而云起池中，**若**车盖然。（《三水小牍》卷下）

2. "A 如……B 许" 句式

这是中古用法的存留。如：

（30）我若将一法**如**微尘**许**与汝受持，则不得绝。（《祖堂集》卷十三）

（31）若更见一法**如**丝发**许**，不是此个事。（《祖堂集》卷十三）

（32）其孔远见**如**笠子**许**大。（《入唐求法巡礼行记》卷三）

（33）有一物**如**盘**许**大，似虾蟆。（《北梦琐言》卷四）

3. "A 如……B 相似" 句式

这在中古基础上开始多见。如：

（34）王见我等，还**如**怒蜗（蛙）**相似**。（《敦煌变文集·伍子胥变文》）

（35）其形**如**今玉华东铁矿像**相似**。（《法苑珠林》卷十四）

4. 唐代新增 "A 如/似……B 一般" "A 似……B 相似" 句式

唐代 "（本体）NP_1+ 像义 V+（喻体）NP_2+ 相似" 的比拟句用例渐多，而且用比拟助词 "一般" 的 "（本体）NP_1+ 像义 V+（喻体）NP_2+ 一般"[①] 比拟句至迟在晚唐五代也已见。A、B 两种表现形式均有。如：

（36）兜率独尊，超乎群品，亦**如**树果**一般**，方为称断。（《祖堂集》卷十二）

[①] "相似"本是动词"似"前加副词"相"构成，其意义是动词"像""类同"，因为句中已有像义动词"如""似"等词，所以"相似"用在比拟句的句末，容易导致词义虚化，从而虚化为比拟助词。有人称"动源后置词"。"一般"用于比拟句至迟在唐五代的《祖堂集》，其本为形容词，在进入比拟结构之后词义逐渐发生虚化，用作比拟助词。

（37）沙细人间莫比，恰如粉面一般，和水浑流不止。（《敦煌变文集·妙法莲华经讲经文（三）》）

（38）如或信心不起，似无手足一般。（《敦煌变文集·维摩诘经讲经文》）

（39）什摩念经，恰似唱曲唱歌相似。（《祖堂集》卷十八）[①]

到宋代《景德传灯录》《古尊宿语录》《五灯会元》《碧岩录》《虚堂和尚语录》《朱子语类》等文献中这类句式仍大量使用，其特点是该句式在句中多作谓语，极少用作状语。宋代像义动词"似"多于"如"，"A **似**……B 一般/相似"式多于"A 如……B 相似"句。比拟助词仍以"相似"为多，"一般"只是在《朱子语类》中用例多见。据李思明（1998）统计，《朱子语类》中助词"相似"与"一般"使用的比例为 282∶107。且比拟的成分复杂。如：

（40）一似人入苍龙窟里取珠相似。（《碧岩录》）

（41）一似李广被捉后设计一箭射杀一个番将得出虏庭相似。（《碧岩录》）

（42）且如今学者考理，一如在浅水上撑船相似，但觉辛苦，不能向前。（《朱子语类》卷一百一十四）

（43）如矮子看戏相似，见人道好，他也道好。（《朱子语类》卷一百一十六）

（44）引得一地里人如荷一百二十斤重担上羊额岭一般。（《虚堂和尚语录》卷一）

（45）无一个物似宇样大，四方去无极，上下去无极。（《朱子语类》卷九十四）

5. 宋代新见"A 如+B+来_{概数助词}（+形容词）"句

（46）次日见之，却有声如丝发来大。（《二程语录》卷十一）

（47）从水上流下一片大石，如席来大小。（《武王伐纣平话》卷中）

（三）省略像似动词的"（本体+）喻体+比拟助词"句式

（48）但知山里爎火底树橦子相似，息却身心。（《祖堂集》卷十）

---

① 按：叶建军（2021）将近代汉语中"X 如 Y 相似"类型句式一律看作是平比句式。同时，将双标记"X 如 Y 相似"句式看作是由"X 如 Y"句与"XY 相似"句糅合而成。本章依据句式划分的大致标准倾向于常规双标记句式。

（49）莫嫌古德凤根悬铎**相似**触着则应。（《祖堂集》卷十二）

（50）如今看著，尽黑漫漫地墨汁**相似**。（《五灯会元》卷七）

（51）从前已过人间事，隐影思量梦**一般**。（《敦煌变文集·金刚般若波罗蜜经讲经文》）

（52）大人才见两僧，生佛**一般**礼拜。（《祖堂集》卷十四）

（53）者个事军国事**一般**，官家若断判不得，须唤村公断。（《祖堂集》卷十八）

（54）死汉中有活底，一个半个，铁橛子**一般**，踏着实地。（《碧岩录》卷八）

此期的 B 式在形式上没有多大的变化，但用例有所增加。

四、金元明清

与宋代情况相同，金、元、明、清时期比拟句的像义动词主要用"似"，明显多于像义动词"如"。根据高育花（2016：101）的数据显示，在《元刊杂剧三十种》中有"A 如 B" 57 例，"A 似 B" 129 例；"A 如 B+ 比较结果" 0 例，"A 似 B+ 比较结果" 11 例。但是像义动词多了一个"像"。与宋代最大的变化是比拟助词变得丰富了：从"相似"到"似"，从"一般"到"般"，多出来"样""一样""似的""也似的""的"等。最大的变化是出现了"喻体 + 比拟助词 + 本体"结构。这个结构怎么形成的？这些助词怎么产生的？详见下文。

（一）双标记式

1."A 如 / 似……B 相似 / 一般"句式

该句式是唐宋用法的延续（略），元明用例，如：

（55）就如一圆尺在圈儿两边转的**一般**，然后两边斗头转成一个。（《归真要道》）

（56）敬父母的勾当便似敬天**一般**。（《孝经直解》）

2."A 如 / 似……B 似 / 般 / 样" 句式

（57）由他似斗筲之器**般**看得微末，似粪土之墙**般**觑得小可。（曾瑞《自序》套曲）

（58）次日筑实，用虚土封堆，如大鳌子样，厚五七寸，周圆自成环成（池）。（《元典章·户部》卷九）

（59）他只见了寸把长的蜈蚣，就如那蛐蟮见了鸡群的一样。（《醒世姻缘传》第六十二回）

（60）我抬起头似出窟的雏鹮，缩着肩恰便似水淹老鼠，弓着腰恰便似人样虾朐。（《元刊杂剧三十种·遇上皇》第二折）

（61）他那儿子、孙子合那贤良媳妇，恰象晁家当得这般一样。（《醒世姻缘传》第九十二回）

3. 元明清"A 如／似／有若……B 也似／似的／是的"句式

（62）近看如日月照临也似，远望如云气覆盖也似。（《直说通略》）

（63）便如掩着那耳朵了去偷那铃的也似。（《鲁斋遗书》）

（64）你这花子，两耳朵似竹签儿也似。（《金瓶梅词话》第六十一回）

4. 明清"A 像／象……B 似的／一般"句式

（65）你这尊貌，却像个猿猴一般，怎生有这等法力会走路也？（《西游记》第七十回）

（66）程漢把刘恭象拖狗的一般拉到路西墙根底下，拾起一块棒椎样的瓮边，劈头乱打。（《醒世姻缘传》第五十一回）

5. 明清"似……的"句式

（67）看周谨时，恰似打翻了豆腐的，斑斑点点，约有三五十处。（《水浒全传》第十三回）

（68）提起拳头来就眼眶际眉梢只一拳，打得眼睖缝裂，乌珠迸出，也似开了个彩帛铺的：红的，黑的，紫的，都绽将出来。（《水浒全传》第三回）

（69）一片没良心的寡话，奉承得那典史抓耳挠腮，浑身似撮上了一升虱子的。（《醒世姻缘传》第十四回）

（70）只觉心中似戳了一刀的。（《红楼梦》第十三回）

（71）心头恰像千百个铁槌打的，一回儿上一回儿下，半句也对不出，半步也行不动。（《醒世姻缘传》第十五回）

在"似/像……的"句中,表示比拟意义的主要靠中心动词"似""像",句中的"的"本身能否算是新增一个义项:表比况义助词,还可进一步分析。我们偏重于把它看作是句式结构的语用意义,本身没有比拟的意味,比拟句式结构赐予"的"的构式语义。类似的现象如宁夏中宁话比拟句"像……像的"中的"像的"。

(二)省略像似动词的"(本体+)喻体+比拟助词"句式

该结构与上文一样,是省略像义动词的"(本体+)喻体+比拟助词"结构。如:

(72)美人笑兮,莲花相似,情短藕丝长。(杨果《小桃红》小令)

(73)西门庆见他胳膊瘦得银条相似。(《金瓶梅词话》第六十二回)

(74)东去茫茫,远水天一样。(孙季昌《集赤壁赋》套曲)

(75)这们皮贼是的,怎么怪的媳妇子打!《醒世姻缘传》第五十二回)

(三)金元新结构"喻体+比拟助词+本体"产生

上文"(本体+)喻体+比拟助词"结构,是省略像义动词的省略式,而"喻体+比拟助词+本体"结构,"喻体+比拟助词"作定语和状语成分来修饰中心语"本体",是金元时期新结构形式。如:

(76)正熟睡,**盆倾也似**雨降。(《刘知远诸宫调》卷二)

(77)**鸡头般**珠子缘鞋口,**火炭似**真金裹脑梳。(刘时中《端正好·上高监司》套曲)

(78)往常开怀常是笑呵呵,**绛云也似**丹脸若频婆,今日卧蚕眉皱定面没罗。(《元刊杂剧三十种·西蜀梦》第三折)

(79)浑身**雪练也似**一身白肉。(《水浒传》第三十七回)

(80)揭起面桶打一看时,**青碗也似**一堆铜钱!(《三遂平妖传》第三回)

(81)**刮马似**三十年过去了。(《元刊杂剧三十种·三夺槊》第二折)

(82)这镘刀是俺亲眷家的,不付能哀告借将来,**风刃也似**快,恁小心些使。(《古本老乞大》)

(83)这马非俗,浑身上下**血点也似**鲜红,鬃尾如火,名为赤兔马。(《全相平话五种·三国志》卷上)

(84)抄报的**飞蜂也似**捎下信来,叫快快打点。(《醒世姻缘传》第十七回)

第二节 新偏正式比拟结构的产生与发展

从宋金元开始新兴了一种能**充当定语**的偏正式"喻体＋比拟助词＋中心语"的比拟短语结构。"喻体＋相似/似/也似＋NP/VP"及比拟助词"相似（似）/一般（般）/一样（样）"的产生和发展，既离不开汉语自身发展和结构的制约，也可能是受到当时北方语言接触的影响。主要的内动力是汉语自身的发展和结构的制约。

一、偏正式"喻体＋比拟助词 相似/一般/似 ＋NP"比拟结构

偏正结构"喻体＋比拟助词＋NP"的产生，是汉语比拟句式结构中的一件大事。从宋金元开始，新兴了一种能**充当定语**的偏正式"喻体＋比拟助词＋中心语"（山海似深恩）的比拟短语结构。学界很关注这一新结构的产生来源，我们认为它与汉语偏正关系的名词短语结构的形成具有共同的认知基础。"喻体＋比拟助词＋NP"（山海似深恩）这个短语结构的产生一定与比拟句"（本体）＋像义动词＋喻体＋（比拟助词）"（深恩似山海）本身密切相关，它们之间总有某种转换关系。如：

（85）a. 您咱两口儿夫妻**似水如鱼**。（《刘知远诸宫调》卷一）

b. **鱼水似夫妻**正美满，被功名等闲离折。（《董西厢》卷六）

（86）a. 贵颜变得**如紫玉**。（《刘知远诸宫调》卷十二）

b. 龙颜尽变改，失却**紫玉似颜色**。（《刘知远诸宫调》卷十二）

（87）a. 想当日厚义**深恩若山海**，怎敢是**常人般**待。（《董西厢》卷二）

b. 把**山海似深恩**掉在脑后。（《董西厢》卷二）

（88）a. 媒人口**一似蜜舌头**。（《刘知远诸宫调》卷三）

b. 怎当他**蜜钵也似口儿**甜甘甘。（刘庭信《戒嫖荡》小令）

（89）a. 唇若涂朱，**脸似银盘**。（《董西厢》卷一）

b. 刺着一身青龙，**银盘也似一个面皮**，约有十八九岁。（《水浒全传》第二回）

（90）a. 不似旧时标格，**闲愁似海**！（《董西厢》卷七）

b. **天也似闲愁**无处展。（杨果《赏花时》套曲）

即从 a."本体 + 像义动词 + 喻体"发展为 b."喻体 + 助词 + 本体"。结果是句式结构产生了变化，由表陈述功能的"主谓式"变为表指称功能的"偏正式"。

汉语的比拟句式也是人们在认知事物的过程中形象化的想象、联想等多种思维方式在语言使用上的一种反映。人们在将本体和喻体加以比拟时，表示事物相似关系的本体是一个已知的固定的"目的物"，在语义上本体所具有的特征是整个句子的表义重心。而喻体部分是作为相关的"参照物"来描述本体所具有的形象特征，它往往是通过更具体的实象比拟描绘本体的性状、形态的。从认知过程看其顺序是从"目的物"到"参照物"。按照汉语偏正性名词短语中"参照物先于目的物"的语序原则，其生成过程应是：

前程**似锦**（目的物 +V+ 参照物）→→ **锦也似**前程（参照物 + 比拟助词 + 目的物）

丹脸**若绛云**（目的物 +V+ 参照物）→→ **绛云也似**丹脸（参照物 + 比拟助词 + 目的物）

叫声**如雷**（目的物 +V+ 参照物）→→ **雷也似**叫声（参照物 + 比拟助词 + 目的物）

可见"锦也似前程"是由汉语句子结构转换位移而成的新名词性短语。位移的结果是句子结构的偏正结构化。随着像义动词的消失，比拟句中喻体说明、陈述的意味减弱，限定性描写性色彩增强，最终实现了句式结构的短语化。语义由陈述转为指称。

新短语语序：修饰语 + 中心语。

新语法标记：修饰语、中心语之间的"似／也似""般"。

新结构语法意义：描写性、限制性。

张敏（1998）在论述现代汉语"的"字隐现的一般规律时指出：表情状及表原型领属关系的定语都必须带 de 作定语，促动因素同样是认知语义方面的，即这些定语表达的概念和中心语概念之间距离较大，它们因不同的原因不能充任中心语的分标，情状与事物之间的概念因其关系的不稳固性而较大。所以我们认为金元比拟式短语中位于喻体和本体之间的比拟助词"似""般"等，正说明了它作为描写性修饰语的功能特点。因为喻体作为本体的修饰语，在语义上表现的是本体的某种性质的状况或情态。而这种状态是说话人自己的主观估价，是临时状态，不是事物（本体）的根本属性，喻体表临时状态的特性与它所表事物本体的概念之间不可能建立分类性的紧密联系。所以在喻体和本体中间出现的比拟助词，在形式结构上标示了两者之间的概念意义距离，就使得名词性偏正短语的形式结构和概念结构形成了平行的对应，短语结构得以成立。从认知角度看，实际上这个结构的编码方式反映了语言成分之间的距离与所表概念的成分之间的距离的象似性原则。

二、偏正式"喻体 $_{N/V}$+ 比拟助词$_{相似/一般/似}$+VP/A"比拟结构

与上文修饰名词充当定语的新兴偏正结构相比，这是一种修饰动词或形容词充当状语的新偏正结构。从金元开始，产生了"喻体 + 比拟助词 +VP"结构，如"爆雷也似喏""飞也似跑"，前者喻体由名词充当，后者由动词充当。常见的比拟助词是"似""也似"，元明时期也有用"般"如"命般看待"。关于这类充当状语新偏正结构的形成，学界关注较少。我们认为应该把结构中的比拟助词"似""也似"结构与比拟助词"般"结构区分开来，所用的比拟助词不同，两者的来源不同。根据目前调查的材料看，"喻体 + **似** +VP"使用频率略高，主要由句子："（本体）+ 似 / 如$_{像义动词}$+ 喻体"变换而来；而"喻体 + **般** +VP"使用频率略低，主要由句子"（本体）+ 似 / 如$_{像义动词}$+ 喻体 + 般 / 一般$_{比拟助词}$"省略其中的像义动词"似 / 如"而来。但两者区别也不是绝对的，因为两者表达的句法语义相同，相互之间的类推影响，也是不能忽视的一个因素。我们能看到在曲文中，上下句有 "喻体 + 似 +VP"和"喻体 + 般 +VP"并列使用的情况。详见下文例（118）至例（121）。

（一）喻体 + 似 +VP

从宋金元开始新出现了一种能充当状语的偏正式"喻体 + 似 / 也似$_{比拟助词}$+ VP/A$_{中心语}$"的比拟短语结构。这一新结构的产生与汉语偏正关系的名词性短语结构的形成具有共同的认知基础。"喻体 + 比拟助词 +VP"这个短语结构的产生一定与比拟句"（本体）+ 像义动词 + 喻体 +（比拟助词）"本身密切相关，它们之间也有某种转换关系，主要是由比拟句位移而来。得出这一观点主要是根据金元文献材料中的用例，在《董西厢》《刘知远诸宫调》《全元散曲》《新校元刊杂剧三十种》韵文体中没见到"如……相似"的句子。明《水浒全传》中也仅发现了几例"如 / 似……相似"的句子。如：

（91）a. 回头来觑着白马将军，喝一声，**爆雷也似喏**。（《董西厢》卷三）

　　　　b. 好施英勇，语似钟，语似钟，应喏如雷。面西背东。（《董西厢》卷三）

（92）a. 不把我人也似觑，可将我谜也似猜。（《新校元刊杂剧三十种·老生儿》第一折）

　　　　b. 自入舍做女婿，觑俺咱似儿戏。（《刘知远诸宫调》卷二）

（93）a. 那匹**战马拨风也似**去了。（《水浒全传》第二回）

　　　　b. **船行似箭，马去如飞**，直奔梁山泊来。（《水浒全传》第七十九回）

但因为散文体文献中有少量"如/似……相似"的用例，另外助词"也似""似"有时在一定的上下文中和比拟助词"般"相对成文，所以，不排除该结构中有一部分来源于省略像义动词的省略式。

1. 喻体是名词或名词性词组

这类用例较多。如：

（94）**人也似**好觑付，亲兄弟厮顾盼。（《元刊杂剧三十种·替杀妻》第一折）

（95）寻思了两三番，把郎君几曾是**人也似**看。（刘庭信《戒嫖荡》小令）

（96）传示我可意情人，休辜负海誓山盟。唱道**性命也似**看承，**心脾般**钦敬。（蒲察善长《新水令》套曲）

以上表示动作的状态。

（97）陷人坑**土窖似**暗开掘，迷魂洞**囚牢似**巧砌迭，验尸场**屠铺似**明排列。（汤式《闻嘲》小令）

（98）落花，落花，**红雨似**纷纷下。（汤式《落花二令》）

以上表示动作的方式。

（99）性儿**神羊也似**善，口儿**密钵也似**甜。（乔吉《嘲少年》小令）

（100）芦花絮衾**江纸也似**薄，问袁安怎生高卧？（张可久《寒夜》小令）

《水浒全传》中的例子，如：

（101）见他口里吐血，面皮**蜡查也似**黄了。（《水浒全传》第二十五回）

（102）他自和张三两个打得**火块也似**热。（《水浒全传》第二十一回）

（103）那马浑身**墨锭似**黑，四蹄**雪练价**白。（《水浒全传》第五十四回）

以上为修饰形容词中心语，表物体状态的。

2. 喻体是动词或动词性词组

这类用法主要表示动作的方式，用例较少。如：

（104）**捣蒜也似**阶前拜则么？（《元刊杂剧三十种·竹叶舟》第四折）

（105）**飞也似**跑到禁魂张员外家。（《清平山堂话本·简帖和尚》）

（二）喻体 + 般 +VP

1. 表状中关系的偏正结构短语"喻体 + 般 +VP"

"般"类比拟助词构成的状中关系的偏正结构短语，主要来源于省略像义动词"似""如""相似"的省略式。因为以"似……一般"在句中作状语的例子金元时较为常见。如：

（106）咱是嫡亲爹娘生长，**似奴婢一般**摧残。（《刘知远诸宫调》卷十二）

（107）谊义恩重若山海，**不似寻常庶人般**待。（《董西厢》卷四）

（108）休道在玉皇殿前，直赶到月宫里面，把那厮**似死羊般**扯扯扯下九重天（《元刊杂剧三十种·任风子》第一折）

（109）**恰便似饿狼般**抢入肥猪圈，便**一似乞儿**闹了悲田院。（《元刊杂剧三十种·任风子》第一折）

（110）谁待**似落花般**莺朋燕友，谁待**似转灯般**龙争虎斗。（不忽木《辞朝》小令）

（111）假认义，做哥哥般亲厚，行人情，**似妹妹般**追逐。（曾瑞《风情》小令）

同时在上下中有全式、省略式并列使用的。如：

（112）臣不得已非心乐，划地**似临深渊般**兢兢战战，**履薄冰般**怯怯乔乔。（《元刊杂剧三十种·周公摄政》第二折）

（113）伴着这魆人物，便**似冤魂般**相缠，日影般相逐。（王氏《粉蝶儿·寄情人》套曲）

（114）把我（指鼓）**似救月般**响起来，**打蝗虫似**哄不合。（睢玄明《咏鼓》套曲）

（115）常想起卞和般献璧，能可学韩信般乞食，你也枉了**似子房般**进履。

(《元刊杂剧三十种·博望烧屯》第一折）

（116）便似哑谜般说与你猜。（《元刊杂剧三十种·东窗事犯》第二折）

（117）不把我人也似觑，可将我谜也似猜。（《元刊杂剧三十种·老生儿》第一折）

2."般"类比拟助词的偏正结构短语均来自于省略式

"般"类比拟助词的偏正结构短语均来自于省略式。因为在金元时期比拟助词"般"比拟助词"似""也似"构成状中关系的短语并列使用的用例很多。如：

（118）**鲍参军般俊逸，庾开府似清高**。（无名氏《李白》小令）

（119）这厮**影儿般不离左右，罪人也似镇常拘钳**。（王和卿《文如锦》套曲）

（120）据俺当初，把你个**命般看待**。（《董西厢》卷八）

（121）惜不惜，**气命儿似看他**。（刘时中《中吕·红绣鞋·鞋杯帮儿瘦》小令）

又名词性偏正结构中比拟助词也可"似""也似"和"般"并列使用的。如：

（122）送了我也**竹叶似瓮头春，花枝般心爱妻**。（《元刊杂剧三十种·遇上皇》第三折）

如此"似"类和"般"类助词互相渗透使用，是金元比拟句式结构的一大特点。在《水浒全传》中有助词连用的。如：

（123）那绿茸茸芳草地上，八个马蹄翻盏撒钹相似，勃喇喇地风团儿也似般走。（《水浒全传》第十三回）

三、偏正式"喻体 + 概数助词来 +NP"比拟结构

从宋金元开始，新出现一种能充当定语的偏正式"喻体 + 概数助词来 +NP中心语"的比拟短语结构。这个偏正结构是用来比拟物体的体积大小、粗细、厚薄、高低、深浅，喻体一般是由容器名词、度量工具名词或普通名词等充当的。"喻体 + 概数助词来+NP"这个短语结构的产生一定与比拟句"（本体）+ 像义动词 + 喻体 + 概数助词来 + 形容词"或者是"喻体 + 概数助词 + 形容词 + 本体"结构密切相关，它们之间总有某种转换关系。如：

（124）次日见之，却有声如丝发来大。（《二程语录》卷十一）①

（125）从水上流下一篇大石，**如席来大**小。（《全相平话五种·武王伐纣平话》中）

（126）若是儿家女家有争差，有**碗来大**紫金瓜，我其实怕他！（《元刊杂剧三十种·薛仁贵》第四折）

（127）这供愁的景物好依时月，浮着个**钱来大**缘匙匙荷叶。（《元刊杂剧三十种·拜月亭》第三折）

（128）生掯损那柄黄烘烘**簸箕来大**金蘸斧。（《元刊杂剧三十种·气英布》第四折）

（129）**指头来大**紫鸦忽顶儿。（《朴通事谚解》）

而这种结构产生也是经历了句式的位移，其过程是：

（A）本体＋形容词＋像义动词＋喻体／本体＋像义动词＋喻体＋形容词→

（B）本体＋喻体＋概数助词＋形容词→

（C）喻体＋概数助词＋形容词＋本体。如：

（130）（A）那厮心肠儿机变，**色胆大如天**。（《元刊杂剧三十种·公孙汗衫记》第四折）

（B）你这般忍冷耽饥觅着我，越引起我那**色胆天来大**。（《元刊杂剧三十种·紫云亭》第三折）

（C）**天来大名**姓传宇宙。（《董西厢》卷八）

（131）（A）**瓮来大肉馒头**，**俺家的茄子大如斗**。（无名氏《嘲谎人》小令）

（C）快将**斗来大铜锤**准备，将头梢定起。（《元刊杂剧三十种·单刀会》第四折）

可见，概数助词"来"的语法作用和助词"似"类的特点是相同的。

（132）据他那阿鼻罪过**天来大**，得个人身也不亏他。（《元刊杂剧三十种·看钱奴》第一折）

---

① （1）我从始来乃至于今，无有悔恨，大如毛发。（《贤愚经》卷一）
（2）上四味，捣筛，蜜和为丸，如鸡子黄大。（东汉张机《伤寒论》）
（3）以雄黄大蒜等分合捣，带一丸如鸡子大者亦善。（《抱朴子·登涉》）
（4）取盐著两鼻中，各如鸡子黄许大。（《齐民要术》卷六）

（133）戴一朵罗帛做的牡丹花，脑后盆来大一对金环。（《三遂平妖传》第二十九回）

"喻体+概数助词$_*$+NP中心语"的比拟短语结构中，形容词只能是表示本体和喻体性状量值相似性的性质形容词："大""厚""高""深"等，不用"小""细""低""浅"等。如：

（134）早是辘轴来粗细腰，穿领布袋来宽布衫。（《董西厢》卷七）

（135）海来宽风波内，山般高尘土中，整做了三个十年梦。（张养浩《庆东原》小令）

（136）西湖瘦得盆来大，更伴诗人恐不禁。（杨万里《西府寒泉汲十寻》）

（137）据他那阿鼻罪过天来大，得个人身也不亏他。（《元刊杂剧三十种·看钱奴》第一折）

用概数助词"来"的位置，也可以用比拟助词"般""也似"。如：

（138）星般大县儿难弃舍。（曹德《题渊明醉归图》小令）

（139）那火倾刻间天也似般大（《水浒全传》第四十六回）

（140）提起铁锤般大小拳头。（《水浒全传》第二十三回）

（141）厌禳死花枝般老小，踢腾尽铜斗般窠巢。（乔吉《劝求妓者》小令）

可见，在名词性比拟结构形成过程中，一方面比拟句式的短语化标志体现了抽象性原则，另一方面概念意义修饰语与中心语之间的距离标志体现了象似性原则。两者之间的共同作用，是金元比拟结构产生的真正动因。

四、蒙古语比拟结构语序对"喻体+比拟助词+NP"结构的影响

金元时期"喻体+比拟助词+NP"结构主要用于北方文献中，这很容易使人联想到北方阿尔泰语对汉语的影响。这一点江蓝生（1992）已作过专门论述，她指出："也似"由动词"似"前加语助词"也"组成，不合乎汉语构词法的通例，因此其来历很值得怀疑，很可能是受到阿尔泰语语法的影响所致。如现代蒙古语相应的表达是：

ral metü ularan tur（像火一样红的旗子）
火　像　红　旗

江蓝生（1999）指出，金元以前的比拟式基本都是"D$_{像义动词}$+X$_{喻体}$+Z$_{比拟助词}$"，只能做谓语；而金元时期的比拟式为"X+似/也似+NP/VP"，前面不用像义动词，"'X+似/也似'比拟结构的语法功能是做修饰语，或修饰NP做定语，或修饰VP做状语，这一点跟以前的比拟式有着根本的不同"。"这种比拟式不是汉语原有的比拟式的继承与发展，而是模仿阿尔泰语（主要是蒙古语）比拟表达词序而产生的新兴的比拟式，是在特定历史社会条件下语言接触和融合的产物。"这个对于解释元明北方汉语中"X+似/也似+NP/VP"比拟式修饰NP做定语，或修饰VP做状语的新用法有一定说服力。

作为元明新兴的结构，汉语自身因素也是至关重要的，比拟助词"相似"是汉语本身固有的词沿着虚化道路发展的自然结果，有汉语自身的特点。比拟助词"似/也似/似的"也有汉语自身的特点，详见下文第三节。金元时期阿尔泰语比拟句式语序表达方式更起了推动作用。北方语言接触的相互影响，促使该句式的发展。

五、元明比拟句式的地域差异和语用差异

（一）戏曲小说等文学作品中比拟句式多用

张美兰（2003）对金元四部文献穷尽性的调查发现：比拟句"A本体+像义动词+喻体B+比拟助词"句式，在《董西厢》《刘知远诸宫调》《金元散曲》《新校元刊杂剧三十种》中多用作状语，少作谓语（只有几例）；而在散文体的作品《孝经直解》《鲁斋遗书》等中则较多作谓语，少作状语。说明不同文体类型的文献中，比拟句式的使用情况不相同。

丁勇（2007）通过比较元代同期各种文献，指出元代不同文献因文体的不同，在比拟句式的使用上存在差异。《元刊杂剧三十种》和《琵琶记》《小张屠》《宦门子弟错立身》三种南戏同为戏剧作品，比拟句式的使用数量更多，类型也更加丰富。直讲体文献《直说通略》比拟句式使用情况同于杂剧和南戏；而《元典章》《元代白话碑文集录》《通制条格》等法律政令类文书以及会话书《老乞大》，比拟句式的使用非常有限。

比拟句是客观的人或事借以联想，进行比拟，最终达到形象化的表达效果。本体与喻体的对应关系往往是复杂多样，比拟项可以特别具体的事物，也可以是

比较抽象的事理和概念，所以唐宋禅宗文献、敦煌文献中讲经文、朱熹理学思想的讲解中常常都是用来说明禅宗宗旨、佛经教义和抽象的理学思想，比拟是很好的表达方式。所以，比拟句多见于口语体文献。如：

（142）今语学问，正**如**煮物**相似**，须蒸猛火先煮，方用微火慢煮。(《朱子语类》卷八）

（143）易，变易也，**如**奕棋**相似**。(《朱子语类》卷九十五）

（144）纤毫不相离，**如**身影**相似**。(《五灯会元》卷二）

（145）自家并无个见处，**有若**顽石**相似**。(《五灯会元》卷十九）

而在小说中说明行为动作，描摹人物外貌、内心情感、个人情绪态度，甚至是心理活动，比拟也是一种形象的表达构式。如：

（146）李逵性起，砍将入去，**泥神也似**都推倒了。(《水浒传》第七十三回）

（147）说起枪棒武艺，**如**糖**似**蜜价爱。(《水浒传》第八十四回）

（148）这金莲听了，心上**如**撺上一把火**相似**。(《金瓶梅词话》第三十一回）

（149）一语提醒了那丫头，**飞也似**去了。(《红楼梦》第十九回）

这也是比拟句与平比句之间区别之所在。

（二）比拟句式在地域上的差异

丁桃源（2018）认为比拟句式的使用有地域的影响。她通过对代表明末清初经堂语文献《归真要道》①进行调查，认为南京人伍遵契翻译的口语作品《归真要道》在比拟式的选用上，既符合汉语比拟式的历时发展，又体现了较强的地域性。《归真要道》303 例比拟句，"A 如 B 一般"完整式只有 10 例，其余 293 例均为"A+如/似/是/相（像）/相比/譬如/犹如/相似/好似/比如/犹比 +B"的简单式。像义动词以"如""似""相（像）"为主。与《小孙屠》《宦门子弟错立身》《琵琶记》三部南戏，元末明初小说《三遂平妖传》比较，它们在比拟句式上有共同点，三部南戏只有"A+ 如 / 似 / 若 /+B"的简单式。《三遂平妖传》103 例比拟句，其中"A+ 如 / 似 +B"的简单式有 71 例和"B_喻体 + 比拟助词"20 例。完整式仅 12 例。而明末清初代表北方的文献《醒世姻缘传》比拟式主要形式是"A 如 B 一般"

---

① 《归真要道》是明末清初伍遵契，1672 年将伊斯教典籍《米尔撒德》（Mirsad）从波斯文翻译成汉语口语，用经堂语直译，代表明末清初经堂语口语的实际面貌。译者南京人，所译口语受南京口语的影响大，反映的是南方话的特点。

完整式，544例，仅"A如+B+一般"就有149例。还有"喻体+比拟助词"167例。可见南北不同地域比拟句式的句式类型选用是有区别的。南方偏向选择以"像义动词+喻体"的形式为主，北方选择以"本体+像义动词+喻体+比拟助词"为主，同时使用"喻体+比拟助词"形式。

　　这一现象非常重要。这是揭示南京官话与北京官话比拟句异同特点的很重要的差异点。我们在进行比拟句分析时，一般对有双标记的"A如B一般"类句式关注得多一些，很少对单标记的"A如B"类有系统考察。根据这样的线索，我们对明代小说集《今古奇观》及其北京官话《今古奇观》改写本比拟句式进行了对比，还真有这样的南北句式对应情况。在北京官话《今古奇观》中有19例"A+（仿佛）+B似的"句子，其对应的明小说中的比拟句的情况是"A如B"9例，"A如B一般"3例，"B一般/也似"5例，词汇表达2例。如：

　　（150）a.目光如炬。（《今古奇观·十三郎五岁朝天》）

　　——　b.两个眼睛仿佛灯笼似的。（北京官话《今古奇观》同上）

　　（151）a.也不慌张，任他驮着前走，却像不晓得甚么的。（《今古奇观·十三郎五岁朝天》）

　　——　b.也不心慌，就由着他背着走，仿佛还不知道似的。（北京官话《今古奇观》同上）

　　（152）a.一行共五个马，飞跑如云。（《今古奇观·李汧公穷邸遇侠客》）

　　——　b.共总五匹马，飞似的跑了去了。（北京官话《今古奇观》同上）

　　（153）a.那张嘴头子，又巧于应变，赛过刀一般快。（《今古奇观·李汧公穷邸遇侠客》）

　　——　b.嘴皮子又利害，说出话来就仿佛刀子似的。（北京官话《今古奇观》同上）

　　（154）a.王生夫妻就如失了活宝一般，各各哭得发昏。（《今古奇观·怀私怨狠仆告主》）

　　——　b.王生两口子看见女孩儿死了，就如同丢了活宝贝似的，哭的死去活来。（北京官话《今古奇观》同上）

　　两相对比，不仅说明了明清比拟句式的历时变化，其实说明了南北不同地域比拟句的句式分布。南京官话比拟句式的特点，这个问题值得关注。

第三节 助词"似/也似/似的"的产生途径

一、比拟句中像义动词"相似"及其虚化

(一) 像义动词"相似"早期在平比句的句法位置

"相似"本是动词"似"前加副词"相",其意义是动词"像""类同"。它可以直接用于句中作谓语的平比句中:"A 与 B 相似""A, B 相似""A 相似 B"。先秦已见,南北朝时期文献中渐多,尤其是在"(A)与……(B)相似"平比句式里。如:

(155) 夫"己"与"三"相近,"豕"与"亥"相似。(《吕氏春秋·慎行论》)

(156) 抱朴子曰:人技未易知,真伪或相似。(《抱朴子·外篇》)

(157) 城上安金台五所,玉楼十二,其北户出,承渊山,又有墉城,金台玉楼,相似如一。(《水经注》卷一)

(158) 今胡决水灌显美,其事正相似,破胡事今至不久。(《三国志·魏书·文帝纪》)

(159) 多南子,如指大,其色紫,味甘,与梅子相似。(《齐民要术》卷十)

(160) 风俗言音与于阗相似;文字与波罗门同。(《洛阳伽蓝记》卷五)

"相似"是"相+似"的结构("相"单独表义),大都用于句末,充当谓语,表示 A、B 两物或两事之间的类同和相似,一般不用单音节的"似"或"如"来替换。而"与……相似"是自古以来一直常用的平比句。

(二) 像义动词"相似"在比拟句中的句法位置

在比拟句中像义动词"相似"义偏重于"似"("相似"虚化为一个整体),可以单用。如:

(161) 归宗转来一喝,大虫便入草,师问:"师兄见大虫似个什摩?"归宗云:"相似苗[猫]儿。"归宗却问:"师第[弟]见大虫似个什摩?"师云:"相似大虫。"(《祖堂集》卷十六)

像义动词"相似"用于句中表示"A 相似 B"的例子很少,大都为"A 如/

似B相似"（比拟句的完全式），或是"A，B相似"（比拟句的省略式）。如：

（162）师上堂云："此事似个什摩？闪电相似，石火相似，火焰相似，霹雳相似……"（《祖堂集》卷十一）

相对而言，"相似"多用于"A如……B相似"（唐宋常用）、"A似……B相似"（晚唐五代新见，宋代以后少见。）等比拟结构的句末。这种句式产生于六朝，自唐五代时期多用。偶尔有"A相似……B一般"，似未见"A相似……B似"的用法。如：

（163）若把这些子道理，只管守定在这里，则**相似**山林苦行**一般**。（《朱子语类》卷一百一十七）

在"A如……B相似""A似……B相似"中"相似"一词用于句末的句法位置给词带来了新的发展方向，因句中像义中心动词"如、似"与"相似"语义表达有重复，所以"A如……B相似""A似……B相似"结构可以省略像义动词为："……B相似"；也可以省略句末成分为："A如/似……"。异文表达可以说明这一点，如"黑似漆"可说成是"黑似漆相似""黑漆相似"；"如黑汁相似"可说成"黑汁相似"；"雨似盆倾相似"可作"雨**似**盆倾"。如：

（164）若怎么行脚，名字比丘，徒消信施。苦哉！苦哉！问著黑似漆相似，只管取性过时。（《景德传灯录》卷十九《云门文偃》）

试比较：与么行脚，名字比丘，虚消信施。苦哉，苦哉！问着黑漆相似，祇管取性过日。（《古尊宿语录》卷十五）

（165）如今看著，尽黑漫漫地如黑汁相似，自救尚不得，争解为得他人？（《景德传灯录》卷十八）

试比较：如今看着，尽黑漫漫地黑汁相似，自救尚不得，争解为得人？（《五灯会元》卷七）

（166）扇子勃跳上三十三天，筑着帝释鼻孔。东海鲤鱼打一棒，雨似盆倾相似。会么？（《古尊宿语录》卷十六）

试比较：扇子勃跳上三十三天，筑着帝释鼻孔。东海鲤鱼打一棒，雨似盆倾。（《古尊宿语录》卷四十七）

正因为这样，"……B相似"结构可以作句子的状语。如：

（167）皆是粥饭将养得汝，烂冬瓜**相似**变将去，土里埋将去。（《景德传灯录》卷十八）

（168）这边那边飞走，野鹿**相似**，但求衣食。（《五灯会元》卷七）

（三）句末比拟助词"相似"[①]的产生

汉语许多动词历时演变的规律告诉我们，处于句子中心地位的主要动词一般不太容易发生虚化或虚化的速度要慢得多，而非中心地位的动词的动作性往往会慢慢减弱以至发生虚化。在唐宋这一历史时期，比拟句"A 如……B 相似""A 似……B 相似"大量使用，彼此之间的消长情况是：唐代多用"A 如……B 相似"句，宋代"A 似……B 相似"开始占主要地位，在"A 如/似……B 相似"结构中"相似"一词的高频率使用，也容易促使其词义虚化。而结构里前面的像义动词"如""似"与句末"相似"在语义和表达方式上不仅语义重复，形式也重复，语义表达有重复，受语言经济原则的制约，这样一方面导致像义动词可以不出现的省略式；另一方面导致位于句末"相似"词的虚化。

句末非中心动词"相似"的动词性已明显减弱，虚化为只是与表比拟有联系的一种弱动词乃至助词。因为"相似"不能单独使用，并且可以省略。这种现象在其他句式中有所反映。而"相似"实现虚化的轨迹为：唐五代、宋代汉语比拟句"A 如/似……B 相似"中就已出现了比拟助词"相似"。

二、比拟助词"似"的产生（"相似"的变体形式）

在唐宋比拟句全式："A 如/似……B 相似"与省略式："A……B 相似"中，比拟助词"相似"常用，完成了"相似"从词组凝结为一个单词的过程，即词汇的虚化。受语言内部演变的制约，还导致了助词"相似"保留了核心词素"似"，进一步语法化为单音节比拟标记词。这种情况宋词中已有少数省略式："A，B 似"和"B 似+VP（形容词）"用例。如：

（169）记得曾游，短棹红云里。聊相拟，一盆池水，十里西湖**似**。（王十朋《点绛唇》）

（170）潭潭之居移气体，新年七十儿童**似**，朝明见客步如飞，窗下时时看细字。（宋·赵与虤《娱书堂诗话》卷下）[②]

[①] 也有人称在"A 如 B 相似"构式中，比拟助词"相似"是后置词（postposition），"如"是前置词（preposition），构成了双标记的比拟句构式。

[②] 用"似"，疑与词的用韵和字数限制有关。

（171）鹤本非胎生，古卵尚遗壳。千年石似坚，覆在凤山脚。（《筠薐》）

（172）百花未报芳菲信，一枝探得春风近。只有雪争光，更无花似香。（《晁端礼菩萨蛮》，转引自杨永龙（2014））

金元时期比拟助词"似"用例渐渐多见。"喻体＋似＋NP"。如：

（173）把山海似深恩掉在脑后。（《董西厢》卷三）

（174）鱼水似夫妻正美满，被功名等闲离折。（《董西厢》卷六）

（175）龙颜尽变改，失却紫玉似颜色。（《刘知远诸宫调》）卷十二）

（176）虎狼似恶公人，扑鲁推拥厅前跪。（《元刊杂剧三十种·魔合罗》第四折）

（177）（这妇人）勾引的这伙人，日逐在门前弹博词，叉儿难，口里油似滑言语，无般不说出来。（《金瓶梅词话》第一回）

"喻体＋似＋VP/形容词"。如：

（178）做娘的剜心似痛杀杀刀攒腹，做爷的滴血似扑簌簌泪满腮。（《元刊杂剧三十种·看家奴》第二折）

（179）那后生就空地当中，把一条棒使得风车儿似转。（《水浒传》第二回）

（180）原来那座粪窖没底似深，两个一身臭屎……（《水浒传》第七回）

类似的情况有唐宋时新出现的"A如/似……B一般"，"一般"本是形容词，进入比拟结构后用在句中已有像义动词"如""似"等比拟结构的句末，致使其词义虚化，从而用为比拟助词。"一般"虚化的途径与"相似"也有相同的地方：唐五代汉语比拟句中就已出现了比拟助词"一般"，金元时期比拟助词保留了核心词素"般"。在元曲中"似"与"般"上下句变文使用。如：

（181）鹿儿**般**扑扑撞胸脯，火块似烘烘烧肺腑。（《元刊杂剧三十种·魔合罗》第一折）

相对而言，用比拟助词"相似"的用例较少。如：

（182）他宅里神道**相似**的几房娘子，他肯要俺这丑货儿？（《金瓶梅词话》第三十七回）

（183）佛祖慧眼观看，见那猴王风车子**一般相似**不住，只管前进。（《西游记》第七回）

（184）把吴银儿哭的泪人**也相似**，说道："我早知他老人家不好，也来伏侍两日儿。"（《金瓶梅词话》第六十三回）

三、比拟助词"也似"的产生

(一)"A 似……B 也似""A,B 也似"句式

宋代产生了新的比拟句式有"A 似……B 也似",比拟助词是"也似"。该式见于宋徽宗崇宁年间(1102-1106)进士郑望之所写的《靖康城下奉使录》中。如:

(185)既是上皇禅位,无可得争,却与他讲和休。如今来南朝,只似买卖也似。(《靖康城下奉使录》宋代卷,例引自谢仁友 2003)

"A 似……B 也似"的简略形式"B 也似"于北宋人作品中也见。如:

(186)祝寿祝寿,筵开锦绣,拈起香来玉也似手,拈起盏来金也似酒。祝寿祝寿,命比乾坤久。(史浩《浪淘沙令·祝寿》)

元明时期多用。如:

(187)若不用心体验,便似一场闲话也似。(《鲁斋遗书》)

(二)"也似"的产生过程

"也似"的产生过程不是句法中副词"也"与像义动词"似"紧邻出现的句法环境经过重新分析消除其间边界而成为一个复合词尾(见石毓智,2001);不是"到了金元时代,已经虚化成助词的'似'为了更突出相似性,这时便与表示'同样'义的'也',结合在一起,融化为一体,构成'也似'一词。近代汉语中'也似'的使用频率远远高于'似',其缘故与'也'的加强作用不无关系。"(见黑维强,2002a);也不是从"副词(也)+ 系动词(似)"整合为助词的(见王洪君,2000)。否则的话,应该先出现比拟助词"也似",而后省略"也",变为"似";或由"也似"加"的",构成"也似的",再省略为"似的"。理由有三:

首先,在宋代的"似……相似"的例句中,处于句子中心地位像义动词"似"前多有加副词的用法。仅以《古尊宿语录》中的"副词+似"为例,副词除了"也"外,还有:"亦""一""恰""大""又""却""直须"等。如:

(188)一似猎狗相似,专欲得物吃。(《古尊宿语录》卷十四)

(189)恰似海中一滴水相似。(《古尊宿语录》卷三)

(190)佛意祖意大似将木楔子换却你眼睛相似。(《古尊宿语录》卷

（191）又似虾蟆努气相似。（《古尊宿语录》卷三十二）

（192）却似得一回顿悟相似。（《古尊宿语录》卷三十三）

（193）直须似三二万斤铁相似。（《古尊宿语录》卷三十三）

（194）滔滔自有灵源，亦似参禅大悟。（《古尊宿语录》卷四十五）

其次，对宋元文献中处于句子中心地位的像义动词"似"有副词"也"修饰的用例进行对比研究，发现"似"的动词性不可动摇。如：

（195）师拈云："赵州大似萧何制律，文远也似萧何制律。"（《古尊宿语录》卷四十六）

（196）若无出身处，也似黑牛卧死水。（《五灯会元》卷十四）

（197）诗情也似并刀快，剪得秋光入卷来。（陆游《秋思》）

（198）老儿也似这般烦恼的无颠无倒。（《李逵负荆》第三折）

可见，只要"似"出现在句子中心动词位置上，其前副词"也"修饰，仍不能重新分析为助词。只有在已成为比拟助词的"似"前加区别性语助词"也"，才能作为语法标记（高度语法化）。

最后，"也似"助词特性的旁证用例。在特定的上下文中，比拟结构中助词"也似"可以省略。但它们属承前省，且用例不多。如：

（199）则我那血海也似相识不能面，花朵儿 [ ] 浑家不能恋，摩合罗 [ ] 孩儿不能见，铜斗儿 [ ] 家私不能美。（《元刊杂剧三十种·铁拐李》第二折）

有用助词"价"的，如：

（200）那马浑身墨锭似黑，四蹄雪练价白。因此名为"踢雪乌骓"。（《水浒全传》第五十四回）

助词"也似"与助词"价/般"并用的，如：

（201）只见宋江军马泼风也似价来。（《水浒全传》第六十三回）

（202）那火顷刻间天也似般大。（《水浒全传》第四十六回）

可见，助词"似"的前加、后加成分或同类结构成分，一般都是助词，由此类推，"也似"中"也"是助词。

（三）比拟助词"也＋似"中"也"的语法意义

调查显示，比拟助词"也似"的使用频率大于"似"。那么为什么不用单音节的比拟助词"似",而要用复音节的"也似"?这个问题我们可以从唐宋"似"字用法谈起。唐宋时期"似"是一个词性复杂的多义词。"似"在汉语中主要用为动词包括像义动词、给予动词。除此之外,在唐宋元明时期"似"还用作介词,或用于动词后介绍动作的涉及者、接受者,相当于介词"给"。如:举似、说似、呈似、指似等。或引进所比较的对象,相当于介词"比"。有时还用在副词后作助词。比拟助词"似"很容易与动词、介词"似"在形式上相混,为了加以区别就在助词"似"前加上语助词"也"作"也似"。所以在元明时期比拟助词"也似"用例多于"似"。以《水浒传》为例,助词"也似"共出现81例,均在"NP/VP+也似+中心语"的比拟结构短语式中,而"似"在"NP/VP+似+中心语"的比拟结构短语式中只出现4例。所以关于"也"的词性,江蓝生(1999)认为"也似"之"也",可能是为把比拟助词"似"跟动词"似"从形式上区别开来而添加的语助衬词,这个观点是有一定的道理的。《金瓶梅词话》中出现的"也一般"中的"也"得到佐证。如:

(203)打开观看,果然黑油**也一般**好头发,就收在袖中。(《金瓶梅词话》第十二回)

(204)一行死了来旺儿媳妇子的一只臭蹄,宝上珠**也一般**,收藏在山子底下藏春坞雪洞儿里,拜贴匣子内,搅着些字纸和香儿一处放着。(《金瓶梅词话》第二十八回)

(205)忽见两个青衣汉子,走的气喘吁吁,暴雷**也一般**报与长老,说道:"长老还不快出来迎接,府中小奶奶来祭祀来了!"(《金瓶梅词话》第八十九回)

(206)小二哥道:"新宰得一头黄牛,花糕**也相似**好肥肉。"(《水浒传》第十五回)

另外,也许还有韵律节奏上的表达需要。助词不是句中的中心成分,"也似"读轻声,连读时受前一音节最末音素的影响,发生连读音变。"也似"的双音节形式要比单音节"似"来得舒缓,语气上有一个停顿,尤其在描摹情态的句式中起到一定的修饰作用。因而作状语或定语的新式比拟结构在元明清韵文体裁如词、诸宫调、散曲、杂剧、小说中就比较多见,在散文体文献很少见到。

四、助词"似的""也似的"的产生

比拟助词保留了核心词素"似",而在实际使用过程中"似"又有其变体(前

加助词"也"或后加助词"的"):"也似""似的""也似的",彻底虚化成表比拟的助词。在元明时期常见。如:

(207)那眼脑恰像个贼也似的。(《元曲选·合汗衫》第一折)①

(208)一个热突突人儿,指头儿似的,少了一个,如何不想不疼不题念的!"(《金瓶梅词话》第七十三回)

(209)想着迎头儿养了这个孩子,把汉子调唆的生根也似的,把他便扶的正正儿的。(《金瓶梅词话》第五十八回)

(210)说道:"我两个腰子落出也似的痛了。"(《金瓶梅词话》第五十三回)

《金瓶梅词话》中"也似的"多于"似的";《红楼梦》中"似的"有82例,多于"也似的"。

那么,是先有"也似的",然后省去"也"成为"似的"(江蓝生1992/2000:176)?还是怎样的?因文献材料的限制,目前还无法说清先后顺序。我们倾向于将"似的"看作"似"的后加成分,"也似的"是由"似"前加成分"也"、后加成分"的"构成。

构词法中有派生法和复合法。从元明时期双音节比拟助词的构成看主要是用复合法,两个功能比较相近的虚语素助词"也"与助词"似"或助词"似"与助词"的"复合而成。从现代汉语方言双音节比拟助词的构成看,既用复合法又用重叠派生法。如宁夏中宁话"像的"(助词"像"与助词"的"复合构词),洛阳话中的助词"似似"(助词"似"叠音派生构建双音节)。语法化理论认为语法化过程可以分成两个大的阶段,词汇的(lexical)逐渐变成语法的(grammatical);而语法的则趋向于语法性更强(more grammatical)。一个语言单位语法化程度越高,它的信息量就越小,而它原来所表达的意义就有可能用新的语言形式来表达。"相似""一般"由实词词性虚化为表比拟意味的助词,再因比拟助词分别保留了核心词素"似""般",而"似"又兴替为含两个虚语素的成分:"也似""似的""也似的",这两个功能比较相近的虚语素(助词)经过复合并形成比它们各自的表达力更强的语法单位,变成元明时期主要的比拟助词。

一个词在语义上的变化会引起词法、句法形式的相应变化,共时平面上的语言变异,体现的是历时平面上语言演变的不同阶段。唐五代、宋代汉语比拟句中

---

① 《元曲选》有助词"也似的"11例,全式2例。没有出现助词"似的"。《元刊》13例"也似",没有"似的"。

就已出现了比拟助词"相似""一般",完成了从词组凝结为一个单词的过程:词汇的虚化。元明时期分别兴替为"似""也似"与"般",比拟助词分别保留了核心词素"似""般"。因此"似""般"进一步语法化为比拟结构的标记词。在比拟助词中还有一个"一样"在比拟句中后来省略为"样",比拟助词保留了核心词素"样"。其发展轨迹同"一般"到"般"。比拟助词"般""样"分别可以看作是比拟助词"一般""一样"的变体。

参考文献

丁桃源:《〈归真要道〉中的比拟式》,载《甘肃高师学报》,2018(1)。

丁勇:《元刊杂剧的比拟句式》,载《孝感学院学报》,2007(4)。

丁勇:《元代汉语句法专题研究》,华中科技大学博士学位论文,2007。

方吉萍:《〈五元灯会〉中"相似"比拟句式》,载《齐齐哈尔大学学报》,2012(2)。

高乐:《论〈元刊杂剧三十种〉的比拟式》,载《语文学刊》,2013(4)。

高育花:《元代汉语中的平比句和比拟句》,载《长江学术》,2016(3)。

贺巍:《洛阳方言词典》,南京,江苏教育出版社,1996。

黑维强:《从陕北方言看近代汉语助词"也似"的来源》,载《延安大学学报》(社会科学版),2002(1)。

黑维强:《试说"的"字结构的比况义》,载《语言研究》,2002(2)。

黄伯荣:《汉语方言语法类编》,青岛,青岛出版社,1996。

江蓝生:《助词"似的"的语法意义及其来源》,载《中国语文》,1992(6)。

江蓝生:《从语言渗透看汉语比拟式的发展》,载《中国社会科学》,1999(4)。

江蓝生:《近代汉语探源》,北京,商务印书馆,2000。

姜岚:《〈刘知远诸宫调〉中比拟句式及比拟助词研究》,载《语言应用研究》,2007(7)。

李崇兴、丁勇:《元代汉语的比拟式》,载《汉语学报》,2008(1)。

李思明:《晚唐以来的比拟助词体系》,载《语言研究》第2期,1998。

李焱、孟繁杰:《汉语平比句的语法化研究》,南京,南京大学出版社,2010。

龙国富:《汉语处所指代词和平比句的一个早期形式及产生的原因》,载《语言科学》,2004(4)。

吕叔湘:《中国文法要略》,北京,商务印书馆,1982。

马建忠、吕叔湘、王海棻：《〈马氏文通〉读本》，上海，上海教育出版社，1898/2005。

戚晓杰：《明清山东方言背景白话文献》，山东大学博士学位论文，2006。

戚晓杰：《从〈醒世姻缘传〉看汉语句式结构的层面渗透》，载《东方论坛》，2008（3）。

石毓智：《汉语语法化的历程》，北京，北京大学出版社，2001。

田敬丽、唐韵：《〈三遂平妖传〉里的比拟式》，载《齐齐哈尔大学学报》，2011（2）。

王琴：《元曲中的比拟句考察——兼论比拟句的历史发展》，载《修辞学习》，2008（2）。

王洪君：《山西方言的"也 [ia] 似的"》，载《语文研究》，2000（3）。

魏培泉：《中古汉语时期汉文佛典的比拟式》，汉文佛典语言学国际学术研讨会论文，台湾中正大学，2002。

魏培泉：《中古汉语时期汉文佛典的比拟式》，载《台大文史哲学报》，2009（70）。

谢仁友：《汉语比较句研究》，北京大学博士学位论文，2003。

杨翠：《比拟句的历时研究》，苏州大学硕士学位论文，2012。

杨永龙：《从语序类型的角度重新审视"X+相似/似/也似"的来源》，载《中国语文》，2014（4）。

叶建军：《〈醒世姻缘传〉中的比拟式》，载《安庆师范学院学报》，2004（5）。

叶建军：《近代汉语中"X如Y相似"类平比句式的类别、来源及相关问题》，载《通化师范学院学报》，2021（1）。

俞光中、植田均：《近代汉语语法研究》，上海，学林出版社，1999。

张美兰：《从偏正结构的认知基础看近代汉语比拟结构的发展》，见《对外汉语的跨语言研究——汉语学习与认知语言国际研讨会论文集》，北京，北京语言大学出版社，2003。

张美兰：《从汉语比拟句式结构的发展看名词性偏正结构的构成》，载《汉语学习》，2002（1）。

张美兰：《比拟助词"似""也似""似的"的语法化途径和产生过程》，见《中国语言与文化研究——贺何莫邪诞辰60岁》，Hermes Academic Publishing and Bookshop A/S, P.O.Box 2709 Solli, N-0204 Oslo, Norway, 2006。

第十二章 汉语历史句法演变规律的思考

> 本章主要内容
>
> （一）简单讲述：汉语句法系统有其整体关联
>
> （二）简单讲述：汉语句法演变有其自身法则
>
> （三）简单讲述：汉语句式发展有其生态规则
>
> （四）简单讲述：汉语句式演变有其规约方向

汉语发展的历史可以分为上古汉语、中古汉语、近代汉语乃至现代汉语等几个不同阶段，而这些不同阶段本身是一个具有内在联系的系统。鉴于此，本书在学界研究的基础上，对汉语的判断句、动补结构句、处置句、被动句、双宾语句、选择问句、使役句、祈使句、比较句、比拟句共十类句式的发展历史分别进行了自上而下（自古至清）不同历史阶段"通史"性的介绍，以具体例证式材料来呈现某一句法的产生及其不同阶段的变化，希望能比较清晰地看待语言发展事实，以此来说明每一类句式发展状态的进程，为读者提供一个可以感知的语言发展脉络概况。

每一种句式有其个性特点，每一种句式的发展都有其独立的演进脉络，因此，本书第二章至第十一章以句式发展的概况为基础，以句式演变事实的揭示和分析为宗旨，在介绍句式研究方法、分析研究视角等方面，尽量以汉语每个句式发展的变化为脉络，各有侧重。有些章节句式发展呈多元特色，同一语法形式有不同类型的标记现象，有些章节句式特点相对简单一些，但语用特征则复杂一些，特点不一。由于章节篇幅所限，有些句式发展的很多细节没有全面呈现，本章拟在综合各种句式发展特点的基础上，对汉语句式发展演变的特点进行多视角观察与思考。而这些思考目前只是个人基于文献语言的事实所进行的比较主观和表层的思考，更谈不上理论思索。特别期待读者能参与其中，积极讨论，并由此能得到扩展，有更广泛更深入的探讨。

第一节　汉语句法系统有其整体关联

一、句式的历时发展有共同的趋势和方向

汉语判断句、动补结构句、处置句、被动句、双宾语句、选择问句、使役句、祈使句、比较句、比拟句等句式尽管各自有其语义结构特点和发展脉络，但它们也有共同的发展趋势。

（一）从无标记到有标记，标记数量从少到多

在上古汉语中，汉语句式或多或少出现一些标记，如名词性偏正结构中的"之"，并列结构中的"而"，句末语气词"也""乎"。[①] 有些句式如并列选择问，由"其……耶/邪/乎，其/意/抑/将……耶/邪/乎？"专门语气副词或语气词的多词标记，到中古时期的"为/为复/为是……为/为复/为是……？"类专用关联词的呈现，句式表达越来越周密。再如古代句式有一些连词"若（若非）、使、假令、苟、虽、纵、即"等表示句式关联。虽然，无标记句式一直存在，有标记用法，在早期并未成为句式表达的主流，但汉语句式发展的总趋势是各种句式的标记在不断地增强。

判断句式开始时，为主谓相续的原始形式。而后有旧式标记"……者，……也""……者，为……也"等形式，再到后来专用"是"字系词句，"是"的产生是该句式发展的一次重要变革。宋代开始的"系"字句为公文语体和书面语系

---

① 古人所谓"离经辨志"就是从断句出发的语法结构分析训练。

统提供了一个专用标记词，在不同语体中句式表达分工明确。

动补结构从连动式走向黏合式结构，唐代发展出带有特殊标记的组合式"得"字结构，到明清时期表达更加丰富。

持拿义动词的语法化，到"将/把"**处置句**式普遍使用，作为旧信息的受事成分得以标示。

被动句，早期"意念被动"较多，到春秋战国各种被动标志纷纷出现①，再到唐宋"被"字句的一统天下。

使役句，开始时使动用法较多，后来"使/令/教/+O+V"各种使役标志纷纷出现。

从本体喻体比拟法，到"A 如 B 然"式的产生，再到"A 如 B 相似/一般/似的"**比拟句**的广泛使用，事物之间的关系更加清晰。

在世界语言中由"超过"义动词句发展而来的差比句是一种比较常见的差比句。但是汉语由"超过"义动词构成比较结果的差比句，大都还需借助比较标记"于/如/似"，如："胜于蓝""有力强如鹊""强似文树"，构成"A+$V_{超}$+于/如/似+B"比较句。

梅广（2018）所说的"增价装置"，开始时是"为动""供动""与动""对动"等结构形式，魏晋时期开始，介词"共""同""连""把""将"等相继产生，引介各种类型的名词性成分与动词组合，形成各类语义表达形式，丰富了不同类型的句式表达。

单句如此，复句也是如此，开始时很多是"意合法"，较少用假设连词等，后来各种连词纷纷出现。无论怎么说，表义更加明确，结构更加周密，从汉语史整个句式发展的历史角度去看，句式标记渐渐成为一种必然。

（二）一些句式是由连动结构演变而来

连动结构是汉语句式变化的基础句式，因两个动词表达有轻重之分，促进了词义、词性和结构的变化成为可能，结构部分容易引发（偏正、连动、兼语）语义结构的变化，在路径、模式和发展方向方面产生变化，为生成不同句法类型的变化产生了基础。来自"V_1+N+V_2"式的可以容纳被动、处置、致使等语义关系，

---

① 梅广（2018）称"V 于（於）+NP""见 V"式为"受动句"，即受事主语句。感知动词的受动多以"见"字式出现，如"见疑""见爱""见恶"。

如:"但愿春官把卷看",是连动;后来"把"虚化,成为"把"字句。"击破沛公军",是"击而破之",后来"击破"演变为动补结构。"顿教京洛少光辉"是兼语式,"莫教尘埃误相侵"中"教"虚化,是被动句。"乃沿江号哭"是连动,而"裴回沿石寻"(引自马贝加2014:172)①中"沿"从运行动词虚化为介词。

(三)同一句式不同类型的部分表达式具有南北地域分布差异

方言地理学假定:一个词的方言形式在地理空间上横向的分布可以反映出各个形式在历史时期上的纵向层次。简而言之,就是词在共时不同方言区域的地理分布体现了这些词在汉语不同历史时期的兴替变化。其实句式中标记词的历时演变发展也有类似的现象。以禁令句中否定副词为例,"勿""毋"(上古)、"莫"(西汉开始)、"休"(唐代开始)、"不要"(唐代)、"别"(元代开始)之间的历时兴替密切相关。上古的"毋"在中古的衰落,形成了"勿"在中古常用的状况,同时,也因此促使"勿"从上古主要表示禁止,扩展出表"劝阻"义的功能。又因为"莫"的泛用,尤其是"休"在唐代登场,最终使得"勿"退出历史舞台,成为一个书面语词。进入元代,"别"开始登场,"勿"字句逐渐从口语中退出,而"莫""休""不要"成为主导标记词,并相互竞争,导致了"莫"在南方,"休"在北方的态势。"不要"成为一个通语词。到明代"休"在北方逐渐被"别"取代,"莫"在南方多保留,又形成清代"莫"与"别"南北地域分布的态势。这种否定副词分布的态势,直接影响到禁令句在南北文献语言中分布特点。清代中后期北方话文献以"别"字禁令句为主,清代中后期以前文献及此期前后的南方话文献以"莫""休""不要"的禁令句为主。这是历史上纵向演变在地域上横向分布的体现。

因此,在句式的历史发展演变过程中,其不同阶段出现的句式各种类型,会分布在共时的不同地域,其空间的差异是历史不同时期的投影。清末《官话类编》《官话指南》等口语文献中有句式南北分布的相关记载。如:

同是动补结构,北方用"V不过O"式,南方用"VO不过"式。如:

(1)这样的嘴,我说不过他。(《官话类编》第四十一课)

——这样的嘴,我说他不过。(《官话类编》第四十一课)

(2)虽只一人,他动起手来,几十个人也打不过他。(《官话类编》

---

① 马贝加:《汉语动词语法化》,北京,中华书局,2014。

第九十四课）

——虽只一人，他动起手来，几十个人也打他不过。（《官话类编》第九十四课）

同是动补结构，北方用"V过O来"式，南方用"VO过来"式。如：

（3）你去请过他来。（《官话类编》第四十一课）

——你去请他过来。（《官话类编》第四十一课）

同是被动句，北方用"叫"字句，南方用"给"字句。《官话类编》记载了当时汉语南北官话中类似用法差异。如：

（4）忽然打了一个霹雳，差一点叫他震死。（《官话类编》第一百八十三课）

——忽然打了一个炸雷，差一点给他震死。

（5）你看李滋源常常打爹骂娘，叫雷一下打死了。（《官话类编》第一百八十五课）

——你看李滋源常常打爹骂娘，给雷一下打死了。

（6）王天云的腿教狗咬破了。——王天云的腿给狗咬破了。（《官话类编》第一百零二课）

同是反复问句，北方用"VO-Neg-V"式，南方用"V-Neg-VO"式。《官话类编》第二十二课专门编集了反复问句句式，也记载了当时汉语南北官话中类似用法差异。如：

（7）你想家不想家？——你想不想家？（《官话类编》第二十二课）

（8）这把刀是你的不是？——这把刀是不是你的？（《官话类编》第二十二课）

（9）先生在中国服水土不服？——服不服水土？（《官话类编》第二十二课）

汉语反复问句经历了从早期至唐宋以"VP-Neg"为主，到"V不V"为主流的历时变化，而这种历时变化在地域分布上，南方文献倾向于多用"VP-Neg"问句，北方文献倾向于"V不V"问句。同是使用"VP-Neg"问句，在清代南方文献倾向于多用"VP未/不曾"问句，北方文献倾向于多用"VP没有"问句，这也是新旧历时变化所致。

同是双宾语句式，北方用"VO_1O_2"式，南方通语用"VO_1O_2"式，但南方方言偏重用"VO_2O_1"式或"VO_2与/过O_1"。如：

（10）老爷，**给您牙签儿**。（《官话指南》卷三）

——老爷，俾牙签你嗌。（《粤音指南》卷三）

（11）先给你三块，另外我赏给你一块钱。（《官话指南》卷三）

——支住三个银钱过你先，我另外赏你一个银钱。（《粤音指南》卷三）

"VO₂O₁"双宾式，在吴语金华汤溪、客家话梅县、赣语泰和、粤语、湘语邵阳、益阳等方言都普遍存在着，方言学界一些专家把它作为南方方言"特色句式"。同时，**"VO₂与O₁"的双动双宾**句式，也是南方话的语言特点。

同是双宾语"VO₁O₂"**句式**，北方用动词"给"，南方用动词"把"。如：

（12）那把茶壶给他三百钱，还不晓得买得来买不来咧？（《官话类编》第九十一课）

——那把茶壶把他三百钱，还不晓得买得来买不来咧？（《官话类编》第九十一课）

（13）现在还是按月给他利钱。（北京官话《官话指南》卷四）

——现在还是按月把他利钱。（九江书局版《官话指南》卷四）

在本书第二至第十一章，我们在介绍句式发展特点时，也介绍了相关句式的地域分布特点，通过历时发展脉络，我们可以找到某些历史演变的时间序列，并从时间序列中来探寻共时平面的地域差异的来源。这是我们句式研究中必须关注的要点，也是近年来学界提倡将汉语史与汉语方言研究结合，提倡"普－方－古"研究结合的重要因素。

（四）同一句式不同类型的有些表达式还具有语体差异

同是处置句式，口语多用"把"字句，书面语用"将"字句。同是判断句，口语用"是"字句，公文书面语偏用"系"字句。同是被动句，口语多用"叫"字句，官话或书面语用"被"字句，而"为……所V……"句则偏向文言书面语的表达。

二、句式的历时发展是一个内在联系的系统

不论是从共时角度看，还是从历时角度看，汉语句法的发展演变，都是一个有机的整体。一种新的语法现象的产生不是一种孤立的语言现象，它是语言结构内部自身规律作用的结果。例如从使役到被动的发展轨迹，有几条途径，其中之一是被动介词来源于给予动词。学界以前比较关注的是常用给予类动词"与""给"，粤语的"俾"，沪语的"拨"等。其实，汉语史中还有一个动词"把"，在宋代

开始"把"引申表示"给予"义。在明清南方官话或方言中,"把"成为一个有明显的地域色彩的给予动词。《中华大字典》:"把,扬子江流域语,与也。"在金元时期,"把"也引申有被动的用法。朱玉宾(2018)列举了一些用例。如:

(14)没事尚自生事,**把人寻不是**,更何况今日将牛畜都尽失。(《刘知远诸宫调》卷二)

(15)到如今花月成淹滞,**月团圆紧把浮云闭**,花烂熳频遭骤雨催。(张可久《粉蝶儿·春思》)

(16)秦明看那路时,又没正路,都只是几条砍柴的小路,**却把乱树折木**,交叉当了路口,又不能上去得。(《水浒传》第三十四回)

(17)你是男子汉大丈夫,**把人骂了乌龟忘八**,看你以后如何做人?(《欢喜冤家》第十三回)

可见,在近代汉语中"把"字已经可以引进施事,表示被动。"给与动词>使役标记>被动标记"这种语法化链条不仅汉语有,很多语言都有。潘秋平(2013)指出:从给与到被动,这种语法化链条也在东南亚语言区域存在。

对于"把"字语法化的路径,郑宏(2012)认为:"首先'把'获得'给予'义,其次'把'的给予义用于'把+N+VP'结构,这种句式结构先发展为使役句,再由使役句发展为被动句。"朱玉宾(2018)也认为:致使义"把"字句的出现是"把"字发展出表被动用法的关键一步。这类句式中"把"后的"NP"充当施事,这在句法结构上与被动式要求表被动的介词后的"NP"须是施事相一致,这就为"把"字表被动提供了句法基础。

再如,关于使成式的产生和发展的历史,学界很多专家提出与处置式产生和发展的历史有许多相关联之处。屈承熹(1993)在论述"'把'句的出现"时指出:自唐朝至今,结果补语一直与"把"相互依存,两者之间很可能有某种联系。动词后结果补语的兴起促进了宾语左移至动词前的位置。杨建国(1993)也指出,"把"字句对促成使成式结构定型有积极作用。使成式结构有"动+补+宾"和"动+宾+补"两种格式,随着汉语句子成分的音节数增多,"V+宾+补"式中动词后往往拉得很长,而且宾语与补语两部分意义又不相连属,句子难免显得生涩、拖沓。

(18)一百二十个蜣螂,**推一个屎块不止**。(《唐摭言》)

(19)忽患脚疮,痛不可忍,意其牙军为祟,乃谓亲吏曰:聚六州四十三县铁,**打一个错不成也**。(《北梦琐言》卷十四)

杨建国（1993）认为：有了介词"把"，"动+宾+补"中的宾语就可由"把"提带到动词前，"动+宾+补"就可化为"把宾+动+补"，这样补语就得以紧靠动词后，而使成式结构渐渐终至定型为"动补"一格，而宾语都从夹缝这一尴尬境地中解脱出来，获得了新的天地。从此它和使成式结构"动补"意义连属，大大扩展了它的义域，丰富了汉语句式的表达功能。

再如，汉语史中"存在结构"与"领有结构"关系密切。胡敕瑞（2017）从名词性成分、动词性成分、功能性成分三个角度进行了论证。他指出：在上古名词性成分构成的"存在结构"是"方所+有+某人"与"某人+于+方所"，两者之间的差异在于结构的不同。"楚有养由基者"可以转换成"有养由基者于楚"。上古名词性成分构成的"领有结构"是："某类人+有+某人"与"某人（+是）+某类人"，两者之间的差异也在于结构的不同。"楚人有黄歇者"可以转换成"黄歇者，楚人也"。前者更是典型的领有句。但"楚人有黄歇者"与"楚有黄歇者"之间却是领有句和存在句的差异。其中，"楚人有黄歇者"，主语"楚人"是有生命的主体，对谓语动词"有"有一定的操控权，是领有句；而"楚有黄歇者"，主语"楚"是无生命的方所主语对谓语动词"有"缺乏一种操控力，是存在句。表示存在和领有都可以用"有"字，但区别在于主语的生命度的有无上。胡敕瑞（2017）还指出：动词性成分里，上古的存在句"于"字句与"有"字句之间存在变换关系，上古领有句"有"字句与"为"字句之间可以互为异文，中古领有句"有"字句与"是"字句之间也互为异文，结构之间的差异分别渗透在词汇替换和结构变化中。词汇替换如近代汉语中的"在"替换上古中古的"于"、中古的"是"替换上古的"为"。上古存在句在结构上，由"V+NP$_1$+于+NP$_2$"到中古演变为"从+NP$_2$+V+NP$_1$"。但是存在和领有的关系依然保持，汉语中存在结构、领有结构看似有些差异，实际上它们的论元成分、系词以及其他功用成分似异实同。存在与领有概念相通、结构相关、成分相似，并推测存在句和领有句或许具有相同的底层结构，即皆源于处所结构。

（一）每一句式的发展进程充满了个性特质

每一种句式的发展，不是单纯的直线式进展，而是充满了个性的特质。如双宾语句式，表层结构为"V+O$_1$+O$_2$"或者"V+O$_2$+O$_1$"简单格式，似有规律可寻，甚至可以逐个搜索到常见的双宾动词，如给予进献类动词、言说类动词、称谓类动词、夺取类动词。然而，在不同时期的文献中，双宾动词多寡不一，形式不一，其间动词存在历时兴替新旧素质并存，动词在句子中的用法地位不一等问题，这些都增加了该句式研究的难度。以"给予"义动词为例，"给予"义动词也有强弱之分。典型的"给予"义动词如"与""赐""赏"等，词义本身含有确定的"给予"义（典型的三价动词），属强"给予"义动词。部分三价动词，如"送"类和部分二价动词"写"类（"寄""打""留""舀""扔""踢""搬""递""打发"）等，其内部隐含"给予"义或在一定语境中含有"给予"义，常常依靠予词"与""馈""把""给"来凸显，属弱"给予"义动词。它们关联着施事与受事两个语义格，这类语言现象在近代汉语阶段才开始增多。"V+**与/馈/给**+O₁O₂"句式从唐宋一直到元明清，经历了予词"与""馈""给""把"（方言）的历时兴替变化。如在《朴通事新释谚解》中**二价动词**"作""打""出"借助"馈""与"复合形成"V+与/馈+O₁O₂"句，是该书双宾句的一大特点，同时也反映当时北方话的双宾句式特点。

再者，从早期文献用例看，双宾动词都有其自身的个性。许多三价动词，在古代文献中并非都能进入双宾语句式的，只有一部分进入，还有一部分在逐渐进入，或有条件地进入。典型的"给与"义动词"与"就是一个很好的例子。"与"，在上古汉语早期只能和与事宾语（接受者）建立直接的句法关系，而受事宾语只能以间接的方式（如通过介词"以"）被引入，直到**西周以后**直接进入"与+双宾语"的结构。

上古时期进献类动词"献""传""进""效""谒"等经历了从单宾句到双宾句的发展，即从"S+V+O₂+介+O₁""S+V+**O₂+O₁**"，到"S+V+**O₁+O₂**"的历程。原本不能或很少进入双宾语结构的"受取"义动词和"进献"义动词，到了《史记》中都主要用于"V+O₂+O₁"双宾语结构，这是一个重要发展。①

（二）句式循环式历史发展不是简单重复前期句式的发展模式

1. "V 于 / 在 L"在宋元明的循环式发展

"V 于 / 在 L"和"VL"两种结构在一定的历史时期内共存。袁健惠（2017）

---

① 详见张美兰：《汉语双宾语结构句法及其语义的历史研究》，北京，清华大学出版社，2014。

专文探讨了在动作和滞留地处所之间关系的句式表达，发现"V于/在L"和"VL"两种形式并存。但两者之间发展不是直线条的，经历了从"V于L"为优势结构到"VL"为优势结构，再到"V于/在L"为优势结构的交替发展过程。两种结构在口语文献和史书类文献使用的情况也有差异。在口语文献中，从先秦至唐五代"V于/在L"大致呈下降趋势，最大降幅达62.9%；从宋代至清代"V于/在L"大致呈上升趋势，最大增幅达24.2%。"VL"结构的演变趋势则是从先秦至唐五代大致呈上升趋势，从宋代至清代大致呈下降趋势。总之，"V于/在L"结构在先秦至清代，总体用例数量上远远多于"VL"结构。在史书中，除了宋代至元明"V于/在L"结构呈下降趋势之外，从东汉至清代的其他历史时期"V于/在L"结构都呈上升趋势；"VL"结构在发展趋势则相反，除了宋代至元明"V于/在L"结构呈上升趋势之外，从东汉至清代的其他历史时期呈下降趋势。

总体说来，在动作和滞留地处所之间关系的表达上，"V于/在L"和"VL"两种结构在汉语史上此消彼长。袁健惠（2017）将"V于/在L"和"VL"的交替演变的这种特点称之为句式"循环发展"的过程。这里的循环发展不是一般的频率高低或此消彼长的差异，而是语法功能本质的发展，非简单重复发展的差异。汪维辉（2020）认为这种"V于/在L"和"VL"的交替演变特点是否是"循环发展"规律，还需要大量的多方面的论证。①

袁健惠（2017）所谈"V于/在L"在先秦时期多见，两汉至唐衰弱，到宋代以后再次盛行的交替演变的情况，是属于该句式历时发展的"循环发展"状态。应该注意还有一种现象是有特殊语用场合的"循环发展"。张美兰（2021a）指出：在《元曲选》中出现了有意识地将元代刻本曲文中的"把"字处置式在改编中换成"将"字句。② 这是有违句式时代发展时代特点的语用改编，是一种非正常的"循环发展"。

2. "A+语气词？B+语气词？"选择问在元明清的循环式发展

在先秦两汉时期，选择问句常要在分句的句末加上语气词"乎""与""也""耶""邪"，构成"A+语气词？B+语气词？"的句式。到魏晋

---

① 参见汪维辉：《汉语史研究要重视语体差异》，载《南京师范大学文学院学报》，2020（1）。
② 从元代开始"把"字句与"将"字句展开了竞争，到明清逐渐成为处置式的主要句式。但《元曲选》却有一个怪异的现象，用"将"字句比例高。在与《元刊》相同曲目的比较中发现元刊的"把"字句被改成"将"字句。张美兰（2021a）对此进行了解释，认为这一反常的语言现象，与《元曲选》在改编过程中回归书面古雅表达有关。

南北朝时期，不加句末语气词的"A？B？"问句成为新的句式，并一直沿用至唐宋时期。至明清时期，"A+语气词？B+语气词？"突然又成为一个新用句式，尤其是添加关联词后形成的"关联词A+语气词？关联词B+语气词？"双重标记选择问句，成为明清选择问句的新特点。但是，明清带疑问语气词的句子往往有一些独特之处：结构复杂、序列较长。在曲文的唱词、章回小说、口语教材中，均有出现。如：

（20）你这样学中国人的书，是你自己要去学来啊，还是你的父母教你去学的么？（《老乞大新释》）

（21）姐姐如今只剩了孤鬼儿似的一个人儿，连个"彼此"都讲不到，是算有"靠"啊？是不算"末路穷途"啊？还是姐姐当日给我两个作合是"一片好心、一团热念"，我公婆今日给你两个作合是"一片歹心、一团冷念"呢？（《儿女英雄传》第二十六回）

（22）并不像别人富富裕裕的有得的去处，叫我怎么乐呢？作下账穿吗？或是花了产业吃呢？（《清文指要》第六十五章）

（23）那么赶他学满了之后，是还在本铺子里耍手艺啊，是就上别处耍手艺去呢？（《官话指南》卷二）

（24）我是回家好呢？是找个相好的地方儿躲躲儿好呢？（《小额》）

这种语用环境，不是对先秦汉语问句的简单模仿，而是句式语气停顿所需，是句式语用的一种规约。

三、句法发展主要有句式结构变化和句式标记词兴替变化

（一）句式结构的变化

句式结构的变化是指通过语言内部的发展产生出新的句法结构。从连动式"V_1+V_2"到"V_1+C_V"动补式，是通过语言内部的发展，重新分析而产生的"中心动词+动作结果"新结构。曹广顺（1995）指出，在汉语史上存在着一个语法化链："**连动式 > 动补式 > 动词+助词**"。汉语中的动态助词，如"得""取""将""却"等均经由"动词+动态助词_{动相补语}"这一过程演变而来，而且大都经历了表示动作的实现或达成这一阶段。"V_1+C_V"结构因动词"V_1"语义类别的不同，结构语义产生异同，有了"结果补语" > "动相补语"之分，

并从"动相补语"中分解出动态助词。

从连动式的"将+NP+V"到处置式的"将$_{介词}$+NP+V",也是通过语言内部的发展,重新分析而产生出"修饰性介宾成分+中心动词"的新结构,在魏晋六朝已有"将"字连动结构的用例,在这类连动式中,V_2的语义上升为主要地位,成为句中的中心动词,"将"字的动作性逐渐削弱以至消失,最终完成彻底的虚化,这时真正的"将"字句产生了。如:《佛说义足经》卷上:"王见已谛,得果自证,终不信异学所为,便谓旁臣:'急将是梵志释逐出我国界去。'""将"所引出的宾语均为动作的受事,"将"在句中不具有词汇意义,已经虚化为介引受事成分的标记词。

以连动式为源头,句法环境的相宜性决定了"V_1+C_V"动补式与"将$_{介词}$+NP+V"句式的发展方向。

汉语中适合某种句法范畴的词汇成员也许有多种,它们可能在不同时期都有机会发展成为该范畴的语法标记,而且其生成途径也会是多元的。蒋绍愚(2013)在他2002年研究的基础上,再次论述动词"给""教"从一般动词发展为使役动词,又虚化为被动标志的语法化途径。但是他特别强调:"给""教"的语法化过程与"被"不同。(1)不是由于"给"的词义的虚化带动句式的演变,而是相反,是由于句式的演变造成"给"的词义和功能的变化;"教"的语法化也是如此。从语义上看,很难找到动词"给""教"和语法标志"给""教"之间的联系,所以也难以用"实词虚化"来解释;只有从句式的演变加以考察,才能找到它们的联系。(2)这种句式的演变比较复杂,每一步的演变,其表层结构都出现了较大的变化。如:从用"给"的给予句演变为使役句,必须首先从"甲+给+乙+N+(V)"发展为"甲+V_1+N+给+乙+V_2",出现和使役句的表层结构相同的部分"(甲)+给+乙+V",才能进行重新分析,从而转化为使役句;不论是"给"字句还是"教"字句,要从使役句演变为被动句,必须是句首的施事"甲"不出现,而代之以受事N,出现和被动句相同的表层结构"受事+给+乙+V",才能进行重新分析,从而转化为被动句。一句话,语法格式的变化,就是受事名词句法位置的变动,是"教""给"被动句语法演变中的重要一环。

（二）句式标记词的兴替变化

句式标记词兴替变化是指在新的结构产生之后，结构关系不变，使用的标记词随着时间的推移而更换。如：选择问句句末语气词，上古、中古的"耶""邪""乎""与""也"，被近代的"那""哩""呢""呵""哇""呀"所取代。正反问句"VP-Neg"句式由"VP不""VP未"到"VP无""VP不曾""VP没""VP没有"。选择问句关联词从"为""为是""为当""为复"，到"是""还是""或是"的兴替。被动标记词从"为……所V"，到"被""教""叫""着""给"的历时变化，详见各章句法标记词部分的论述。

由此可见，句式发展的过程，也是句式标记词新旧兴替的历程，不同句式的变化中又存在着许多类型，在这些类型中，有的还包含着不同词汇的历时替换，也导致了相应句法结构特征的变化。

四、新语法现象的出现会透露出语言发展的新变化

句式发展中每一个新语法现象的诞生都是句式变化的新特点。句法演变涉及句式核心成员之间的变化，除了语序外，还有动词本身的性质特点（及物性）、动词的前加修饰成分（副词、助动词、介宾结构、连词）、后加成分（补语结构、介宾结构）、句末的语气词或语调。汉语句式在不同历史阶段的任何变化都不是孤立进行的，既是整个句式系统发展演变的结果，也是句法发展规律的具体表现。句式发展中每一个细小的变化也可能会成为导致一个新语法手段诞生的因素。换言之，一种新语法现象的产生往往会导致旧语法现象的消亡或发生性质变化。

以"为动"类双宾句式的消退现象为例，春秋战国时期至两汉文献，"为动"双宾语使用频率高，比较常见的是"制作"类二价动词"作""肇""以""为"。如：

（25）天子建德，因生以赐姓，*胙之土而命之氏*。（《左传·隐公八年》）

除"制作"义动词外，也出现了一些普通动词用于为动双宾句。但两汉时该用法开始下降，三国佛经口语文献里已看不到此种用例。魏晋以后，尤其是在口语化较强的文献中，也极少见。而此期汉语中介词"为"的大量使用，出现了"为（介）+宾$_1$+述动+宾$_2$"的状中结构。在**汉代以后**，尤其是接近口语的作品中，"为动"类**双宾句式**逐渐被"为（介）+宾$_1$+述动+宾$_2$"的状中结构所代替，为动类双宾句式退出历史舞台。胡敕瑞(2008)曾经在解释从"VO"到"为N+VO"句生成过程时，有一个很好的阐释。如：

（26）出见而礼之。（《淮南子·道应训》）

——汝到城门下，见人出者，**为之作礼**。（《杂宝藏经》卷四）

（27）邴夏御齐侯。（《左传·成公二年》）

——太子自**为（之）御车**。（《旧杂譬喻经》卷一）

从"礼之"到"为之作礼"，"御齐侯"到"为（之）御车"，句中动词"作""御"不符合带双宾语的条件，句子内的两个宾语必须移位调整。胡敕瑞（2008）认为由于靠近动词的宾语，与动词的关系更密切，一般是直接论元，是动词必然关联的成分，这样就迫使远离动词的宾语前移，这个宾语一般是间接论元，非动词必然关联的成分。也因为这个远离动词的宾语是有生命的对象，有生命的对象直接移置动词前，很有可能会误解为动词的施事主语。为消除误解就需要使用标记来区分，添加介词既可以使它与施事主语相区分，还可以提示前移成分原来作宾语的身份，前移对象常用介词"为"来标识，也使得形成了"为NVO"句式。我们发现"为动"双宾句中二价动词正是这样的特点，即动词不符合带双宾语的条件，句子内的两个宾语必须移位调整。间接论元多属于有生命的对象，添加介词"为"来标识，正是"为（介）+宾$_1$+述动+宾$_2$"的状中结构。正是在中古这种句式环境中，"为动"双宾句被"为"字介词句替代了。

再如，先秦汉语中处所名词在句中的表现格式是："V于/在L"和"VL"句式，二者在一定的历史时期内共存，在语义上并无差别，甚而表现出一定的关联性。有些动词可以同时出现在这两种结构中。如：

（28）齐侯与晏子**坐于路寝**。（《左传·昭公二十六年》）

——公被狐白之裘，**坐堂侧陛**。晏子入见。（《晏子春秋》卷一）

西汉至唐五代，"**VL**"结构取代了先秦时期占优势地位的"**V于L**"结构，成为汉语表达动作与滞留处所之间关系的优势结构，考察其原因，这一变化实与方位词的发展有关。因为在先秦汉语中实体名词和处所名词在形式上没有区别，二者的区分通常需要借助介词"于"来实现，处所名词之前大都出现介词"于"。西汉时期处所名词跟实体名词发生分化。出于语义表达的需要，很多处所名词后来越来越多地带上了方位词，如"巢上""河中""车下"等。由于方位词在明确处所意义方面作用的加强，带方位词的名词跟不带方位词的名词在语义性质上形成对立，进而形成了一个表示处所的名词集合。处所关系具有用意合法来表现的条件后，就不再完全依赖于介词形式。因此，该时期出现了许多"VL"结构的用例。直至唐五代时期,当动作与表示滞留地的处所词共现时,"VL"结构一直是优势结构,在使用频率上始终高于"V于/在L"结构(参见袁健惠2017)。因此,有必要说明:"V于/在L"和"VL"是汉语中两种比较常见且关系密切的结构,但是,"VL"结构不是介词"于/在"的简单省略式,而是有其自身独特的发展轨迹。方位词的确定造成了"V于L"结构使用频率的下降。

再如,在上古、中古时期"A+比较结果+于+B"式中介词"于"引进比较对象,成为一个常用的差比句式。两汉以后介词"于"的迅速脱落与成分前移,对比较句带来了影响。介词"于"的脱落,导致"A+比较结果+B"的形成,同时,比较动词"比""如""似"在句法中虚化为比较介词,新的差比句"A+比+B+比较结果"和"A+比较结果+如/似+B"句的形成,而这两种句式在唐代都出现了。常志伟(2019)指出:在差比句发展过程中,"A+比较结果+如/似+B"句特殊的句法位置,是促使句中"如/似"语法化,并能替换介词"于"成为元明时期主流差比标记介词的主要动因,"于"与"如/似"语义上的相通性,也为等比动词"如/似"语法化为介词用法起到了一定推动作用。清代以后,受前期"于"字式逐渐消亡大趋势的影响,再加上"如/似"表义不明的先天缺陷和唐代新兴"比"字式差比句强劲的发展势头,使得"如/似"字式逐渐衰落而仅保留在一些特殊句式中。

五、一些语法现象的盛衰会导致相关句式表达的调适与变化

(一)早期"主之谓"结构的衰微导致结构表达的语体分化

王洪君(1987)认为"主之谓"结构在从西汉开始逐渐衰落的过程中,开始出现书面语与口语的分化问题。使用环境开始局限于上层阶级的圈子里,成为雅言。在大众口语中消失,成为了古语。例如《史记》中出现55例"主之谓"结构,有30例是出现在身份高的人,特别是儒生的人物对话中,另有5例出现在"太史公曰"中。东汉魏晋时期,该格式更趋向于用在古代文人话语中,汉译佛经文献则趋向于用在固定套语中。《搜神记》中"主之谓"结构13例中,7例是文人、古人、诗歌用语。刘宋时,"主之谓"结构完全成为一种古语现象。这种结构可以很明显地作为书面语与口语的分野标记。

魏培泉(2000)总结出"主之谓"结构中的"之"的删略主要原因有二:

一是非必用的；二是功能不足。如："主之谓"在连谓宾句中，形式与语义有相当程度的不协调，所以用来标示语气连接的连词"而"、语气词"也"等手段来补救。"主之谓"在宾句中因辨义功能小，容易被删略，视为独立句。"主之谓"在联系主句和从句中因表义的模糊，被别的连词或具有连词功能的词"当""若""则""故"等所取代。最终，因后人无法掌握"主之谓"在先秦的使用规则而退出历史舞台。

（二）同义异构句式的出现与处所类准双宾句的消退

古汉语处所类准双宾句"VO$_{人或物}$O$_{处所准宾语}$"是一种客观存在，是种类繁多的古汉语双宾句中的一种独特类型，其句式语法特征：

（A）句子的谓语动词分别与两个名词性词语构成动宾关系；

（B）句子的两个宾语一个表示人或物，一个表示处所，彼此之间不发生结构关系；

（C）整个句子着重说明的是某一人或物所产生的方向性变化。处所宾语是非受事性的准宾语。

该句式在先秦少见。如：

（29）**有余粟者入之仓**。（《韩非子·十过》）

（30）**出兵函谷而无伐**。（《战国楚·齐策二》）

该句式结构的表达与其所表达事件发生的先后顺序有关。故双宾结构中，靠近动词的处所宾语通常位于动词后，表示受事宾语运动的终点。动词的语义特点都支配着它们的句法表现。该结构的大量出现是从《史记》开始的，是《史记》双宾语结构的新特点。唐文斌（2008）指出有54个动词带的直接宾语为处所名词，间接宾语为受事宾语的非典型"VO$_1$O$_2$"结构。动词有："驰""运""徙""降""聚""逢""还""嫁""救""匿""收""伏""破""发""盛""钻""枭""封""烧""观""蹶""挫""杀""抱""俟""拒""投""弃""囚""射""弑""围""葬""种""播""立""藏""陈""击""救""拘""捐""叩""蒙""牧""破""沈""受""屯""筑""转"。刘海平（2009）统计《史记》中"VNP$_{受事}$NPL$_{(处所)}$"双宾结构共有368例处所词双宾句。如：

（31）于是景公乃与韩厥谋立赵孤儿，召而**匿之宫中**。（《赵世家》）

（32）乃召汤而囚之夏台，已而释之。（《夏本纪》）

（33）所赐金，**陈之廊庑下**，军吏过，辄令财取为用，金无入家者。（《魏其武安侯列传》）

（34）黄帝采首山铜，**铸鼎荆山下**。（《封禅书》）

刘海平（2009）认为"VNP_{受事}NP_{处所}"在《史记》中数目巨大，其原因是由西汉时期引介处所成分的"于"字大量脱落造成的。"于"字脱落之后，处所词直接后置于动词，从而出现两个体词性成分居动词之后的情况。该结构在两汉时期得到重要发展。但是，该结构在魏晋以后渐渐退出历史舞台。考察其原因，王建军(2006)认为：中古往后，特别是在口语性文献中，由于受到与之相关的存在句、处置句和一般状动句的冲击，同义异构句子的大量产生，处所类双宾句发生了分流，由此逐渐走向衰落。因此，处所类双宾句的衰落与存在句、处置句和一般状动句的崛起之间存在着一种互动关系，此消彼长的态势极为分明。魏晋以后，该句式步入衰落阶段，即使在后代的一些白话文献中出现，数量极少，颇多仿古意味，逐渐转化为动补结构、状动补结构、状动结构或一般动宾结构。

总之，一种语法现象的由盛而衰，不外乎使用频率的下降、使用者范围的限制、语体语用范围的限制、功能分布的减弱、语义范围的限定等情况。

（三）"把"字处置式的兴盛及其功能的扩展

"把"字处置式在元明时期逐渐成为主导句式，不仅使用频率增多，而且句式成分越来越复杂。如"把"字句＋"V+将+V_趋"结构，可以表结果义：

（35）那只虎直挺挺站将起来，**把那前左爪轮起**，抠住自家的胸膛，往下一抓，唿剌的一声，**把个皮剥将下来**，站立道旁。（《西游记》第十九回）

（36）如今**把满洞群妖点将起来**，万中选千，千中选百。（《西游记》第七十六回）

伴随着"把"字句的发展，"把"字句的其他用法，如致使义"把"字处置式在元明以后虽没有成为主要用法，但一直都有用例。"把个NP+V"式的"无定式把字句"从宋金元时已见，到明代用例增多。清末北方口语里，还出现了"把O给V"的句式。这都显示出"把"字句在处置式发展中的兴盛状态。由此，导致了"将"字句在明清时期地位的下降，范围相对缩小到在书面语或南方一些地域使用。而明清"把"字句使用者范围的扩大，尤其在北方口语中的大量使用，功能得以扩展，像致使义处置式、"把+个NP+V"式，句式语义都发生了根本变化，没有了"把"字处置句式原本的处置意味。回顾典型的处置式句法语义特点，一般动词谓语句的宾语常置于动词之后，而用了"把"字可以将宾语提置于动词之前，这种构式可视为宾语前置，在句法上则是介词结构作状语。之所以要将宾语前置，是因为宾语往往是有定的，即说话人有确指的对象，"把"字处置式还有一个特点，句中的动词成分复杂，前边或后边往往带有表示结果或方式的附加成分。冯胜利（2000）曾经用韵律重音来解释"把"字句的生成原因，他指出："把"字引介的部分是有定的成分，韵律分量都较轻，而动词复杂成分的分量都较重，提前宾语是把较轻的移前，把较重的留在后边。"把"字句的作用就是为了把句尾的重音位置让给复杂的动词，是在普通重音驱使下所产生的一种系统内部自我调节的句式。不管怎么解释，明清时期口语文献中"把"字句的使用范围的扩大，如致使义"把"字处置式、无定式"把+个NP+V"把字句等用法，距离该句式早期的典型特点是越来越远。

六、某些旧有的语法现象并非完全退出历史舞台

中国幅员辽阔，自古方言多歧，东汉以后言文分家。随着书面语和口语的分歧增大，出现了书面语体有文言文和白话文的对立。因此，句式使用也有地域和语体的分别。旧有句式过时了，但可以在后代文言文或书面语体里出现。或在不同的方言中存留。往往较古的用法在南方部分地区的书面语或口语中使用。

上古汉语祈使句中常用的语气副词"其"，到中古在书信、令文中，使用的场合却比较书面语。"其"字句表请求或劝告，语气更加缓和。如：

（37）聊布往怀，君其详之。（丘迟《与陈伯之书》）

（38）二三子其佐我……（曹操《求贤令》）

同时，口语体有雅言（官话）和地方方言的区别。书面白话文和口语雅言（官话）处于中间层次，两者有着密不可分的关系。白话文以官话为基础，也有口语痕迹，甚至方言成分。雅言作为官场口语，有公文以及文人书信方面的书面套话，包括文言成分。因此早期过了时的旧句式，还会在不同时期的史书、官方正式文书、医书、法律文书、文人个人著作中出现。历时的变化甚至也会存留在部分地域方言中。

判断系词"系"在宋代产生后，并未能替代"是"在口语中得到使用，判断

词"是"依然在宋元明清语言中占优势。然而"系"却在公文类书面语中一直使用。同时,在南方的客家话、粤语口语中至今沿用。"VP 不""VP 无""VP 不曾"等"VP-Neg"反复问至今在南方不同地区使用。选择连词"抑或"问句、"俾"字使役句、"等"字使役句①在清末粤语文献中常见。如:

(39)呢啲田园,现在系佢自己耕翻吖?抑或批过佃户耕嘅呢?(《粤音指南》卷二)

——这个地亩,现在是他自己种着哪?还是有佃户种着呢?(《官话指南》卷二)

(40)你行医系人哋嚟馆睇吖?抑或你去上门睇呢?(《粤音指南》卷二)

——您行医是瞧门脉呀?还是出马呢?(《官话指南》卷二)

(41)我出尽周身力,俾佢一个唔注意,等佢食唔住,就要捧着走。(《粤音指南》卷一)

——我就攒足了劲儿,给他一个冷不防,叫他吃不了得兜着走。(《官话指南》卷一)

(42)谁不知俾呢个姓于嘅零零碎碎占晓好多亩去。(《粤音指南》卷二)

——可就叫那个姓于的零碎占了有几亩地去。(《官话指南》卷二)

这与本节所云句式的地域分布是相关联的。

第二节　汉语句法演变有其自身法则

汉语是孤立型语言,主要通过语序和虚词来表达语法关系。句法位置的改变,句子内结构关系的变化,句法结构的形式是句法历史演变的主要外在体现。语义与语法位置、语法功能之间,词义起决定因素,任何一个词的语法位置或语法功能都是由这个词的词义决定的,都是词义的体现方式。句法演变涉及句式核心成员之间的变化。

---

① 汪化云(2017)指出表示"等待"义的"等"演变为表示"容许"义,进而虚化为被动标记的现象,常见于赣语、客家话、湘语,相邻的部分吴语和西南官话、江淮官话中也存在这个现象。

一、语法化与句法位置及句法功能

曹广顺（1995）指出："一个词会因为其经常出现的语法位置而引起词义、功能的转变，而且，进入相同语法结构的一组词，有时会引起相似的变化。"这种现象在汉语史中普遍存在。

以动词"给"为例，其本义是给予的意思，三价动词。如："你给我甚么物件。"如果给予的人是一位尊者，那么常常要在"给"的前面加"赐""赠"等，因此，给与语义即可以有以下几种表达方式。如：

（43）阳货给孔夫子一盘肘子。（**双宾**语式）

（44）阳货赠给孔夫子一盘肘子。（**复合词**式双宾句）

（45）阳货赠一盘肘子给孔夫子。（**连动单宾**式）

（46）阳货给孔夫子送一盘肘子。（**服务型单宾**式）"给"，介词。

如果是使让义，"给"出现在兼语式的位置。如：

（47）我这里有才买下给你姐姐吃的，他不曾吃，还收在那里，干干净净没动呢。（《红楼梦》第六十回）

如果表被动义，"给"引出动作行为的主动者。如：

（48）就是天也是给气运使唤着。（《儿女英雄传》第三回）

如果表处置义，"给"引出动作行为的受事者。如：

（49）且说珍、琏、宝玉三人回去，独有宝玉到贾母那边，一面述说北静王待他的光景，并拿出那块玉来。大家看着笑了一回，贾母因命人："给他收起去罢，别丢了。"（《红楼梦》第八十五回）

（50）接了人家两三吊钱，给人搁下，人家依吗？（《儿女英雄传》第四回）

如果表强调，"给"可以在动词前，增加句式的语义。如：

（51）这两天在南城外头，只差了没把我的肠子给怄断了，肺给气炸了！（《儿女英雄传》第三十二回）

这样，就出现了"给"动词用法的扩展和语法功能的变化，语法化后有介词、助词新的功能特点。查检《现代汉语八百词》中"给"的主要用法，有以下几种：

【A. 动词】

1. 使对方得到。如：**给**他一支笔。

2. 容让。如：这本书给他多读两遍。

【B. 介词】

给$_1$. 引进交付、传递的接收者。如：交**给**我一本书。买了衣服**给**他。

给$_2$. 引进动作的受益者。如：**给**人家修理电视。

给$_3$. 引进动作的受损者。如：别把玻璃**给**人家碰坏了。

给$_4$. 引进动作行为相关的对象。如：**给**老师行礼。

给$_5$. 表示处置。如：你**给**录音机搁的哪儿？**给**我冻得真够呛。

给$_6$. 表示被动。如：门**给**风吹开了。衣服**给**雨淋湿了。

【C. 助词】

给$_7$. 在处置句中加强语势。他把衣服**给**晾干了。

给$_8$. 在被动句中加强语势。衣服叫他**给**晾干了。杯子被他**给**打碎了。

给$_9$. 在被动句中表示被动。门**给**吹开了。

以上"给"用法中，介词"给$_2$～给$_6$"和助词"给"，是在明末到清末之间先后产生，且侧重于当时北方话文献中。仅介词一项，"给"即为多格介词，可以表示对象关系、受益关系、施事关系、受损关系、受事关系，这种情况在汉语介词系统中是比较独特的。这种多格现象会给介词"给"带来与其他介词不同的语法形式。因此，我们在不同的章节里，能看到不同用法的"给"字句式，这都与"给"在不同类型句式中的不同语法功能有关联。类似案例还有很多，动词"为"到判断系词"为"，介词"为"的多功能用法及其句法格式，在本书不同章节里也有所介绍。以上属于实词的虚化对句法结构的影响。

有些短语词汇化后也会引起语法结构的变化。例如"不过"一词，本为动词短语"不＋过$_{运行动词}$"，有"不超过"之义，后来逐渐虚化乃至词汇化，语法化后有几种用法：范围副词"不过$_1$"，做状语，表达小量"仅仅"之义。转折连词"不过$_2$"，在"S，不过P"构式中表"只是"之义。程度副词"不过$_3$"在句中做程度补语，有"非常"之义。陈丽（2017a）指出：先秦时期"不过"首先发展成为限定范围副词，汉至宋元是"不过"转折义的萌生时期，进入"**S，不过P**"构式，且构式中S与P构成相悖的语义关系时，便与转折的原型语义特征相吻合。明清时期是转折连词"不过"产生并成熟的时期。如：

（52）法轮见了公人来到，晓得别无他事，**不过**宝镜一桩前件未妥。（《二刻拍案惊奇》卷三十六）

（53）这首诗好是好，**不过**短篇诗章，未免有些冷落，不足以尽兴。

（《剪灯余话》卷二）

程度副词"不过"，可以用于句中动词之后作补语。陈丽（2017b）指出："不过"首先出现在动词后面作可能补语。如：

（54）你这等瘦弱身子，当**不过**拷打，怕你不招认药死我老子的罪犯！（《窦娥冤》第二折）

（55）这小猴子**打**那虔婆**不过**，一头骂，一头哭，一头走，一头街上拾梨儿。（《金瓶梅词话》第四回）

后发展出程度补语功能。程度补语"不过"最迟在明代产生，清代开始大量使用，并且出现了"最/更 AP 不过"新结构类型。如：

（56）这雪娥**气愤不过**，正走到月娘房里告诉此事。不防金莲蓦然走来，立于窗下潜听。（《金瓶梅词话》第十一回）

（57）那月娥是个久惯接客，**乖巧不过**的人，看此光景，晓得有些尴尬，只管盘问。（《初刻拍案惊奇》卷二）

（58）我金荣胆量是**再小不过**，经不住被吓。（《续济公传》第二百二十四回）

短语"不过"明确成词以后进入了不同的语法结构。以上属于短语的词汇化后对句法结构的影响。

疑问结构"是不是"，在问句中可以出现在句首，也可以出现在句末。如：

（59）他为甚还闷在栏干外？**是不是**我的仙鹤？若是我的呵，则不宜来。（《元刊杂剧三十种·严子陵垂钓七里滩》第二折）

（60）这个社长，你好不晓事。是不是不干你事？（《元曲选·合同文字》第三折）

（61）那树林子里一遍瓦房，是不是张家湾么？到那里打尖去罢。（《华音启蒙谚解》）

（62）是不是总不知道啊？若说淘气狠能干，离开我身边，就是玩耍。（宫岛九成 1880《参订汉语问答篇日语解》第七十八课）

居于句首的"是不是"①，是非问句的特点更明显。下面是居于句末的。如：

---

① "闻你有冲天"之气，**是不是？**"其中"是不是"用于句末，从疑问点看，有点接近是非问，有人称之为"附加问（tag-question）。林裕文（1985）指出：在汉语疑问句中没有必要专立一个附加问，一般认为是附加问的句子，其实也是一个主谓句，不过主语是主谓短语充当的。详见林裕文：《谈疑问句》，载《中国语文》，1985（2）。

（63）充天布纳到韶山，韶山勘曰："闻你有充天之气，**是不是**？"对曰："不敢。"（《祖堂集》卷九）

（64）或有人问夹山道："莲花未出水时如何？"只对他道："露柱灯笼。"且道与莲花是同是别？"出水后如何？"对他道："杖头挑日月，脚下太泥深。"尔且道**是不是**，且莫错认定盘星。（《碧岩录》卷三）

（65）正末做窥望须贾见科，云奇怪，大雪中走将来这个人，好似范雎也。待道是呵，我当初打杀他了，再怎生得个范雎来？待道不是呵，你看那身分儿好生相似。且休问他**是不是**，待我唤一声：范雎，范雎，近前来，我和你说话咱。正末云：谁唤范雎哩？（《元刊杂剧三十种·须贾大夫诨范叔》）

（66）我把这种人，比个挂衣裳的架子，你看**是不是**？（《参订汉语问答篇日语解》第六十五课）

（67）你说的，那是打天津去的，在南头儿住．打京里来的，在北头儿住。**是不是**？（《语言自迩集》）

（68）你的意思，以为只要这一年的进项够这一年的挑费，不用着急，就算是好过的日子，**是不是**呀？（《京语会话》）

"是不是"位于句末时，正反问句味道更明显。但是"V不V"结构，用在中心动词前，语法化为副词，非真性正反选择，而是语义抽象化表示动作的方式，比喻某种现象频繁发生，有"常常，总是"的语义。含厌烦的语用意味。如：

（69）**动不动**金瓜碎脑，**是不是**斧钺临身。（《宣和遗事》前集）

（70）**动不动**要手模，**是不是**取招状。欺负煞受饥寒穷射粮！（《元刊杂剧三十种·遇上皇》第一折）

（71）怕你肯不肯回与我句真实话，可休**是不是**空教人指点咱。（元·曾瑞《一枝花·买笑》套曲）

（72）你**是不是**跑到街上来，这是做女人的事么？（《醒世姻缘传》第十回）

在清代，该结构还可加"的"或"儿"构成"V不V的""V不V儿"，如"是不是的、好不好的、动不动儿"等。如：

（73）嘿，你不知道么？我的危难，眼看着是你的危难了。**是不是的**，你且忍着罢，叫狮子一过去，就见个高低儿给你瞧。（北京官话《伊苏普喻言》，按：是不是：无论如何。）

（74）就先起了个众狐狸会，**是不是的**，一定要叫他们学自己的样子，劝

着说:"众位见我这样的轻便,有宜动作,并不想甚么……"(北京官话《伊苏普喻言》)

(75)但有一样要求的事,小妇人从小时喜欢跳舞,**对不对的**在这辞世的时候儿许跳舞一曲,方是可喜的事啊。(北京官话《伊苏普喻言》)

(76)**好不好的**,人家的东西是看作好,惯了,并没有什么奇异。(北京官话《伊苏普喻言》)

(77)因而虽不能蚊子、马蜂那么作怪利害,然而**动不动儿的**被人伤害了。(北京官话《伊苏普喻言》)

(78)奈因底下人们**来不来的**都不宾服新娘子,家里不大和平。(北京官话《伊苏普喻言》)

"V不V"结构,原本表是非问和正反问,但在句中做状语修饰动词,语义逐渐"泛化"(generalization)。伴随着语义的泛化,"V不V"结构原始选问语义特征的消失,最终衍生出新的副词语义。这就导致了结构成分在句中的不同地位,也赋予了相关结构不同的语法语义。以上属于结构的词汇化后对句法结构的影响。

二、句法成分的组合与句式语义范畴的变化

范畴是人类对事物进行分类概括而形成的类别,从中可以反映出事物之间的本质属性及普遍联系,所以人类语言发展中会不可避免地留下范畴的印记,甚至很多跨语言范畴可以揭示出人类认知范畴化过程中的发展共性。最早建立汉语语义范畴系统的是吕叔湘。早在1942年,吕叔湘在《中国文法要略》中分上卷"词句论"和下卷"表达论"两大部分,其下卷"表达论"又分"范畴"和"关系"两个部分,他以语义为纲构建了一个重在范畴表达和关系表达的汉语语法体系,建立了"数量""指称""方所""时间""正反·虚实""传信""传疑""行动·感情"等十一种语义范畴,开创了一条从意义到形式的语言研究新思路。

梁吉平(2020)指出:语义范畴转化是历时研究的重要组成部分,汉语众多否定构词形式在先秦已经大量出现,历经上古、中古、近代的发展,数量不断增多,均有向其他范畴(非否定范畴)的演变模式。以"比较范畴"为例,比较是人们根据一定标准,在两种或两种以上有某种联系的事物间,辨别高下、异同的过程。人类语言中的比较,首先可以分为同一与相异的比较级体系。差比句是一种差量

比较，可以表示两种比较对象在**性质**、**状态**、**程度**、**范围**等方面的差异。在汉语史中，一部分差比句可以通过比较标记否定形式来表示比较对象间的差异，主要表现在"不亚于"及"比不上、不如"两种比较句构式语义。梁吉平（2020）指出，在汉语史中能够出现在差比句中的否定比较标记，主要有以下几种类型：

"比不上"＜

A. 像似动词："不如" "不若" "未若" "不似" "不犹"

B. 比较动词："不比" "不等" "不照" "不胜" "没赛"

C. 运行动词："不到" "不抵" "不济" "不及" "不逮" "无过" "赶不上" "到不得"

"不亚于"≥

D. 阻碍辞让义："不碍" "不避" "不谢" "不让" "不饶"

E. 次序等级义："不数" "不下" "不亚"

以上五种类型比较标记中，根据否定句源句来源又可分为两类，A 类源自"平比句"比较标记直接否定，从 B 到 E 则多源自"差比句"比较标记否定。

梁吉平（2020）所论的比较标记是广义标记，但是这五种广义比较标记的构成类型，是由否定词"不"的"不+V$_{动词}$/A$_{形容词}$"否定结构构成的，如："不+V$_{像似}$"（不如、不若、不似、不犹）、"不+V$_{阻让}$"（不碍、不避、不谢、不让、不饶）、"不+V$_{比较}$"（不比、不等、不照）、"不+V$_{竞争}$"（不胜、没赛）、"不+A$_{次序}$"（不数$_V$、不下、不亚）。"不+V$_{运行}$"（不到、不抵、不济、不及、不逮、无过、赶不上、到不得）构成了新的"比较范畴"。结构关系的变化引起了否定句式到比较句式范畴的变化。其中有些比较标记词，还发生了词汇化的现象。例如"不如"，词组"不+如"用于比较句中，"如"是"像似"义动词，有"不像" "不符"之义。因经常用于比较句中，"不如"发生词汇化现象，有"比不上"的差比语义。"不似" "不若" "不像" "不比"等是否定性差比句的常用句式标记。

否定与使令语气也密切相关。禁令句与否定副词"勿" "毋"（上古）、"莫"（西汉开始）、"休"（唐代开始）、"不要"（唐代开始）、"别"（元代开始）的否定表达密切相关。同时，也促使这类副词从表示禁止而扩展出表"劝阻"义的功能，形成了与"命令"相对的语气表达。

在表请求、建议的祈使句中，常用助动词"当" "该" "可" "得" "须" "应"等词，中古时期是汉语**能愿动词**的扩张期，为了加强肯定语气，助动，

"宜""应""当""合""须"组合成"当须""当应""应当""宜当""宜须""宜应""要当""必宜""可以"等**双音节能愿动词**。其否定组合则是"不可""未可""不须""不宜""不当""不应"等,用"不+助动词"表达,表示劝阻、不希望的禁令语气,可见否定范畴与祈使范畴也紧密关联。

三、词的语义演变会导致句式结构的变化

句子是由词构成的。在汉语历时发展过程中,词汇和语法都发生了许多变化,任何变化都不是孤立的,任何一方的变化都有可能导致其他方面发生相应的变化。例如一些动词在汉语史中独立充当句法功能的能力由强变弱,入句功能也会由强变弱,或是句法语义呈减价趋势,语义发生泛化。这种句法现象相互关联,会引发句法演变。

以双宾语句式为例,我们发现上古汉语中的一些双宾动词如许诺动词"许"、譬拟动词"譬"、示意动词"示"到近代汉语很少看到在双宾句中出现了。究其原因,这与某些动词在词汇系统中的语义变化有关。即词义变化影响了其句法表现。

动词"许"表给予对方许可或承诺。在先秦至元明,"许"可以用于双宾语句中。如:

(79)晋侯**许**之七百乘。(《左传·成公二年》)

按:《左传》共7例,间接宾语多为代词"之"。

(80)闻楚人既**许**晋籴茂成,而使归复命矣。(《左传·成公十一年》)

(81)**许**之盟而还师,以敝楚人。(《左传·襄公九年》)

(82)秦恐,**许**楚城地,欲与之复攻魏。(《战国楚·魏策二》)

(83)吾年既老,久**许**我女,以为妻妇。(西晋竺法护译《生经》卷一)①

(84)当初**许**我青铜镜儿,今番定有,一面也买归家里,百面也得归家里。(《张协状元》第五十三出)

(85)你**许**下我徒弟,如何不与我?(《金瓶梅词话》第一百回)

(86)你老人家去年买春梅,**许**了我几匹大布,还没与我。(《金瓶梅词话》第七回)

---

① 西晋佛经中还有一种虚词标记类相关结构是用"以"将直接宾语介出,置于直接宾语(O_2)之前形成"V+O_1+以+O_2"句式。如:
如彼长者本许诸子以三品乘,适见免难,各赐一类平等大乘。(西晋竺法护译《正法华经》卷二)

随着汉语双音化的趋势，单音节"许"很少用于双宾语句，替代它的是口语词"答应"①。同时，动词"答应"的常用表达式，还是以答应某人或答应某事的单宾句为主。而双音化之后的双音动词"许诺"则是一个单宾动词。而单音节动词"许"语义虚化，作为助动词，表示允许、许可的语义，元明以来大量用于祈使句中。如：

（87）我那果子有数，**只许**与他两个，不得多费。（《西游记》第二十四回）

（88）但有品职者，都与他一个瞌睡虫，人人稳睡，**不许**翻身。（《西游记》第八十四回）

（89）眼看这狗男女道士，就是个佞钱的，**只许**你白要四方施主钱粮！（《金瓶梅词话》第十九回）

（90）拘了他头面衣服，只教他伴着家人媳妇上灶，**不许**他见人。（《金瓶梅词话》第二十五回）

譬拟动词"譬"表比况。述语动词是非行为动词，用于双宾语句，间接宾语多为代词"之"，表示要说明的事物，直接宾语则是用来打比方的事物，整个句子表示把被比方对象比方成比方对象②。如：

（91）卫非强于赵也，**譬**之卫矢而魏弦机也。（《战国楚·齐策五》）

（92）**譬**之日月兼照天下之无有私也。（《墨子·兼爱下》）

（93）士不信悫而有多知能，**譬**之其豺狼也，不可以身迩也。（《荀子·哀公》）

（94）**譬**之水，也有把与人少者，有把与人多者。（《朱子语类》卷三十二）

"譬"最终走向双音化，成为复合词"譬如""譬若"的构词词素，而双音

---

① "答应"是"答"与"应"复合成词，原是表回答应对话语，引申指**料理照顾**，**侍候**。在明代已经用于双宾句。如：
（1）满月把春花儿那奴才叫了来，且答应我些时儿，只当利钱，不算发了眼。（《金瓶梅词话》第六十七回）
（2）你答应他几年，还不知他性儿？（《金瓶梅词话》第七十二回）
"答应"一词表示"允许、同意"，是在清代末年，所以该词很晚才用于双宾句中。
② 张萍（2019）研究了先秦汉语"譬"系列比方句式，其中讨论了"譬O_1之O_2"句式，指出："O_1（之）"是被比方对象，"O_2"是比方对象，其语义表示"把被比方对象比方成比方对象"，即"把O_1比方成O_2"。"譬"这一述语行为造成的是O_1向O_2的移位，其中的O_1对应于表受事的直接宾语，O_2对应于表与事的间接宾语。

化后的"譬如""譬若"则变成了单宾动词。①

示意动词"示"表示"给……看",用于双宾语句,在先秦有一些用例。如:

(95)楚子使师缙**示**之俘馘。(《左传·僖公二十二年》)

在双宾语句中,直接宾语不是典型的受事宾语,多为表示行为结果的谓词性成分,也有少量抽象名词,甚至是表示目的的小句等,"示"的动作性在进一步减弱,及物性明显下降。如:

(96)子犯曰:"民未知义,盍纳天子以**示**之义?"(《国语·晋语四》)

(97)不可,是**示**之无魏也,……今又索卒以攻晋,**示我不病**也。(《韩非子·说林下》)

(98)君不如借之道,而**示**之不得已。(《战国策·赵策一》)

(99)王何不烧绝所过栈道,**示天下无还心**,以固项王意。(《史记·留侯世家》)

西汉时期"示"字句发生了一些变化,从结构上看,"示"的二价动词用法超过三价动词的用法。如:

(100)匪手携之,言**示**之事。(《诗经·大雅·抑》)——郑玄笺:我非但以手携掣之,亲**示**以其事之是非。

(101)人之好我,**示**我周行。(《诗经·小雅·鹿鸣》)——郑玄笺:行,道也。言**示**我以忠信之道。

汉译佛经中也出现了复音词"指示"的用法。如:

(102)若信是经者,为世作眼明。无有狐疑心,**指示人道路**。(西晋竺法护译《佛说阿惟越致遮经》卷下)

在明代《训世评话》的文言文中用"示"字句,而白话文却改用"指馈 + O_1O_2"。如:

(103)a.我蒙君厚恩,今**示**子葬地。(文言,第24则)

———— b.我们多蒙官人厚恩,我如今**指馈**你葬地。(白话,第24则)

陈练军(2019)指出:春秋末期到战国初期,"示"三价动词的用法与二价动词比例基本持平,三价动词略多;战国中期到西汉,二价动词用法比例上升,

---

① 董秀芳(2013)考察了双音化影响下部分单音动词的论元结构变化,总趋势是论元数目减少。同样说明了双音化带来的汉语词法变化,进而影响了句法表现。

东汉二价动词比例更高；魏晋南北朝时期，受双音化的影响，单音词"示"的用例数减少，单音节词"示"用例减少，二价动词用法特征更加明显；到唐代，"示"的三价、二价用法特征多与先秦相似，是前代文言用法的传承，这一时期还出现了"示"不及物的用法。唐以后，"示"的单用情况一直沿用至今。从春秋到唐代，"示"经历了从高及物动词向低及物动词演变的过程。"示"的动作性由强变弱。"示"的句法自由度随着双音化发展而降低，单用的比例大幅下降，"示"的论元结构发生了变化，从三价变为二价乃至一价，从而导致"示"的句法自由度降低，加入了其语素化进程。元明时期这种趋势进一步加深，清代"示"单用例极少见，已演变为不自由语素。

梅广（2018）也专门谈到"示"这个动词从早期的致事动词（使动），可以带双宾语。东周以后，"示"的用法呈多样化，有表示、宣示等义，成为一个行为动词，不再是一个经合并而产生的致事形式（可以带双宾语），只能带一个宾语。

学界对新语法形式形成的关注比较多，也包括新形式使用频率增高，与其原有词基础语义用法的消长情况的比较。"许""譬""示"等词早期确实可以在双宾语法格式中使用，但后期使用频率越来越低，甚至衰退，其原词基础语义不变，是构词形态等导致了新情况。因此，句法演变所导致的这些消亡的词汇现象，为何消亡、有哪些类别的动词消亡、在哪些句式结构中容易消亡、消亡背后的连锁反应、因果因素是什么，这些也是句法现象新旧变化中不容忽视的问题。

车淑娅（2005）以动词"请"的历时用法为研究对象，发现古代汉语中"请"的"谒见"义由双音节词"拜见""拜访"所代替，其"索要"义让位给了"索""要""求"，其"询问"义由"问"所代替，"请示""请教"义由双音词"请示""请教"所代替，因此，承载这些词汇意义的各种句式结构也就自然消亡了。直到明代，"请"才开始稳定在"请+O（某人）+V"的格式上，如："请（请求）他给你开个书目""请（邀请）了一位专家做报告""请（副词）各位落座"。而"请"的句式结构之所以发生演变，是因为"请"的词汇意义在不断变化。所以说，汉语的词汇意义和句式结构关系密切，词汇意义的演变决定着句式结构的演变。

蒋绍愚（2013）以古汉语"谓"和"言"等词为例，分析了词的语义要素变化和词的句法组合变化对词义派生的影响。一个词词义的产生存在、派生变化与消失，这些都是词赖以生存的句法环境，是特别重要句式语法现象，值得广泛关注。

四、句式的典型句法语义

句子有其自身的句法语义，每一类句子都有自己的典型语法语义。当一个句子的句式成分越来越复杂化时，其句式语义也会越来越偏离最早期的典型用法。

以近代汉语复杂形式"被"字句为例，典型的"被"字被动句是借助于表示被动关系的介词"被"，使动词带有被动的性质，表示被动关系。一旦突破了这个结构语义，"被"字句的句式就会发生变化。在唐宋以后，"被"字句结构成分复杂，也导致了该句式句法语义新的变化。刘进（2019）在归结近代汉语复杂"被"字句的特点时指出：在"被"字句的发展中，"被"字经历了一个从"遭遇事物"到"遭遇动作"然后到"遭遇事件"的过程。当"被"字发展到后面以主谓结构作宾语时，表示的是"遭遇事件"，是形容词或描写性的 A 时，表示的是"遭遇状况"。当"被"字后是多 VP 结构（由多个动词或动词词组构成，大多为并列和连动的关系）时，则句式的叙事意味较浓，表示"遭遇事件"或者是"遭遇状况"。如：

（104）妇人闻语，张口大叫一声，忽然面皮裂皱，露爪张牙，摆尾摇头，身长丈五。定醒之中，满山都是白虎。**被猴行者将金镮杖变作一个夜叉，头点天，脚踏地，手把降魔杵，身如蓝靛青，发似硃沙，口吐百丈火光。**（《大唐三藏取经诗话》）

（105）朱温镇日价只是去四散走马趯球，使枪射箭，怎知他浑家曾**被黄巢亲到他军营来相寻，因见张归娘生得形容端正，美貌无双，使些浼言语，要来奸污他**；奈缘张归娘是个硬心性的人，不肯从允，跪谢黄巢道："妾丈夫朱三，是大齐皇帝的弟弟，大齐皇帝便是妾的伯伯。"（《新编五代史平话·梁史平话》卷上）

（106）老汉止有这个小女，今年方得一十九岁。**被此间有座山，唤做桃花山，近来山上有两个大王，扎了寨栅，聚集着五七百人，打家劫舍。此间青州官军捕盗，禁他不得。因来老汉庄上讨进奉，见了老汉女儿，撇下二十两金子，一匹红锦为定礼，选着今夜好日，晚间来入赘老汉庄上。**（《水浒传》第四回）

（107）因为带将一个女儿，名唤玉娇枝同行。却被本州贺太守，原是蔡太师门人，那厮为官贪滥，非理害民，一日因来庙里行香，不想正见了玉娇枝有些颜色，累次著人来说，要娶他为妾。王义不从，太守将他女儿强夺了去，却把王义刺配远恶军州。（《水浒传》第五十七回）

　　以上是"NP_1+被+详细事件"格式，远远超越了被动句的语义范畴，正因为"遭遇事件"的原则是把"被"字之后的事件说得尽可能明白，因而"被"字后的VP结构会有很多数量。因此，近代汉语"被"字之后动词带复杂的宾语、动词部分多VP结构、动词带的补语复杂，这正好说明近代汉语复杂"被"字句的复杂性，对应的正是句式成分的复杂性。而这种复杂性与单纯的表"遭遇事物"的"被"字被动句是语义有别的句式，是典型"被"字被动句的一种泛化发展。而泛化发展不是该句式的典型表达，最终导致其他句式的替代。这也是对"被"字句的一种规约。

　　由于一个句式有其最典型的句法语义，所以，由典型意义虚化而来的句法标记，在范畴相关的句子中，总有痕迹存在。"如/似/若/像"等标记词从动词虚化而来，依然有动词语义痕迹存在，可同时见用于比喻和比较两个语义范畴，它们曾经先后充当过比较标记词，可以表差比、平比及比拟，其肯定形式多用于"平比""比拟"，其否定形式则多用于表差比。形成肯定否定间的不对称，与否定范畴加入相关。

　　再如判断词"是"表示确认与肯定的判断。因此"为是"诞生并进入选择问句构式中，与"为"和"是"都来自判断用法分不开，相同的语法范畴源头促使该词在选择问句中，依然具有连接与判断两种功能的相容。当"是"虚化为选择问连词后，不管是单音节连词"是"，还是元明清时期的复音节："还是""或是""也是""却是""只是"，在选择问"是……？是……？""也是……？也是……？""是……？还是……？""或是……？或是……？"等句中，在选择中"是"一直隐含有确认语气的功能。这与其虚化之前的原形动词的语义是分不开的。一个词在虚化为新语法标记后，又长期与其原形词汇并存，两者之间或多或少地相互制约影响。这也是留学生习得汉语时常常感到困惑的地方。

第三节 汉语句式发展有其生态规则

一、汉语句式的生态发展遵循"适者生存"的规则

语言的生态同万事万物的生命一样多姿多样，有几种情况：

一是自古一直沿用至今。基本词汇自始至终保存着是最好的说明。语法层面而言，如代词"我"，否定词"不"，数词系统，句法的"主－谓－宾"语序等这些也是最好的说明。

二是口语语法和书面语语法。冯胜利（2018：16）[①]指出：现代汉语语法中有不合乎现代的口语语法，但又是自成系统的书面语语法。如："现代汉语口语已经丢失了连接两个形容词的连词'而'，然而，书面语里仍然可用'而'来连接两个形容词。（少而精、多而杂等）。"

三是也有一些晚出现而短命的，如"取/持/捉"字处置式，"吃"字被动式。

四是不断发展变化的。不断发展变化是语言生态最值得关注的现象。

汉语句式的变化包括两种情况，一是新现象的产生，二是旧现象的消亡。这两个方面的探讨是探寻汉语句式演化历史的重要组成部分。语言的生态也有其生命周期，随着时代和语言自身的发展变迁而发生变化。它也遵循着"适者生存"的规则。

程丽丽（2018）借用了生命周期（Life Cycle）理论来说明北京话被动式的生命周期，这一研究视角很有新意。其实，借用这一理论来归纳总结汉语各种句式发展过程，它的产生、发展到成熟，乃至最终退出历史舞台，其历史过程与生命周期的"导入期－成长期－成熟期－衰退期"的进程有着相同的路径。回顾和总结本书各章汉语句式的发展历史都是几经更迭的历史。其实各章自上而下的历时概况论述，就是对句式的生命周期的一个描述。

（一）句式发展中的"适者生存"规则

1. 有些句式有"早出现早衰亡"规律倾向

上古汉语和中古汉语时期是汉语语法变化比较激烈的时期，句式变化可以说

[①] 冯胜利（2018）还列举了"为盛名所累""为俗事所困""品种之多""质量之好""颇为不满""广为不满""甚为不满""为实现现代化而努力奋斗"等这些不见于口语的句法格式，以说明现代汉语中存在着独立于口语的现代书面语法。

明这一点。被动句中上古汉语最早出现的是"于"字标记被动句,是依靠介词"于"引进行为动作的主动者,而上古汉语介词"于"的位置大都是在动词后面做补语。而当汉语句法介宾短语由后置发展为前置之后,谓语动词之后的位置不再是适合施事成分的分布环境,这样导致了"于"字句失去了这种句法表达的时代适宜性。总之,"于"字式在经历了先秦时期的快速发展之后,到中古时期便逐渐进入衰亡阶段。对于"于"字式衰退的原因,唐钰明(1985)作过很好的说明,他认为,"'于'字式作为被动结构在表达施受关系上有所不足,不能满足语言日益精密的需要",具体是,"第一,'于'字用途广泛,既可以介引施动者,也可以介引受动者,因而仅凭'于'字往往还不能判断某句是否被动式,还要进一步考察前面的动词是否具体被动意念的外动词,也就是说,在很大程度上仍要靠意念来判断。""第二,即使'于'字前面是具有被动意念的外动词,这种句式也不见得就是被动式,还得进一步考察'于'字介引的是否施动者,特别是所介引的是处所名词之时。"

另外,"于"字式的衰退与当时汉语句法中介宾短语由后置转型为前置的历史趋势也有关系。据李崇兴(1992)、蒋绍愚(1999)等人研究,由于"临摹原则"的作用,从上古晚期开始,表示动作起点、经由的介宾短语逐步由谓语动词之后移动到谓语动词之前,谓语动词之后的位置不再是适合施事成分居住的环境,趋于消亡。

上古汉语被动句经历了"于"字句、"见"字句、"为"字句和萌芽中的"被"字句,其序列是:"于"字句>"见"字句>"为"字句;汉代开始到中古开始盛行的"为……所V"句,其序列是:"为……所V">"见"字句>"为"字句>"被"字句;到唐代的"被"字句的盛行,"教"字句出现,其序列是:"被"字句>"为……所V">"教"字句;自唐五代以后,标记词"被"成为被动式家族的主导句式,口语中的被动标记"叫""着""给""让"先后在不同时代和地域出现和分布,这个态势一直延续到现在。而"吃"字被动句,因其多在口语俗文学文献里出现,且受自古至今"被"字句的影响,最终衰退。

2. 上古汉语宾语前置句的消退也有时间序列

上古汉语宾语前置句式有三种,先后出现的句式大致是:代词"之""是"复指前置宾语句>否定句中代词做宾语前置句>疑问句中疑问代词做前置宾语句,而其先后退出历史舞台的次序也正是:代词"之""是"复指前置宾语句>否定句中代词做宾语前置句(后汉时代已经从口语里消失)>疑问句中疑问代词做前置宾语句（隋唐时期）。

3. 选择问句标记的兴替也有时间序列

选择问句标记最早是并列两选择项之后用相同的句末语气词"与""乎""邪""也"等。到中古一大重要变化就是并列两选择项**不用语气词的句式产生了，到唐宋以后**"与""乎""邪""也"等**退出历史舞台，产生了新的句末语气词。而选择问关联词**在中古出现新的成员：新兴的选择连词"为"字，并构成了"为……为……"以及"为"字的结合形"为是""为复""为当"，它们常在选择问句各个分句的句首配合使用构成"为是……为是""为复……为复""为当……为当"。这三个选择连词出现的次序是"为是""为当""为复"，而其湮没也是照着这个次序。"为是"的寿命是2世纪到8世纪末，"为当"产生于6世纪，退出舞台不易确定，大约在宋代，"为复"的流行期是8世纪到12世纪末（参见梅祖麟1978）。"是"选择问记号在唐五代已见，"还是"宋代才出现，两者至今还用，尤以"还是"更为常见。

根据几种类型句式的研究，我们发现**"早出现早衰亡"的规律**，在不同时期有不同的层级，对上古汉语和中古汉语阶段的句式，这个规律反映明显，对唐宋及其以后的句式不一定都有反映。因为唐宋新发展或新出现了的句式，经过元明时期的发展得以稳定，其各种子句式之间的兴衰幅度不是很明显。关于这一点，大概与汉民族共同语的形成过程有关。吕叔湘（1985）在《近代汉语指代词》中指出：以晚唐五代为界，之前为古代汉语，之后为近代汉语，现代汉语只是近代汉语的一个发展阶段。现代汉语很多语言现象在近代汉语中已经产生，一直沿用至今。

元明时期，有少数**"后出现早衰亡"的句式**，如"吃"字被动句、"等"字使役句、"系"字判断句等，有的在某些地区方言中还用，有的在某些特殊场合的使用，都有其特殊的语用价值，值得考虑。也许与语言经济原则、原型范畴理论所起制约作用有关。

二、汉语句式的生态发展遵循多语体多语境的规则

（一）书面语与口语分家是一种语言生态

合适的语体有合适的句法表达，因此不同的语体导致不同语体的句式表达差

异。甚至不同的文体也有不同文体的句式表达。近年来学界如冯胜利等学者提倡语体语法学。

表禁令副词在不同时代的历时兴替,也导致了旧词适合于文言语体,新词适合于口语语体的分化。副词"别"表示制止、劝阻,口语中常用,"不要"在祈使句中可以表示"不准许",以表示"情理上不许可"或"不应该",表示劝阻对方,语气比较缓和。"别"比"不要"还可更加口语化,所以总是用于对话中。但是在布告、公文等书面文字中,当禁止做某事时,不能用"别",可以用"不要",但正式的文体最好是用"勿""莫"。

文体不同,句式表达也有个性,韵文体如唐诗、宋词、诸宫调、元曲的语言,会受到用韵、平仄、字数的限制,话本小说骈散结合,这些都会出现不同的特殊表达方式,这也是该类文体的语言生态。

(二)语言接触也是一种语言生态

汉语史发展中有几次大的语言接触,对汉语多多少少产生了影响。如第一人称代名词的包括式(inclusive)和排除式(exclusive)存在"咱们"与"我们"的对立,主要出现在北方话中,这是一个北方汉语受阿尔泰语影响很典型的例子。

语言接触对汉语对译体文献语言有较大影响,这些方面学界已有相关的研究。例如蒙古语是黏着语,基本语序为 SOV 语序,被动形态通常需要在动词词根与动词时制间用被动态词缀"-gül",词缀包含在动词中。行为动作的主动者不是靠动词结构来标示的。元代产生了"汉儿言语"和"蒙式汉语"两种属于不同层次的混杂蒙古语成分的口语,而大量的所谓"直译体"和直讲体文献正是这种汉蒙混成语在书面上的不同表现。表现在被动句式中,当句子不强调动作对受事者影响时,则直接翻译成"被V"结构。李崇兴、祖生利、丁勇(2009)研究指出:在元代"直译体"和直讲体文献中,"被+V"结构(不引进行为主动者)的情况要比"被+N+V"多,在句法表现上较"被+N+V"灵活。如:

(108)子推躲在绵上山中。文公使人烧山,要他出来。子推终是不肯出来,**被烧死了**。(《直说通略》卷二,成周列国诸侯)

(109)先时帝子临贺王正德无道,**被责怨望**,侯景遂与正德一同反叛,将兵直到建康。(《直说通略》卷六,南朝)

(110)及至三宫随元军北去,天祥亦**被拘留**。(《直说通略》卷十三,南宋)

（111）忠依随剪了，**致被**告发到官。（《元典章·刑部》卷三，翁奸男妇未成）

（112）右八作司**被盗**靴只，督勒兵马司捉贼。（《元典章·刑部》卷十三，关防仓库盗贼）

（113）监察每、廉访司官每，不守根脚里行来的体例，分外行来的上头，近附二百人被无体例，**倚气力革罢**了来。（《元典章·台纲》卷二，整治廉访司）

（114）送礼部讲究得，今后**被差离职**官员，拟同事故一体报台，还职日亦行具报。（《通制条格》卷二十二，曹状。引自李崇兴、祖生利、丁勇2009）

因蒙古语使役形态通常也是在动词词根与动词时制间用使动态词缀"-gül"，所以在使役句汉译中受使者成分未翻译，构成"教V"使役句，与此类似的句法现象。

（115）为那般将札合敢不的百姓，不曾**教掳**了。（《蒙古秘史》卷七）

汉译佛经中、满汉合璧文献中，类似这样的语言接触现象多少都会有所存在。

（三）特殊内容的文献，必有个性句式，这也是一种语言生态

农书、医书、史书、禅宗文献、理学著作，也会有个性化句式表达。所以袁宾先生曾经在研究禅宗语言句式特点时，以僧团行业用语的术语来形容。

官话系统的主流句式外有那么多与之相关句式表达并存，这些非主流的语言生态是其因素之一。

三、汉语句式的生态发展遵循新旧构式关联影响的变异规则

（一）句式新旧糅合遵循语义相近原则、时代先后原则

汉语每一种句式的众多语法格式新旧之间在相当一段时间存在"并存原则"，新小类结构产生的同时，旧的小类未必马上全部消失，而是与之并存，甚至新旧套合使用。这种现象学界称之为"句式的糅合"，也有称之为"叠床架屋"现象。

这种将两个语义相同或相近的句式合并成一个新的"句式杂糅"现象大量存在。看似不规范，在不规则中隐含了句式组合的规则。叶建军（2021）专题考察了近代汉语中十余种句式糅合现象，深入分析了这些特殊句式的糅合机制及其认知动因，并提出句式糅合的三个基本原则：语义相近原则、时代先后原则和成分蕴含原则或语义蕴含原则。这三项原则不仅适合近代汉语，同样适合上古汉语与

中古汉语。

1. 被动句式的糅合形式

上古汉语用"于"引介施事者，整个句子表被动的句子是上古汉语中出现最早的一类句式，也是最早退出历史舞台的被动表达形式。但是，在相当一段时间它还存留。在"见"字被动句、"为"字被动句、"被"字被动句中还出现套合表达。如：

（116）吾长**见**笑**于**大方之家。（《庄子·秋水》）

（117）多出兵，则晋、楚**为**制**于**秦。（《战国策·秦策二》）

（118）万乘之国，**被**围**于**赵。（《战国策·齐策六》）

这些同"于"字的糅合是被动特殊句式产生的一种特定生成机制，它的产生与"见"字被动助动词不能引介施事者的特点有关，如："百姓之不**见保**，为不用恩焉。"（《孟子·尽心上》）也与早期"被"字句没有引介出施事者的特点有关，如："信而**见疑**，忠而**被谤**。"（《史记·屈原贾生列传》）与"为"字被动句可以有不引介施事者一类特点有关，如："父母亲族，皆**为戮没**。"（《战国策·燕策三》）

而当"为A所V"形成之后，又有"为A之所V""为A所见V""为A之所见V"的结构，详见被动句章。孙锡信（1992）列举了上古到中古时期被动句的七种糅合句式："为V于A""为A见V""见V于A""为A所V""为A之所V""为A所见V""为A之所见V"，并称之为"合成式的被动句"，认为其"是在'于'字句、'为'字句、'见'字句基础上，用交叉或重叠使用表示被动义的虚词和糅合不同的被动句式的方法衍化出来的"。

2. 正反问句的糅合形式

正反问句有"可VP"句，有"VP-Neg"句，"VP-Neg-VP"句，两者可以糅合。如：

（119）贵县大市街有个蒋兴哥家，罗兄**可**认得**否**？（《古今小说》卷一）

（120）谁这里说你没吃小豆腐儿么？你**可**给布给钱来**没**？"（《醒世姻缘传》第四十九回）

（121）自己拇量，**可**做的来做不来？（《醒世姻缘传》第五十五回）

（122）我前日叫你们把那些小毛儿衣服晾晾，**可曾**晾过没有？（《红楼梦》第八十七回）

3. 祈使句的糅合形式

祈使句是指含有"请求""使令""劝诫""禁止"等语气的句式。表示祈使的句末语气词，助动词"要"，或在助动词前再加副词"务""千万"等。动词重叠，有各种句式表达，它们可以糅合使用。如：

（123）你对着众亲眷将这一张文书与我**高高的读者**。（《元曲选·东堂老》第四折）

（124）**将**那马与我**拴的远着**。（《元曲选·燕青博鱼》第一折）

（125）我**将**此物试与足下通报咱。（《元曲选·伃梅香》第二折）

（126）**千万要**把那本《金刚经》自己佩在身上。（《醒世姻缘传》第三回）

（127）**务要**把家私分另了罢。（《元曲选·神奴儿》第一折）

（128）不知这里可有眼科先生，且**教**他把我眼**医治医治**。（《西游记》第二十一回）

（129）**即命**木叉：使降妖杵，把刀柄儿**打打**去来。（《西游记》第四十二回）

（130）你还是灼龟点卦，**试**将我国中的事**说说看**。（《西游记》第三十七回）

（131）**必要**将你念过的文章**温习温习**。（《红楼梦》第一百一十五回）

有趣的是，这些句子不仅表示祈使，还用于标示受事者的"把/将"字句中。作为祈使句，它要求当说话人使用该句子向听话人发出某项指令时，必须对听话人应该不应该、能够不能够执行自己的动议和要求要有一个合乎实际又非常清醒的估计，必须向听话人发出一个非常明确的指令；对听话人来说，当他听到某项指令时，必须马上就能意识到自己该干什么，怎么干。所以，"把/将"字的祈使句首先要求句子本身的语义在一定的语境中对于听话人来讲是十分明确的。进入"把/将"字祈使句的"VV"结构和"把/将"字的宾语之间都应含有某种明确的语境提示义。

（二）新旧句式的类推

句子构式还有同类句式新旧功能词的类推与替换现象，同样值得注意。以被动句为例，如："为……所V"被动句，在魏晋南北朝一直到唐初都是被动句的主流句式。当"被"字被动句在唐代占主流句式时,在唐宋到元明时期,一直还有"被……所V"式。也对"为……所V"句的"类推",产生了句式糅合,是某些特殊句式的一种特定生成机制,由于受到"为……所"的影响而出现的"被……所"式。

(132)今日始知佛性常而不变易,**不被**诸境**所**迁。(《祖堂集》卷二)

(133)对五欲、八风,**不被**见闻觉知**所**缚,不被诸境惑。(《祖堂集》卷十四)

(134)若有漏,不忘意根忆想,在身前义海**被**五阴身**所**摄,他时自不奈何。(《祖堂集》卷十八)

(135)荆王死,刘琦造叛,**被**次子**所**夺。皇叔玄德不知。(《三国志平话》卷中)

(136)我是当朝宰相,方才**被**乱兵**所**害。(《长生殿》第二十七出)

(137)我枉为男子,反**被**这小妮子**所**赚。(《二刻拍案惊奇》卷二)

(138)关公既殁,坐下赤兔马**被**马忠**所**获,献与孙权。(《三国演义》第七十七回)

(139)苏侯叹曰:"正要行计,又**被**道人**所**阻,深为可恨。"(《封神演义》第五十七回)

被动句"为……见"式跟现代仍然通行的"为……所"式均萌生于先秦,"被……见"式跟至今习用的"被……所"式均始见于汉末;而"为……见"式与"被……见"式的消失,当在清代中叶以后。

第四节 汉语句式演变有其规约方向

Hans-Jörg Schmid(2020)所谓的"规约化 *Conventionalization*[①]. 是指在言语社区成员之间建立或重新适应交际行为规律的不间断过程,主要通过语言使用活动的重复来获得实现。实际上,规约化是一种包含语言知识和事件之间不断相互

[①] Hans-Jörg Schmid. *The Dynamics of the Linguistic System*:*Usage*,*Conventionalization*,*and Entrenchment*,Oxford University Press,2020(《语言系统的动态性:语言使用、规约化和固化》,牛津大学出版社)

协调、相互匹配的社会化过程。这种社会化过程主要包括语言创新（innovation）、协同适应（co-adaptation）、传播（diffusion）以及规范性（normation）。这里我们借用 Hans-Jörg Schmid（2020）的"规约化"这个术语名称，从语用角度，把汉语句法史中出现的一些语法现象，看作是一种规约性的现象。

一、功能词的规约现象

功能词的规约。古书中出现了介词"于""於"，"於"是后起的形式。甲骨文时代用"于"，春秋战国时代"于"和"於"混用，秦以后多用"於"，而现代"於"简化为"于"之后，一律用"于"。如在《左传》中"于""於"并用，在书中"于""於"还是有大致的分工：如果所介的是地名，一般用"于"不用"於"；如果在被动句或比较句里，一般用"於"不用"于"。对此，我们也可以看作是在先秦时期介词"于""於"之间的一种语用规约。

上古汉语动词有使动用法，有时同一动词多用为使动，会与非使动功能有声调或字形上的区分，或者在构式上有所体现。蒋绍愚（2013）列举了动词"来"，经常在使动句中出现时，"来"的词义会发生变化，成为一个使役动词，由此获得"使……来"的使役义，并分化出一个专用字"徕"（分化字）来专指"使……来"的用法。如：

（140）今以草茅之地徕三晋之民。（《商君书·徕民》）

（141）盖孔子对定公以徕远。（《汉书·武帝纪》）

（142）严助、朱买臣等招徕东瓯。（《汉书·食货志》）

（143）招徕四方之士。（《汉书·公孙弘传》）

这也是那个时代语法词在字形上的分化规约，后期则随着"使动"用法的衰退而消失。这些可以看作是作为句式表达限制条件的规约。

二、句式的规约化

在古汉语中"遇"是一个单音及物动词，直接带宾语，遇见人，遭遇变故等。但今天现代汉语中，"遇"不能单独带宾语，必须与一个虚化的补语成分组成双音形式，如"遇见""遇到""遇上""遇着"等之后方可。因其原有的及物性消失，从自由形式变为不自由语素，其及物化实现的手段是添加动词性成分，实现其双音化的动补结构，构成动补式复合词。表面看来是一个词汇问题，实际上这也是一种句式表现手段。汉语史中这样的现象很值得关注。

（一）动词"施受同辞"现象的句法规约手段

汉语中有一些动词，如"假""贷""乞""丐""贷"等属于"施受同辞"现象，兼有内向动词（"取得"义）、外向动词（"给予"义）的特点。内向与外向之分，古代用来规约的方法有二：

一是通过语音表达，变换词的语调，即去声辨义："取得"义内向动词非去声，"给予"义外向动词就用去声。表现为两者因传递方向不一而异。具体是：

假$_1$（借进$_{上声}$）—假$_2$（借出$_{去声}$）

借$_1$（借进$_{入声}$）—借$_2$（借出$_{去声}$）

丐$_1$（借进$_{入声}$）—丐$_2$（借出$_{去声}$）

乞$_1$（借进$_{入声}$）—乞$_2$（借出$_{去声}$）

贷$_1$（借进$_{入声}$）—贷$_2$（借出$_{去声}$）

二是句式形式表达：表"获取"语义时，通常用的是"于"字双及物单宾式，即用"左向双宾语结构"（双及物单宾式）来表达"取得"义，间接宾语的题元角色为来源（source）。**原始词**，表示"借进来"，结构上突出"向别人借"，"位移"是物体地点的转移，则用"于"字双及物单宾句（"假道**于**虞"）。而表"给予"义时，则只用"VO$_1$O$_2$"双宾式，即用"右向双宾语结构"（双宾语句）来表达"给予"义，其间接宾语的题元角色为目标。**滋生词**，把东西借给别人，"给予"是所有权的转移，在句式结构上为"双宾语"句式（"假虞道"）。兹以**假**$_1$与**假**$_2$、**借**$_1$与**借**$_2$为例。如：

（144）假$_1$人于越而救溺子。（《韩非子·说林上》）

（145）魏文侯借$_1$道于赵而攻中山（《韩非子·说林上》）

（146）今将借$_2$人士师将复梦分人鹿乎？（《列子·汤问》）

（147）秦假$_2$道韩、魏以攻齐。（《战国策·齐策一》）

规约化的结果是：在句法形式上呈现出"于"字双及物单宾结构与"双宾语"结构的互补分布。由结构决定同源词的歧义表达，是汉语表达分工明确的一个体现。这可以看作是句式处于分化演变过程的规约。

（二）及物动词使动用法的句法规约手段

在上古汉语的双宾语句中，及物动词"语""告""饮""食"也可用于双宾语句式，如何来实现使动双宾化呢？其规约的手段也有两种：一是以语音的去声化来表达动词不及物与及物的分化。不及物由非去声表达，及物用去声。告，去声，则句式为"VO_1O_2"，入声，则"VO_2 于 O_1"。二是使用句式形式的变化式：及物动词使动双宾语。如：

（148）**语**鲁大师乐曰……（《论语·八佾》）

（149）将适费，**饮**乡人酒。（《左传·昭公十二年》）

（150）公问之，子家以告，及**食**大夫黿，召子公而弗与也。（《左传·宣公三年》）

语音变化、构词方式，在语法上把使动词和与之相应的非使动词区别开来。规约化的结果是实现了及物动词的双宾语结构的使动表达。

（三）同源工具名词和工具动词的句法规约手段

汉语典型而完备的工具格式"介词+工具名词+动词"表达式是在中古时期才发展出来的，上古这种格式极为少见。在文献中常常看到工具名词和工具动词不分，也就是为了教学语言，我们常常用名词活用为动词来解说这一现象。但是到东汉时期，"介词+工具名词+动词"格式出现，注文中将工具名词通过介词来引介，增加了一个相应的动作动词来表达完备的工具格式。通过文献原文及其注文可以看到这一变化。如：

（151）鸳鸯于飞，**毕**之**罗**之。（《诗经·小雅·鸳鸯》，毛亨传：鸳鸯，匹鸟。于其飞乃毕掩而罗之。）

（152）乃封比干之墓，表商容之闾，**柴**箕子之门。（《淮南子·道应训》，高诱注：纣死，箕子亡之朝鲜，旧居空，故柴护之也。）

这两例还是不完备的格式：从"**毕**之"到"**毕**掩之"、"**柴**"到"**柴**护之"，"**毕**""**柴**"只是从"隐含工具论元"到"呈现工具论元"，工具名词的性质被标示出来了，但是还缺少一个环节，没有格式标记标示，状语的地位还需要在识读中辨别。再如：

（153）淠彼泾舟，烝徒**楫**之。（《诗经·大雅·棫朴》，毛传：淠，舟行貌；楫，棹也。郑笺：烝，众也。淠淠然泾水中之舟顺流而行者，乃众徒船人以楫棹之故也。）

（154）兽人掌**罟**田兽，辨其名物。（《周礼·天官·兽人》，郑玄注：罟，网也。以网搏所当田之兽。）

（155）职金掌凡金玉锡石丹青之戒令，……楬而玺之。（《周礼·秋官·职金》，郑玄注：楬而玺之者，楬书其数量以着其物也。玺者，印也。既楬书揃其数量以印封之。）

以上三例中，从"**楫之**"到"**以楫棹之**""**罟田兽**"到"**以网搏**所当田之兽""**玺之**"到"**以印封之**"，句中"以 N_{工具}+V"的格式就是典型而完备工具格式。句式将"工具名词"作为一个特殊的类，并赋予了介词标记，即通过工具格标记"以"加以标示。

这一变化是从上古到中古句式结构的一大变化。从上古到东汉期间汉语句法结构发生了与工具名词格相关的两件事情，也是词法与句法关联的两件事情：一是**名词作状语的衰微**，二是**介词短语前移的流行**。尤其是"大量介词短语的前移"，致使"以 + 工具名词 +V"成为当时一种流行格式。用介词明确标记其工具格论元角色，同时用介词标记构成的介宾短语形式在动词前作状语的偏正关系，满足了句法语义要求。从此，中古汉语，"以"引进工具宾语放在动词前成为常式，而这个介宾结构工具格式，也成为同源工具动词与同源工具名词的词性区别的标记，当两个成分在同一句中同时出现，"以"成为工具名词的一个词性的外在标记。张美兰（2011）介绍了中古汉语佛经中，标示同源工具名词和工具动词格式的用例。如：

（156）**以铁绳绊，以锯锯之**。犹如工匠**以绳绊木，以锯锯之**。（《佛说长阿含经》卷十九）

（157）**以钉钉手**，钉足钉心。周遍身体，尽五百钉。（《佛说长阿含经》卷十九）

（158）炽然**铁钉以钉其舌**，乘虚而行，啼哭号呼。（《杂阿含经》卷十九）

（159）狱卒即捉，扑热铁上，舒展其身。**以铁钩钩口使开**。消铜灌口，烧其唇舌。（《杂阿含经》卷十九）

（160）其中狱卒，捉诸罪人，置于磨石中。**以磨磨之**。骨肉糜碎。（《杂阿含经》卷十九）

（161）时阿阇世王，嫌其供养佛塔，**用钻钻杀**。命终得生三十三天。……而为阿阇世王，**以钻钻杀我**。命终得生天，受此极快乐。（北魏《杂宝藏经》卷五）

（162）我敕左右："将此人**以称称之**。"侍者受命，即**以称称**。（《佛说长阿含经》卷七）

（163）比丘不应畜长发，若头上有疮，当云何？佛言："以剪刀剪却。"（《十诵律》卷五十九）

这种工具格句法格式，既符合中古以来汉语**介词短语前移的总趋势，也符合名词作状语的标记化进程，也符合时间顺序原则**："以某种工具进行某种动作"，也可以看成是汉语工具格的一条句法限制，定出了汉语工具格句法范畴的语序，此后这种工具格随着时间的推移，介词由"以"换成了口语介词"拿""用"等，"以/拿/用+工具名词+V"，一直使用至今。这可以看作是句式演变过程的规约。

（四）目的构式"VP 去"与"去 VP"的南北地域分布规约

汉语目的构式（purposecon construction）有两种构式："去 VP"和"VP 去"。学界对"VP 去"结构关注的更多一些。吕叔湘（1980）在《现代汉语八百词》中讨论过该用法的"去"，他指出："去"已"从实义词变成辅助词了"，表"先事相"（即"预言动作之将有"）；赵元任（2000）认为"去"是个"目的语助词"。张美兰（2011）认为"去"仍有较强的动词性，也保留了趋向意义表示施事主语的位移趋向，是一个正在虚化的动词，称为动补结构更合适。所以"去"是一个虚化的动词，充当"VP"的补语成分。北方方言，特别是北京话，主要用"VP+去"句式。杨永龙（2012）指出：元明时期促成"VP 去"比"去 VP"使用数量多的原因是因为该时期汉语与北部少数民族语言接触，如蒙古语、女真语等。并且"VP 去"与蒙古语的语序 SOV 相关联。

"去 VP"结构，"去"是连谓结构的第一动词，也表示要做某事，表示目的，语义指向施事。但是"去+VP"这个句式主要在当时南方话中使用。西南官话、下江官话、闽方言、粤方言、湘方言、吴方言等则主要用"去+VP"的句式。"去 VP"与"VP 去"的分布差异，在清末的口语文献中得到体现。如代表南方官话的域外汉语教材《白姓官话》（1750）都是"去 VP"构式，而北京官话口语教材都是"VP 去"构式。如：

（164）他令祖母病的时候，我们没有去请安。如今死了，又没有去吊纸，有罪得狠。（《白姓官话》）

（165）既承老兄见谕，停会小弟再去劝他。（《白姓官话》）

（166）去年秋天三盛当铺开市，大家道喜去。（《北京官话谈论新篇》）

（167）除了上衙门办公事之外，下剩的工夫还得应酬朋友去。（北京官话

《士商丛谈便览》）

九江印书局活字印的南方官话《官话指南》（1893）对1881年刊行本北京官话本《官话指南》进行改编，把37例"VP去"都改为"去+VP"，以符合南方官话"去VP"构式的表达要求。如：

（168）a.我这两天还要到府上去送老弟的行哪。（南方官话《官话指南》卷二）

—— b.我这两天还要到府上给老弟送行去哪。（北京官话《官话指南》卷二）

（169）a.我要去买点儿古玩。（南方官话《官话指南》卷三）

—— b.我要买点儿古玩去。（北京官话《官话指南》卷三）

北京官话**《今古奇观》**（1904）对明代小说集《今古奇观》的改编中，就将明小说中相同篇目中的"去VP"也改成"VP去"，以符合北京官话"VP去"的表达规约。如：

（170）a.你丈夫自要去拜什么年伯，我们好意容他去走走，不知走向那里去了。（明小说《今古奇观·沈小霞相会出师表》）

—— b.你丈夫他自己要拜甚么年伯去，我们好意叫他去，如今不知道他又上那儿去了。（北京官话《今古奇观·沈小霞相会出师表》）

（171）a.公公，这两个杀人的贼徒，烦公公带着奴家同他去官府处叫冤。（明小说《今古奇观·沈小霞相会出师表》）

—— b.求掌柜的，您带着这俩杀人的贼，我同他们到衙门里喊冤告状去。（北京官话《今古奇观·沈小霞相会出师表》）

这些都可以看作是同义表达的语用规约。

（五）后代注文对原典句式注解遵循了历时变化的规约

在研究上古到中古句式发生历史性变化的过程中，注解体材料是说明句式历史演变的交替变化的历史语料。兹以被动句式的发展变化为对象，加以说明。如：

（172）鼠思泣血，无言不疾。（《诗经·小雅·雨无正》，毛亨传：无声曰泣血；无所言而不见疾也。）

（173）子云吾不试，故艺。（《论语·子罕》，何晏《集解》：郑玄曰：试，用也；言孔子自云，我不见用，故多技艺。）

（174）荆成，齐庄不自知而杀。（《吕氏春秋·不苟论》，高诱注：荆成王为公子商臣所杀，齐庄公为崔杼所杀。）

（175）狐壤之战，隐公获焉。（《公羊传·隐公六年》，何休注：时与郑人战于狐壤，为郑所获。）

（176）夫章子……出妻屏子，终身不养焉。（《孟子·离娄下》，赵岐注：夫章子……出去其妻，屏远其子，终身不为妻子所养也。）

（177）欲取于下，天下不可取；可取，身将先取。（《吕氏春秋·季春纪》，高诱注：言不可取天下，身将为天下所取也。）

在东汉毛亨传、郑玄注、高诱注、赵岐注、何休注中，可以看到上古无标记意念式被动表述，已经被有标记的"见V"句、"为……所V"句所替代，尤其到东汉，以"为……所V"句为常用主导新句式，"见V"式只有一定比例。是研究中古汉语被动句发展的特殊材料。

宋亚云(2006)在探讨被动式从中古到唐代的发展变化时，选取了《左传》襄公、昭公年间出现的被动句式，在杜预注和孔颖达疏中对应的句式表达情况，以此来探讨先秦到唐代的被动句变化轨迹。调查发现：从杜注到孔疏，被动句的句式从以"见"字式和"为"字式为主发展为"被"字式占绝对优势的情况。兹列表总结如下：

杜注被动式 101 例（被字句 1 例，占 1%）			孔疏被动式 124 例（被字句 59 例，占 47.6%）		
见V	为NV（3例） 为N所V（49例）	被V	见V	为（N）V、为N所V、为N之V	被（N）V、被N所V等
48例	52例	1例	30例	35例	59例

由杜注时较为常用的"见"字句和"为"字句，变为孔疏时更常用的"被"字句。如：

（178）鸡其惮为人用乎！人异于是。（《左传》昭公二十二年）杜注："鸡牺虽见宠饰，然卒当见杀。若人见宠饰，则当贵盛，故言异焚鸡。"孔疏："言此鸡难畏其被宠养也。……一人则异于是鸡矣！鸡被宠饰，终当见杀，人被宠饰，则当贵盛，此其所以异于鸡也。"

（179）庚申，单子、刘蚠以王师败绩于郊。（《左传》昭公二十二年）杜注："为子朝之党所败。"孔疏："知单氏所败者，以上云'伐单氏'，下云'反伐之'，是单氏反伐百工也。若单氏被败，焉能反伐百工。"

孔疏中的"被"字式形式多样，既有"被V"式、"被NV"式，也有V后再接宾语的句式，如"被人取邑""被伐取鲁邑""被匠庆略木""被射目""被夺邑""被臣逐之"，还有混合式，如"被公之所怒""被臣所逐"，形式多样而齐备。（详见宋亚云2006）

《左传》及其注、疏之间相互关联，自成体系，提取三者在被动句上的发展变化信息，对比被动句式在不同时代的不同标记表达，从差异中归结被动句发展变化特点，也是历时被动句式规约手段的呈现。这也可以看作是演变过程的规约。

（六）文本改编中改编者遵循句式发展规律的规约

在进行文本语言改编时，改编者也有自己的一套规约计划。例如清代英国人威妥玛(Thomas Francis Wade)组织编写北京官话初级入门教材《寻津录》时，将《圣谕广训衍》之《圣谕》第一条改编成《寻津录》第二章《寻津录·圣谕》，改编中有意识将其中的句式朝北京官话改写。将禁止句中的否定副词**"不要""莫""不可"**都改成副词"别"。如：

（180）a. 不要光尚外面的仪文，不要忽略了小处，不要只图外人的虚名，不要以前好以后又不好了。

—— b. 别光作外面的虚好看儿，别疏忽了小地方儿，别止图外人的虚名儿，别以前好以后又不好了。

（181）a. 不可去赌钱、吃酒，不可去和人打架，不可暗地里私自积攒银子钱。

—— b. 别去赌钱喝酒，别去和别人打架，别背地里私自积攒银子钱。

（182）a. 这样人，莫说天理上不容，就是自己儿子看了样，也就跟着学了。

—— b. 这种样儿的人，别说天理不容，就是自己的儿子看了样儿，也就跟着学了。

同理，在威妥玛组织编写北京官话高级教材《语言自迩集》（1867），将《清文指要》（1789）改编成《语言自迩集·谈论篇》时，改编中也有意识将其中的句式朝北京官话改写。

张美兰（2021b）认为北京官话奠定的年代大致在19世纪40年代，《圣谕广训衍》（1726），其中的《圣谕》第一条中使用的官话还是以南京官话为基础的官话。《寻津录》（1859）有意识地将当时通语中南京官话成分改成北京官话的成分。例如：将其中的禁止否定副词**"不要""莫""不可"**都改成"别"。

太田辰夫（1991：213）在《汉语史通考》中曾经归纳清末北京话词汇语法的标志性特征时，将禁止副词"别"作为其中七大特征之一。在此，我们可以看到《寻津录》北京官话用词的规约性特点。

同一文献不同版本对同一句式范畴的不同类型表达是我们研究汉语句法演变的一条途径。张延俊（2009）调查发现：《红楼梦》程乙本刊刻于程甲本后，程乙本对程甲本做了较大改动，在被动句式方面的体现是程乙本偏向用"叫"字被动句，尤其是后四十回将程甲本中19例"被"字被动句都改成"叫"字被动句。这一个信息很重要，我们知道"被"字句一直是官话系统的主要句式，而"叫"字句是明末以来北方话口语中的主导句式。这样的改动反映了改编者北方口语的倾向。这个调查也与刘宝霞（2002）从常用词角度考察出程乙本用词偏北方口语，程甲本用词偏通语层面南方话。而这一句式分化现象与学界对明清时期文献中各种标记被动句的使用情况相吻合，如："被"字式主要用于叙述文字部分，多半是比较庄重的场合，占绝大多数，少数用于人物对话。而"教／交"字被动式几乎都出现在对话部分。"吃／乞"字被动式大都用于对话部分，少数用于叙述部分，语用场合较为特殊。《金瓶梅词话》《红楼梦》使用情况大致如此。这也可看作一种间接的规约。

由于汉语语法发展变化比较缓慢，从历时的角度看，一种句式被另一种句式替代过程是比较漫长。同一个结构有旧式和新式长期共存状态，也衍生出旧式在书面语与新式在口语语体上的分野，或旧式在南方（以南方为多，间或有北方）与新式在北方（以北方为多，间或在南方）的地域分布。句式标记词之间的新旧兴替，句式表达之间的相互补充，语体差异、地域差异也是一种变相的规约。

（七）语言接触引起的句法变化是一种变相的规约

满语动词词缀 -bu 被认为是使动态词缀。满语用形态手段，通过使动态词缀 -bu 来表达使役义，在使动态结构句式中，满语动词 V（-bu-）常常要求受使成分有宾格标记"be"或与位格标记"de"，构成"$S_{使事}+N_{受使}+be/de+V（-bu-）$"的使役句式，但有时是"$N_{受使}$"也不出现的"$S_{使事}+V（-bu-）$"句式。在满汉合璧《清文指要》文献中，我们发现对译"$S_{使事}+V（-bu-）$"句式，即满语受使成分缺省的句子，《清文指要》会机械硬译为受使成分缺省的"叫／教 V"结构。如：

（183）inje-re　cira　ijishūn　gisun　-i　urgunje-**bu**-ci　　aca-mbi.
　　　　　笑　　颜面　和顺　　言语　地　喜欢　-CAUS- 假设　应该

和言悦色的叫喜欢。(《清文指要》第三十一课)

（184）yaya　baita isinji-me jaka uthai giyan fiyan -i　icihiya-**bu**-mbi.
　　　　所有　事情 来到　　时　就　有条有理　地　办理　-CAUS-

凡事一到，就教办的有条有理。(《清文指要》第二十七课)

（185）yargiyan　-i　tuwa-me　buce-**bu**-mbi-o.
　　　　实在　　地　看着　　死　-CAUS 吗

眼看着叫死吗？(《清文指要》第七十四课)

（186）ere　baita　be　yaya　we-de　ume　sere-**bu**-re　se-ci.
　　　　这　事情　把　任何　谁　　不要　知觉 -CAUS　说

把这个事情，任凭是谁，不要叫知觉了。(《清文指要》第八十一课)

（187）urunakū　tanta-**bu**-ha　de　ai　baha-mbi
　　　　一定　　　打 -CAUS-　在　什么　得到

一定叫打一顿得什么好松的？(《清文指要》第九十三课)

满文均未出现"N受使"，《清文指要》汉文也没有译出"N受使"。这些缺省的"N受使"是可以根据上下文义补出的。之所以没有译出，就是满文对译所致。

很有意义的是，北京官话《语言自迩集》中的《谈论篇》是完全由《清文指要》汉文版改编而来，在处理这类句子时，如果仍用使役句，就增加了句中的"N受使"成分。如：

（188）眼看着叫死吗？(《清文指要》第七十四课)

——可当真的瞧着叫他死么？(《语言自迩集·谈论篇》)

（189）把这个事情，任凭是谁，不要叫知觉了。(《清文指要》第八十一课)

——这件事情，任凭他是谁，总不可叫人知道了。(《语言自迩集·谈论篇》)

（190）一定叫打一顿得什么好松的？(《清文指要》第九十三课)

——必定叫我打一顿有什么便宜呢？(《语言自迩集·谈论篇》)

总之，语言接触或多或少地会影响相关的句式发展，我们在判断句式、比拟句式等章节中均有所涉及，这种外部因素的影响，也可以看作是一种变相的规约，最终还是要受汉语自身规律的制约。

汉语句式历时发展演变的历史，揭示了汉语句式发展中的系统规律。有在新句式产生过程中的新旧共存、竞争甚至替代的兴衰历史，在生存与消亡之间的各种因素相互作用下的句式调适，在不规则句法下隐含的可以得到解释的各种语用规律。语义和语法内在关联的外在格式以及格式的标记与语序的多重手段的呈现，展现了其内在的逻辑发展特点。其中句式不同范畴之间关联与互动，同一句式范畴的继承与创新，同一句式范畴结构格式生成过程中的临摹与抽象，句式语义表达范畴的典型与破格，汉语句式从上古到清代一直在发展的主旋律下走向规约：在竞争中求替代、在变化中求不变、在不规则中求规范、在多元多维中求分化、在主流官话中求稳固。汉语句式的发展是一个系统，在句式语境和语义的组合环境中，通过语序、虚词等构式手段平衡发展。

参考文献

曹广顺：《近代汉语助词》，北京，语文出版社，1995。

常志伟：《近代新兴差比介词"如/似"的历史来源与形成机制》，载《南京师范大学文学院学报》，2019（1）。

车淑娅：《论词义演变对句式演变的影响》，载《西华师范大学学报》，2005（4）。

车淑娅：《古代汉语语义语法发展专题研究》，成都，巴蜀书社，2008。

陈丽：《转折连词"不过"形成的历史过程》，载《唐山师范学院学报》，2017（1）。

陈丽：《程度补语"不过"的历时来源及认知理据》，载《长江师范学院学报》，2017（2）。

程丽丽：《十八世纪中叶到二十世纪末北京话被动式研究》，首都师范大学博士学位论文，2012。

董秀芳：《词汇双音化对动词论元结构的影响》，载《汉语史学报》（第13辑），上海，上海教育出版社，2013。

冯胜利：《汉语语体语法概论》，北京，北京语言大学出版社，2018。

胡敕瑞：《从隐含到呈现（下）——词汇变化影响语法变化》，载《语言学论丛》（第38辑），北京，商务印书馆，2008。

胡敕瑞：《汉语存在结构与领有结构的历时共性》，载《历史语言学研究》（第十一辑），北京，商务印书馆，2017。

蒋绍愚：《抽象原则和临摹原则在汉语语法史中的体现》，载《古汉语研究》，1999（4）。

蒋绍愚：《词义变化与句法变化》，载《苏州大学学报》，2013（1）。

李崇兴：《处所词发展历史的初步考察》，载胡竹安、杨耐思、蒋绍愚编：《近代汉语研究》，北京，商务印书馆，1992。

李崇兴、祖生利、丁勇：《元代汉语语法研究》，上海，上海教育出版社，2009。

梁吉平：《范畴化视角下的汉语否定结构历史演变》，北京，中国社会科学出版社，2020。

梁银峰：《汉语动补结构的产生与演变》，上海，学林出版社，2006。

林素娥：《汉语南方方言倒置双宾结构初探》，载《语言科学》，2008（3）。

刘宝霞：《程高本红楼梦异文与词汇研究》，载《红楼梦学刊》，2021（3）。

吕叔湘：《现代汉语八百词》，北京，商务印书馆，1980。

梅祖麟：《现代汉语选择问句法的来源》，载《历史语言研究所集刊》（第49本），1978。

梅广：《上古汉语语法纲要》，上海，上海教育出版社，2018。

（美）屈承熹：《"把"字句的出现》，载《历史语法学理论与汉语历史语法》，朱文俊译，北京，北京语言学院出版社，1993。

潘秋平：《从语义地图看给予动词的语法化》，见吴福祥、邢向东主编：《语法化与语法研究》（六），北京，商务印书馆，2013。

宋亚云：《从〈左传〉杜预注孔颖达疏看汉语被动式的发展》，载《周口师范学院学报》，2006（1）。

孙锡信：《汉语历史语法要略》，上海，复旦大学出版社，1992。

太田辰夫：《汉语史通考》，江蓝生、白维国译，重庆，重庆出版社，1991。

唐钰明：《论先秦汉语被动式的发展》，载《中国语文》，1985（4）。

唐钰明：《汉魏六朝被动式略论》，载《中国语文》，1987（3）。

唐钰明：《唐至清的"被"字句》，载《中国语文》，1988（6）。

汪化云：《黄孝方言中"等"的语法化》，载《方言》，2017（2）。

王洪君：《汉语表自指的名词化标记"之"的消失》，载《语言学论丛》（第十四辑），北京，商务印书馆，1987。

王建军：《古汉语中的处所类双宾语句探析》，载《语文学刊》，2005（9）。

王建军：《古汉语中处所类双宾句的历史考察》，载《汉语学报》，2006（4）。

魏培泉：《古汉语介词"於"的演变史》，载《中研院历史语言研究所集刊》（第六十二本，第四分），1993。

魏培泉：《先秦主谓间的助词"之"的分布与演变》，载《中研院历史语言研究所集刊》

（第七十一本，第三分），2000。

杨建国：《近代汉语引论》，合肥，黄山书社，1993。

叶建军：《近代汉语句式糅合现象研究》，北京，商务印书馆，2021。

张美兰：《中古汉语工具格论元角色的显现与句法成分的构成——中古汉译佛典中工具名词的句法结构探析》，见《汉文佛典语言学：第三届汉文佛典语言学国际研讨会论文集》，法鼓佛教学院，法鼓文化事业股份有限公司，2011。

张美兰：《从文本比较看论威妥玛改编中的清末北京口语特征》，载《语言学论丛》（第58辑），北京，商务印书馆，2018。

张美兰、战浩：《明代通俗文献用字趋向的雅俗分化及其原因》，载《中文论坛》（第九辑），湖北大学文学院编辑委员会，北京，社会科学文献出版社，2020。

张美兰：《从文本比较看〈元刊杂剧三十种〉元代口语的通俗性》，载《澳门理工学院学报》，2021a（1）。

张美兰：《继承与创新：清末北京官话的域外传播模式》，载《清华大学学报》，2021b（2）。

张萍：《先秦汉语"譬"系列比方句式研究——从〈墨子〉入手》，载《语言学论丛》（第六十辑），北京，商务印书馆，2019。

张延俊：《〈红楼梦〉"叫"字被动式来源研究》，载《古汉语研究》，2009（2）。

赵元任：《汉语口语语法》，北京，商务印书馆，2000。

郑宏：《近代汉语"把"字被动句及其在现代汉语方言中的地域分布》，载《西北大学学报》，2012（3）。

周一民：《北京口语语法》（词法卷），北京，语文出版社，1998。

朱玉宾：《常式与变式——近代汉语"把"字句研究》，上海，中西书局，2018。

后　记

　　这些年来，我一直从事汉语史的教学和研究，开设过汉语史研究、汉语史句法研究等系列课程。我曾经对汉语的处置句、比拟句、使役句、祈使句、判断句、选择问句、被动句、双宾语句等句式的历时发展进行过系列专题研究，对《祖堂集》《五灯会元》《元曲选》《训世评话》《清文指要》《官话指南》等专书语言的句式也有过系统研究。近年来，随着各种新语料的发现和利用，尤其是明清时期满汉双语、英汉双语平行文献、汉语官话与方言平行文献、南方官话与北方官话平行文献、域外汉语文献等的应用，我们对句式发展过程中的语言类型与语言接触的现象有了更加深刻的认识，研究视野得到了拓展。因为同一文献多文本的比较，我们对句式发展中的许多隐性特点，对句式发展的南北地域特点有了一定的认识。为此，在这本教材的写作过程中，加入了不同句式在不同发展阶段的一些地域特色。

　　这本书是我在"汉语句法史"讲稿的基础上形成的。这两年多来，我在整理原来讲课笔记的基础上，重新阅读各种参考文献，这个过程也是我重新审视汉语句式历史的过程，也是对自己以往进行汉语句式研究的一个回顾。通过对汉语句式发展脉络和发展特点的系统梳理，我力求让初学者对汉语句式的历史有一个粗浅的了解。为此，我们按历时不同阶段分段介绍，尽量把学界已有的研究成果作

后记

简单介绍并贯穿其中，期待读者在学习中能了解句式研究的方式方法以及不同时期学界对句式研究的新进展，希望能给读者带来一种思考。本书在每一章还单独设立了参考文献，以便读者能就每一个句式进行专题阅读。这其实也是我进行汉语句式历史演变研究的体会。本书在章节安排上，与传统的教材有点不一样，突出了章节要领、学界研究概况以及句式发展概况。因为篇幅的限制，所以每一章、每一节的内容安排尽量克制，突出重点，点到为止，未做深刻的阐述。期待给读者更多的课外阅读和思考空间。

我深深地认识到：这本书对汉语句式历史概况的描述，其中凝聚了汉语史研究界不同时代学者们各种类型的研究成果。可以清晰地看到学界关于汉语句式研究是如何一步一步走向深入，汉语句式研究史的概况和汉语句式发展史的概况就这样得以显现出来。每每读到学者们的一篇篇研究论文和一本本研究专著，我顿生敬畏。汉语历史句式的研究，是建立在对大量语言事实的归纳、整理和解释之上的。从上古到明清，每个不同时期的历史文献语言事实需要被挖掘出来，无论是静态的材料收集，还是动态的整理和研究，无论是专书研究还是断代研究，无论是专题研究还是综合研究，这些都需要甘坐冷板凳的学者们的辛勤耕耘。正是这些已有的研究，构筑了句式历史发展演变的概况和研究方法的不断突破。特别感谢学界这么多前人的研究成果，使我从中得到了更多的启发。有些书，我借阅不到，杨永龙教授、张延俊教授、叶建军教授、梁银峰教授、徐志林教授、刘进教授等先后帮助我，让我得以分享了他们的文本，并给了我很多求教和讨论的机会。在此一并感谢。当然，限于个人的精力，还有很多研究成果未能细细研读。也由于个人学识所限，我也没能从宏观上把握汉语句式发展的内在规律。期待读者阅读后，有所突破，获得更多的创见。

这本书主要介绍了汉语句式发展的整体脉络。我们欣慰地看到，从古到今，汉语各个不同的句式经过上古、中古到近代的发展过程，由最古层次的句式群，到逐渐发展的中间层次，到较新层次，再到元明清时期的最新层次，直到发展到现代汉语句式。它们以有标和无标两种方式标示着句式发展的方向，其发展脉络基本有序可循。同语音、词汇历时分期的标志一样，句式的发展也为汉语史的分期提供了直接依据。而新句式的产生与旧句式的消退，新旧之间的变化，有其动因。书面语与口语语体的分野也在句式上得到不同体现。汉语官话地位的变化也导致了句式发生南北不同地域的分化。语言接触之间的渗透，为句式的演化和变异提供了机会,但又因共同语的规约而趋同。社会在变化,语言也在发展,而句式发展同时受自身特点制约。这不仅是汉语句式的发展历史,它同语音和词汇一样,透过文字表达,反映的也是语言文化的发展历史。在抽象的符号组合中,语言的世界充满着逻辑和语义的编织,是一个神奇而复杂有序的结构系统。期待读者通过学习去寻找汉语句式发展中更多的规律性成分。

透过汉字符号,汉语句式的表达不仅是依据语序和虚词的建构,不同句式的构架,有各自构式的标记规则和语法要求。不同的句式标记都有其内在语义,而不同句式之间有相互关联。这些是汉语句式的构句特色。我期待读者能将汉语句式历史同现代汉语句式、汉语方言句式结合起来思考,与民族语言或其他语言相关句式结合起来思考,并与计算语言学等跨学科的知识结合起来,期待得到更多的新知。本书偏重汉语句式的历时描写,句式的发展特点的总结。在理论探索方面,还期待与读者一起去思考、去追索。

特别感谢导师蒋绍愚先生在百忙中给予的指导。疫情期间,蒋老师虽年过八旬,还一直在忙于完成他自己在中西书局和商务印书馆的书稿,也在为参加各种学术活动撰写新的论文。即使在这样的情况下,蒋老师还是挤出时间为我审读了大部分初稿,指出了引例中一些不合理的句子,提出了论证中部分不正确的地方,也介绍了一些已经达成共识的观点。对谋篇布局也提出了他的一些看法。如第一章《上古到中古汉语句式变化的概貌》,这样的安排与其他章节安排不一样,且每一个句式的变化都有从上古到中古的变化,显得很特殊。这就提醒我应开宗明义地更明确地交代这一章节的安排意图。为此,我在第一章开头就说明:先秦常用的旧有句法形式渐趋衰落,它们在中古时期的口语色彩的文献中甚至消失了。那么,对应的句法创新或句法结果是怎样的?在新旧交替此消彼长的演变过程中,中古新的语法现象萌芽发生的背景,这些内容不会在本书其他章节中专门涉及。为此,专设一章,以专题说明从上古到中古新旧语序的变化、中古新句式结构成分的添加背景、上古旧结构成分衰微的语法后果,最终来说明上古至中古汉语句式的变化和发展。再如关于表示被动的介词有来源于遭受义的"着$_1$"与来源于致使义的"着$_2$"的区别,究竟何在?也是得到蒋老师的提醒,我将"着$_1$"早见于唐代与"着$_2$"在元代才成熟的时间先后差异,"着$_1$"从通语到后来主要分布在南方,"着$_2$"主要分布在北方的地域差异的特点,一一加以说明。蒋老师对本书关于句式发展的地域分布特点部分的描写,尤其是运用了新的材料加以说明,给予了充分的鼓励。不过，这部分内容我目前只是将现象呈现出来，还应该更好地进行阐发和解释。我期待在以后能有所补充并作系统研究，也希望读者能参与其中。句式的发展同语音、词汇一样，都有一个共同点，其出现的不同构式表达，不仅与历时演变有关，与地域分布也密切相关。真心祝福蒋老师寿比天高、福润学海。

  浙江大学史文磊老师在紧张的教学研究之余为我审读了书稿，尤其是介绍了学界最新发表的相关成果。他的一些建议，我已经补入书稿中。在此表示感谢。友生刘华丽在繁忙的工作和研究之余，赶在预产期之前，为本书的第八章《汉语使役句式的历时发展》提出了具体的修改意见，也无私地贡献出她对该句式的研究心得。该章的部分内容也采用了她的观点。在此表示感谢。2020年友生王子晨帮助我收集了几个句式的文献材料。在此表示感谢。责编纪海虹主任一直关心书稿的进展，在此特致谢意。

  这一年多来，因为赶这本书稿，我一直处于高度紧张和高强度的写作状态中。突如其来的疫情干扰了人们的正常生活，在惊恐和慌乱之余，我对生命安全有了特殊的思考，更加珍惜眼下的一切。能有相对比较集中的机会来埋头读书和写作，从中体味到了工作带来的一丝安慰，这也是这个特殊时期的一种特殊的收获。这是一种特殊时期的生活记录，也是特殊时期的学术眷顾。

  特别感谢我的家人在这一特殊时期的热切关怀，女儿张璐在遥远北京的温暖鼓励，给了我力量。虽隔万水千山，我们的心永远连在一起。

  祈祷我们的世界更加祥和。我们的生活更加美好。

张美兰
2021年8月于穗禾苑